争雄

战国王者之较量

洪兵 著

新世界出版社
NEW WORLD PRESS

图书在版编目（CIP）数据

争雄：战国王者之较量 / 洪兵著. -- 北京：新世界出版社，2021.3（2021.11 重印）
（白话正史）
ISBN 978-7-5104-7138-4

Ⅰ. ①争… Ⅱ. ①洪… Ⅲ. ①中国历史—战国时代—通俗读物 Ⅳ. ① K231.09

中国版本图书馆 CIP 数据核字（2020）第 193050 号

争雄：战国王者之较量

作　　者：洪　兵
责任编辑：董晶晶
责任印制：王宝根
出版发行：新世界出版社
社　　址：北京西城区百万庄大街 24 号（100037）
发 行 部：（010）6899 5968　（010）6899 8705（传真）
总 编 室：（010）6899 5424　（010）6832 6679（传真）
http://www.nwp.cn
http://www.nwp.com.cn
版 权 部：+8610 6899 6306
版权部电子信箱：nwpcd@sina.com
印　　刷：天津中印联印务有限公司
经　　销：新华书店
开　　本：710mm × 1000mm　1/16
字　　数：420 千字
印　　张：30
版　　次：2021 年 3 月第 1 版　2021 年 11 月第 2 次印刷
书　　号：ISBN 978-7-5104-7138-4
定　　价：68.00 元

目录

第一章 | 三晋时间

第二章 | 大国崛起

第三章 | 纵横捭阖

第六章 | 谁与争锋

第七章 | 大局已定

第一章 三晋时间

智氏专横，赵氏多难

现在一些人认为，战国始于“三家分晋”。虽说是赵、魏、韩三家合伙吃掉了春秋时期天下共主周天子名下的第一强藩——晋国，但这一标志性事件的始作俑者，却是被淘汰出局的“四卿”之首——智氏宗主荀瑶。

说起荀瑶这个人啊，他能够官居晋国正卿（公卿之首），还是有两把刷子的。就拿他公元前458年消灭白狄的仇由氏来说吧，对方躲在太行山深处，险隘重重，崎岖难行，不计代价地硬闯显然并非上策。孙子不是说“上兵伐谋”“其下攻城”吗，荀瑶也别出心裁地玩了一个心眼：他让人给仇由国君带话说，为了巩固和发展双方的传统友谊（晋国过去与白狄的关系不错），要送一口铜铸的大钟作为见面礼。

俗话说得好：“事出反常必有妖。”仇由虽小，但也不乏明眼人。有一位大臣对此高度警觉，认为荀瑶贪婪而无信，肯定憋着坏水。然而，贪小便宜吃大亏的事儿，在现代社会也屡见不鲜，更何况铜在当时可是硬通货。仇由国君受宠若惊，见利忘危，顿时脑残，赶紧召集国中的子民劈山开路，帮着荀瑶把自己的小国灭了，“送钟”就这样成了“送终”。

自信谋略过人、大权在握，荀瑶在晋国可谓吆五喝六，牛得没边。

当年有一位名叫智果的族人说他“五贤一不肖”“甚不仁”，还真是没冤枉他。对于荀瑶的所作所为，另外几家公卿的宗主都憋着一肚子火。

譬如韩氏宗主韩虎和他的首席谋士段规，有一年在蓝台（今山西定襄附近）参加宴会的时候，被荀瑶当众羞辱戏耍了一番。另一位名叫智国的族人忧心忡忡地提醒荀瑶：今天闹得欢，明天拉清单，你别这么“作”行不行?!（“主不备难，难必至矣。”）狂妄而自信的荀瑶大言不惭地回怼说：“在晋国的地盘上，向来只有我找别人的麻烦，想找我麻烦的人，还没生出来呢！”（“难将由我。我不为难，谁敢兴之。”）

客观地讲，荀瑶此番大放厥词，倒未必是吹嘘自擂。赵、魏、韩三家都惹不起荀瑶，特别是实力仅次于智氏的赵氏，这些年确实没少挨荀瑶收拾。

论资历，赵氏与智氏（最早称作荀氏）相当，祖上都是襄助晋文公称霸的核心骨干。论实力，赵氏曾经也有过辉煌的历史，尤其是赵盾官居正卿的时候，一度权势熏天。不过老话说得好：“木秀于林，风必摧之；行高于人，众必非之。”大权在握的赵氏难免遭到其他几家公卿乃至国君的嫉恨。发生在晋景公时期的一场“下宫之难”（即赵氏孤儿惨案），让原本枝繁叶茂的赵氏败落凋零，元气大伤，不仅公卿的爵位被一撸到底，采邑也全部被没收。后来，晋景公感念赵氏祖上的功绩，当然也是出于稳定政局的考虑，恢复了赵氏的公卿地位，并归还其采邑，赵氏才逐渐得以复兴。

荀瑶继任正卿的时候，赵氏的宗主是赵无恤。他们二人之间的梁子，大概是在公元前464年讨伐郑国的时候结下的。对于这件事，《史记》和《左传》的记载不尽相同。

按照《史记》的说法，赵无恤率兵围城之后，主帅荀瑶大摆宴席，召集众将在前线紧吃。喝大了之后，因为一言不合，荀瑶抓起桌上的酒壶，往赵无恤的头上摔了过去。俗话说得好：“宁可得罪君子，不能得罪小人。”一脸无辜的赵无恤咬牙忍了下来。而衔恨在心的荀瑶回去之后，还不断给赵无恤的父亲赵鞅灌迷魂汤，怂恿他废黜赵无恤的世子之位，两人从此便结下了仇怨。

事实上，《史记》的这段记载有一个明显的漏洞：荀瑶继任正卿是在赵无恤的父亲赵鞅去世之后。除非穿越或者烧纸，否则荀瑶是没办法与早已作古的赵鞅直接对话的。

相比较而言，《左传》的记载显然更靠谱一些。当时，实力羸弱的郑国已经打开城门认怂了。荀瑶让赵无恤带着队伍先入城，赵无恤不肯，回了一句话：“有主帅在此。”赵无恤的本意呢，或许是认为尊卑有序，没有偏将先于主帅入城的道理，这不是乱了规矩吗？然而，不知道是选择性曲解还是真的沟通不畅，荀瑶听进耳朵里，这句话就理解成了“你行你上”。公然抬杠，这还了得！

故意找茬儿也好，耳朵太沉，没听真切也罢，总而言之，荀瑶认定赵无恤违抗了军令，压根不把他这个主帅放在眼里。既然如此，荀瑶岂能善罢甘休，当即痛斥赵无恤：“就凭你这贪生怕死的德性，怎么还有脸位列公卿？”言外之意，你爹当年真是瞎了眼！赵无恤平白无故地挨了一顿批，先父也连带着替自己背黑锅，哪里还压得住火，阴阳怪气地回怼了荀瑶一句：“我何德何能，忝列公卿，不过是能忍一时之耻，不会给赵氏招来祸端而已！”从此，同在晋国这口锅里刨食的智氏和赵氏，低头不见抬头见，彼此嘴炮不断。

在玩心眼灭掉仇由的那一年，荀瑶召集各家公卿瓜分范氏、中行氏的封邑。其实，这两家公卿早在公元前490年就被淘汰出局了，但“四卿”之间如何分赃，因为太过于敏感，便拖成了历史遗留问题。得益于荀瑶的贪婪与果断，范氏、中行氏的封邑终于在这一年换了主人，智氏无疑占去了大头，甚至还有他一家吃独食的说法。

没过几年，贪婪成性的荀瑶又打起了空手套白狼的小算盘。他这次瞄准的苦主是韩氏，死皮赖脸地找上门，要求人家送一块地。韩氏宗主韩虎就是先前在蓝台被荀瑶戏耍的那只可怜虫，虽说实力不济（只比晋国国君稍微强一点），但脸面还是要的，脾气也是有的，对于这种无理要求，打算一口回绝了事。韩虎的谋士段规先前在蓝台一同被荀瑶羞辱，心眼倒不见得比荀瑶少。在他看来，君子报仇，且不论早晚，关键是要讲究策略，不报则已，报则必成。

什么意思呢？段规认为，如果贸然回绝，吃亏的肯定是韩氏，所以咱们必须忍下一时之气，以土地换和平，让荀瑶尝到一些甜头。以荀瑶的品性，势必会找另外两家再占便宜。一旦有一家跟他杠上，咱们不就不孤单了吗？到时候坐等事态生变，韩氏便可确保无虞。

果然不出段规所料，荀瑶见韩氏认了怂，扭头就向魏氏伸出了自己的黑手。魏氏宗主魏驹最初的反应跟韩虎一样，也想送给荀瑶一个大耳刮子。他的谋士赵葭则与段规英雄所见略同。大同小异的说辞咱就不再赘述了，最终结果是魏、韩两家各送出一个万户之邑，把荀瑶这股祸水引到了赵无恤的跟前。

荀瑶霸气十足，直接拿着地图上门，画上一个圈，逼赵无恤就范。赵无恤何许人也，敢骑在他的头上作威作福，荀瑶吃错药了吧？！忍无可忍，无须再忍，赵无恤终于血气方刚了一回，一巴掌把荀瑶拍了回去：要地没有，有本事来抢！

虽说图得嘴上的爽快，赵无恤却因此摊上了大事。荀瑶碰了一鼻子灰，便以平分赵氏封邑为诱饵，怂恿魏氏、韩氏一道，气势汹汹地兴兵讨伐赵氏。多灾多难的赵氏再一次被推到了关乎生死存亡的风口浪尖。

绝地反击，共谋逆袭

凭空飞来一场横祸，让赵无恤愁眉不展，甚至怀疑起了人生。与张孟谈等谋士商量来议论去，大家一致认为：该来的终归要来，躲是躲不过去的，当务之急是找一个能打持久战的城邑，跟荀瑶拼个鱼死网破。是死是活，在此一举！

这话说起来热血沸腾，但仅凭一座没有外援的孤城，想要顶住三家联军的猛烈攻势，谈何容易！先不说别的，就基本条件而言，城防得坚固吧，仓廪得充实吧，民心得可用吧，三者若缺其一，趁早歇菜认怂算了。

在赵氏的封邑当中，长子（今山西长子）城防坚固、邯郸（今河北邯郸）仓廪充实，但在赵无恤看来，这都是穷尽民力、耗竭民膏换来的，民力已枯，民膏已竭，何谈民心可用？民心既失，再坚固的城防，再充实的仓廪，恐怕也无济于事。

说到民心，赵无恤想起了先父赵鞅殷殷嘱托的晋阳城（今山西太原）。当年，赵鞅派家臣尹铎前去晋阳担任宰职。临行之际，尹铎特意请示赵鞅："您想让晋阳成为财赋重地，还是防御重镇？给句痛快话，我才知道该怎么做。"赵鞅沉思片刻，心想：咱们赵氏眼下倒是不缺钱，正所谓狡兔三窟，留条后路总是好的。便选择了后者。于是，尹铎在晋阳宰的任上只做了两件事：修城墙，减赋税。后来，赵鞅告诫赵无恤，一旦晋国有难，晋阳便是赵氏最理想的避难之所。

感慨老成持重的赵鞅有先见之明也好，叹息年少气盛的赵无恤好鞋踩了臭狗屎也罢，事情毕竟已经到这个份儿上了，别无选择，就到晋阳去跟荀瑶一决高下吧！

坦率地讲，赵无恤之所以选择晋阳，是奔着民心可用这一条去的，至于城防是否坚固、仓廪是否充实，他的期望并不高。然而，当赵无恤来到晋阳的时候，眼前的景象还是让他感到一阵眩晕：晋阳“城郭不治，仓无积粟，府无储钱，库无甲兵，邑无守具”。归纳起来讲，守城所需的物资一概全无！

赵无恤不敢怀疑先父赵鞅是拿自己寻开心，只能暗自埋怨先前的选择似乎不够稳妥。眼瞅着晋阳城这副悲催的模样，赵无恤的心凉了大半截。不过，谋士张孟谈倒是显得胸有成竹。他认为，尹铎当年治理晋阳的成果，不仅在于通过轻赋薄税凝聚民心，更在于藏富于民、涵养民力，先主的嘱托不会错，咱们的选择也不会错！

在张孟谈的倡议之下，赵无恤下达了一道命令，要求晋阳城中的百姓先给自家留足三年的口粮，其余的全部上交官府，同时募集壮丁充作甲兵，还招揽有手艺的工匠修缮城防工事。

此令一出，短短一天的时间，晋阳的府库、仓廪便被各种物资塞得满满当当，守城部队也满员了，甚至一些百姓因为迟来了一步，钱粮没交出去（仓库装不下了），兵也没当成。五天之后，各种城防工事一应俱全。

钱有了，粮有了，兵也不缺，赵无恤又操心起兵器匮乏的问题。具体来讲，就是造箭用的木料和黄铜不太够。“百事通”张孟谈又翻出了老黄历，说赵鞅当年让董阏于修筑这座城邑的时候，董阏于已经做了巧妙的安排，譬如城墙的墙骨是用丈余高的树干做成的，还有城中的建筑，多用铜柱代替木柱。咱们想造兵器，取几根墙骨，拆几栋房子，不就行了？

直至此时，赵无恤提到嗓子眼的心总算是放下去了大半。仓促而就的城防、仓廪，加上积聚多年、众志成城的民心，在接下来的晋阳保卫战中经受住了异常残酷的考验。

志在必得的荀瑶带着浩浩荡荡的三家联军，连攻了三个多月，竟然啃不动这座孤立无援的城池。荀瑶仗着人多，玩起了铁桶战术，将晋阳围得水泄不通。然而围了一年有余，晋阳城依然没有任何松动的迹象。说起来也容易理解，人家在城里有吃有喝的，怕你什么？！

眼瞅着围城的套路不管用，谋略过人的荀瑶又玩起了新花样：以水代兵，决开附近的汾水，漫灌晋阳城！

对于号称固若金汤的晋阳而言，真正的考验才刚刚开始。河水如同猛兽一般，从决口之处咆哮而来，漫灌到城邑的每一个角落，史载“城不浸者三版”，意思是露在水面上的建筑只剩下六尺那么高了。几乎是眨眼之间，晋阳城便成了一片泽国。

即便如此，赵无恤和守卫晋阳的军民也没有选择放弃和屈服。家被淹没在水下，百姓们便爬到树上结巢而居；灶台成了青蛙的乐园，百姓们就把锅鼎吊起来煮食。这一场景被史书形象地总结为“巢居而处”“沉灶产蛙”“悬釜而炊”。由于储存的粮食都被淹没在了水下，苦苦支撑的晋阳甚至还发生了人马相食、易子而炊的惨剧。

令人难以置信的是，晋阳军民在如此惨烈的处境当中，又极其顽强地坚持了两年，直至陷入钱粮耗尽、兵民羸病的绝地。赵无恤的心里很清楚，再这么苦熬下去，其结果必然是人亡城失。每念及此，赵无恤难免感到悲观，思想上开始动摇。

危急关头，谋士张孟谈再一次站了出来。他认为，现在谈投降为时过早，咱们手里还有牌，只不过目前在荀瑶那边而已！

张孟谈口中的牌，说白了就是魏、韩两家。他们为什么要跟着荀瑶围攻晋阳呢？是与赵无恤有血海深仇吗？说不上。贪恋赵氏的封邑？按照荀瑶吃独食的一贯作风，他们两家似乎也没抱什么期望，能保住自己的封邑就算烧高香了。说来说去，魏氏、韩氏大老远地跑到晋阳来凑热闹，完全是迫于荀瑶的淫威，害怕引火上身而已。既然如此，咱们就不应排除赵、魏、韩三家抱团结盟，合起伙来对付荀瑶的可能性。

抱着死马当活马医的侥幸心理，赵无恤同意让张孟谈冒险试一试。踌躇满志的张孟谈趁着夜色潜出城外，与魏驹、韩虎两位宗主见了面。道理不必讲太多，眼下的态势再简单明了不过了，就八个字："辅车相依，唇亡齿寒。"试想一下，一旦赵氏被抹掉，魏氏、韩氏还能独善其身吗？对此，魏驹、韩虎也有清醒的认识："赵氏朝亡，我夕从之；赵氏夕亡，我朝从之。"赵、魏、韩三家，同属一根绳子上的蚂蚱，只有精诚团结，才能谋得一条生路。

存人也是救己，魏驹、韩虎很快就与张孟谈暗中达成了协议，只待时机一到，便可合力将荀瑶掐死在一家独大的迷梦之中。

在攻防之势即将出现逆转的当口，那位精明的智氏族人——智果再度洞悉了表象之下的玄机。他跟荀瑶讲，魏驹、韩虎这几天暗露喜色，怕是要搞事啊，防人之心不可无，咱们必须做最坏的打算。怎么做打算呢？如果直接把二人干掉，这场仗就打不下去了，不如去笼络他们的谋士——赵葭和段规，允诺灭掉赵氏之后，分给他们每人一个万户之邑。魏驹、韩虎向来对赵葭、段规言听计从，只要赵葭、段规咬钩，魏、韩两家就不会再生二心了。

荀瑶听完智果的一通唠叨，却打死也不愿意相信魏、韩两家会心怀异志。先不论他们有没有这个胆量，就算要反水，何必拖到现在呢？咱们围困晋阳足有三年光景，大水漫灌也有两个年头了，赵无恤余下的时间只能按天算，这时候放着唾手可得的利益不要，跟一个将死之人串谋倒戈，这不是自己往火坑里跳吗？再者说，当初撺掇魏、韩两家出兵，已经允诺三家平分赵氏之地了，要是再拿出两个万户之邑贿赂赵葭、段规，咱们智氏岂不是白忙活了？

因为太过于自信，又舍不得出血，荀瑶就此错过了最后的机会。魏、韩两家迅速倒戈，帮着赵无恤发起绝地反击，联手灭掉了不可一世的智氏，并三分其封邑。

成功逆袭之后，赵无恤仿照北方狄族的风俗，拿荀瑶的头颅装酒喝（“断其头以为觞”），以泄蓄积在心头多年的仇恨！

《韩非子》对荀瑶之死评价说：“祸莫大于不知足。”做人还是不要太贪心，否则早晚死得很难看。司马光在《资治通鉴》里批得更狠：“自古昔以来，国之乱臣，家之败子，才有余而德不足，以至于颠覆者多矣！”

虽说荀瑶已经成了赵无恤手中的杯具，但跟他有关的故事还没有结束。我们时常会听到这样一句话：“士为知己者死，女为悦己者容。”最早说这句话的人名叫豫让，而他口中的所谓“知己者”，便是名声相当不堪的荀瑶。

豫让是晋国人，曾经效命于范氏、中行氏门下，但一直很不得志（“无所知名”）。后来，豫让改换门庭，投奔了荀瑶，并深受尊宠。晋阳之战，智氏一败涂地，二百余族众、门人惨遭赵、魏、韩三家杀戮。豫让侥幸逃入山中，虽然保住了性命，但想到自己未曾报答荀瑶的知遇之恩，便立下了一道誓言：“嗟乎！士为知己者死，女为悦己者容，吾其报智氏矣！”

为了兑现自己的诤诤誓言，豫让隐姓埋名，化装成一个受过刑罚的人，潜伏进了王宫，以清扫茅房为掩护，伺机刺杀赵无恤。功夫不负有心人，赵无恤有一次上茅房，还真的跟豫让撞上了，只可惜豫让尚未来得及动手，便被赵无恤察觉，抓了个正着。经过一番审讯，赵无恤得知豫让是想替旧主荀瑶复仇，不禁感念其忠义之心，把他给放了。

豫让逃过一劫，但依然不改复仇初衷。因为先前已经跟赵无恤打过照面，豫让不惜断须毁容，化装成一个长满癞疮的乞丐。为了验证这次化装的效果，豫让特意在自家附近乞讨，看会不会被妻子识破。虽然豫让的妻子没能把他认出来，但还是心生疑惑，说这个人的声音很像我丈夫，看容貌又不是。豫让毫不迟疑，又将烧得通红的木炭吞下，烧坏声带变了音，继续去行刺赵无恤。

尽管这次化装付出了极其惨烈的代价，豫让还是没能如愿以偿。赵无恤哀其不幸，叹其忠心，应豫让的请求，他将自己的衣服递了过去。《战国策》记载说，豫让朝着赵无恤的衣服连砍了三剑，剑落之处竟流出血水。虽有未能报仇的遗憾，但豫让确实已经竭尽全力，当场伏剑自尽。

荀瑶覆亡之后，被赵、魏、韩三家瓜分的除了智氏的封邑以外，更有晋国的大权。昔日公卿强悍、国君卑微的政治格局，也因这场精彩的逆袭之战而愈演愈烈。

在过去的四卿时代，居首的正卿（譬如荀瑶）好歹还要做一做尊奉国君的表面文章，以彰显自己以正卿之位号令全国的合法性、正义性。现如今，不可一世的智氏已经灰飞烟灭，赵、魏、韩三家的话语权相当（至少目前是这样），确实没必要捏着鼻子哄眼睛，拿名不副实的晋国君主做幌子玩一拖二了。

更何况主政的晋出公又不晓事，看着四家公卿你攻我打，闹得欢快，也不甘于寂寞，竟然在智氏被灭后去找齐、鲁两国借兵“加戏”，幻想着实现灭三卿、复强晋的美好愿景。结果呢，白日梦没能成真，反倒被三家公卿揍得抱头鼠窜，最终死于流亡途中。

妄想“加戏”的龙套——晋出公被轰走之后，三家公卿改立了毫无作为的晋敬公。从此，赵、魏、韩堂而皇之地以诸侯自居，不断蚕食晋国故地，国君的地位更是日渐式微，“三家分晋”的局面日渐成形。至晋幽公嗣立的公元前434年，史载晋国国君只剩下绛邑（今山西曲沃曲村）、曲沃（今山西曲沃县城）两座城池，还要可怜巴巴地朝见三家公卿。

昔日威震天下的春秋霸主竟沦落到充作不入流附庸的凄惨地步。优胜劣汰，适者生存，历史往往就是这样无情！

前事不忘，后事之师

“三家分晋”开启了天下诸侯逐鹿争霸的新纪元，即风云变幻、大浪淘沙的战国时代。不过，就眼下各大诸侯的实力和态势而言，此时要谈论响当当的“战国七雄”，还为时过早。

算是为过往的纷争做一个交待吧，咱们先回顾一下春秋时期的最后一位霸主——越王勾践。公元前468年，“号称霸王”的勾践将都城从遥远的会稽（今浙江绍兴）迁到了沂山一带的琅邪（今山东临沂境内），图谋中原之心昭然若揭。然而，勾践在公元前464年去世之后，越国的形势便急转直下，历经三代君主遇弑的内乱，现如今已成强弩之末，连二流诸侯都算不上了。

春秋霸主的时代一去不复返，而那些未来的“学霸”们（战国七雄），这时候又是什么状况呢？咱们再挨个瞧一瞧：

北面的燕国，虽然是西周时期最早受封的“方伯”之一，但尚无拿得出手的战绩，证明自己若隐若现的存在。

南面的楚国，号称南方第一强藩，曾经叫嚣“我有敝甲，欲以观中国之政”，还胆敢问鼎于中原。然而公元前505年被吴国攻陷郢都，楚国元气大伤，此时还在继续调养，更何况在广大中原诸侯的眼里，楚国依然属于“非我族类，其心必异”的蛮荒。

西面的秦国，境遇比楚国惨多了。楚国在毗邻中原的伏牛山区建有大规模防御工事——方城，只要有实力，出入还算自如。秦国地处偏僻的关中，崤山、函谷关捏在人家晋国的手里，虽有染指中原之心，却连门都出不去，春秋时期挨过晋国几回收拾，索性丢掉幻想，直面现实，调转矛头去攻伐各路西戎，大刷成就感去了。

东面的齐国，自齐桓公的霸业终结之后，一直被晋国压过一头，实力虽说还算凑合，但现时的处境跟晋国一样，大权一直被牢牢地掌控在公卿手里。晋国是六变四、四变三，减法做得很嗨，齐国倒是没这么复杂，在公元前481年齐简公被拘杀、宠臣阚止遇害之后，就是田氏一家独大了。其实呢，多有多的麻烦，少也有少的烦恼。公卿太多，隔三岔五总爱掐架；公卿太少，则国君的位置堪忧。随着田氏“借壳上市”、取而代之的意图愈加明显，齐国内部各种暗流涌动，一时也无闲外顾。

除了这些一线诸侯以外，身处大国夹缝之中的二流诸侯更是一副战战兢兢、但求一息尚存的可怜相。用春秋时期郑国一位公子的话说：“牺牲玉帛，待于二竟，以待强者，而庇民焉。”对于他们而言，每天醒来琢磨的第一件事，就是今天该抱谁的大腿。春秋时期，一线诸侯你争霸来我称雄，忙得不亦乐乎，这些二流诸侯连跑龙套都显得多余，哪里还敢贸然抢戏？

纵观当今天下，想在战国之初荣登诸侯盟主之位，只可能是赵、魏、韩三家出其一了！

三晋当中，距离盟主之位最近的，理应是在晋阳保卫战中成功逆袭的赵无恤。且不说别的，赵氏的实力在那儿摆着呢！无论晋国的公卿是四家还是三家，论资历，论实力，作为后起之秀的魏氏和韩氏都排不到赵氏的前面去。四卿当政的时候，只有赵无恤敢于对荀瑶说不。晋阳被围得那么惨，连赵无恤自己都想打退堂鼓了，魏驹、韩虎怎么样？他们依然坚信赵氏必然能成功逆袭，并鼎力相助。火掉智氏之后，受伤最深的赵氏分到的封邑最多。要说他排第二，确实找不出第一了。

实力当然不是天上掉下来的，而是一代代人积攒起来的，有时候甚至需要不择手段，赵无恤在这方面就一点儿也不含糊。

举个例子来说吧，赵鞅在世的时候，曾经将自己的女儿，也就是赵无恤的姐姐嫁到毗邻的代国，指望通过姻亲关系来扩大赵氏的影响力。轮到血气方刚的赵无恤当家，觉得联姻的办法实在太不靠谱，尤其是嫁女儿的一方更没有保障，毕竟色衰则爱弛，乃是自然之理、人之常情。为了一劳永逸，赵无恤假意请姐夫（代国君主）过来喝酒，结果让他有来无回，接着出兵，轻而易举地就把代国灭了，比荀瑶讨伐仇由还要简单粗暴，弄得他的姐姐“泣而呼天”，愤然自尽。

赵无恤胆识卓越，谋断过人，否则也打不出晋阳保卫战这场相当精彩的逆袭。我们完全有理由相信，战国时代开张之后的首任掌柜，非赵无恤莫属！

也许似乎大概是，然而未必不见得。当仁不让的赵无恤终究与盟主之位无缘，究其根由，乃三个字：认——死——理！

赵无恤认的这个死理，便是西周时期赖以立国的两大邦本之一——宗法制（另一项是分封制）。我觉得吧，赵无恤铭记于心的执念，必然与他的身世有关。他是庶出，生母还是狄族婢女，如此不堪的出身，使得赵无恤自幼便养成了相当自卑的心理。他后来能够得到父亲赵鞅的垂爱，最终脱颖而出，破格晋升为继承人，完全是凭借智慧与勤勉。

地位来之不易，所以赵无恤在关乎宗法制的问题上有着超乎常人的敏感与固执。所谓宗法制，形式上讲究嫡庶有别（分成大宗、小宗），核心要义是实现尊卑有序，而赵无恤对于宗法制的执念最终演变成了两次犯糊涂，分别与核心要义和形式有关。

第一次犯糊涂，是在晋阳保卫战之后的论功行赏中。

晋阳逆袭，谁该论首功？我相信，只要秉持一颗公正无私的心，都

会给出完全一致的答案——谋士张孟谈。

平心而论，张孟谈对赵氏做出的卓越贡献何止晋阳逆袭这一回啊！早在六卿时代，晋国为了探索富国强兵的道路，率先在诸侯中推行破除井田制的改革，将公田分给农民自行耕种。一户授田百亩，这是全晋统一的标准，但一亩合多少，各家公卿可以根据土地的多寡贫瘠自由裁量。当时，在赵氏封邑主持这场“广封疆，发阡陌”运动的人，正是张孟谈。

在他的实际操刀之下，赵氏的一亩合二百四十平方步，在六家公卿中高居榜首。同时，张孟谈推行按人头计税的办法，鼓励百姓开荒种地，既是让利于民，更是藏富于民。除此之外，张孟谈还针对各级官吏建立了年度考核制度——“上计”，谁要是懒政不作为，到年底对账，全得露馅。还有房产、田产的自由买卖，也是在赵氏封邑率先开绿灯的。

当时，享有“兵圣”之誉的孙武据此做了一个神预测。他认为，晋国六卿当中，亩制最小的范氏、中行氏（一亩合一百六十平方步）最先灭亡，其次是智氏（一亩合一百八十平方步），再轮到韩氏、魏氏（一亩合二百平方步），只有一亩合二百四十平方步的赵氏能够坚挺到最后。这个大道至简的神预测，竟与六卿实际衰亡的进程高度吻合！

然而，就是这样一位功勋卓著的谋士，却在赵无恤拟就的功劳簿上，屈居一个毫无寸功可言的人（赵无恤豢养的门客高赫）之后。不光张孟谈自己，很多人都感到匪夷所思，但赵无恤自认为有无可辩驳的理由。他跟众人讲：“在晋阳朝不保夕的时候，你们情急之下，多少都有些失礼不周之处，只有此人对我毕恭毕敬，一如往昔，自始至终不失人臣之礼，所以他的功劳最大！”

生死事小，尊卑事大，这便是赵无恤的逻辑，《史记》对此持赞许的态度，认为“赵北有代，南并智氏，强于韩、魏”正是赵无恤讲究尊卑礼仪结下的累累硕果。客观地讲，尊卑礼仪再好，也存在矫枉过正、过犹不及的问题。执念深重的赵无恤似乎忽略了一点：如果只有形式上的忠诚，而没有实实在在的才能，赵氏又如何发展壮大呢？

说发展壮大，似乎还过于遥远，眼下的问题在于：张孟谈撂挑子不干了。通过论功行赏这件事，张孟谈不仅心寒，更有一种不祥的预感：赵无恤这个人岂能容忍功高震主？！自己虽然没有野心，但将来若是身处功无可赏之境，项上人头势必说丢就丢啊！于是乎，张孟谈毅然决然地选择了功成身退，跑到肙丘做农夫去了。面对赵无恤的挽留，张孟谈讲了一句很有名的话：“前事之不忘，后事之师。”

如果单看这句话，您或许会不明就里：不过是去与留的问题，何出此言呢？其实，这句名言的前面还有一句：“臣、主之权均，之能美，未之有也。”张孟谈认为，君与臣手中的权力相当，又能和谐共处，相得益彰，这种事儿在历史上从来没有出现过，反倒是君臣共苦而不能同甘的教训太多太深刻（譬如勾践与范蠡、文种）。因此，咱们好说好散吧，何必让悲剧重演呢？

张孟谈黯然离去并没有让认死理的赵无恤有所悔悟，在选择继承人的问题上，赵无恤再一次犯了糊涂。

宗法制讲究立嫡立长，赵无恤当然不会违背，但他对于赵氏嫡庶的理解有自认为无可辩驳的诠释。前面讲过，赵无恤是以庶出的身份继承公卿之位的，内心难免有一些忐忑，自觉来路不正。因此，他一心想把爵位传回嫡长兄赵伯鲁那一门，这样既能避免落人口实，将来在黄泉之下，也能给先父一个像样的交代。

大哥赵伯鲁死得早，赵无恤便立他的儿子赵周为嗣。在灭掉代国之后，赵无恤还将代国的故地封给了赵周。可惜赵周命比纸薄，无福消受，死得比较早，没能活过赵无恤。于是乎，执念深重的赵无恤置自己的儿子于不顾，又隔代册立赵周的儿子赵浣为嗣。

公元前425年，赵无恤溘然长逝，侄孙赵浣理所当然成了赵氏的新宗主。赵无恤的儿子赵嘉不服气，不仅驱逐了赵浣，还在代地自立为宗主，但一年之后就死掉了。随后，赵氏族人遵照赵无恤的遗愿，杀掉赵嘉的儿子，复迎流亡在外的赵浣为宗主，赵氏才逐渐稳定下来。

心寒的谋士拂袖而去，再加上你死我活的夺嗣之争，使得当年在晋阳精彩逆袭的赵氏黯然失色，终与盟主之位无缘，实在令人感到惋惜之至！

盟主养成记

在赵氏内忧不断、自顾不暇之际，魏氏宗主的新生一代——魏斯（魏驹的孙子）却凭借卓越的智慧与百折不挠的韧劲，迎来了属于自己的辉煌岁月。

魏斯于公元前446年嗣位，不足而立之年便坐上宗主之位，论资历，论经验，他在赵无恤、韩虎两位老江湖面前，就是一个未晓人事的娃娃。但我想说："后生足可畏，莫欺少年穷。有朝一日风骤起，拍死前浪天下知！"

话虽如此说，但大家或许会感到疑惑，魏氏没实力，魏斯没资历，这位战国时期的头号盟主，又是如何养成的呢？不着急，听我慢慢给您道来。

纵观魏氏的崛起历程，咱们可以看到一条"三步走"的清晰路径，而贯穿始终的最根本的经验，便是魏斯立足于国情、因时而变的治政方略。

第一步，用今天的话可称作塑造品牌形象。

魏斯嗣位之初，别说天下诸侯了，即便是同出晋国一脉的赵无恤、韩虎，估计都没拿正眼瞧过这个新当家的小鬼。名气都没有，遑论品牌形象?！

鉴于初闯江湖，处境艰难，魏斯在选择百官之首——相国的问题上

十分慎重，一直在自己的弟弟魏成和翟璜两人之间拿捏不定。魏成尊崇儒家学说，拿着自己的食禄到处结交宾客，招贤纳士，据说他百分之九十的食禄都拿给宾客们挥霍了。翟璜则是一位实干家，颇有一番干事创业的劲头，对那些坐而论道的伎俩不太感兴趣。

如果您是魏氏集团的董事长，打算选谁做CEO（首席执行官）呢？选择翟璜的话，那么魏氏集团距离“上市”圈人融资，又远了一程。别不服气，您想让翟璜发挥宣传效应，圈到外面的“投资人”来入伙，得有令人心动的故事吧？翟璜只知埋头干活，并没有什么故事可讲，哪位“投资人”会来陪您玩情怀呢？

回头来看魏斯，在细致地权衡了一番之后，他任命的相国是魏成。别忙着给他扣上一顶任人唯亲的帽子，先来看看效果到底如何。

魏成虽说是魏斯的亲弟弟，但他更是一位优秀的HR（也叫“人才贩子”）。就任相国期间，魏成能拿得出手的政绩，基本上只有人，尤其是举荐了几位声名显赫的儒家人士：卜子夏、田子方和段干木。

卜子夏是孔子的得意门生，在《论语》里的出镜率相当高，被后世誉为儒学的传经鼻祖。当时，卜子夏在魏氏的西河（今陕西渭南一带）传教，开创了所谓的“西河学派”，各地学子纷纷慕名而来。他的名气和影响力都是杠杠的，魏斯也曾拜他为师。

田子方是孔子的再传弟子，曾经师从孔门的另一位高徒端木子贡。魏斯曾奉他为上宾，共叙手足之情。

段干木是卜子夏的学生，算是魏斯的同门师兄了，但他一直不肯给师弟面子，拒绝出来做官，魏斯屡次登门都无功而返，但依然以礼待之。

三位名士在魏国受到极高的礼遇，除了偶尔让魏斯红红脸、出出汗以外（譬如卜子夏借音乐大谈“谨其所好恶”的治国为君之道），更关键的作用在于衬托出魏斯求贤若渴、礼贤下士的仁主作风，史载“四方贤士多归之”，而这正是魏斯梦寐以求的品牌效果！据史料记载，秦国曾经因为魏斯对段干木这样的贤者以礼相待，而不敢刀兵相向。这虽然有夸大粉饰之嫌，但也从一个侧面反映出了讲好品牌故事的力量！

第二步，故事讲得再好，也得有干货，接下来便是强基固本。

品牌形象有了，故事也讲得不错，引来了四方贤才，济济一堂。然而仅凭坐而论道、克己复礼，并不足以争霸天下，须得埋头苦干的治世之才内蓄民力，外御强敌，创造业绩，为魏氏崛起打下坚实的基础。

此时，谈笑有鸿儒、干活不在行的魏成已经难堪其任，魏斯果断换上了实干家翟璜。翟璜不负宗主的重托，不光自己干，还举荐了一批实干之才一块儿干，最具有代表性的人物是西门豹、吴起、乐羊和李克。

得益于那篇名为《西门豹治邺》的小学语文课文，说起西门豹这个名字，相信大家都很熟悉。课本里的故事改编自《史记·滑稽列传》，不过并非司马迁的原笔，而是在原本散佚之后，由西汉末期的史学家褚少孙补撰的。西门豹在他生活的年代就已经“名闻天下，泽流后世”了，而他治邺的政绩，也不单单是课文里所说的，把巫婆忽悠进了河里，破除了当地“河伯娶妇”的陈规陋习。

当时，魏氏封邑都在推行一夫百亩的授田政策，惟独邺邑（今河北临漳附近）享受特殊待遇，破格按一夫二百亩的标准分田。原因呢，倒不是邺邑的后台硬，而是土地太贫瘠，种不出啥东西。即便是破格分双份，这里的百姓依然食不果腹，如若没有救济，只能吃土。正是因为物质匮乏，生活举步维艰，河伯之类的怪力乱神才得以大行其道。西门豹即将走马上任的就是这样一个人皆躲、鬼见愁的地方。

起初接到任命的时候，西门豹心里有些犯嘀咕，不太愿意去。翟璜的面子也不好使，魏斯只得亲自出面去忽悠。魏斯开门见山地讲：“你西门豹此去，必能全功、成名，外加布义。”西门豹一脸懵懂：“您诈我呢？！”魏斯语重心长地进一步解释说：“地方无论贫富与广狭，都有贤者和饱学之士，也不乏扬人恶而掩人善之徒。主持一方政务，办法

万变不离其宗，无外乎亲贤者、师学士、察奸人，不能仅凭道听途说，仓促间做出判断，正所谓‘耳闻不如目见，目见不如足践，足践不如手辨’。另外，这新官上任啊，就好比从光天化日之下突然闯进一间晦暗无光的屋子里。刚进去的时候呢，两眼一摸黑；待得久了，才能逐渐看得真切；看得真切，便可以找到政通人和的方法；有了方法，便大胆坚决地去执行；执行到位，则全功、成名、布义，三者齐具。就说邺邑这个地方吧，你觉得它品相不行，基础更差，先不论对与错，即便如你所言，一滩烂泥扶不上墙，可这不正是你施展才华、显身立名的大好机会吗?！”

经过魏斯的一番耐心点拨，西门豹欣然领命，到任之后访乡贤，察民情，先是整治了那些打着河伯的幌子巧取豪夺、戕害民女的巫婆乡老，接着征发民力，开凿出十二条水渠，从漳水（今漳河）引流灌溉，使昔日贫瘠的盐碱地变成了膏腴沃土，昔日人皆躲、鬼见愁的邺邑，竟然野鸡变凤凰，富甲一方了！

等到任期届满考核，即上计的时候，西门豹治下的邺邑居然“廪无积粟，府无储钱，库无甲兵，官无计会”，跟当年的晋阳城有得一拼，粮食、财政、兵备、账目，每项都差不多交了白卷。魏斯刚开始还不太相信，亲自实地巡察了一番，不见不知道，见了吓一跳，果然是要啥没啥！

魏斯不禁大为光火，劈头盖脸将西门豹一通臭骂：“翟璜举荐你西门豹是来干活的，不是来养老的，你把我的谆谆教导当成耳旁风，将邺邑搞成这个样子，还有什么话可说?！”西门豹一脸轻松，说：“您别着急，也别上火，那些败家的玩意儿才藏富于库呢，我这是藏富于民。您如果不相信，不妨登城鸣鼓，钱粮、甲兵立等可得。”

在魏斯的亲自见证下，西门豹开始了自己的精彩表演。一鼓响过，只见闻鼓而至的兵士们披甲持弩、整齐列阵；再击一鼓，城内外的百姓便担粮而至。这让魏斯大开眼界，不由得对西门豹钦佩之至。

西门豹以“滑稽”（指能言善辩）闻名于世，而与孙武、孙膑齐名的战神吴起，名气显然更大，他不仅位列“东方六国八名将”之首（出自贾谊《过秦论》），人生经历也更具有传奇色彩。

吴起出生在卫国，早年是游手好闲的恶少，不仅败尽家财，还背负命案（据说一口气杀了三十多个嘲笑他的乡邻），向家人扔下一句“不为卿相，不复入卫”的狠话之后，便远走他乡了。他先是师从儒家名士曾子（曾申），后因母丧不归，被曾子逐出了师门，再后来投奔到了鲁国。

当时，鲁国正遭遇宿敌齐国兴师讨伐，新来乍到的吴起迫切需要一个证明自己的机会，不惜杀掉自己的妻子（齐国人），以此打消鲁国君臣的疑虑，随后率兵赶走了齐军。然而，在享有“周礼尽在鲁”美誉的鲁国，吴起背负母丧不归的不孝之名，如今又有残杀妻子的不义之举，深受儒家文化熏陶的鲁国君臣不堪与他为伍，没过多久就把吴起挤对到了晋国，他投奔在魏氏门下。

魏斯跟吴起不熟，便向李克询问，吴起这个人到底怎么样。李克给出的评价是：此人既贪财又好色，但若论用兵，比春秋时期的司马穰苴还要厉害。魏斯这下就放心了，人无完人嘛，咱们魏国可不像鲁国那么矫情认死理，我要的是征战沙场的将军，只要能打胜仗就行，何必纠结于过往，拘泥于小节。

正是魏斯务实的用人之策才让吴起有了真正的用武之地，而魏斯交给他的主要任务是对付不怎么老实的秦国。

吴起能在《史记》里与孙武、孙膑合传，绝非浪得虚名，他果然没有辜负魏斯的重托！根据史料记载，吴起效命于魏氏期间，指挥了七十六场战役，创造了六十四胜十二平的辉煌战绩！到了公元前408年，吴起亲率魏军渡过黄河，以所向披靡的攻势接连攻下五座城池，将河西之地收入囊中，魏氏的实控线从黄河向西推到了洛水（今陕西境内的洛河）。

占了这么大的便宜，魏斯总算是心满意足了，又委任吴起镇守河西，巩固这一胜利果实，关秦国人禁闭。一直到了二十多年后，吴起黯然离开河西（这事后面再详细说），忍辱负重的秦国才开始反守为攻，觊觎中原，动起与魏国争雄的念头。

跟吴起一样，为魏氏崛起立下赫赫战功的还有翟璜的门客乐羊。在吴起尽取河西之地以后，魏斯并没有打算对偏居蛮荒的秦国赶尽杀绝，而是将目光投向了地盘不算太大，但地理位置至关重要的小国中山。中山一战，便是乐羊的成名之作（既有美名，也有骂名）。

中山的先祖是鲜虞氏，因发祥于五台山附近的鲜虞水而得名，属于狄族三大种属之一的白狄（另有赤狄和长狄）。早在春秋时期，白狄与晋国的关系就相当密切，公子重耳（即晋文公）逃亡时，最初的落脚之地便是白狄，而且一待就是十二年。白狄有四大部落：鲜虞氏、肥氏、鼓氏和仇由氏。后面三个部落此时皆已灭亡，肥氏、鼓氏是被春秋时期的晋国将领中行吴（中行氏宗主，也称为荀吴）干掉的，仇由氏则灭于荀瑶之手，只剩下鲜虞氏得以幸存，久经辗转迁徙之后，立国于太行山区。

中山国所处的地方险隘众多，易守难攻，乐羊一开始打得十分艰难。久战无功，后方就开始有人说闲话了，怀疑是乐羊故意放水，因为他的儿子乐舒此时正在中山国做官。但用人不疑的魏斯丝毫不以为意。

中山国小民贫，耗不起持久战，不过两年光景便被逼急了眼，迫不得已之下把乐舒炖了，做成肉汤派人送给乐羊。乐羊当着众将士的面，眼都没眨一下，仰起脖子就把这碗汤一口喝光。中山国君的脑洞也真够大，你把乐羊的儿子宰了炖了，又端汤给他喝，还能指望他网开一面不成？结果呢，乐羊把肉汤一饮而尽，嘴都没来得及擦，便率领魏军发起总攻，将奄奄一息的中山国灭了。

凯旋而归之后，乐羊侃侃而谈自己的战功，魏斯不动声色地将这些年收到的一箧谤书摆到他面前，吓得乐羊赶紧稽首跪拜，不敢再吹牛皮了。鉴于喝儿子肉汤之举太挑战常人的三观，比吴起杀妻还要恶劣百倍，有谋臣认为，虎毒还不食子呢，乐羊连儿子的肉都敢吃，什么缺德事儿干不出来？因此，魏斯尽管论功行了赏，却难免对臭名远扬的乐羊暗生戒备猜忌之心（“赏其功而疑其心”）。

中山国被抹掉以后，其故地便成了魏斯之子魏击的封地。为了有效治理中山，翟璜又向魏斯举荐了颇有才干的李克。

李克也是卜子夏的弟子，以施仁政、行王道为己任，特别注重涵养民力。当时，中山治下的苦陉赋税骤增，超额完成了任务，县令本以为会得到上级褒奖，结果却被李克定性为“窕言、窕货”。所谓“窕言”，就是听起来悦耳，但明显不合乎常理的虚妄不实之言。所谓“窕货”，用李克的话说，“无山林泽谷之利而入多”，一片穷山恶水，从哪里冒出来这么多的赋税？肯定是对百姓横征暴敛所致！李克当即下令，将这名巧取豪夺的县令就地免职。

得益于李克治中山有方的启发，魏斯但凡遭遇类似的窕言、窕货，同样能够保持比较清醒的头脑。譬如说，有些地方的赋税一年涨了三倍，相关官员来请赏，魏斯多了个心眼，问土地、人口都没增加，怎么涨起来的？下面报告说，这的确不是横征暴敛，而是组织百姓在冬季农闲时砍伐树木，等开春之后卖出去而额外增加的收入。魏斯一听就不高兴了，斥责道：“一年四季用民不息，把百姓都累死了，收再多的税又有什么用？”

更有甚者，个别地方赋税竟涨了十倍。群臣皆贺，魏斯却语重心长地跟大家讲：“前些日子我出游，看到有人反穿着毛皮做的衣服背草料，说是怕伤到衣服上的毛。殊不知把露在外面的皮磨破了，藏在里面的毛又怎么能留得住？咱们再看看这个赋税涨了十倍的地方，土地未见广，士民未见增，实有竭泽而渔之嫌！百姓无以安生，我又能立于何地？你们哪里是在贺我，咒我还差不多！”成语“皮之不存，毛将焉附”就是从这里来的。

得益于翟璜举荐的一干能臣骁将，魏氏的实力迅速增长，一跃成为晋国三家公卿的领跑者！史料特别记载了这样一件事：赵、韩两家闹矛盾，都去找魏斯借兵，准备撕破脸皮大动干戈。但魏斯先向韩家说，魏家跟赵家是兄弟，这兵不能借，接着又对赵家讲，魏家跟韩家是兄弟，这兵不能借。赵、韩两家一开始挺不高兴，事后互相对证，都对魏氏佩服之至！

司马光在编撰《资治通鉴》的时候，引用了这则故事，并据此断定“魏由是始大于三晋，诸侯莫能与之争”。这虽不免有夸大其词之嫌，但经过了塑造品牌形象和强基固本的历程，魏斯确实初显盟主风范了。

第三步，当生产力的发展达到现时生产关系所能容纳的极限时，就该说到振奋人心的变法图强了。

论变革，讲求实干的翟璜显然难堪其任，于是就轮到战国初期最牛的人，被后世尊奉为“法家鼻祖”的变法家——李悝隆重登场了！

李悝出生于魏氏都城安邑（今山西夏县），也有说法认为，他跟李克其实是同一个人。他早年在河西的上地（今地不详）做地方官，当时吴起尚未尽收河西，秦、魏边境呈现出反复争夺、犬牙交错、长期对峙的紧张态势。李悝到任之后，也饱受秦人袭扰之苦，便下了一道政令：民间发生的诉讼，但凡有案情不清、无法裁决者，一律以比试箭术定胜负。此令一出，乡民们赶紧起早贪黑地操习箭术，免得哪天轮到自己打官司的时候吃亏。大家伙刚开始还骂娘，说怎么会有这样的糊涂官，后来秦人屡次袭扰上地，都被精于箭术的乡民痛揍回去，百姓这才明白了李悝的良苦用心。

后来，李悝在例行的上计中脱颖而出，登上了青史留名的舞台。拜相之初，李悝已经在心里谋划出了一幅富国强兵的宏伟蓝图。魏国地处中原，论疆域也就只比韩国稍微强一点儿，但人口众多，粮食需求量很大，所以魏国要实现富国强兵，如何利用手中有限的资源，尽可能多地创造效益，就成了亟需破解的难题。

为了解决这一难题，李悝给魏斯算了一笔账：在百里见方的范围内有九万顷土地，除去山泽、居舍，大约有六万亩农田，如果勤谨耕作，亩产可增三斗，反之则减三斗，一增一减之间，便有一百八十万石的差额。因此，李悝提出要“尽地力”，让土地所产生的效益发挥到极致。

具体怎么做呢？首先是地里要混杂着栽种五谷，避免单一物种的灾害导致绝收。其次是田里不能栽树，因为那样会遮挡阳光，影响禾苗生长。再次是官府鼓励勤力耕作，组织百姓要像防备盗寇一样疾速抢收，预防阴晴不定的老天爷翻脸。最后还要在广大乡野做到“还庐树桑，菜茹有畦，瓜瓠果蓏，殖于疆易”，不浪费任何一点可耕种之地，同时大力发展养殖副业，增加农户收入。

“尽地力”足以劝农，但要做到“民无伤”，这还远远不够。李悝又给魏斯算了一笔账：一名农夫授田百亩，养活五口之家，按亩产一石半计算，每年的收成是一百五十石，支出包括十五石赋税（什纳一）、九十石口粮，剩下四十五石粮食，只能兑换一千三百五十钱。将这些钱用于祭祀、衣物等开支之后，勉强撑到年底，赤字竟达四百五十钱。正常年份都亏得一塌糊涂，但凡遇到灾荒、丧葬、加赋等特殊状况，就更是雪上加霜了，这日子还咋过？

要解决这个问题，片面地提高粮食价格显然是难以为继的，毕竟谷贵伤民、谷贱伤农，走哪个极端都不妥。对此，李悝开创性地提出了平籴法。

所谓“平籴法”，简而言之，就是在丰收的年份由官府平价收购农民的余粮，防止商人伺机压价；如果遇到歉收的年份，官府便将储备粮投放到市场上平价售出，防止商人囤积哄抬。一收一放，兼顾了城里人、乡下人的利益，也稳定了粮食市场的秩序。

从本质上讲，尽地力、平籴法，加上六卿时期已经全面推行的授民与田政策，都是为了巩固和发展小农经济，使之成为立国之基、强国之本。

既然经济体制已经发生了本质上的变化，政治体制当然也得跟上时代发展的步伐，而奠定李悝法家鼻祖这一历史地位的正是他博集诸国刑典编纂的《法经》六篇。

在这部《法经》问世之前，各地诸侯也曾有成文法典颁布，如郑国“铸刑书于鼎，以为国之常法”，晋国在春秋时期也有“铸刑鼎”的记载。但是，当时的法典不仅文辞简约，其立法宗旨还是出于维护贵族统治的需要，落后于时代发展不是一丁半点儿！

李悝此次编撰《法经》，核心要义是保障小农经济体制，而当时对小农生产伤害最大的莫过于所谓“盗”与“贼”。“窃货曰盗”“害良曰贼”，一个侵犯财产权，一个侵犯人身权。因此，《法经》的重点在于六篇当中的前两篇——《盗法》和《贼法》，对各种偷窃、盗取、伤人、害命行为进行明确定罪。对犯盗、贼之法者，必须缉捕并审判，于是有了第三篇《囚法》（规定断狱）和第四篇《捕法》。前面这四篇也称为正律。

盗、贼之外的犯罪行为，如赌博、贪污、奸淫等，由第五篇《杂法》定罪。最后一篇是《具法》，规定了从轻、从重等法律适用的基本原则。六篇律法勾勒出于当时适用的刑法架构，犯了什么罪，该判什么刑，于法有据。

后来，商鞅将这部《法经》带到了秦国，并结合当时、当地的实际状况，改法为律，形成了比较完备的法律体系，是后来李斯制定《秦律》的蓝本。汉朝又承袭秦朝的律法，制成了《汉律》。自此以后，尽管朝代更迭，但律法如同薪火相传，整个封建时代的律法体系都以秦、汉旧律为蓝本，而秦、汉旧律正是脱胎于李悝为魏国的小农经济体制量身打造的《法经》。

追本溯源，李悝是当之无愧的法家鼻祖，而他一系列行之有效的变法措施，不仅给崛起中的魏国带来了国富兵强的新气象，也为后来各方诸侯变法图强树立了光辉的典范！

黑户洗白记

从三家分晋到周天子下诏正式册封赵、魏、韩为列侯，中间隔了整整五十年。也就是说，赵、魏、韩三家合伙造成分晋的既成事实，以准诸侯的身份闯荡江湖，却做了半个世纪无名无份、自娱自乐的“黑户”。刚开始呢，仨黑户做贼心虚，一直担心老资格的诸侯们欺生，会替晋国的傀儡君主讨个说法，联起手来对付他们。要知道，这些诸侯可绝非善茬，往往是讨完说法再抢占地盘，发火了就直接灭掉对方。因此，赵、魏、韩奉行低调处世的原则，日子过得倒还算平稳。

后来，魏国逐渐崛起，脾气也越来越大。公元前416年，形同虚设的晋幽公死于非命。有一种说法认为，他就是被魏斯下黑手弄死的；另外有外出偷情时被盗贼杀死、夫人秦嬴勾结盗贼刺杀亲夫等说法。除了在晋国吆五喝六，日益壮大的魏国还把秦国收拾得服服帖帖，伺机灭了中山国（前文有相关叙述），并索性自封为列侯。

伴随着实力和身价看涨，魏国正式跻身诸侯之列的欲望愈加强烈，毕竟想要干点什么事，没有“户口”，确实显得名不正而言不顺，面子上不好看。赵、韩自己不敢提，可既然魏国率先发声表态，自己哪能落下，当然也希望能够搭上这趟顺风车。

积极追求进步的心情可以理解，但黑户洗白绝非易事，既不是用钱能买得到的，又不能仗着实力霸王硬上弓，毕竟篡君自立，于礼不合，一朝封侯，则国将不国，所以前后两任周天子（周贞定王和周威烈王）都秉持装聋作哑的态度，我既不找你们的麻烦，你们也甭想浑水摸鱼，就当什么也没发生过，即使发生过，我也没看见过，你们爱怎么玩就怎么玩，反正我只认晋国一家，哪怕你们自己叫破天、牛过神，在我这里，你们面貌就是公卿，想晋升诸侯？安眠药吃多了吧？！

周天子视而不见的策略确实奏效，赵、魏、韩三家迟迟不能洗白转正，又不敢冒天下之大不韪，领兵杀到洛阳城里办户口，只得静候时机，从长计议。

耗了将近半个世纪，直到公元前405年，东面的齐国发生了一场内乱，魏斯、赵籍（赵浣之子）、韩虔（韩虎之孙）不约而同地意识到，洗白上户口的机会终于来了。

齐国可是诸侯当中的老资格，早在西周草创之初，便是传奇人物吕尚（姜子牙）的封地，是当时的五大方伯之一，而且是唯一一个异姓方伯。前面说过，此时的齐国已是田氏一家独大。

田氏的先祖名叫陈完，原本是陈国公子，因避祸逃往齐国落脚，改为田氏（当时田、陈同音）。田氏日益壮大，深得民众爱戴，个中奥妙说出来也不复杂，说白了就是吃些小亏，反赚大便宜。譬如在量器上做文章，收税的时候用官府定制的公器，一釜合六斗四升，放贷的时候则改用自家的私器，一釜合十斗。少收、多放，看似自己吃了亏，实则换来了人心，尤其是与巧取豪夺的国君形成了强烈反差，史载齐国的百姓“爱之如父母，而归之如流水”，甚至只知田氏而不知国君。一代贤相晏婴在世的时候，就曾预言将来“齐政卒归田氏”，尤其是齐简公和宠臣阚止被灭掉之后，田氏更是在齐国一手遮天，国君纯粹成了摆设。

公元前405年，齐国国君齐宣公和田氏宗主田悼子（名不详）相继去世，田悼子的弟弟田和继任宗主、相国之位。紧接着，齐国就发生了一桩莫名其妙的事情：一个名叫田布的人把一个名叫公孙孙（田姓公孙氏）的大夫杀了。

说它莫名其妙，是因为这两个人到底是谁，与继任宗主、相国的田和是什么关系，为什么会闹出人命，现存史料都语焉不详，令人一头雾水，不得要领。唯一可以确认的是，公孙孙死于非命之后，一个名叫公孙会（应该与公孙孙关系密切，但具体情况不详）的人在廪丘（今山东郓城附近）发动叛乱，还投靠了邻近的赵氏。

分庭抗礼也就算了，居然还敢叛国，将齐国家丑外扬于天下，是可忍，孰不可忍！手握兵权的田布率军将廪丘围得水泄不通，非置公孙会于死地不可。公孙会知道自己不是正规军的对手，便向新主子赵氏求援。赵籍正想借此树立赵氏的威权，认为机不可失，时不再来，便撺掇魏、韩两家各自派出人马，去齐国充当搅屎棍。随后，三晋联军在一个叫水泽的地方大获全胜，史载“得车二千，得尸三万”，还将敌军尸体堆砌封土，做成两个高冢（称为“京观”）炫耀武功。

三晋干涉军大获全胜，田布抱头鼠窜，公孙会也解了燃眉之急，但事情并没有就此结束。三家黑户一合计，咱们既然来都来了，就别急着回去，趁齐国政局未稳之际，干脆把事儿闹得再大一些，逼着齐国国君向周天子捎句话，给咱落实一下政策，彻底解决让三晋尴尬了五十年的“户口”问题，岂不是一举两得？

说干就干，擅长步骑野战的三晋联军摧枯拉朽一般，于次年一举突破齐国西部边境的长城防线，深入齐国腹地。当时，实际掌权的田氏公族已经反应过来了，赵、魏、韩此番兴师动众，把小事往大里整，并不是冲着齐国的地盘来的，而是想借机解决自己的户口问题。既然如此，只好请新近嗣立的齐康公（齐宣公之子）辛苦一趟，带着这三个熊孩子去洛阳朝见一下周天子，顺便上个户口，省得他们闹腾个没完，让邻近的齐国不得安宁。

齐康公本人或许并不怎么乐意，但人在江湖，身不由己，偌大的天下已没有他表达异议的方寸之地，“黑户终结者”的美名势必非他莫属。公元前403年，赵、魏、韩三家公卿逼着齐康公牵线引荐，终于如愿以偿，正式被周天子册封为列侯，政治地位得到了官方的权威认证。

周天子在被逼无奈之下为赵、魏、韩这三个“奸名犯分之臣”正名，其象征意义与负面影响非同小可。司马光在编撰《资治通鉴》时，不仅将这件事作为全书的开篇，还就此写下一篇一千来字的评论以开宗明义，无外乎想阐明一个道理：“天子之职莫大于礼，礼莫大于分，分莫大于名。”

所谓礼、分、名，说直白一点就是尊卑有序，贵贱有别，谁破坏了规则，就应受到全天下的谴责和讨伐。现如今可倒好，明知赵、魏、韩非法剖分晋国，周天子非但不能号召天下共诛之，还要给予承认和褒奖，替作奸犯科者站台正名，如此是非颠倒，无形之中挑动起了群雄相互征伐的野心，以致王室崩塌，生灵涂炭。《史记》对这事儿的评论更精辟，只有三个字：“九鼎震。”直白一点说，就是邦本不牢，地动山摇！

客观地讲，无论周天子承认与否，都无法避免赵、魏、韩三家，特别是稳坐盟主之位的魏斯（称魏文侯）日渐强势。至于司马光所期望的“奉礼义而征之”，恐怕只能是一个梦幻般的泡影。先不说有没有实力跟家底殷实的三晋拼个子丑寅卯出来，但凡稍微有点实力的诸侯，这些年都忙得脚不沾地，哪有闲工夫管别人家里的破事儿。

譬如偏居关中的秦国，先是跟大荔、义渠等西戎部落较劲，后来又被坐镇河西的战神吴起“关了禁闭”。国力复振的楚国呢，忙着跟日薄西山的越国在长江流域争夺生存空间，先后灭掉了蔡国、杞国，向东扩张到泗水一带。至于国君被三晋逼着走了一遭王城的齐国，更是彻底丧失了当初齐桓公“尊王攘夷”的豪情壮志，专找鲁、卫两个弱邻的麻烦。至于以周礼传承人自居的鲁国，本应为尊卑礼仪站台发声，但国力沦落至此，长期饱受齐国的欺压，连众公子都被派往晋、楚等大国做官，四处寻求保护伞，自顾尚显乏力，哪里还有心思管人家的长短。

这些实力算得上一流的诸侯，恃强凌弱的吃相一点也不比赵、魏、韩好看多少，固然既无底气，更无工夫操别人的闲心了。

没有对比，何来伤害?

从晋国的公卿大夫摇身一变成了列侯，素有礼贤下士之名的魏文侯（魏斯）一时间人气爆棚，再加上李悝变法显效，吴起治军有方，昔日平淡无奇的魏国国富兵强，当仁不让地称雄于三晋。

俗话说得好：“没有对比，就没有伤害。”在魏国耀眼的光环之下，同出一脉的赵、韩两家就显得黯淡许多了。

先说赵国。

当年国人复迎赵浣，为赵无恤去世后的夺嗣之争画上了句号。赵浣不仅迅速稳定了内部局势，还将都城从光荣的晋阳城迁到封邑最南端的中牟（今河南鹤壁），谋求向中原扩张的机会。可以说，后来齐国发生内乱，三晋（尤其是赵国）能够快速做出反应，正是得益于此次迁都之举。

赵浣去世之后，其子赵籍嗣位，赶上了黑户洗白的幸福时光，是为赵烈侯。就在得到周天子官方认证的前后，时任相国公仲连在赵籍的坚定支持下，推行了一场规模不算太大但意义着实不小的变革。

公仲连不仅是变法家，也是一位杰出的“人才贩子”，他向赵烈侯推荐了三位贤才。头一位是儒士牛畜，主张施仁政、行仁义，不时给君主灌输一些王道思想，具体负责舆论宣传和教化子民的工作。再一位是倾向于法家学说的荀欣，积极倡导以选贤任能作为治国之要，负责选拔官吏和指挥军事。还有一位也是法家的，名叫徐越，主张节财俭用，负责财政和考核官员。

单从核心官员的配备来看，公仲连主持的这场变革大抵与翟璜为相时期的魏氏变革相仿——外示儒，塑造品牌形象；内行法，旨在强基固本。只是措施不够全面细致，成效也不如魏氏显著。

再说韩国。

无论是过去在晋国做公卿，还是后来在整个战国时期，韩氏都是吃瓜群众一般的存在，出镜率不高，存在感极低，没吃太多肉，却挨了不少揍，跻身“战国七雄”之列，实在是名不副实，勉为其难。

作为三晋中地盘最小、实力最弱的诸侯，韩国这些年唯一拿得出手的业绩，就是欺负弱邻郑国。客观地讲，这也不能完全怪韩国没出息，其专挑小屁孩儿收拾，确实是环境所迫，施展不开，加上实力不济，不敢乱来。

四卿时期，韩氏的实力就是公卿当中垫底的，如今又被赵、魏两位大哥夹在当中，伸手够得着的地方只有洛阳和郑国。洛阳巴掌大一块地，没什么油水，更何况是人家周天子的直属区，政治风险太高，不能随心所欲地胡来。因此，除了跟在赵、魏后面四处打打散工之外（譬如讨伐齐国，收拾秦国），与实力相当的郑国比试高低，便成为韩国发展壮大的唯一途径。

在三家瓜分智氏封邑的时候，谋士段规便向韩虎提议，务必要把成皋（今河南汜水）拿到手。韩虎不明就里，说那个地方石头遍布，庄稼都没法种，拿来又有何用？段规信誓旦旦地向韩虎保证：“您要是采纳了我的建议，有朝一日必然能灭掉郑国。”韩虎终究没有等到此番豪言壮语变成现实，但仔细想来，段规的预言并没有什么深不可测的玄机。假如成皋落入魏氏之手，韩氏便连郑国的边都挨不着了，又没有魏氏隔山打牛的能耐（譬如向赵氏借道而灭中山国），还谈什么争雄于诸侯呢？

正所谓“前人栽树，后人乘凉”，段规谋划的这块伐郑跳板终于让韩虎的儿子韩启章用上了。公元前423年，韩氏从成皋出发，出其不意地向郑国发难，将嗣位不过一年的郑幽公弄死了。

虽说“牺牲玉帛，待于二竟”是居天下中枢的郑国无法改变的命运，但它眼下并不打算屈服于强权。春秋时期，晋、楚两大强藩都曾动过灭郑的念头，却始终未能如愿，如今的郑国再不济也是千乘之国，岂能束手就擒于公卿出身的韩氏？因此，在君主殉难之后，郑国又拥立郑幽公的弟弟郑骀继位，是为郑繻公，继续领导这场保家卫国的顽强斗争。公元前408年，韩氏新宗主韩虔再度从成皋出发讨伐郑国，取雍丘（今河南杞县）而还。

论地盘，在后来的“战国七雄”和苟延残喘的老牌霸主——越国之外，郑国仅次于宋国和鲁国；论资历，郑国始封于周宣王时期，名副其实的老牌诸侯了，在周王室东迁之初，还与晋国共同夹辅王室；论实力，虽说历经三百年的春秋时期，越混越凄惨，从“护法大士”沦落为二流诸侯，但未必就比初闯江湖的韩国羸弱多少。韩国与郑国频繁比试身手，既能吃到肉，也难免会挨顿揍。譬如公元前400年，急了眼的郑国反戈一击，包围了韩国都城阳翟（今河南禹州）。这两个冤家真是棋逢对手，胜负无常，一时难分高下。

阳翟之围以后，郑国在与韩国的较量中渐居上风。与此同时，野心勃勃的楚国为了对抗三晋，也在向郑国示好，主动提出将先前攻取的榆关（今河南中牟附近）归还给郑国。眼瞅着形势一片大好，郑国有事乱烧香、没事瞎折腾的老毛病又犯了，一场内乱，既结果了相国驷子阳的性命，也给韩国送来了兴兵征伐、逆势翻盘的大好机会。

郑国的这场内乱发生在公元前398年。有句俗话说得好：“冰冻三尺非一日之寒。”这是内部矛盾长期积累导致的必然结果。

根据史料记载，驷子阳这个人“刚毅而好罚”，缺乏宽宥之心，出任相国时举荐、重用的官员多是些“思小利而忘法义”“掩蔽贤良以阴暗其主”“挠乱百官而为祸难”的谄谀宵小之徒，可以想象当时郑国的政局有多么昏暗。

闻名于后世的道家先贤列子（列御寇）就生活在那个昏暗的时代。虽说家境贫寒，但他在江湖上的名气很大。有一位门客提醒驷子阳，让他周济一下列子，既解人于困顿，又能彰显自己的惜才爱士之心。驷子阳欣然应允，却被列子断然拒绝。列子对自己的妻子解释说：“听人一句话，驷子阳就能周济我，如果明天换一个人，说句不一样的话，他是不是就得治我的罪了？再者说，拿人手短，吃人嘴软，将来驷子阳要是拉了清单，我是忘恩负义，置身事外呢，还是枉为这样的无道之人背负骂名呢？”（“受人之养，不死其难，不义也；死其难，是死无道之人。”）

列子早已洞悉了驷子阳的下场，但驷子阳的死带有一定的偶然性。当时，驷子阳的一位门客不小心弄折了弓箭，担心驷子阳会问他死罪（足见驷子阳平日里多么心狠手辣），适逢街上出现了一条疯狗，众人忙着四处追捕，门客便趁乱将驷子阳刺杀。

驷子阳死后，郑国上下陷入一片混乱，权势深厚的驷氏族人、党羽伺机搞武装割据，公然与国君相抗衡。两年之后，以太宰欣为首的驷氏一党公然干掉了不肯屈服的郑繻公，改立郑幽公之子郑乙，是为郑康公，史称“太宰欣取郑”。这场内乱与三家分晋、田氏代齐一道，成为战国初期公卿崛起、以臣弑君的标志性事件，只是郑国在诸侯中实力羸弱，这场事件的名气远不如后二者。

郑国阵脚大乱，正是韩国乘人之危的绝佳契机。然而，从驷子阳被杀到太宰欣发难，韩国竟然始终无动于衷，仿佛什么事儿都未发生一样。究其根由，除了顾忌魏、赵、楚等国的反应之外，关键在于韩国内部当时同样是刀光剑影，风云激荡。

与郑国驷子阳恣意妄为、人狂生祸不同，韩国内部的矛盾集中在两

位大臣之间，一位是严遂，一位是韩侠累。两人有权有势有脾气，但一山岂容二虎，彼此斗得不亦乐乎，甚至当着国君的面拔剑相向。

相比较而言，韩侠累在气势上更胜一筹。人家毕竟是韩景侯（韩虔）的亲弟弟，国君韩烈侯（韩虔之子）还得管他叫一声叔，后台硬，人也横。严遂惹不起但躲得起，鞋底抹油，拔腿开溜，辗转逃亡到了齐国。

躲归躲，严遂胸中的恶气可咽不下去。他在齐国结识了一位名叫聂政的侠客之后，意识到自己报仇的机会来了。聂政是卫国人，以行侠仗义为己任，在江湖上颇有一番名气，怎奈时运不济，屈居于坊间，靠屠宰为生。求人办事的严遂诚意满满，卑辞厚礼请聂政出山，把落魄不堪的聂政感动得稀里哗啦。

豫让有“士为知己者死”之叹，同样留名于《刺客列传》的聂政也毫不含糊。在奉养老母寿终正寝之后，聂政于公元前397年仗剑来到韩国，成功将韩侠累刺杀。为了不连累严遂，聂政还自毁面容，剖腹自杀，让官府查无可查。

韩国君臣顿时惊慌失措，却不知此人姓甚名谁，受到何人的指使。于是乎，聂政被曝尸于市，官府还发出一道公告，能提供死者信息者，赏赐千金。过了几天，聂政的姐姐闻讯而来，不忍见弟弟的英名就此埋没，遂向众人道出了死者的身份，却因悲伤过度，当场气绝身亡。

河山之险，信不足保

说完不太争气的赵、韩两国，再回头来看盟主魏国。“太宰欣取郑”的那一年，也就是公元前396年，头顶耀眼光环、名噪天下诸侯的魏文侯终于走到了人生的终点。太子魏击继位，是为魏武侯。

魏击是魏斯长子，按照立嫡立长的宗法制规则，嗣君之位非他莫属。然而，宗法制的规矩是死的，执行规矩的人却是活的，早在春秋时期，废嫡立庶、废长立幼的事儿就已经稀松平常了。

就拿魏武侯来说吧，他当年做太子的时候，便经历了一场惊心动魄的险遭废黜之事。前面说过，乐羊灭掉中山国之后，魏斯将中山故地封给了魏击。当初讨伐中山是向赵氏借的道，因此这里对于魏氏而言，纯粹就是一块飞地，面临随时可能被赵氏吃掉的风险。让世子坐镇于此，魏斯到底是何居心？难怪当时群情汹汹，传言魏斯打算改立小儿子魏挚为嗣。

个中缘由，不便妄加推测，说什么的都有，但毋庸置疑、更不容忽视的事实是：魏击到任之后，与父亲魏斯长达三年未曾谋面。客观上讲，是因为交通不便，但魏斯的刻意冷淡恐怕才是关键要素。

眼瞅着世子之位不保，有一位名叫赵仓唐的门客急眼了。他向魏击进言说：“你爹可以不搭理你，但你不能不睬你爹啊，这成何体统？！”魏击倒也实在，说：“我不是不想联系，只是苦于找不到合适

的使者。”赵仓唐主动请缨，揽下了这桩差事，还捎带上魏斯最喜欢的北犬和晨凫（野鸭子）作为见面礼。

魏斯见到赵仓唐之后，兴致很高，心想还是儿子最懂老爸的心，又主动问起魏击的状况。赵仓唐见问，却不直接回答。魏斯让他有话直说，赵仓唐这才拐弯抹角地道明了来意，还搬出《诗经》里的《晨风》《黍离》，说什么“未见君子，忧心钦钦。如何如何，忘我实多”“知我者，谓我心忧；不知我者，谓我何求”，暗示魏斯冷落了儿子，魏击的心里不太爽快。

魏斯没有答话，而是赐了一身衣物，让赵仓唐捎带回去，务必在鸡鸣之前赶到。魏击从赵仓唐的手中接过赐礼，想都没想，便命人赶紧准备车马行囊，要立即动身返回都城。赵仓唐彻底蒙了：“宗主没跟我说让你回去啊？”魏击则胸有成竹地解释说：“宗主让你务必鸡鸣之时赶到，而这衣物又是颠倒着放的，岂不正是应了《诗经》里的话吗——‘东方未明，颠倒衣裳，颠之倒之，自公召之。’此时不走，更待何时？”

果不其然，魏斯见魏击猜中了自己的哑谜，由衷地感到欣慰，当众表态说：“远贤而近所爱，非社稷之长策。”将魏击调回都城（准备接班），改派小儿子魏挚镇守中山。看看，要是不读书，没文化，关键时刻得吃多少亏啊！

魏武侯上台主政的时候，魏国经过李悝变法、吴起治军，国力一度令各方诸侯望尘莫及。要说遗憾，也不是没有，毕竟岁月无情，当年在魏文侯的感召下，为魏国崛起立下汗马功劳的贤臣骁将，此时已经凋零得差不多了，只有战神吴起依旧在河西续写着传奇。

国君新立，群臣一时摸不准新主的路子，凡事小心为上，绝不轻易与国君的意见相左。这本是人之常情，却让涉世不深的魏武侯产生了一种错觉：看来你们这些人不行啊！就在魏武侯洋洋得意、沾沾自喜的时候，战神吴起果断站出来，给魏武侯讲了一次课。吴起举了春秋霸主楚庄王的例子，说他但凡碰到群臣鸦雀无声的场面，总是忧心忡忡，认为君主自鸣得意，群臣不敢表达自己的心声的时候，离亡国之日也就不远了（“足己而群臣莫之若者亡。”）。听得此言，魏武侯如梦初醒，自骄之色收敛了不少。

然而识人易，识己难，吴起给魏武侯敲的警钟很及时，但轮到自己头上，也难免会犯糊涂。就拿拜相这事儿来说吧，吴起以先君旧臣自居，认为相国之位非己莫属，但事与愿违，魏武侯选择了一个名叫田文的人（与后来的孟尝君田文同名不同人）。吴起不服气，气势汹汹地找到田文，大摆自己为魏国立下的汗马功劳、卓越功勋：

其一，统帅三军，令士卒勇往直前，敌国不敢轻举妄动。

其二，身为臣属，爱民如子，充盈了府库。

其三，镇守河西，秦兵不敢东向，赵、韩两国甘愿追随。

你田文自己说说，哪一点比我吴起强？！

田文知道吴起来者不善，但毫不心虚怯场，他向吴起坦承，无论拎出哪一点，自己都比不了。但是（这才是重点），眼下魏国“主少国疑，大臣未附，百姓不信”，相国之位，关乎全局，你吴起自忖能胜任否？

田文一句话，还真把吴起问住了。论打仗，他自信足以傲视群雄，但要说抓全面工作，应对各种纷繁复杂的局面，他还真不是这块材料。才分将帅，文武有别，吴起被怼得心服口服。

魏武侯有错，吴起纠之；吴起有错，田文纠之。看似君明臣直，相得益彰，实际上是上下一块儿犯迷糊。从历史的进程来看，正是这不经意的迷糊为后来魏国的衰败埋下了祸根。

事情的经过是这样的：魏武侯巡察河西的时候，对山河之险固大发感慨。有一位名叫王错的大臣伺机提议，应当利用山河之险修缮工事，进可攻，退可守，成就霸王之业。话虽不多，但言外有意：吴起镇守河西这些年，饭没少吃，钱没少花，兵倒是没少练，但工事并没见他怎么修。眼前无虞，难保将来无忧，王错对此早就颇有微词了！

当着众人的面被啪啪打脸，吴起岂能听之任之，当即回怼了一句：“河山之险，信不足保也。”为了佐证自己的观点，吴起先是举了三个反面典型：

三苗氏，左依洞庭湖，右傍彭蠡泽（今鄱阳湖），因为不修德义，终被大禹所灭。

夏桀，左临泰华山（今华山），右靠黄河、济水，北有羊肠坂天险，南有伊阙山门（今洛阳龙门），因为修政不仁，在商汤的攻势下竟不堪一击。

商纣，左恃孟门（今山西柳林附近），右依太行山，北有常山（今河北阜平附近），南有黄河，因为修政不德，结果牧野一战，呜呼哀哉。

最后，吴起总结说：“所谓的魏国之宝，其实‘在德不在险’。如果君主您不修德政，眼下跟咱们坐在一条船上的人，恐怕也会变成敌手的啊！”

听吴起讲得头头是道，向来推崇以德服人的魏武侯不禁大加赞赏。然而事实证明，当技术问题掺杂进政治立场的时候，往往蕴含着极大的危险。

平心而论，行善政、修险固，原本是相辅相成的两个方面。王错的看法或许有失偏颇，但吴起的观点更像是自私的诡辩。结果，河西工事的修缮遥遥无期，为日后秦国东侵大开了方便之门。

战神吴起的存在很大程度上抵消了魏国在河西防御上的硬件缺陷，但随着吴起、王错两位大臣的嫌隙日益加深，这道保险面临着彻底失效的风险。吴起兢兢业业镇守河西，虽然得到过魏武侯“西河之政，专委之子”的允诺（吴起时任西河郡守），但他毕竟只是地方官员，哪里比得上身在都城的王错呢。正所谓“近水楼台先得月”，利用得天独厚的距离优势，王错没少在魏武侯的面前点炮，今天埋怨河西治民严苛，明天揣测吴起拥兵自重。魏武侯的意志再坚定，也经不住王错日复一日磨嘴皮，一来二去，便打算把吴起从河西召回。

公元前390年，吴起黯然离任，回望此生足以傲视群雄的功绩，他心中一阵酸楚，不禁潸然泪下。仆从见他如此伤感，颇为疑惑地问道："您为人一向洒脱，天下在您眼里就像一双随时可以舍弃的鞋子一样（'视舍天下若舍屣'），这时候为什么儿女情长起来？"

吴起坦言："我实在不甘心啊！如果国君能知人善任，用人不疑，我吴起假以时日，必能率军翦灭秦国，报答主子的知遇之恩。如今国君听信小人谗言，行自毁长城之举，将来魏、秦两国此消彼长，河西易主不过是时间问题，我不是为自己哭，而是为河西哭，更是为魏国哭啊！"

泪洒河西之后，吴起并没有应召回到魏国都城。既然舞台已经被拆，又何必蹉跎大好的光阴？心灰意冷的吴起决定另投明主，投奔到了南方的楚国，继续施展自己的抱负与才华。

吴起弃魏奔楚的缘由，还有另外一种说法。根据《史记》记载，在魏武侯面前诋毁吴起的人不是王错，而是一个被称为"公叔"的人（名不详）。此人在田文去世之后继任相国，还娶了魏国的公主，一直琢磨着如何挤对、陷害吴起。

有一位仆人向公叔献计，认为吴起最看重的是尊严和名声（"节廉而自喜名"），咱们就利用这一点给他下套，必能马到功成。具体来讲，分为三步：第一步，先在国君面前对吴起大肆吹捧一番，并提议将公主许配给他，试探其是否有诚意为魏国效力。第二步，公叔两口子在吴起面前演一场戏，让吴起误以为魏国的公主都很专横，公叔就是一个受气包。第三步，吴起断然不肯迎娶公主，甘当"妻管严"，而国君势必对他起疑心，哪里还用得着公叔在背后捣鼓呢？！

这一阴谋果然奏效，婉拒联姻的吴起受到魏武侯猜忌，担心国君降罪于己，只好一走了之。

明珠暗投，人亡政息

战神吴起传奇人生的终点站——楚国，曾经也是声名在外的一代霸主。虽说不受中原诸侯待见，但楚国“自嗨”的兴致向来特别高，譬如擅自称王，与周天子平起平坐，这种大逆不道的事儿，楚国已经玩过两回了，一次是在西周的周夷王时期，还有一次是在东迁之后的周桓王时期，雄图伟略的楚庄王更是留下了“勤学好问”（问鼎中原）的千古“美名”。

在三家分晋前后，楚国与西面的秦国通好，集中精力向东、北扩张，势力一度发展到泗水一带。不过，楚声王于公元前407年嗣位之后，楚国政局一度陷入混乱，连楚声王本人也在公元前402年死于盗贼之手。

随后嗣位的是其子楚悼王，依然没能挽回颓势，在公元前400年挨过三晋联军的收拾后，方才想起将榆关物归原主，拉拢郑国共同对抗强敌。吴起投奔楚国之前没多久，三晋联军又在大梁（今河南开封附近）、榆关一带大打出手，把楚国收拾得够呛。经秦惠公从中斡旋，楚悼王以割让大梁为代价，终于送走了这三尊“瘟神”。

战神吴起的到来，无疑让多年来苦求强国之策的楚悼王看到了希望的曙光。在短暂出任宛郡（今河南南阳）太守、稳住楚国的北大门之后，吴起官拜令尹（楚国相国），在楚悼王的坚定支持下，也赶了一回变法的时髦。

与李悝在魏国实施的全面变法不同，吴起在楚国推行的变法举措，重点集中在对政治体制进行改良上。其核心要义一言以蔽之，乃“损其有余而继其不足”。

吴起认为，楚国在诸侯之中地盘不算小，子民不算少，现在混得这么悲催，就是因为该少的不少，该多的却不多。什么该少呢？“上逼主而下虐民”的旧贵族，尤以屈氏、景氏、昭氏三大公族为甚，能减掉一个，便可除去一分祸害。什么该多呢？当然是纳入国库的财货。因此，要用有余来补不足，通过“均楚国之爵而平其禄”，实现“厉甲兵以时争于天下”。

具体怎么做呢？首先，凡是封君的贵族，三代之后，爵位和俸禄要收回，要想延续祖辈的荣光，只有一条路可走：上疆场杀敌立功。其次，官员的编制要精简，可有可无的、人浮于事的、才不胜任的，一律裁撤，官员的俸禄也要缩减。再次，都城和大城市人多地少，贵族全都扎堆于此，还肆意巧取豪夺，“以所不足，益所有余”，这可不行，得让他们迁徙到地广人稀的地方去，到广袤的乡野为国效力。

收拾完贵族，吴起又将变法的利刃指向了充斥着各种歪风邪气的官场。首先，加强思想转变，号召各级官员不计个人毁誉得失，“行义不辟难”，为君主效尽毕生精力和犬马之劳。其次，严厉整肃朋党，杜绝私人请托。再次，禁止一切方士到楚国游说，以稳固基本国策。

经过吴起的整饬，楚国的面貌焕然一新，昔日聚集在贵族手中的财富成了楚悼王率领楚国发奋图强的雄厚资本。其间，吴起亲率楚军“南收扬越，北并陈蔡”，将楚国的势力范围南推到了洞庭（今湖南长沙附近）、苍梧（今湖南永州附近）一带，并向北与三晋争雄于中原。特别是在公元前381年，楚悼王应赵国之邀，委派吴起统兵北上，讨伐他的老东家——魏国。吴起只认现主，不念旧情，一路所向披靡，将魏国揍得七荤八素，楚军饮马于黄河，威震中原。

辉煌的胜利仿佛也是在为战神吴起的传奇人生奏响一曲谢幕的乐章。此后不久，楚悼王溘然长逝，吴起的命运连同他大刀阔斧推行的变法遭遇了令人叹息的挫折。

吴起奔楚算不算是明珠暗投，还有待商榷，但可以肯定的是，人亡也就意味着政息。这并不难理解，吴起的变法尽是拿以旧贵族为代表的既得利益集团开刀，过去有楚悼王站台，旧贵族敢怒不敢言，只能躲在家里诅咒骂娘，当然也有不怕死的，譬如大夫屈宜若，不仅当面痛斥吴起，说他的变法是“阴谋逆德，好用凶器”，还捎带着楚悼王一起骂，说他是逆天道而行，就差迸出“不得好死”的诅咒之言了。

国君在世尚且如此，楚悼王一死，尸骨未寒，反攻倒算的好戏就开场了，吴起被衔恨已久的贵族射伤于灵堂之上。吴起自知难逃一死，临终也不忘拉人垫背，赶紧趴到楚悼王的尸身上。弓箭无眼，射中吴起的同时，楚悼王也成了刺猬。按楚国律法，侮辱国君的遗体可是夷三族的死罪，于是乎，继位的楚肃王下令将七十余家贵族满门处决，这也算是为吴起殉葬了。

经历此番风波，风起云涌的变法难以为继，焕然一新的政治格局又回到了昏暗的从前，国政被昭氏、景氏、屈氏三大公族把持，他们既专横又排外，终将楚国引向了一条腐败、混乱的不归路。

魏武侯的读心术

吴起一起不复返，回头继续说魏国。

自毁长城于一念之间，魏武侯意识到了什么是江湖险恶。当年魏文侯搞“三步走”的时候，诸侯之间的倾轧、征伐还不算太激烈，三晋内部虽然时有抵牾，但对外总能抱成一团，让齐、楚、秦等一线诸侯忌惮三分。不过，当这份家业传到魏武侯手里的时候，无论是三晋内部，还是放眼天下，斗争格局之复杂已不可同日而语。

先说三晋内部，赵、魏、韩戮力同心的牢固同盟，随着各自壮大，诉求有差，凝聚力正在迅速衰减。实力最弱的韩国一心想吃掉郑国，最北面的赵国对中原鞭长莫及，因为捞不到什么实质性的好处而一直耿耿于怀。两家各有各的心思，让挂着盟主名头的魏武侯深感人心涣散，队伍不好带。

再看外部，吴起镇守河西的时候，将秦国关了“禁闭”，魏国可以集中精力对付蠢蠢欲动的齐国和楚国。然而，魏国尚未与齐、楚斗出个高低，吴起就被挤对走了，河西的大门不敢说洞开吧，至少也是裂开了一条缝。秦国有机可乘，躁动起来，令身处四战之地的魏国招架乏力。

纷争千头万绪，总得分个轻重缓急。魏武侯判断，眼下最要紧的是对付秦国和齐国。

秦国被关了二十年“禁闭”，也憋了二十年怨气，一朝发起狂来，恐怕天王老子都得让它三分。这不，吴起前脚刚走，秦国后脚就在河西搞事，三下五除二攻占了阴晋（今陕西华阴附近），直逼函谷关天险，染指中原之心昭然若揭。吴起当年苦心训练的河西劲旅呢，老的老，残的残，战斗力大不如前，实在难以与咄咄逼人的秦国抗衡，西风压倒东风之势愈加明显。

齐国呢，早在春秋时期就是“刺儿头”，不甘心屈居晋国之下，一有机会就出幺蛾子。先前的内乱，除了齐康公被迫出面替三晋走后门、办“户口”之外，齐国并没有什么损失，该怎么折腾还怎么折腾，根本不把盟主魏国当回事。譬如公元前394年，齐国大举讨伐鲁国，与前来施以援手的韩国干了一架。公元前390年，齐国更是把征伐的矛头指向魏国，一举夺取了襄陵（今河南睢县）。

虽说魏文侯当年的“三步走”搞得有声有色，但一分为三的晋国，力量过于分散，以魏国目前的实力，即使不考虑不安分的楚国，也难以承受来自齐、秦两大强藩的东西夹击。事到如今，魏武侯认为，最有可能带来转机的是尽快缓和与齐国的关系。

想法很好，冤家宜解不宜结，但三晋当年乘人之危，闯到人家屋子里一通乱砸，还逼着齐康公去洛阳帮自己办“户口”。欺人之甚，历历在目，这些积怨岂是你说勾销，就能一了百了的？

话虽如此，但魏武侯的精明之处在于，从看似绝无可能之中发现了齐国（准确地说是田氏）最迫切的诉求。

前面说过，齐国的政治格局在各方诸侯当中实属一朵奇葩，国君的地位还不如反朝三家的晋国公室呢！尤其是在公元前392年，田和以“淫于酒、妇人，不听政”为由，将齐康公撵出都城，迁往海边安置，让他面朝大海、春暖花开去了。可怜巴巴的齐康公于公元前379年去世，吕齐至此绝祀。

田和撵走齐康公，公然鸠占鹊巢，别的诸侯对此没太在意，或者揣着明白装糊涂，但魏氏做了整整半个世纪的“黑户”，对田氏的心境可谓感同身受：要钱有钱，要人有人，要实力有实力，唯独缺一本由周天子权威认证的“户口簿”！

孔子云：“己欲立而立人，己欲达而达人。”拉近关系最好的办法不是锦上添花，而是雪中送炭。急人之所急，助人于危难，这个朋友就算交定了。

不得不承认，魏武侯的读心术的确是高人一着，令人称奇！公元前389年，魏武侯与田和在一个名为浊泽（今山西运城附近）的地方举行了一次历史性的会晤，史称“浊泽之会”。双方一致认为，增进魏、齐的战略互信符合两国的根本利益。基于这一共识，双方做出庄严承诺，互不征伐彼此的本土和附属小国。魏武侯更是当场拍板，派出使者前往王城洛阳和各诸侯国游说，请求周天子册封田和为列侯。

公元前386年，这又是一个值得铭记的年份，周安王正式下达诏令，册封田和为齐侯，是为齐太公。经过数代人的不懈努力，田氏终于实现了脱胎换骨、“借壳上市”的夙愿，史称“田氏代齐”。为了以示区别，过去的齐国被称为吕齐、姜齐，此后的齐国则被称为田齐。

自由过了火，究竟谁的错？

浊泽之会既帮助田氏实现了取齐而代之的终极梦想，更缓和了魏国与齐国的积怨。而在公元前387年，秦惠公去世，秦国陷入了历时两年的夺嗣之乱。外部压力骤然减轻，魏武侯不由得自鸣得意，打算趁此大好时机，整饬一下三晋内部的问题。

三晋此时面临的问题说起来并不复杂，化用一句歌词来形容："盟主给你自由过了火，让你太能作，才会陷入涣散旋涡！"

个中缘由，前面讲过，赵、韩两家要操心自己的日子，不能总是跟在盟主的屁股后面白打工。尤其是赵国，早在四卿时期就是"刺儿头"（与齐国有一拼），灭掉智氏之后，与盟主的位置失之交臂，这些年跟随魏国的步伐出工出力，却因为地理位置过于靠北，收益寥寥。无论是出于顾及自己的颜面，还是出于评估实质性好处，赵国的历代国君都梦想着脱离三晋这个大家庭单干。

因此，继赵浣将都城从晋阳搬到中牟之后，洞悉自身处境的赵烈侯又搬家去了邯郸，集中精力往黄河北岸的卫国身上捞油水，公然从魏、齐两大强藩的嘴边抢食。这让视赵、韩为自家后院，又与齐国惺惺相惜的魏武侯相当尴尬，大为光火。

公元前387年，赵烈侯去世，其子赵章继位，是为赵敬侯。此番看似稀松平常的新老交替，却给魏武侯送来了整肃“自由主义泛滥”的绝佳契机。原来，赵敬侯有嗜酒的毛病，时常不分昼夜地狂饮，一顿酒能喝上好几天。他不光自己喝，还要公子、大臣陪着喝，谁敢认怂，就撬开其嘴巴直接灌，但凡一言不合，小命立马玩完。碰到这么一个纵欲妄为之徒做国君，自然有人深表不服。譬如公子赵朝（一名赵朔），鉴于势单力薄斗不过，直接叛逃去了魏国，请盟主魏武侯出面，为赵国除暴安良。

按理说，赵敬侯是否真的如此不堪，不能仅听赵朝的一面之辞，但对于窝着一肚子火的魏武侯而言，他想要的只是一个出兵敲打赵国的借口，是非曲直已经无关紧要了。事实上，嗜酒如命的赵敬侯未必一无是处，他虽说喜怒无常（喝大了容易断片儿），但在清醒的时候知人善任，还继承了赵氏不畏强权的基因。魏武侯气势汹汹而来，却在固若金汤的邯郸城下碰了一鼻子灰。

让意图干涉的盟主铩羽而归，赵敬侯单干的底气就更足了，继续按照既定方略，专薅弱邻卫国的羊毛。特别是在公元前382年，赵国大军日夜兼程，车马不停，人不歇息，对卫国都城濮阳（今河南濮阳）发动了闪电般的突袭。

事发突然，卫国毫无准备，等濮阳守军反应过来的时候，八个城门已经被摧毁了俩，剩下六个也被赵国大军堵得死死的。眼瞅着即将亡国，狼狈不堪的卫声公唯一能做的努力就是抓紧时间跑路。趁着赵国军队尚未形成合围之势，卫声公光着脚丫子侥幸逃脱，前往魏国求援，请盟主出面管束一下自己兄弟。

旧账未了，又出新账，魏武侯岂能坐视赵国在自己的眼皮子底下耀武扬威？！稳妥起见，魏武侯这一次把齐国也叫上了，浩浩荡荡地前去搭救朝不保夕的濮阳城。

魏、齐两家插进来搅局，导致赵敬侯的闪电突袭打成了一锅浆糊。

卫国乘机号集军民，发起全面反击，不仅将赵国军队驱逐出境，还顺势闯入赵国旧都中牟，以其人之道还治其人之身，将城墙拆得七零八落，以泄心头之恨。

《礼记》有云：“来而不往非礼也。”俗话也常说：“冤有头，债有主。”赵敬侯挨了一闷棍，决心一雪前耻，把矛头对准了横插一杠的魏国。自忖不是魏国的对手，赵敬侯又撺掇起了野心勃勃的楚国（当时吴起还在世），让魏武侯尝一尝挨收拾的滋味。

此时的魏武侯理应感到相当尴尬，过去是齐、秦东西夹击，如今又被赵、楚南北合攻，而楚国军队的统帅还是几年前被自己挤对走的战神吴起，世事变迁实在过于玄妙。来不及感叹造物弄人，魏武侯就被赵、楚两国收拾得晕头转向。

这场混战发生在公元前381年，也就是前面讲吴起时提到过的那一曲为战神奏响的谢幕乐章。是役，吴起率领的楚军势如破竹，直抵黄河沿岸（“马饮于大河”），差不多切断了魏国东、西两部分本土的通路。赵国军队也不是吃素的，带着腾腾杀气从北方扑面而来，在棘蒲（今河北魏县）、黄城（今河南内黄附近）等地大败魏军。

颇具戏剧性的是，眼瞅着魏武侯这边焦头烂额、分身乏术，先前率残众钻进太行山的中山国君乘机杀出一个回马枪，竟然打回故地复了国。更令人哑然失笑的是，中山复国，魏武侯觉得无所谓（反正也是一块飞地），反倒让邻近的赵国如鲠在喉，此后被牵制了近百年之久。

几大国的混战暂时告一段落，硝烟逐渐散去。魏武侯、赵敬侯冷静下来仔细寻思，发现彼此都没捞到什么好处，反倒是受到了深深的伤害。尤其是赵国这边，它忙着跟楚国联手收拾魏国，正打得酣畅淋漓、难解难分，齐国却伺机侵伐燕国，力图往北面（即赵国后院）扩张势力。一场仗打下来，赵敬侯没能把盟主干趴下，反倒间接帮助中山复了国，成为赵国的心腹大患。

瞧这仗打的，到底谁是战败国？！

现实处境的异常尴尬让赵敬侯清醒地意识到：三晋内部滋生嫌隙，纯粹是自己跟自己过不去。自由过了火，究竟算谁的错？应该归咎于盟主的薄情，还是赵、韩两家的私心，其实已经不那么重要了。眼下当务之急是赵、魏赶紧握手言和，合力解了燕国之围再说，否则齐国一旦坐大，三晋的日子势必难过。

赵敬侯言辞恳切，分析得合情合理，魏武侯当即欣然应允。在现实利益面前，他也顾不得跟齐国的浊泽之谊了。于是乎，三晋再度联手，为燕国撑腰站台，将不怀好意的齐国吊打了一番。

同出一脉，各谋前程

魏武侯自视为三晋核心，要求赵、韩两家无条件地服从于魏国的利益，赵敬侯则自恃实力与盟主相差无几，时不时地刮一刮自由主义风，双方你来我往，明争暗斗，彼此的关系阴晴不定。眼瞅着大哥、二哥闹得不可开交，实力垫底的韩国倒是有些乐见其成的窃喜之色。

韩国的心情，咱们也不是不能理解。跟在魏国的屁股后面捡漏，赵国因为地理位置的先天缺陷，没能捞到多少实质性好处；韩国则正好相反，离得近，但实力不行，受的窝囊气并不比赵国少。

赵国单干，薅的主要是卫国的羊毛。而韩国自打拿到成皋这块不毛之地，最乐此不疲的事情就是从成皋出发，渡过黄河收拾郑国。然而，魏武侯出于对抗楚国的需要，将地处天下中枢的郑国拉进了自己的阵营。抱上魏国的大腿，郑国的羊毛就不再那么容易薅了，韩国尴尬之余，更是暗藏怨恨。

断人家的财路，魏武侯并不觉得有什么不妥。在他看来，强权就意味着公理，韩国的利益再大，也要服从盟主争霸中原的大局。但魏武侯显然是忽略了带队伍的基本法则：要让马儿跑，就得多喂草。非但不喂草，还公然从手下的碗里抢食，有功归己，有过推责，这样的队伍岂能不涣散？！

三晋内部隐忧重重，但在魏武侯眼里，当下的形势可谓一片大好。一来缓和了与赵国的紧张关系，刹住了自由主义风，二来楚国在戕害战神吴起、摈除变法举措之后，又回到了贵族专横、政风日下的老路。

公元前375年，魏武侯瞅准时机，果断出兵攻占榆关，使先前夺取的大梁城有了坚固的屏障，为日后迁都于此奠定了基础。与此同时，韩哀侯（韩烈侯之孙）趁魏武侯忙着与楚国争锋，也果断出兵渡过黄河，一举灭掉了郑国，并且鸠占鹊巢，将都城搬到了郑邑，并改称新郑（今河南新郑）。各方尚未反应过来是怎么一回事，韩哀侯已经把家都搬完了，生米业已煮成熟饭，看你们能把我怎么办！

在盟主的眼皮子底下耍心眼，韩哀侯的胆子真是够肥，也担着被打回老家的风险，但韩国的运气还算不错。其一，韩哀侯灭郑之后，次年便死于一场内乱，凶手是一位名叫韩严的大臣。至于具体原因，现存史料没有详实的记载，《资治通鉴》甚至将韩哀侯遇弑与二十多年前聂政刺杀韩侠累的事混为一谈。韩国突遭大丧，令原本打算兴师问罪的魏武侯顿时兴致全无（为人还算厚道）。其二，韩哀侯在世的时候，也意识到这一票干得比较冒险，便将自身难保的泥菩萨——“荣誉国君”晋桓公搬出来为自己站台，玩了一出“赏赐”郑国故地给韩国的把戏，让魏、赵两家张不开嘴，占不到理。

曾经在春秋舞台上戏份十足的郑国就这样被韩国吃进了肚子。因为韩国的政治中心、经济重心都迁移到了郑国故地，所以韩国也被时人习惯性地称为“郑国”。

算是一种巧合吧（事先肯定没有商量过），韩哀侯遇弑的那一年，赵敬侯也走到了人生的终点。儿子赵种接过权柄，是为赵成侯。国君新老交替的当口，依然有公子表示不服，很是闹了一阵子。赵成侯收拾完自家的纷乱之后，继承父亲的遗志，继续从苦主卫国的身上薅羊毛。特别是在公元前372年，卫国竟有七十三处乡邑被赵成侯霸占。

巴掌大的地盘竟被赵国剜掉这么大一块肉，刚刚登上君主之位的卫成侯（卫声公之子）既心疼又愤怒，痛哭流涕地跑到魏武侯面前诉苦。

韩国擅自灭郑的账还算了，赵国这边又再度刮起自由主义风，魏武侯岂能坐视不理，袖手旁观？！跟上次一样，魏武侯再一次撺掇起外人齐国，去收拾自家弟兄，想让乳臭未干的赵成侯见识一下什么是江湖险恶。

此次虽然没有楚国跟着掺和，但因为有苦主卫国，也是一场牵涉四家的混战，断断续续地打了两年多。先是卫国在魏国的协助下发起反击，把赵国好一顿收拾，接着赵国抓住战机，想在齐国身上捞一点补偿，没想到又被魏国从背后捅来一刀，你来我往，好不热闹，谁也不肯率先认怂。而这场混战得以终结，并非像上回那样，是由于赵国痛定思痛、幡然悔悟，而是因为最关键的人物——魏武侯在公元前370年呜呼哀哉了。

魏武侯一死，魏国的状况比先前屡次发生夺嗣之争的赵国还要麻烦，因为魏武侯生前并没有册立太子。

魏武侯到底有多少个儿子，后人搞不清楚，但有资格、有欲望、有实力继承国君之位的至少有两个，一个是年纪居长的魏罃，一个是在排行上处于劣势的魏缓。按照宗法制的基本规则，魏罃具有优先权，他也得到了包括王错在内的众多大臣支持。

这事儿原本没有什么可争的，魏罃也确实顺利地做上了魏国国君。二十多年以后，魏罃还称了王，历史上称他为魏惠王，又因为他在任内迁都大梁，所以也称为梁惠王。不过，纵然是占着理，也架不住别有用心的人无理搅三分。魏缓没能如愿，垂头丧气地流亡去了赵国，支持他的大夫公孙颀则跑到赵、韩两家上蹿下跳，恳求他们出兵襄助，把魏罃轰下台，改立魏缓为君。

赵成侯、韩懿侯（韩哀侯之子）摊上这种可遇而不可求的好事，虽然嘴上没说，但我估摸着，他们内心深处肯定是这样想的：老魏啊老魏，你也有今天！

机不可失，时不再来，赵、韩两家立即操上家伙，与魏国开战。正所谓无巧不成书，他们大打出手的地方，正是魏武侯当年与田和会晤的浊泽。昔日的浊泽之会为强敌环伺的魏武侯赢得了一线转机，如今的浊泽之战却让初闯江湖的魏罃命悬一线。

魏罃的心里说不出有多苦，但魏国再一次得到了上苍的眷顾。当然，严格意义上讲，这事儿与苍天无关，而是三晋的斗争格局使然——虽说一起乘人之危、趁火打劫，但赵、韩两家各有各的小算盘。

赵成侯的想法比较纯粹：灭魏罃，立魏缓，逼魏国出点血（割地请和），咱们就拍屁股走人。这样既能得到地盘上的实惠，让赵国的疆域得以向南拓展，又能利用魏缓的亲赵立场，树立赵国在三晋间的威权。

对于赵成侯的如意算盘，韩懿侯的反应是嗤之以鼻：好处都被你赵国占完了，我韩国白替你打工？真是天下乌鸦一般黑，大国没一个好东西！

在韩懿侯看来，一个强大魏国的存在无益于赵、韩两家（尤其是韩国）的发展壮大。因此，他主张将魏国一分为二，让魏罃、魏缓兄弟俩——或者别的什么公子——各领其一，其暗藏的深意在于赵、韩两家分别罩一部分，以后有机会就吃掉魏国！

赵、韩两家各执一词，谁也说服不了谁，而赵成侯自恃实力更胜一筹，根本不把韩懿侯放在眼里。韩懿侯虽说不敢明着争，但背地里拆台还是可以的，毕竟腿长在自己的身上，你赵国还能施定身术不成？于是乎，韩国军队趁着夜色偷偷开溜。魏罃趁势发起绝地反击，不仅赶走了赵国的干涉军，还捎带着杀了挟外自重的魏缓。

在魏国满血复活的同时，以此次干涉与反干涉的浊泽混战为标志，魏、赵、韩三家同出一脉的历史认知和亲近感荡然无存，日益涣散的三晋同盟彻底瓦解。在“战国七雄”中占据三席的魏、赵、韩，从此真正走上了各自求生存、谋发展的争雄之路。

三晋时间，就此停摆！

第二章 大国崛起

仁者，无敌乎？

在浩若繁星的诸侯国君中，魏罃能够脱颖而出，为后世所熟知，倒不是因为他在魏国危如累卵之际侥幸得存，而是全拜儒家“亚圣”孟子所赐。儒家经典、《四书》之一的《孟子》成为历代儒生的必修课本，而它首篇便冠以梁惠王（即魏罃）的大名，魏罃想不出名都难！

话说回来，如果魏罃泉下有知，应该会希望后人能把自己彻底忘记。因为他在《孟子》中的形象实与昏庸无能而不自省的跳梁小丑无异！

严格来讲，魏罃的冠名权有些名不副实。《孟子·梁惠王》总共分为二十三个小节，孟子与魏罃的对话只占五分之一多点儿（前面的五个小节），其余绝大部分内容，出场的是人家齐宣王。然而，在这短短的五小节里面，魏罃便被孟子耳提面命地狠批了好几回！

且看《孟子·梁惠王》的第一小节，魏罃一出场，便是一副罔顾仁义、惟利是图的昏君形象，张口就问孟子：“叟不远千里而来，亦将有以利吾国乎？”您这么大老远地跑来，有什么利于魏国的高见？此言既出，便挨了孟子的一通数落。孟子跟他讲：“上下争利，则国必危。身为一国之君，不要整天把利挂在嘴边，讲讲仁义多好！”

再看第二小节，魏罃站在池沼边，一边观看鸿雁与麋鹿，一边问孟子：“贤明之人，是不是也会以此为乐？”孟子回答：“与民同乐，才是真正的贤者之乐，就像当年老百姓心甘情愿地为周文王修筑灵台、池沼一样。不贤之人，与民为壑，正如《汤誓》所言：‘时日害丧，予及女偕亡。’老百姓恨不得与之同归于尽。纵有楼台池榭，又何乐之有？”

继续看第三小节，魏罃跟孟子诉苦说：“寡人治国理政可谓尽心尽力，譬如有的地方受了灾，我就把那里的灾民迁移出来，再调拨粮食去赈济他们。然而这么些年下来，其他诸侯国的人口不见少，我魏国的人口也不见多，这到底是怎么回事？”

孟子没有直接回答魏罃的疑惑，而是以“王好战”为由，举了一个打仗的例子，即“五十步笑百步”这一典故。同为丢盔弃甲、抱头鼠窜，跑五十步与跑一百步有本质上的区别吗？如果国君与王道、仁义背道而驰，那么跑五十步的人（意思是魏罃）取笑跑一百步的人（魏罃口中的其他国君），不是十分荒唐可笑吗？

总而言之，通过诸如此类的讽喻、调侃乃至责备，孟子就想告诉魏罃一个道理：仁者无敌！

然而，不仅魏罃对孟子竭力推销的这套学说不感兴趣，孟子在前往齐国游说的时候，也招来了诸多非议。齐国客卿淳于髡相当尖锐地指出：儒家信奉的学说纯属“为其事而无其功”，“无益于国”，光做表面文章，缺乏实质性功效。譬如享有“周礼尽在鲁”美誉的鲁国，历来尊崇儒术，结果怎么样呢？公室“卑于三桓之家”，国力衰颓得一塌糊涂，咱们齐国可没少薅这个弱邻的羊毛！

话说得不大好听，但事实大抵如此。毕竟时代在发展，形势在变化，上下尊卑有序、四民各安其分的岁月已经一去不复返了。重弹克己复礼、仁义王道的陈词滥调，如何能冲破体制的束缚，实现富国强兵，争雄于天下？！

就拿盛行于天下的变法来说吧，先前的李悝变法（魏国）、吴起变法（楚国）、公仲连变法（赵国），以及后来的申不害变法（韩国）、邹忌变法（齐国）、乐毅变法（燕国），尤其是最具代表性的商鞅变法（秦国），各有各的路数，成效优劣不一，尽管也会标榜儒家推崇的仁义、王道，但或浅尝辄止，或彻底坚决，都将变革的矛头指向了儒家拥护的世袭贵族体系。毕竟变法的核心要义就在于打破旧体制的条条框框，调动广大庶民的积极性，让更多的人争先恐后、心甘情愿地为国君效力。依此而论，魏罃在《孟子》里的晦暗形象值得商榷。

回头再来看魏罃接过权柄的魏国，曾经在魏文侯主政时期盛极一时，史载“南胜荆于连堤，东胜齐于长城”，稳居三晋之魁首，天下诸侯无不惧其三分。而之后的魏武侯在位二十多年，尽管也有可圈可点的神来之笔（譬如浊泽之会），但在内政、外交方面失误连连，导致三晋分崩离析，四周强敌环伺，被秦、齐、楚、赵等诸侯奋起直追，险遭亡国、分裂的厄运。

面对如此纷繁复杂、危机重重的局面，岂是一句“有仁义而已矣”就能彻底扭转乾坤？仁者未必无敌，义者未必无忧，魏国今后的路该怎么走，考验着魏罃的谋略与智慧。

石门泪，和为贵

盟主的荣光毕竟属于过去，再怎么眷恋往昔，也不可能造就未来的辉煌，任何时候都得向前看。遥望将来，着眼于当下，魏罃深感压力巨大，一点儿也感受不到身为大国之君的轻松惬意。

且不论趁势崛起、弯道超车的秦国和齐国，昔日的兄弟之邦——赵国就已经够让魏罃糟心的了。虽说先前的浊泽之战因赵、韩两家尿不到一只壶里而草草收场，魏罃得以绝境逢生，但赵、魏之间的纠葛才刚刚开始。

公元前369年，赵成侯嫌晋国国君太碍眼，便与韩懿侯串通一气，将可怜巴巴的晋桓公（又称晋孝公，晋烈公之子）撵到屯留（今山西屯留）安置，两家尽分其地（当然也没多少），史载“已后更无晋事”。

背着名义上的盟主偷吃，这还不算最过分的。到了第二年，意犹未尽的赵成侯又撺掇起爱凑热闹的齐国，联手讨伐魏国。魏罃好汉不吃眼前亏，割了一座城邑给齐国，才换来一时安宁。

欺负魏国之余，赵成侯还把黑手伸向了洛阳的王室，公然武装干涉周天子的家事。早在公元前440年，当时的天子周考王（周贞定王之子）分封弟弟姬揭于王城，是为西周桓公。公元前367年，西周威公姬灶（西周桓公之孙）去世，长子朝、少子姬根争立，闹得鸡飞狗跳。赵、韩再度合谋，支持姬根分家单过，硬是搞出了两个城邦诸侯，将巴掌大的王室“自留地”一分为二。以伊水、洛水（指今河南境内的洛河）交汇处为界，西面是王城洛阳，仍归西周国，姬朝继立，是为西周惠公，东面是巩邑（今河南巩义附近），析置东周国，让姬根坐上国君之位，是为东周惠公，两座城池相隔不足四十里。至于天子周显王（周安王之子），则孤居在成周城，经济上完全仰仗西周国的供给，日子过得更加凄惨。

晋桓公、周天子的日子过得如何，魏罃可操不起那份闲心。魏罃最关心的问题在于：魏、赵、韩再这么相煎下去，身处四战之地的魏国非被虎视眈眈的列强玩死不可。因此，在他主政的头几年，魏罃一直希望与赵、韩重修旧好，甚至不惜卑辞厚礼，割让地盘，怎奈剃头挑子一头热，始终看不到对方的好脸色。

就在魏罃绞尽脑汁、苦于无计的时候，宿敌秦国却在不经意之间帮了魏国的大忙。这事儿细论起来，与当时的秦国国君——秦献公有关。秦献公的本名叫嬴师隰，当然，从男称氏、女称姓的严格意义上来讲，应该叫他赵师隰才对，不过为了与同为嬴姓赵氏的赵相国区别，大家约定俗成，秦国国君都以嬴姓相称。

嬴师隰的父亲是秦灵公，去世于公元前415年。秦灵公死后，国君的位子并没有传到他的子嗣手中，而是被秦灵公的叔父嬴悼子抢去了，是为秦简公。当时，嬴师隰年齿尚幼，大概也就不满十来，惹不起，斗不过，又有性命之忧，便逃亡到了魏国。

嬴师隰小小年纪便背井离乡，适逢当时的魏国正在魏文侯的引领之下为富国强兵的梦想拼搏奋斗。惶惶如丧家之犬的嬴师隰看到魏国日新月异、蒸蒸日上的磅礴气象，内心感受到的震撼可想而知。他梦想着自己有一天能够回到故国，开创一番变法图强的丰功伟业。

梦想可以有，但渺茫与否不好说，现实是：怀揣梦想的嬴师隰在魏国度过了将近三十载寒来暑往！三十年啊！人生能有几个三十年?！当年的公子重耳（晋文公）流亡在外，也不过十九年光景，中间还打过好几次退堂鼓，而嬴师隰年复一年地等待、煎熬，始终没有放弃希望与梦想。

直至公元前387年，秦惠公（秦简公之子）去世，年仅两岁的儿子成为秦国的新国君（秦出公），寄人篱下的嬴师隰看到了回国夺位的一线契机。当时，魏国国君是魏武侯，他也想趁着秦国主幼国疑的当口护送嬴师隰回去抢位置，从而在西面扶持起一个亲魏的诸侯。

嬴师隰做梦都在盼着这一天，但他也很清楚，天下从来没有白吃的午餐，于是他陷入了进退维谷的纠结之中：拒绝魏武侯的“好意”吧，不仅多年梦寐以求的愿景化为泡影，而且一旦自己失去了利用价值，小命都有可能不保；收下魏武侯的这份“人情”呢，拿人手短，吃人嘴软，万一护送自己回去的魏国军队赖着不走，再威逼利诱让自己签个什么协议，非但要背负千古骂名，施展富国强兵的抱负更是无从谈起。

两面为难，无从抉择，嬴师隰只能虚以委蛇地对付着。勉强拖了一年，嬴师隰总算憋出了第三条道路：利用自己的人脉在秦国内部暗中串联，积蓄了一股足以改天换地的力量。在这股地下力量的支持下，嬴师隰有了婉拒魏武侯“好意”的底气，顺利于公元前385年回国夺取了君位。

秦献公（嬴师隰）上位之后励精图治二十年，终于有实力东渡黄河谋求发展了。正是因为当初没有欠下魏武侯的人情，秦献公收拾起魏国来不会感到愧疚，不必担心别人说他是白眼狼。公元前364年，秦献公打着为周天子讨回公道的旗号，浩浩荡荡东渡黄河，在石门（今山西运城附近）大败魏国军队，斩首六万余众，史称“石门之战”。

即使上溯到春秋时期，说这场石门之战是秦国向东发展的第一场辉煌胜利，也并不为过。鉴于秦国声称的出兵理由与王室有关，于情于理，周天子都不应该装聋作哑，故而他亲自出面称贺，还册命秦献公为“伯”，以示褒奖。

石门惨败，魏国惊慌失措之余，更是深感无辜：将王室的“自留地”一分为二，那是赵、韩两家暗中串通干的好事，魏爷心里还不痛快呢，干吗冲着我来啊，还讲不讲天理？！

魏罃要多委屈有多委屈，但叫天天不应（天子还拉偏架），只能打碎牙往肚里咽。另一方面，石门这场大战也让原本行情见涨的赵成侯的心中泛起五味杂陈的涟漪。当然了，要说“兄弟阋于墙，外御其侮”，似乎不太贴切，毕竟同出一脉的三家早已分道扬镳，各奔前程了。但如果坐视秦国把魏国搞残，对赵国有什么好处呢？目前来看，没有发现！又会有什么弊端呢？与当年张孟谈苦口婆心地规劝魏、韩两家反水的时候一样，“辅车相依，唇亡齿寒”！魏国被干趴下，接下来秦国不就会冲着赵国来了吗？！

念及此，赵成侯不禁感到脊背发凉。因此，当魏罃派使者前来，提议两家握手言和、共御外敌的时候，赵成侯当即应允，果断派军驰援石门，将气势汹汹的秦国撵回了黄河西岸。

正所谓“塞翁失马，焉知非福”，魏国虽然在石门洒尽血泪，却换回了三晋对于“和为贵”的高度共识。此后的十来年光景，尽管赵、魏、韩之间偶有征伐，譬如在公元前362年，魏国在浍北（浍水北岸，具体地点不详）将赵、韩一顿痛扁，但争执归争执，大体上的态势还算比较缓和。尤其是秦国前来欺负魏国的时候，譬如少梁（今陕西韩城附近）之战，赵国照样不计前嫌，施以援手。

外部环境的改善让魏罃得以腾出手来，谋划魏国发展的长远之计。公元前361年，魏罃正式将都城从安邑迁到了地处黄河南岸的大梁城。《史记》记载说，这是魏罃为了躲避强秦的锋芒不得已而为之。不过，就当时各方诸侯的实力对比来看，这样的解释恐怕缺乏说服力，后世史学家对此多有质疑。譬如清代文人朱右曾一针见血地指出：魏罃迁都，“非畏秦也，欲与韩、赵、齐、楚争强也”。其实，先前赵国先后迁都中牟、邯郸，韩国迁都郑邑，关键性的动机都是一样的。晋国故地受限于太行山、中条山，出入中原多有不便，但凡有个风吹草动，哪道菜都甭想赶上。因此，瞅准时机把家搬出来，“车骑便利，易与诸侯争衡”，才是魏罃内心的真实想法。

除了迁都，魏罃还与赵、韩两家达成了多次换地协议，相互置换了一些飞地和深入对方的楔形地，归整了犬牙交错的边界，这样既便于实施管辖和治理，也有效地减少了边境摩擦。

紧接着，魏罃又在大梁周边开凿运河，兴修水利。譬如引黄河之水入圃田泽（今河南中牟附近），又凿渠用于航运和灌溉，运河还一直修到了大梁城的北门，楚汉相争时著名的鸿沟便是在这个时候开挖的。饱受无情岁月摧残的魏国在魏罃的不懈努力之下，再度焕发出蒸蒸日上的盎然生机。

地不怕远，求贤则灵

广结善缘、迁都凿渠，彰显着魏罃的雄心壮志，他多么希望自己能够再现祖父魏文侯的辉煌。

然而，今时毕竟不同往日，当年的魏文侯醒悟最早，动作最快，其他诸侯还在蒙头酣睡的时候，魏国已经披星戴月，启程前行了，天公不负勤勉人，魏国率先猛跑，登上盟主之位也就顺理成章了。如今，几十年的光景倏忽而过，能醒的早醒了，正在火急火燎地往前奔，不能醒的，也被吵得无法继续安然入睡，迷糊着眼，想要强撑起沉重的躯体。魏国没有占尽先机的优势，家底也谈不上有多殷实，再想领跑群雄，谈何容易？！

别的诸侯先不论，单看西面的秦国，经过秦献公、秦孝公两代国君的奋力拼搏，已能望魏国的项背，只待一番脱胎换骨的变革，便足以傲视群雄了。宿敌中兴之事，偏偏就让历经坎坷的魏罃赶上了。

说起秦国的历史，其实挺悲催的。按照《史记》的说法，秦国宗室是颛顼（“五帝”之一）的苗裔后代。但如此“显赫”的出身难免有粉饰贴金之嫌，事实上，秦国能确切追溯的先祖，不过是西周周孝王时期为天子养马的马夫，名叫非子，因为养马有功，受封于秦地，赐姓为嬴，称为“秦嬴”。

另外也有一些古书记载说，秦国宗室其实来自于东方，属于所谓

“熊盈”的一支。在西周初期爆发的“三监之乱”中，熊盈部落跟着瞎起哄，结果遭到周公旦率领的东征大军清剿，有九个部落彻底认怂，被悉数迁往镐京的西面安置，并称之为“嬴”（同“盈”），其中一支被安置在秦地，于是就有了“秦嬴”之名。

甭管怎么说吧，秦嬴的族人从此起步，逐渐发展壮大，后来因为讨伐西戎有功，在周幽王时期跻身诸侯之列。诸侯归诸侯，里面也有各种复杂的高低贵贱“鄙视链”。从周室东迁算起，历经整个春秋与战国，偏居西陲的秦国一直深受中原诸侯“地域黑”之害，先是被蔑称为“被发衣皮，有不粒食者”的“西戎之国”，后来国力增强，四处征伐，又被叫作“虎狼之国”（以禽兽冠名，可不是什么褒奖之辞）。

以后的事以后再讲，单说三家分晋之后，秦国不光在“国格”上受到歧视，实质上也没少挨魏国的闷棍，特别是河西之地尽失后，被关了整整二十年“禁闭”。

往事不堪回首，相形难免见绌，嬴师隰回到秦国成为秦献公之后，秦国终于有所醒悟，开始寻求变法图强的真理和道路了。在位二十余年，秦献公秉持时不我待的危机感，开足马力奋起直追，推出了一系列改革举措。譬如在登上君位的头一年，秦献公便下令废除了活人殉葬的残暴制度，既赢得了民心，也保护了劳动力。随后，秦献公又将都城东迁到了栎阳（今陕西阎良附近），这样既能摆脱旧贵族的影响，又向子民昭示了争雄中原的决心。结合当年寄居篱下的所见、所闻、所感，秦献公又效法率先领跑的魏国，推行“初行为市”“户籍相伍”，一方面规范商业活动，增加官府的财税收入，一方面加强社会管理，有效掌控兵源。

公元前362年，壮志未酬的秦献公溘然长逝，轮到英姿勃发的秦孝公（秦献公之子）出场了。经过秦献公二十余年的励精图治，秦国的面貌已经有了很大的起色，但一来基础实在太薄弱，二来照猫画虎的变法举

措不够系统，补丁有余、章法不足，要想迎头赶超，实现争雄中原的终极目标，还有很长的路要走。

秦孝公不怕多走路，但到底该走哪条路呢？在魏国耳濡目染了三十年的秦献公都不敢说了然于胸，他又怎么能做到呢？

很多时候，搞清楚问题的根源所在，其实就离彻底解决问题不远了。秦孝公认为，化解秦国目前的困局，关键在于招揽人才，特别是能让秦国如虎添翼、插翅高飞的顶尖人才！因此，嗣位之初，秦孝公便颁布了流誉后世的《求贤令》：谁能献出奇计，助力秦国崛起腾飞，爵位、官职、赏赐乃至封邑都不成问题！

虽说秦国地处偏远，目测在中原的“七环”之外，充其量算个六线城市，但只要诚意十足、条件优厚，何愁招不来人才呢。果不其然，此令一出，各式各样的人才自秦国内外纷至沓来。而这道《求贤令》最为卓越的成果，便是招来了怀揣变法梦想、铸就一生辉煌的公孙鞅。

公孙鞅，姬姓公孙氏，卫国宗室后裔，也被称为卫鞅，因为后来受封于商於之邑（今陕西商洛境内），而以商鞅之名流芳千古。

说起卫国，堪称战国时期的人才培养基地。除了公孙鞅，还有法家鼻祖李悝、战神吴起，乃至侠客聂政，以及后来大搞政治投机的商界巨子吕不韦和“壮士一去兮不复还”的义士荆轲，都是从卫国走出来留名于青史的。名人一大堆，专业也挺全，文臣、武将、刺客、特工，应有尽有，只可惜卫国的历代君主实在太不争气，搞得政局混乱昏暗，根本留不住人，反倒便宜了各大强藩。

感慨完卫国，回头继续聊这位公孙鞅。他早年主修刑名之学，也就是法家学说，而法家最早是在魏国落地生根、开花结果，迸发出了勃勃生机的，所以公孙鞅离开卫国之后，便来到了魏国，充作相国公叔座的门客。

公叔座对公孙鞅的印象不错，非常欣赏他的才学，却一直没有向魏罃举荐他。个中缘由，《史记》解释得比较含糊，只是说公叔座还没来得及举荐就病倒了（“公叔座知其贤，未及进，会座病”）。其实，这一番说辞根本就经不起推敲，人家公孙鞅投奔魏国不是一天两天了，公叔座早不病、晚不病，一想到举荐就卧床不起，合理吗？

我觉得吧，公叔座“雪藏”公孙鞅，或许就是因为他的法家背景。作为法家鼻祖的李悝已经在魏国建立了一整套完善的治理体系，饭都已经端上桌了，还请厨子干什么？依次尝上一遍，然后倒掉重来吗？魏国哪里经得起这番折腾！

公叔座一病不起，魏罃前来探视。自知命不久矣，公孙座第一次在国君面前提到了公孙鞅这个人。他跟魏罃讲，公孙鞅这个人虽然只有三十来岁，但“年虽少，有奇才”，希望国君能“举国而听之”。魏罃当时什么反应呢？沉默，良久地沉默。他嘴上不说，但心里肯定塞满了“呵呵”。

魏罃的诧异与心塞，相信大家都能理解，他连公孙鞅何许人也、容貌品行如何都没弄清楚，仅凭公叔座一句话，就要“举国而听之”，当治国是打游戏呢？

见魏罃沉思不语，公叔座屏退左右，又讲了一句肺腑之言：“即不听用鞅，必杀之，无令出境。”魏罃当时又是什么反应呢？他勉为其难地吐出了一个字：“行！”（“王许诺而去。”）

话虽如此，但见魏罃沉思不语，公叔座屏退左右，又讲了一句肺腑之言：“王即不听用鞅，必杀之，无令出境。”肯定不会这样做。他跟公孙鞅远无怨，近无愁，甚至两人未能谋得一面，岂能仅凭公叔座一句话，便要杀要刮？如此儿戏，成何体统？！

公叔座“人之将死，其言也善”，刚在魏罃面前判了公孙鞅的死刑，转念一想又后悔了，便让人把公孙鞅找来，将自己先前对国君说过的话和盘托出，劝公孙鞅赶紧跑路。公孙鞅气定神闲，一语中的：“彼王不能用君之言任臣，又安能用君之言杀臣乎？”

公孙鞅所言，正是魏罃所想，在他看来，公叔座是病糊涂了，一会儿把人家捧上九天，眨眼之间又想将之打入十八层地狱，疯了，疯了，绝对是疯了！

虽说性命无虞，但公孙鞅在魏国的处境依旧很尴尬，没有半点会得到提拔重用的迹象。唯一的伯乐——公叔座去世之后，公孙鞅便暗生去意。适逢获悉秦国国君颁布了一道《求贤令》，他便收拾起行囊，怀揣李悝倾力编纂的《法经》，意气风发地一路向西，追寻光辉灿烂的明天去了。

我们都知道，商鞅变法造就了一个强大的秦国，但俗话说得好："万事开头难。"公孙鞅到大秦集团"应聘求职"的历程，走得一点儿也不平坦。

在宠臣景监的引荐下，公孙鞅见到了求贤若渴的秦孝公。然而，这场"面试"并没有达到相见恨晚的预期效果，反倒让景监挨了一通臭骂。原来，阶下的公孙鞅神采飞扬、侃侃而谈，座上的秦孝公却昏昏欲睡、极不耐烦，事后还埋怨景监说："你小子从哪儿淘来这么一个狂妄之徒，纯粹是浪费我宝贵的时间！"

隔了几天，景监经不住公孙鞅软磨硬泡，硬着头皮又引荐了一回。结果秦孝公依然不爽快，又把景监叫去批了一通。景监急了眼，也埋怨上了公孙鞅，说你到底行不行啊，国君见你一回，骂我一回。公孙鞅气定神闲地回答说："您别上火，我差不多摸准国君的脉搏了，再见一次，准成！"景监姑且信他一回，这次会面果然好些了，事后秦孝公非但没发火，还跟景监讲："公孙鞅这个人不错，挺会聊天。"但他绝口不提任用的事儿。

公孙鞅不甘心，好说歹说，让景监厚着脸皮引荐最后一次。屈指算来第四回了，公孙鞅才真正上了道，秦孝公听得如痴如醉，两人连续聊了好几天，丝毫没有倦怠之意。

一直挨批的景监破天荒地得到了秦孝公的赞许，回来就问公孙鞅，到底给国君灌了什么迷魂汤，这脸变得也太快了。公孙鞅解释说："我前几次给国君讲的，都是治国平天下的大道理，从尧、舜、禹，再到商汤、周文、周武，行王道、施仁政，搞个百八十年，差不多就成了。但国君不想熬这么久，所以他不感兴趣。因此，我只能退而求其次，投其所好，大谈立竿见影的富国强兵之策，国君这下高兴坏了。"

公孙鞅所谓的富国强兵之策，本质上就是魏国李悝变法的翻版和升级，但变法毕竟牵一发而动全身，方方面面难免有所顾忌，因此秦孝公高兴归高兴，也有些底气不足，便召集群臣共同商议。

变法的话头一旦打开，各种非议便扑面而来。最为激烈的反对来自官居左司空的杜挚和上大夫甘龙。杜挚认为，"法古无过，循礼无邪"，故而主张"利不百，不变法；功不十，不易器"，守着老规矩过日子，虽说未必发得了家，但也稳当啊！可以说，杜挚的这番说辞代表了相当一部分大臣的想法。他们认为，秦国经过秦献公的一番整饬，保持着良好的发展势头，"国家内忧，未遑外事"的晦暗时代已经成为过去，何必自己跟自己过不去，冒着巨大的政治风险搞什么变法呢?！

与杜挚的一味守旧不同，世袭贵族出身的甘龙倒显得"开明"一些。他对落后的贵族体制导致秦国积贫积弱深有感触，所以赞成进行必要的变革。但是，甘龙坚决反对公孙鞅全面变法的举措，认为应当以秦穆公时期创立的一系列制度为根本遵循，不可轻越雷池一步。

吵架吵了无数回，谁也说服不了谁。公孙鞅坚信变法有无比光明的前景，踌躇满志，而固执己见的杜挚、甘龙等反对力量也坚决不松口。秦孝公这下可就犯难了，不搞变法，秦国虽然一时半会儿死不了，但也甭指望迅速强大起来，充其量算个随大流的；但如果仓促上马呢，这么多人有异议，不仅会影响变法成效，也会破坏内部团结，恐怕会惹出更大的麻烦。

思前想后，秦孝公琢磨出了一个折中方案：公孙鞅别着急，杜挚、甘龙也少发言，咱们先搞试点，效果好呢，就全面推广，如若不行，废掉就是。于是乎，公孙鞅在都城南门“立三丈之木”，招募民夫将它搬到北门，并当场兑现了赏金。以这次著名的“徙木立信”为开端，公孙鞅在秦孝公的支持下小试身手。

试点搞了三年，成效显著，这下大家都没二话了。公元前356年，公孙鞅官拜左庶长（略低于相国，无军权），开始在秦国全面推行变法。

变法哪家强？当数公孙鞅

不算先前的试点，公孙鞅推行的全面变法也是分成两个阶段来实施的（从这里可以看出，秦孝公确实是一位老成持重的政治家）。从公孙鞅官拜左庶长开始，秦国正式实施第一阶段的变法举措，主要集中在四个方面：

第一，改法为律，刑采重典。

公孙鞅从魏国投奔到秦国，是怀揣李悝编撰的《法经》来的，自然会将律法的变革放在至关重要的位置。与秦献公不同，公孙鞅主修刑名之学，尤其精通《法经》要义，所以他能更好地结合秦国的实际情况制定更为系统的律法，这就是最初的《秦律》。

这部全新的律法，以秦献公时期实施的户籍相伍为基础。户籍相伍，就是将五户人家编为一个小组（称为“伍”），十户编为一大组（称为“什”），作为社会管理、征召兵源的基本单元。公孙鞅加了一条“连保连坐”，规定同组的人如果犯了法，告发者可以立功受赏，等同于在战场上斩首一级，隐匿不报者则处以腰斩。如此一来，即使夫妻、亲友之间也不敢相互包庇、掩藏罪责，便可以达到“至治”的最高境界。

连保连坐的规定同样适用于军队，五人编为一伍，有相互监督之

责，如果其中有一人畏缩不前甚至临阵脱逃，其他四人都会受到极其严苛的惩罚。

由此可见，李悝在《法经》里贯彻的刑、罚相适的理念，公孙鞅并没有照抄照搬，而是立足于秦国尚武的民风，主张轻罪重罚，使得百姓不敢轻易犯罪，从而实现以刑去刑的终极目标。

譬如经营一家客栈，如果容留没有身份证明的人住宿，则按奸细论处（公孙鞅没有想到，他自己后来被这条律法坑苦了）。还有考虑到耕牛、马匹是重要的生产、作战、运输工具，对于胆敢盗窃牛马者一律处以极刑。

刑罚严苛而繁重，花样也很多。死刑包括枭首、弃市、腰斩、剖腹、车裂、镬烹等，肉刑则有黥面、割鼻（劓刑）、砍脚（刖刑）、砍脚趾、宫刑等，还有劳动改造，根据流放地和工种不同，分为边境防卫（司寇）、男子重体力活（鬼薪）、女子轻体力活（白粲、舂）、修长城（城旦）等。必须承认，在天下诸侯当中，秦国的律法堪称严酷第一，被称作“虎狼之国”，这也是一个重要的原因。

第二，依功授爵，等次有差。

“虎狼之国”的名号还有一个重要的成因，便是秦国军队如狼似虎的战斗精神。一支原本平淡无奇的军队被锻造成无坚不摧的虎狼之师，正是得益于依军功授爵的变法举措。

军功怎么评定呢？公孙鞅的办法简单而残暴：按战场上斩获的敌方首级来计算，首级越多，爵位也就越高，从公士到彻侯，分为士、大夫、卿、侯四级，累计二十等。不同的爵位等级，对应着不同的待遇、特权直至封邑。除此之外，战场上斩获的首级还可以发挥其他作用，譬如抵罪、免赋役、为身份低贱的亲属赎身等，真是有钱也换不来的“百宝箱”！

除了激励将士奋勇杀敌之外，这项制度还有一个极具历史意义的特殊功效：彻底打破了阶层固化的藩篱！

在此之前，秦国的爵位往往是通过世袭继承，身份和地位与生俱来，食邑者代代食邑，为奴者世世为奴。公孙鞅觉得这样不行，个人的荣辱不是应该跟他为秦国做出的贡献相匹配吗？因此，只要你有本事杀敌，不管是什么出身，该赐爵的赐爵，该授官的授官。反之，如果没有军功，哪怕你是国君的七大姑八小舅，也不能再享受过往的荣光了。有功者即使一贫如洗，也能显荣于世；无功者纵有良田广厦，亦觉脸上无光。英雄不论出处，人人都享有实现自身价值的平等机会，从而树立了正确的社会价值取向。

第三，重农抑商，奖励耕织。

李悝在魏国主张的“尽地力”本质上是重农抑商的政策，核心要义是将劳动力、土地的潜力发挥到极致。不过，秦国的情况与魏国正好相反，其偏居僻壤之地，又称霸于西戎，不是人多地少，而是地盘管够，唯独缺人。

公孙鞅一时半会儿改变不了人的“基盘”，但可以运用政策的杠杆，引导子民放弃他业而从事耕织，鼓励多开荒，多生产，多搞副业。譬如致力于耕织（称为“本业”）并实现高产的，可以免除徭役；做买卖、做工匠的（称为“末利”），如果经营不善破了产，直接充作官奴，谁让你不乖乖种地养蚕的！通过这样一奖一罚，从而“富者田连阡陌，贫者亡立锥之地”。用现代的说法，这就叫作富者愈富、贫者愈贫的“马太效应”。

耕织得到鼓励的同时，商业活动则受到了极其严苛的限制，商人不仅要负担高额赋税，还需要对各种摊派的徭役出工出力，或者直接出钱。另外，商人的经营范围必须符合规定，准许你买卖的东西才能买卖，像粮食之类的重要物资则要遵守官府的交易配额，防止他们囤积居奇，哄抬物价，肆意扰乱市场。

第四，废除儒家，拒绝游宦。

公孙鞅认为儒家的那一套学说根本不合时宜，只会耸人听闻，扰乱视听。因此，变法令要求搜缴传播儒家学说的书籍，将其付之一炬。另外，以儒生为代表的那些知识分子“四体不勤，五谷不分”，参军不能杀敌，务农一窍不通，整日里游手好闲，到处投机钻营，谋求一官半职。对于这些人，公孙鞅一律挡在门外，不准他们到秦国来推销。已经身在秦国的儒士呢，要么去乡下学种地，要么卷起铺盖走人。

根据史料记载，第一阶段的变法实施六年之后，秦国“道不拾遗，民不妄取，兵革大强，诸侯畏惧”。公孙鞅在秦国乃至普天之下，顿时声名鹊起。

公元前350年，已经官拜大良造（相当于相国，有统军之权）的公孙鞅趁热打铁，开始推行第二阶段的变法举措，主要也集中在四个方面：

第一，彻底废除井田，开阡陌封疆。

早在秦简公主政时期，秦国已经搞过“初租禾”的改革，承认了土地的私有权，并在此基础上改革税制，在一定程度上破坏了世袭贵族赖以统治的井田制，但这项改革并不彻底。在前一阶段奖励耕织、垦荒的基础上，公孙鞅充分借鉴晋国六卿时期的经验，完全废除了贵族占有、轮流耕种的井田，改成授给农户耕种的所谓“辕田”，并全面施行大亩制。

也就是说，一夫依然授百亩，但按照秦国过去的算法，一亩只合百步，连晋国六卿的最低标准（一亩合一百六十步）都没达到，公孙鞅的大亩制将标准提高到了当年赵氏实施的一亩合二百四十步，以尽农夫之力。

如此一来，秦国境内所有的“阡”（百亩之间的道路）、“陌”（亩之间的小路）乃至“封疆”（标明土地所有权的土堆和矮墙）都要按照新的划分重新设置，所以这一举措又被称为“开阡陌封疆”。

与此同时，新颁布的《秦律》还对自耕农的土地所有权给予法律保护，私自挪动土地的界线视同于盗取，将受到严厉的惩罚。

第二，推行县制，迁都咸阳。

从西周王朝到春秋时期，周王室和各方诸侯大行分封，使得各国的行政区划异常混乱，大大小小的采邑、“自留地”星罗棋布，以至于政令各异，治理水平更是参差不齐，严重影响了国君的集权和政令的畅通。

为了解决这一乱象，公孙鞅效仿三晋推行的郡县体制，将秦国境内的乡、邑、村落进行全面整合，总共设置了三十一个县（另有三十县、四十一县的说法），由朝廷统一任免官员。刚开始，只有县令、县丞（掌管民政）和县尉（掌管军事）几个核心官员，后来又将承担具体业务的小吏纳入统一编制，发给定额俸禄，称为“秩史”。在三晋业已成熟的上计制度也被公孙鞅带到了秦国，从而加强了国君对地方官员的管束。

大国当然要有大国的气象，从形式上来讲（尤其是在外人看来），就是都城气派与否。虽然秦献公将都城从雍邑（今陕西凤翔）搬到了栎阳，但这里显然不足以支撑起秦国的强国梦。经过实地考察，公孙鞅提议仿照鲁、卫等老牌诸侯的模式，在地处渭河流域、土地肥沃、物产丰富的咸阳（今陕西咸阳附近）大兴土木，修建气派宏伟的冀阙、宫殿，设置官署、民坊和集市，并正式定都于此，将其作为政治、经济中心。至于那些象征世袭贵族影响力的宗庙、神祠，当年秦献公都不想要，如今的秦孝公也不可能背上这个沉重的包袱，继续把它们留在故都雍邑好了。

第三，统一度量衡制。

从历史演进的视角来看，秦国大力推行量同衡、车同轨、书同文，为中华文明的融合与定型立下了不可磨灭的伟大功勋。不过实事求是地讲，后来秦王政推行“车同轨”，为的是便利交通，为征伐天下服务，压根没想到还有文明这档子事儿。公孙鞅此时搞起来的“量同衡”同样是出于现实的需要：首先，官府要向百姓收取赋税，标准不一则操作不便；其次，官员要上计和发放俸禄，若标准不一，也不好横向对比。“量同衡”之后，上上下下方便多了，省得每天都有扯不完的皮。

第四，控制户的规模，按户征收赋税。

自从秦简公推行“初租禾”以来，秦国一直是按照土地面积来征税的，称作“田赋”。也就是说，土地分到农户的手里之后，种与不种，那是你的事儿，每年上缴的赋税一分都不能少。看似公平合理，但与奖励垦荒的变法初衷背道而驰，开垦的荒地越多，需要上缴的赋税也相应增加，谁还会心甘情愿地去开荒呢?！

为了从制度层面摆脱束缚，公孙鞅提出了“舍地而税人”的办法，改土地税为人头税。对于农户而言，有没有土地，有多少土地，那是你的事儿，只要编户在册的人口没有增减，赋税就不会变化。如此一来，大家开荒的积极性就异常高涨了。

古往今来，上有政策、下有对策的事儿屡见不鲜。官府改了套路之后，一些人就动起了歪脑筋，譬如刻意“染黑”，做没有户口的“隐形人”，以此躲避官府的征缴。对于这些铤而走险之徒，增强法律威慑是最有效的解决办法。按照轻罪重罚的《秦律》，黑户一旦被发现，犯罪的成本是相当高的，即便罪不至死，也会生不如死。

酷法之下，黑户几近绝迹，但下面的对策又出新招。譬如有些户口倒是不黑，但为了规避“户头税”，一户下面挂着一堆人，有的是家中男子成年后不分户，有的是官僚、地主豢养门人食客，有的是商人雇佣仆从、奴隶……总之，哪里有政策的空子可钻，哪里就不乏众人的聪明才智。

为了堵住政策上的漏洞，公孙鞅再度举起律法的大棒，规定男子成年不分户的，赋税加倍增收，而豢养门人、食客、仆从、奴隶超过一定数额的，再加征“食口税”，并加重其徭役，从制度层面控制每一户的规模，鼓励分户。

对于力主将变法进行到底的公孙鞅而言，下面的人投机取巧，钻一些政策上的空子，并不算多大的麻烦，解决起来也相对容易，律法的大棒一挥，登时玉宇澄清。不过，变法搞到第二阶段，势必会进入利益重新分配的深水区，难免要啃各种各样的硬骨头。

例如刚一开始，太子嬴驷就触犯了法令，被公孙鞅逮了个正着。当时，很多人明里暗里给公孙鞅捎话，既有替太子求情的，也不乏为公孙鞅考量斟酌的，但有一个算一个，全碰了一鼻子的灰。公孙鞅的态度很坚决——“法之不行，自于贵戚”，如果执法者看人下菜碟，特别是对有背景、有权势的贵戚网开一面，法令还怎么执行？国无信不立，司法公正是最后一道防线，当年徙木立信的事，你们难道都忘记了吗？！

太子嬴驷到底触犯了什么法令，或许是“为尊者讳”，现存史料没有记载，但对应的刑罚写得很清楚：杖刑，附加黥面！考虑到太子是未来的国君，众目睽睽之下挨一顿板子有碍观瞻，脸上刺得花里胡哨更是有损于国体，公孙鞅酌情变通了一下，认为太子犯法是教导者的失职，所以板子打到了太子傅的身上，太子师呢，只有牺牲一下自己的脸面了。

显然，惩罚太子傅、太子师的震慑力比当年强化正面引导的徙木立信强多了。太子犯法都难逃刑罚，谁还敢对法令有二话？

得益于公孙鞅坚定的意志力，秦国经过两个阶段、历时十八年的变法，昔日积贫积弱的面貌焕然一新，以一等强国的崭新形象出现在天下诸侯的面前，史载“商鞅相孝公，为秦开帝业”。当然，作为此番蜕变的首功之臣，公孙鞅也享受着无尽的荣宠和无上的荣光，受封商於之邑。

沉浸在烈火烹油的极盛绩效中，公孙鞅觉得一切都是理所当然的，但自古登高必跌重，谋士赵良就泼起了凉水。他不想违心地随大流、识时务、说好话，而是秉持“千人之诺诺，不如一士之谔谔”的理念，主动站了出来，苦口婆心地规劝公孙鞅激流勇退，免遭杀身之祸。

赵良冷静而清醒地意识到，此番暴风骤雨似的变法虽然使秦国脱胎换骨、逆势崛起，但负面的影响着实不小。首先，开罪于世袭贵族，让这些过去端着金饭碗、养尊处优的人不得不靠自己的能力讨生活。尤其是太子犯法，公孙鞅不畏权贵，坚持法办，让太子傅、太子师代受杖刑、黥面之辱，太子岂能善罢甘休？其次，律法严苛而残暴，惩罚有余，教化不足，上上下下怨声载道。一言以蔽之，“刑黥太子之师傅，残伤民以骏刑，是积怨畜祸也”，此时不退，等着有朝一日被他们群起而诛吗？

良药苦口，忠言逆耳，公孙鞅对此作何反应呢？他倒是没有埋怨赵良“不懂事”，但骨子里认定赵良是危言耸听。一来自己有功于秦国，问心无愧；二来放弃眼前的荣华，自己这些年的拼搏岂不是付之东流？真要“事了拂衣去，深藏身与名”，那自己到底图个啥？当年又何必背井离乡，离开卫国呢？

公孙鞅没有搭理赵良，但在秦孝公去世之后，赵良的深深忧虑不幸应验成了血淋林的现实。与战神吴起在楚国一样，公孙鞅终究没能逃过被反攻倒算的厄运。

公元前338年，主政二十余年、引领秦国腾云驾雾直冲云霄的秦孝公溘然长逝，当年颜面尽失的太子嬴驷成为秦国的新君主，是为秦惠王（一作秦惠文王）。一时间，很多人含血愤天般地站出来，声称“大臣太重者国危，左右太亲者身危”，说如今的秦国百姓只知商君（公孙鞅）而绝口不提国君，照此下去，怎么了得？！识人识心，听话听音，当所有人都认定秦惠王必然会找公孙鞅秋后算账的时候，公孙鞅的人生悲剧就注定了。

直至被秦惠王下令通缉，公孙鞅才意识到赵良是多么洞悉人性，有先见之明。而更加彰显人性的事情还在后面，逃亡到边关的时候，客栈老板拒绝他投宿，因为律法有明确的规定，没有身份证明，天王老子也不让进门。他侥幸逃回魏国，原本以为可以谋得反秦翻身的机会，但魏国这些年饱受秦国的欺凌，担心秦惠王借机发难，竟然又把他送回秦国来了！

公孙鞅走投无路，决定放手一搏，赶到自己的采邑起兵顽抗，结果战败被杀，满门灭族，尸首被送到咸阳，依照他亲手制定的律法，补上一道车裂之刑。

一代名士就此谢幕，但他留下的变法遗产不仅让秦国受用了一百多年，更是造就了全新的天下格局。

讽谏先行，重在治吏

无独有偶，在公孙鞅率领秦国刮骨疗毒、奋起直追的时候，换了“老板”的齐国也顺应时代发展的需要，大刀阔斧地搞了一番自我革命。

说到齐国，无论是过去的吕齐还是现在的田齐，肚子里的苦水基本上没怎么干过。从春秋到战国，吕齐、田齐拉通算，齐桓公称霸无疑是齐国最为辉煌的时刻！作为东方第一强藩，竟要靠悠远的老黄历来装点门面、寻找自信，实在是可悲又可怜。平心而论，倒未必是后人不争气、不努力，用一句俗话来形容——“既生瑜，何生亮”，恐怕更符合齐国几百年来面临的尴尬处境。

春秋时期，仰仗齐桓公、管仲奉行的“尊王攘夷”战略，齐国很是火了一把，但在晋国崛起之后，晋国一家独大时自不必说，后来晋、楚两强争雄，乃至最后北方诸侯被吴、越集体压制时，齐国始终被长盛不见衰、要衰大家一起衰的晋国压过一头，“千年老二”的名头从此与齐国如影随形。

进入战国时期，从日暮西山的吕氏王室到成功“借壳上市”的田氏王室，在新生盟主魏国的面前，齐国依旧黯然失色，动辄挨三晋联军的收拾，大气都不敢出一口。

或许是历史的巧合吧，等到田氏的齐桓公田午主政时，齐国坐二望一的夙愿终于有了一丝希望的曙光，而这主要得益于他主导的人才队伍建设。为了避免与春秋时期的霸主齐桓公小白相混淆，下面就直呼田午其名了。

关于田午这个人，最有名的典故恐怕就是讳疾忌医了。这一桥段出自《韩非子》，原文误作“蔡桓公”，经过史学家的考证，其实说的就是田午。故事的另一位主角，则是一代名医扁鹊。

扁鹊要给田午看病开方子，结果三番五次都被自我感觉没毛病的田午拒绝。田午等到病入膏肓、行将就木的时候，再想把扁鹊请来妙手回春，可人家自知治得了病，治不了命，拖到现在着实无力回天了，早就撒腿跑秦国去了。

田午讳疾忌医这件事，除了《韩非子》（还把人物给搞错了）以外，并不见于其他史料记载，因此假托杜撰的可能性比较大。不过，田午创立的稷下学宫为齐国招揽、储备了大批人才，这倒是确有其事。

闻名遐迩的稷下学宫因设置在临淄城（今山东淄博）西面的稷门外而得名，它秉持兼容并蓄的办学理念，三教九流、什么学派的人都有，其中比较有名的是一个名叫淳于髡的人。

淳于髡家境贫寒，出身卑微，还做了人家的上门女婿，时人称之为“赘婿”（后来演变成“入赘”）。即便是现在，上门女婿也并不多见，而在那个男尊女卑的时代，赘婿的地位就更低了：赘的本意就是累赘，赘婿则无异于家奴。

出身如此不堪，却丝毫不影响淳于髡在思想文化界的成就和名声。据说，孟子在齐国游学的时候曾被淳于髡批得体无完肤，被直斥儒家的那套陈词滥调根本就不合时宜。这件事我们在前面已经叙述过了。

公元前357年，着眼于“蓄力”（尤其是储备人才资源）的田午去世，将复兴齐国的重任交到了儿子齐威王的手中。往者期盼殷殷，来者却有点对不住观众，史载新嗣位的齐威王做得相当不像样：“沉湎不治，委政卿大夫，百官荒乱，诸侯并侵，国且危亡，在于旦暮。”都到论及亡国的地步了，可见齐威王有多么糟糕！

国君如此不肖，很多大臣都不敢多嘴，偏偏淳于髡自忖脖子够硬，想来摸一摸老虎的屁股。他给齐威王讲了一段“趣闻”：齐国有一只大鸟，栖身于王庭之上，整整三年的时间，不叫也不飞，不知道它在搞什么鬼名堂。名为说鸟，骂谁谁知道。齐威王却当即回了一句著名的话：“此鸟不飞则已，一飞冲天；不鸣则已，一鸣惊人。”

从此以后，齐威王一改往日声色犬马、淫乐不止的颓丧，准备撸起袖子大干一场，率领齐国再现当年的荣光！

理想很高远，志向也很宏大，但放空炮容易，干实事难，到底该怎么做，齐威王自己也没谱。就在齐威王抓耳挠骚、苦无良策的时候，一位名叫邹忌的琴师出现了。

说邹忌是琴师，其实并不确切，但他能跟齐威王搭上话，确实是因为弹得一手好琴。光弹琴可不行，邹忌有正事要办呢，借着切磋弹琴技法，他给齐威王大谈了一番治国的道理。邹忌认为，一国之君，要像琴上的大弦那样，舒缓而温和；相国呢，要像琴上的小弦那样，明快而清亮；政令，则如琴上的勾弦，先用力拨取，再缓缓释放。只有这样，各种声音才能协调配合，演奏出美妙的乐章，恰如四季往复而不乱，必然国治而天下平。

经过为期三个月的考察，齐威王果断拜邹忌为相国，而这惹得淳于髡暴跳如雷。论年纪，淳于髡与邹忌相仿；论资历，淳于髡可就有话要说了。堂堂稷下学宫的博士，嘴皮子功夫是看家本领，你邹忌仅凭几句话就腰挂相印，脸红不脸红？！

淳于髡当即找到邹忌，声言在下有几件事不甚明了，特来讨教讨教。哪几件事呢？淳于髡没有明说，而是充分发扬“滑稽”（能言善辩）的作风，跟邹忌玩起了哑谜：

其一，驾车的车夫时常会在车轱辘的轴心抹油，但如果把轴孔做成方的，抹油有个屁用！

其二，弓用久了，木料会有裂纹，胶可以粘合一时，却无法完全复原。

其三，狐皮袄子破了，没听说有谁用狗皮去补。

其四，车要校正，琴弦要调音，才能用得长久。

其五，三个人共放一只羊，人累得要死，羊却依然饿着肚子。

提问环节完毕，请选手作答！

听完淳于髡这一通胡侃，相信很多人都是一头雾水：这都哪儿跟哪儿啊，还能不能愉快地聊天了？然而，邹忌真不愧是邹忌，他的回答简洁而明了：

其一，“谨事左右”。

其二，“自附于万民”。

其三，“谨择君子，毋杂小人其间”。

其四，“谨修法律而督奸吏”。

其五，“减吏省员，使无扰民”。

回答完毕，请评委亮分！

淳于髡什么反应呢？嘴上不服输，但心里佩服之至！他退出门外，对仆人大发感慨说：“国君拜他为相，真是慧眼识人啊！”

两人你来我往，天南海北，不着边际，到底在讨论什么呢？咱们来探一番谜底。

以上五点问与答，其实就是邹忌在齐国推行变法的基本纲领：

其一，国君要“谨事左右”，不能违背常理和礼法贸然行事，否则就会闹出圆轴方孔转不动的笑话。

其二，为政者要“自附于万民”，保持与百姓的血肉联系，避免两者之间产生裂痕，更不能任由裂痕蔓延开来。

其三，在官吏的选拔任用方面，要“谨择君子，毋杂小人其间”，

千万不能搞成龙蛇混杂，狐皮、狗皮不分，否则劣币必然驱逐良币，带坏官场风气。

其四，建立、健全严格的考核制度，“谨修法律而督奸吏”，就像校车、调琴一样，及时发现和处理不堪其任的官员。

其五，各级官府要“减吏省员”，提高行政效能，一个人就能干好的事，绝不委派第二人，避免人浮于事、相互掣肘，造成人多不洗碗、鸭多不下蛋的局面。

归纳起来看，特别是对比李悝、公孙鞅的变法举措，邹忌的变法主张更侧重于跟人较劲。首先是对国君力行讽谏，不时纠偏，其次是紧抓官吏这国家的关键性人才，督促他们尽职尽责。

讽谏国君、居百官之首的邹忌还有一段脍炙人口的典故，出自《战国策》，入选语文教材后起了一个醒目的标题：《邹忌讽齐王纳谏》。相信大家都记得这篇课文，我就简单一点讲吧。

邹忌据说有两米多高，颜值也还行，但俗话说得好：“不怕货比货，就怕人比人。”他要是跟城北的老徐站在一起，难免会感到自惭形秽。有一天，邹忌心血来潮（不排除有钓鱼之嫌），分别询问妻子、小妾和前来拜访他的客人：他跟老徐两人，谁才是颜值担当？三个人异口同声，都认为邹忌能甩老徐好几条街。

事儿就是这么个事儿，换一般人笑笑也就过了，但邹忌想得更深层次一些。他跟齐威王讲：“这几个人睁着眼睛说瞎话，逗我开心，是因为妻子爱我，小妾怕我，客人有求于我。我被人忽悠事小，毕竟只是日常琐事，您身为国君，掌管这么大一个诸侯国，后宫爱您，臣属怕您，四海之内有求于您的也不在少数，照此推论，您会被忽悠多少回啊！”

齐威王听出了邹忌的弦外之音，便下了一道《求谏令》，恳请全天下都来骂自己。当面指责的，受上赏；书面谏议的，受中赏；见不了面也递不了折子的，可以上大街，只要说得出道理，受下赏。

此令一出，各种指责、非议、劝谏便铺天盖地地涌来，虽然不排除有没事找事求赏赐的，但大多数人还是深受国君虚怀若谷的感召，为齐国的发展献计献策。几个月下来，提意见的人越来越少，一年之后更是“虽欲言，无可进者”，该说的都说得差不多了，无失可指，无错可纠。

邹忌做出了表率，擅长耍嘴皮子的“滑稽”淳于髡当然也不会甘于寂寞。有一段时期，齐威王再度沉迷于酒色，夜夜笙歌豪饮。一次在宫中设宴，齐威王跟淳于髡聊起了酒量，问他能喝多少。淳于髡回答说：“这可不一定，喝一斗能醉，喝一石也能醉，没个准数。”齐威王一听就乐了：“你喝大了吧，自己多少酒量，怎么可能这么没数？”

淳于髡气定神闲，耐心地解释说：“不是我没准数，而是得看跟谁在一起喝。在宫里陪国君您喝，场面太大，众目睽睽之下，我担心酒后多言、言多必失，喝一斗足以。在家陪来访的贵客喝，阵势上没这么吓人，但也不能失了礼数，勉强喝两斗吧。与久违的老朋友畅饮，叙叙旧情，互诉衷肠，喝五六斗不成问题。乡亲聚首，行酒博戏，更没有心理压力，饮下八斗，不过三分醉意。等到天黑客散，主人盛情挽留我对酌，那更是无所顾虑，酒逢知己千杯少，喝上一石又如何！”

扯这么一通口水话，淳于髡就想说明一个道理：“酒极则乱，乐极则悲，万事尽然。”凡事应该适可而止。齐威王听人劝，吃饱饭，从此不再搞长夜之饮了，还任命淳于髡为宾礼官，负责把握好应酬尺度。

说完对国君的讽谏，再来看齐国如何抓住官吏这一国家的关键性人群。虽然史料对此没有详细记载，只说邹忌举荐了不少贤才，但我们还是可以通过下面两件事情窥出一些端倪。

头一件事，姑且称之为“瑶台事件”吧。话说齐威王正在瑶台游览，看到远处出现一支浩浩荡荡的车队，心里不太爽快，这排场可是堪比国君了啊！原来，这支车队竟然是邹忌的，他兴致冲冲地赶过来奏事，没想到贴了齐威王的冷屁股。齐威王阴沉着脸，埋怨邹忌不该在国家贫弱之际搞这些虚头八脑的排场。

邹忌的脑子转得快，懂得避重就轻，压根不提排场的事儿，反倒找起了国君的茬：“王枕而卧耳，何患国之贫。”何出此言呢？邹忌一口气抬出了他举荐的几位贤才：一是田居子，负责镇守西部边境，令秦、魏两国不敢东向侵伐。二是田解子，负责镇守南部边境，搞得楚国隔三岔五来送礼。三是黔涿子，负责镇守北部边境，燕、赵怕得要命，一年到头祭祀不断，自求多福。四是守即墨（今山东平度附近）的田种首，五是官居大士的刁勃子，他们二人殚精竭虑地教化百姓，使庶民的生活逐渐富足。有这些贤才为齐国效命，您就等着国强民富吧！

第二件事发生在公元前355年，姑且称之为“比宝事件”，或者“牛皮事件”。齐威王跟谁比宝、吹牛皮呢？不是别人，正是我们的老相识，自我感觉特别良好的魏罃。当时，魏罃如数家珍一般，吹嘘魏国的宝贝，尤其是十颗直径寸许的夜明珠，每颗都能照亮十几辆马车。齐威王一听就乐了，反唇相讥道：“你说的那些宝贝，齐国确实没有，但跟我要讲的这几个宝贝比起来，你那些夜明珠根本不值一提。”

到底是什么宝贝让齐威王如此自信？其实跟邹忌先前讲的差不多。一是田解子，镇守南疆，不仅楚国不敢造次，泗上十二诸侯也全都跑来临淄朝见。二是田肦，镇守高唐（今山东高唐附近），赵国人连黄河里的鱼都不敢打。三是黔涿子，镇守北疆，令燕、赵噤若寒蝉，把边境线附近七千多户迁回了内地。四是田种首，以缉捕盗贼而闻名，他的治下夜不闭户，道不拾遗。有这四人在，敌人甚至不敢向我的国土张望，你有珠子照亮区区十几辆马车何足道哉？！

当然了，知人善任、选贤任能只是第一步，就像淳于髡先前所说的车要校正，琴弦要调音，不对官吏进行有效的监督、考核，外加修理，时间一长难免出问题。在这方面，赵、魏两国都有比较成熟的上计制度，完全可以参照执行，但齐国具体落实的时候，还是出了不小的问题。具体来讲，就是考核结果严重失真，甚至以次充好，颠倒黑白，这里面既有各级官员的好人思想作祟，也不乏有些人搞权力寻租、包庇纵容导致。

举个实际的案例来说吧，东阿大夫（一说无盐令）颇受同僚的赞誉，考核结果非常卓越，但在他的治下，田野荒芜，百姓贫苦，遇有战事还严重渎职，这官做得一塌糊涂。即墨大夫呢，治下搞得有声有色，却因为不善巴结奉承，饱受同僚非议，考核结果很不理想。齐威王或许是听到了一些风声，派人暗中到实地调查，果然是黑白颠倒！公然作假，这还了得！齐威王不禁大为光火，下令将阿邑大夫连同说他好话的人一律处以镬烹之刑，炖成肉汤，以儆效尤，而兢兢业业的即墨大夫，受封万户食邑，以劝来者。从此以后，齐国上下“人人不敢饰非，务尽其诚。齐国大治”。

剑走偏锋，误入歧途

东、西两大强藩的变法搞得热火朝天，成效颇为显著，而在三晋乃至“七雄”中实力羸弱的韩国也不甘心落于人后，正以法家理念武装头脑，解放思想，谋求国富兵强。

说到法制，韩国毕竟是脱胎于晋国，旧法成熟而顽固。三家分晋以来，韩国虽然也在变革，但施行新法，旧法未除，两者纠葛不断，矛盾重重。历代国君似乎不擅长此道，大有新官不理旧账的味道，结果是新法层层叠加，局面越来越乱套（“晋之故法未息，而韩之新法又生；先君之令未收，而后君之令又下”），令臣民无所适从，强国之路一直看不到什么起色。

勉强撑到韩昭侯（韩懿侯之子）主政，在大国的夹缝中苦苦求生的韩国愈发显现出积重难返的态势。韩昭侯痛心疾首地意识到，再这么稀里糊涂地搞下去，郑国的昨天恐怕就是韩国的明天，这绝不是危言耸听！在主政的第八个年头，也就是公元前355年，韩昭侯终于等到了属于韩国的公孙鞅——申不害。

申不害，原本是郑国人，郑国灭于韩国的时候，他只有十岁，此后就变成了韩国人。可以说，申不害与魏国的李悝、齐国的邹忌类似，并非任职于他国的“客卿”（譬如公孙鞅），而是土生土长的本国人才。他师从法家，也杂糅了一些道家的思想，即所谓的“本于黄老而主刑名”。

法、道融合的办法，在韩国能不能达到1+1>2的效果呢？回答这个问题，确实令我感到有些困难。说不能吧，申不害在韩国拜相十多年，正是韩国最鼎盛的时期，史载“终申子之身，国治兵强，无侵韩者”；说能吧，虽然后来没有出现反攻倒算，但在申不害、韩昭侯相继去世之后，韩国又深陷于一蹶不振、任人欺凌的艰难处境，典型的人亡政息！

症结到底出现在哪里，我们还是从申不害变法本身去寻找答案吧。

在申不害实施变法之前，韩国的权力格局与其他诸侯差不多，政治、经济命脉基本上都控制在世袭贵族的手中。因此，申不害变法的第一条举措，就是拿段氏、侠氏、公厘氏三大公卿祭旗，不仅要了他们的爵位、性命，还将其名下的房产、田产全部没收。

变法兵马未动，便先取了世袭贵族的首级，仿佛寓示着韩国的这场变法也是狠抓关键少数、跟人较劲的套路。事实上，但凡由法家主持政务，通过治吏以加强国君的集权都是变法的核心要义，魏、楚、秦、齐，无一例外。对于这一点，申不害的态度也是很明确的，认为君臣之间的关系就如同车轴与辐条，臣属理应唯国君之命是从，而不是凌驾于国君之上（“明君使其臣，并进辐凑，莫得专君”）。

我们知道，为了构建并巩固尊卑有序的权力格局，魏、楚、秦、齐的变法重在完善制度，规范行为。申不害在韩国搞的变法呢，虽然也承认律法的作用，主张“任法而不任智”，但他剑走偏锋，把着力点放在了一个“术”字上面。

所谓“术”者，在申不害的字典里，既是驭臣之术、统治之术，更是精神控制之术。在他看来，国君至高无上的权力体现在三个方面：一是抓根本，把握大方向，正如后来韩非子所总结的，“事在四方，要在中央”。二是抓关键环节，亲自决策部署，臣属只负责执行。三是临机决断，不能被下面的人牵着鼻子走。

国君要想完全做到这三点，其实是非常不容易的。人心叵测，特别是那些擅长投机钻营的大臣，投君主所好而获荣宠，凭借荣宠攫取权力，再利用手中的权力“蔽君之明，塞君之听”，最后“夺之政而专其令，有其民而取其国”，甚至以下犯上，以臣弑君！从现实情况来看，无论是周王室的衰微，还是三家分晋、田氏代齐，都是遵循这一规律走下来的。

为了切断这条逻辑链，申不害采取了一招貌似釜底抽薪的办法。他将道家“无为”的思想借用过来，主张国君“藏于无事”“示天下无为”，把自己隐藏在暗处，装作不听、不看、不知，让臣属无从判断国君的所思、所见、所好、所畏。如此一来，臣属找不到投机钻营的突破口，国君便可以独视、独听、独断，始终立于不败之地。

申不害为什么秉持这独树一帜的变法理念呢？我觉得跟他的人生阅历有关。与李悝、邹忌、公孙鞅等人跃迁式的仕途不同，申不害是从一名小吏做起，一步一步爬到相国的位置上的，各级官员那些见不得人的勾当与伎俩，申不害必然深有体会。在他的眼中，黑暗的官场没有一丝亮色，而他的整饬之道便是以黑制黑，以毒攻毒。

事实上，与申不害英雄所见略同的还有一位被称为“堂溪公”的谋臣。《韩非子》记载，这位堂溪公问过韩昭侯一个看似很无聊的问题：“您口渴想喝水的时候，面前摆着两个杯子，一个是无底的玉杯，一个是普通的瓦杯，您会端哪一个？”韩昭侯笑了：“寡人又不傻，那个无底的杯子再值钱，也盛不了水啊！”

顺着话头，堂溪公这才将自己的言外之意和盘托出：国君您如果把什么话都说在明面上，甭管有意无意，都无异于被凿穿了底的玉杯，彻底废了，“虽有圣智，莫尽其术”啊。

韩昭侯听了堂溪公的话之后，学会了三缄其口玩深沉，甚至白天想到了什么要紧的事，当晚就不让妻妾陪寝，谨防说梦话说漏了嘴。

正是在申不害、堂溪公的屡次"耳提面命"之下，韩昭侯把这种驭臣之术玩得炉火纯青。

有一回，韩昭侯派人到都城的南门外巡视了一番，结果回报并无任何异常。韩昭侯很不高兴，说你别自作聪明地替寡人过滤，看到什么就如实说来。对方抠破头皮使劲回忆，终于想起来一副场景：一头牛在路边啃食地里的禾苗。韩昭侯大腿一拍：妥了！随即下达一道政令，痛斥地方官员玩忽职守，根本没有认真执行禁止牛马入田的规定，并责成各地呈报农田受损的情况，漏报、瞒报者严惩不贷。

没过几天，各地的数据都报上来了，唯独缺少南门那片儿的。韩昭侯当即驳了回去，说这数没报对，再去严加核实，结果真就查到了那头牛身上。官员们惊呼国君明察善断，坐在宫里就能尽知天下事，谁还敢懈怠啊！

还有一回，韩昭侯喝得酩酊大醉，倒头呼呼大睡。负责掌管帽子的侍从怕国君着凉，便找来一身衣物给他搭上。一觉醒来，韩昭侯发现不对劲，便问这衣物是怎么回事。侍从如实回答，韩昭侯当场就怒了，对掌管帽子的侍从和掌管衣物的侍从都进行了严厉的处罚。

掌管衣物的侍从玩忽职守，该罚！掌管帽子的侍从冤不冤？看上去有点冤，但按照申不害的说法，"治不逾官，虽知弗言"，不该你管的事儿你管了，这就叫越权。今天越掌管衣帽之权，看似小事一桩，但如果放任自流，将来岂不是有人要僭越国君之权？照此推论，真是一点儿也不冤！

从这几个事例可以发现，申不害的剑走偏锋似乎有点走火入魔了。平心而论，申不害的所谓"术"，如果没有完备的律法为基础，仅凭国君的喜怒和揣测在形式上搞阴谋诡计，绝不可能从根本上解决吏治问题。这就是韩非子后来总结的，"虽用术于上，法不勤饰于官之患也"。

单从人的情感来讲，如果国君总是把臣属当成贼一样防着，谁还会尽心竭力为他卖命呢？结果是国君越看臣属像贼，臣属就越是要做贼。申不害所倡导的“兼听独断”，后来没了兼听，只剩下独断，国君搞阴谋，各级官员也学着搞阴谋，上骗下蒙、尔虞我诈成为常态，韩国的变法彻底误入了歧途。尤其是在申不害、韩昭侯去世之后，更是奸人当道，贻害无穷，韩国的崛起成为虚幻泡影。

看似巧合，实则必然

从公元前356年到公元前344年，这十来年间，率先领跑的魏国迁都大梁，着力于经营中原，秦、齐、韩等“一线”诸侯则相继展开大刀阔斧的变法，既重构了列强争雄的格局，也从根本上决定了未来的走向。我们有必要总结一下：在这些看似巧合之举的背后，到底蕴含着怎样的历史必然？

古往今来，任何一场变革都是时代发展到一定程度的产物。具体到战国时期，利益与战争无疑是时代发展最强大的推进器。有利益，就会有冲突；有冲突，就会有纷争；纷争不断激化，战争就无可避免。

回顾春秋时期，仗也没少打，尽管披着“尊王攘夷”的外衣，但正如孟子所言，“春秋无义战”，谁都不是善茬。进入战国时期，“尊王攘夷”的幌子很快就被彻底抛弃了，利用王命为自己站台的事越来越少（因为越来越不管用了），各诸侯演变成更加纯粹的战争机器。对比春秋时期，战国时期的战争规模更大，惨烈程度更高，战略战术的运用也更加多样化。是什么因素促成了这种质的飞跃？归纳起来讲，大致是三个方面：

其一，打破制度上的限制，扩充了兵源。

春秋时期，参军入伍是低层级贵族——“国人”（也称为“士”）的义务和特权，将领则出自更高层级的贵族——卿大夫，甚至也不乏国

君亲自披甲上阵的。从贵族到平民、奴隶的金字塔式结构，限制了军队的员额，从而也限制了战争的规模。即使是人多势众的诸侯，能动员两三万人干一仗已实属不易，通常都是几千人对垒。

士兵太少，且不说打得不过瘾，往往也达不到预期的作战目的。于是乎，晋国的三家公卿率先搞起了编民为户的变革，将平民纳入征召兵员的范围。后来，秦国更是将“户籍相伍”的功效发挥到了极致。征兵范围扩大后，军队的规模迅速膨胀，出现了所谓的“万乘之国”，这种诸侯国拥有数十万甚至上百万常备大军!

人一多，战争的规模便不可同日而语，十万人参战都只能算中等规模了。譬如三晋联军伐齐，“得车二千，得尸三万”；而石门之战，魏国报销了六万多人！面对这样的大规模战役，过去由卿大夫统领甚至国君亲自挂帅的指挥方式已难以为继，术业有专攻的将领和钻研战略战术运用的新一代兵家便成为时代的宠儿。

另外，战争的规模扩大之后，持续的时间也相应变长，过去不出数日，立见分晓，现在短则数月，长则数年，对诸侯的经济实力也是严酷的考验。因此，“富国”必然成为“强兵”的基础和保障，国力上的“马太效应”越来越显著：强国发战争财，越打越强；弱国吃战争亏，越打越弱。诸侯争雄的格局最终必然会走向大一统。

其二，冶铁技术革命助力武器装备升级。

夏、商、周在史学界被称为“青铜时代”，冶铜技术日渐成熟，但铜器能充当硬通货，说明它比较昂贵，制作武器装备的数量有限。直至春秋晚期，铁矿资源丰富的楚国率先掌握了渗碳制钢的技术，既提高了成品铁的性能（尤其是韧度得到大幅度提升），也提高了生产效率。此后，铁器不仅广泛运用于农业生产，也取代了昂贵的青铜，用于制作剑、戈、矛、戟、箭簇等常规兵器，甚至还有铁甲和远射程的弩。与青铜制兵器相比，铁制兵器不仅更便宜、更高产，而且更坚硬、更耐磨，可谓性能、价格、规模三优的必备杀技！

凭借丰富的铁矿资源，韩国的冶铁业、手工业冠绝中原，成为楚国之外最大的兵工生产基地。实力相对羸弱的韩国能够跻身“战国七雄”，除了地理位置的优势（取代郑国，地处天下之中枢）外，发达的军工业功不可没。

其三，各诸侯野心勃勃，政治诉求与春秋时不可同日而语。

战争是流血的政治，政治是不流血的战争，有什么样的政治，才会有什么样的战争。春秋时期的诸侯相争虽然也不乏吞并弹丸诸侯的事件，但大体来看，诸侯作战主要还是想谋求霸主地位，打着“尊王攘夷”的幌子充当带头大哥而已，没实力鲸吞主流诸侯，更不会产生这种冒天下之大不韪的念头。

然而进入战国时期之后，各方诸侯都成了实用主义者，“尊王攘夷”越来越无收益，霸主的形式也不那么重要了。与其争夺虚礼（譬如歃盟的先后顺序），不如讲求实效（夺取更多的土地、人口、财税等），谁强谁弱，战场上见分晓。敢打仗、能打仗、打大仗，还经常打胜仗，这才是爷！

说起打仗，过去主要靠技术，但在规模扩大之后，拼的是数量和装备，这就需要足够的经济实力作为后盾。在小农经济时代提升国力，只要地多、人多、政策好，就基本可以了，于是催生出各种内部挖潜的举措。譬如醒得最早的三晋，废井田、授民田、实行大亩制、编民为户，都是奔着发展生产、提升国力去的。

最后来总结一下，形势所迫，一边通过对外战争大搞兼并，一边争先恐后在内部实施变法，这成为诸侯谋生存、图发展的唯一途径。特别是在赵、魏、韩三家决裂之后，秦、齐、楚奋起直追，对中原的觊觎有增无减，局势愈加紧张而不可预测，真正的较量就这样拉开了序幕。

兴也武卒，衰也武卒

随着秦、齐、楚等传统诸侯国力增强，中原这摊浑水，谁都想来趟一趟，占据着近水楼台之地利，又在变革方面率先领跑的魏国，从而感到了巨大的压力。

眼瞅着形势越来越复杂，处境越来越艰难，昔日荣光愈发暗淡的魏国，除了迁都大梁、发展农业生产之外，也在军事方面搞起了大动作，打造出一支在当时赫赫有名的精锐之师——“武卒”，史载“魏惠以武卒奋”。

魏国编练军队中的精锐，最早可以追溯到吴起扬威河西的时候，但形成完备的武卒制度并卓见成效，还是在魏罃主政时期。从时间上来分析，以治军严谨、善出奇兵而名噪一时的庞涓此时正好受到魏罃的器重，在魏国出任将军之职。武卒之制，或许就是出自这位后来兵败身死、为天下笑的名将之手。

这项制度到底应该归功于吴起，还是名声不太好的庞涓，或者别的什么人，历来众说纷纭，莫衷一是，咱们还是把注意力集中到武卒本身吧。

这支精锐部队之所以具有极其强悍的战斗力，首先是在单兵的素质考核和遴选上非常严酷。根据史料记载，士兵参加武卒选拔，要身披重甲，头戴重盔，手持长戈，背负弩矢（五十只），腰佩利剑，还要带上三天的口粮，满负荷急行军，从鸡鸣之时出发，到中午时分，行程需达百里才算合格，其后还要接受更加残酷的训练。

除了单兵素质强，武器装备之精良也是武卒战斗力的重要保障。像甲胄、长戈、铁戟、利剑之类的常规兵器自不必说，另外还配备有重型弩，拉力十二石，射程达数百步，杀伤力相当可观，堪称冷兵器时代的王者。

在军队编组上，武卒不同于步、骑、车混杂的普通部队，而是由清一色的重装步兵组成，五人为一伍（设伍长），二伍为一什（设什长），五什为屯（设屯长），二屯为百（设百将），五百设置一名指挥官，两个五百归属一名千人主官统领，构成最基本的战术单元。在日常的训练中，战术单元相对独立，以相互不熟悉作为预设前提，开展协同演训，最大限度地提高军队的应变能力。一旦战争爆发，最高统帅部可以根据战事需要，抽调若干战术单元，并临时委任一名将军挂帅出征。

武卒的战斗力非常强悍，“魏惠以武卒奋”绝非虚妄增饰之辞，但凡事皆有正反两面，武卒的缺陷也不容忽视，甚至在某种程度上讲，有些缺陷还是相当致命的。

首先，武卒待遇从优，装备精良，需要强大的经济实力支撑。精良的武器装备，咱们前面已经见识过了，虽说铁比铜便宜很多，但也不是白菜价啊！至于待遇，武卒士兵应该是魏国平民中最幸福的一类人了。魏国有明确规定：只要一人入选武卒，全家都可以免除赋税、劳役，官府还发给田产、房产。反过来看，国家养一名武卒，除了耗费粮饷及装备、训练之资，还要养活其全家老小，花的钱可海了去了。

其次，正是因为供养武卒的成本太高，严重影响到了正常的新老交替。试想一下，人在一生当中能有几年经受得起如此高强度的训练和作战？旧的武卒年纪不饶人，理应退役，可按照先前的规定，兵役可以退，待遇却不能取消，如果不断遴选新的武卒，吃皇粮的越来越多，交皇粮的越来越少，国家哪里负担得起。因此，战斗力强悍的武卒基本上是一次性的，最多辉煌十年，只要战争的消耗大于收益，就难以为继。

最后，从人性的角度来分析，武卒一开始或许还能满腔热血、杀气腾腾，但全家摇身一变成了地主，还不需要上税，幸福生活就在当下，哪里还有心思上战场拼命？孟子云：“有恒产者有恒心。”这份恒心是渴望天下安定，使自己能长期占有财产的恒心，而不是征战疆场、报效君国的雄心。实事求是地说，与公孙鞅在秦国推行的依功授爵比起来，魏国的武卒制度纯属吃大锅饭，进得武卒门，幸福一家人，何必再富贵险中求？

后来，荀子对魏国的武卒做出了精辟的评价：“地虽大，其税必寡，是危国之兵也。”这一制度终将拖垮魏国原本就不算殷实的家底。

鲁酒薄、围邯郸，围魏救赵打得欢

各方诸侯摩拳擦掌，跃跃欲试，彼此你看着我，我看着你，都在琢磨怎样才能把对方搞死搞残。不过按照目前的态势，阵营归属尚不明朗，今天拔刀相助、明天刀兵相向的事儿时有发生（譬如魏国和赵国），贸然出手的话，不知道在什么时候、什么地方，会冒出什么人，以什么样的理由和方式就甩过来一闷棍。

在犬牙交错、相互掣肘的格局下，反倒呈现出大战之前难得的平静岁月，各方诸侯紧锣密鼓地开展频繁的外交活动。当然，与后来规模宏大、自成体系的合纵、连横相比，此时的外交活动还比较稚嫩和原始，颇具春秋时期的遗风。具体表现在两个方面：

一是尚未出现专业的外交家（纵横家），很多时候都是国君亲自出面，找个地方碰个面、喝顿酒，达成协议（以口头为主）。

二是随机性强，稳定性差。跟谁把酒言欢、互诉衷肠，全凭一时兴起或者现时需要，缺乏长远的谋划，因此翻脸比翻书还快的事儿稀松平常。

佐证这两大特点，不用举太多的例子，就拿魏罃经历的几次诸侯会盟来说吧。

公元前361年，魏罃先后与韩昭侯、赵成侯会盟，但时隔不久，魏国就跟韩、赵两家闹起了武装冲突。过了几年，魏罃与赵成侯连续两年举行盟会，但与此同时，赵国又与魏国的宿敌齐国眉来眼去，勾勾搭搭。魏罃大为光火，出兵围困了韩国宅阳（今河南荥阳附近），威逼韩昭侯再度会盟，给赵成侯来了一个敲山震虎。

最具有闹剧性质的盟会是在公元前356年，鲁、卫、宋、韩四小国国君在魏罃的威逼利诱之下，不仅相继送来人质抵押在魏国，还邀约一起到大梁拜码头。魏罃在范台设宴，款待诸位前来捧场的国君，还兴致盎然地挨个敬酒。轮到鲁共公（一作鲁恭侯）的时候出了一点小状况，只见鲁共公起身离席，在大庭广众之下，讲了四个典故：

第一，上古禹帝时期，有一个名叫仪狄的女祭司，据说她很会酿酒，禹帝时常喝得酩酊大醉，却认为后世必有因美酒而亡国的，故而疏远了仪狄。

第二，春秋霸主齐桓公主政时，齐国有一个名叫易牙的厨子，做得一手好菜。齐桓公每顿饭都狼吞虎咽，并感慨后世必有因美食而亡国的，然而他并没有因此疏远易牙，最后果然反受其害。

第三，另一位春秋霸主晋文公非常宠幸一个被称为南之威的女子，甚至一连数日不理国政，但晋文公认为后世必有因美色而亡国的，狠心咬牙把她打发走了。

第四，当年楚灵王登高望远，深深地陶醉于大好河山，却认为后世必有因美景而亡国的，于是立下不再游山玩水的誓言。

讲完故事，鲁共公把话题扯到了这场范台之宴上。他说，这场宴会杯中盛满仪狄的美酒，桌上摆满易牙的佳肴，南之威式的美女左右陪侍，观景高台随处可见，真可以说是四毒俱全了！难道还不值得您警醒吗？

鲁共公的话虽不中听，但事实大抵如此。俗话说得好："多大的锅烙多大的饼。"魏罃强逼着这些二流诸侯来朝见，是自欺欺人，更是自取其辱。

差不多与此同时，赵成侯也跟齐、宋、燕等诸侯搭上了线，相继举行会盟。魏罃担心赵、齐联手找魏国的茬，便跟齐威王搞了一次会盟，前面所说的比宝事件，就发生在这次盟会上。

为了对付西面咄咄逼人的秦国，魏罃一边下令在边境修缮防御工事，一边开展外交行动，于公元前355年与秦孝公会盟。然而第二年，秦、魏两年便在少梁干了一架。这一次，赵国没有像石门之战那样施以援手，结果魏国被斩首七千余人，邻近的韩国也跟着遭了殃。

魏罃在少梁挨了秦国人收拾之后，转头就找起了赵国的麻烦，而且既发狠又发狂，直接围攻了赵国都城邯郸。

对于魏国此番大举讨伐赵国，《庄子》给出的原因颇令人费解："鲁酒薄而邯郸围。"对于这句含糊其辞的话，有两种截然不同的解释：

第一种解释出自唐代训诂学家陆德明。他给出的理由是：当时有一群小诸侯前往楚国，拜楚宣王的码头。鲁共公到得最晚，送去的酒也最淡，惹得楚宣王很不高兴，当场羞辱鲁共公。鲁共公敢于在大庭广众之下给魏国君主魏罃难堪，还会怕你楚宣王不成？于是不卑不亢地说，鲁国是周公后裔，"长于诸侯，行天子礼乐，勋在周室"，给你送酒，已是给你天大的面子了，别给脸不要脸。言毕拂袖而去，不辞而别。楚宣王大为光火，撺掇起齐国一起讨伐鲁国。魏罃早有伐赵之意，却一直担心楚国人从背后捅刀子，于是趁着这个当口，大举兴兵讨伐衔恨已久的赵国。

第二种解释出自著有《说文解字》的"字圣"——东汉文学家许慎。他的说法没有陆德明那么绕：鲁、赵一起献酒给楚国，鲁国的酒淡薄，赵国的酒浓厚，楚国官员想敲赵国的竹杠没有得逞，便暗中将两国送来的酒调了包。楚宣王迁怒于赵国，给魏罃创造了一个大举伐赵的机会。

看完这两种解释，且不论哪一个更靠谱，大家兴许还是会感到迷惑：这些解释虽说解决了时机的疑问，可根本动机又是什么呢？魏罃为什么处心积虑地要收拾赵国呢？

事实上，赵国这次不出手，不是因为对魏国有什么意见，而是因为正忙着做一件魏罃极不情愿看到的事：联手宋国，欺负卫国。而卫国不仅是魏国的亲密小弟，更是魏国在北面的一道屏障。赵国总是薅卫国的羊毛，魏国岂能坐视不理？

更令魏罃感到如鲠在喉的是：迫于赵国的咄咄逼人，鲁、卫、宋、韩等一批实力羸弱的诸侯纷纷动起了“还其委质，而朝于邯郸之君”的念头，打算改换门庭，弃魏而投赵。因此，所谓的“鲁酒薄”也可以理解为鲁国对魏国的态度日渐冷淡。

眼瞅着“粉丝”们纷纷取消关注，自己这个“人气王”大有过气之势，魏罃打算动武与不知天高地厚的赵国比试一下高低。

此议一出，在魏国的大臣中掀起了轩然大波。支持者自然不在少数，毕竟大家都希望魏国能再现当年盟主的荣耀，让赵国乖乖地跟在后面捡漏，不要到处惹是生非。但群情激奋之中，也不乏大唱反调的人。譬如一位名叫季梁的大臣，当时正奉命出使搞外交，获悉消息，立即调转车头赶回来参加讨论。快马加鞭的季梁吃了一路的土，头来不及洗，衣服来不及换，顾不得什么体面和礼仪便邋邋遢遢地来见魏罃。

对于讨伐赵国的动议，季梁没有直接说“No”，而是先给魏罃讲了一个他刚经历的新鲜事：

我刚刚在赶回来的路上碰到了一个人，他说他要去楚国，却只顾往北边赶路。

我跟他讲：“你走错道了，楚国在南边呢，你怎么往北走啊？”

他说：“不碍事，我的马跑得快！”

我又跟他讲：“这不是马快不快的问题，你走错道了嘛！”

他又说：“不要紧，我带的路费多！”

我再跟他讲：“不是路费够不够的问题，你就是走错道了嘛！”

他还是说："没关系，我的车夫是老手！"

我彻底服他了，马快，路费多，车夫技术娴熟又怎么样，不还是离楚国越来越远吗？

季梁编的这段故事便是我们熟知的成语——南辕北辙。他想藉此告诉魏罃一个道理：与同出一脉的赵国反目成仇，与魏国的战略背道而驰！

然而，季梁形单影只，孤掌难鸣，并没有动摇魏罃的伐赵决心。力求稳妥起见，魏罃决定先把跟随赵国薅卫国羊毛的宋国争取过来，既壮大自己的声势，又瓦解赵国的力量，可谓一举两得。

面对魏国抛来的橄榄枝，宋国国君宋桓侯顿时陷入两难：赵国也好，魏国也罢，拔根汗毛都比自己的腰杆粗，哪头也吃罪不起啊！斟酌一番之后，或许是不看好色厉内荏的魏罃，宋桓侯决定跟眼下的东家——赵国通个气。他派人跑到邯郸，跟赵成侯倒了一通苦水，意思是宋国国小民弱，不敢开罪于任何一方，恳请赵国配合演场戏，把魏罃糊弄过去再说。具体来讲，就是在赵国边境找一座城池，让宋国虚张声势打几下，走个过场，能拖一天是一天，好歹算一条活路。

赵、宋两国一拍即合，而被蒙在鼓里的魏罃决定按计划行事，由庞涓率领大军北上，对赵国展开全面攻伐。激战数月后，魏军将赵国都城邯郸围得水泄不通。

细论起来，赵国也是够悲催的。当年被荀瑶围困在晋阳，危在旦夕之时，凭借策反魏、韩两家成功逆袭。如今又被昔日的盟友堵在都城出不了门，想策反却无对象，人家魏国财大气粗，块头也不小，根本就用不着找什么帮手，你策反谁呢？

就算是病急乱投医吧，赵国开始苦苦寻觅潜在的外援。鲁、卫、宋、韩、燕这一干羸弱诸侯就甭想了，都是吃瓜群众的命，凑热闹、捧人场还行，指望他们救赵国于倒悬，无异于痴人说梦。西面的秦国，行情倒是见涨，但从弱到强不是一朝一夕之功，以它目前的实力，只能在

边境较较劲，劳师以远驰援邯郸，既超出了秦国的能力，人家也未必有这个意愿，万一被魏、韩从背后摆一道呢？只有南面的楚国是一个不错的选择，它这些年染指中原，跟魏国闹得很不愉快，不应该与赵国同仇敌忾吗？

敌人的敌人就是朋友，赵成侯立即行动，派出一位名叫黀皮的使臣潜出邯郸，前往楚国求援。楚国人答应得相当爽快，令尹昭奚恤告诉黀皮："你先回去候着，楚国援军随后就到。"（"子择其日归而已矣，师今从子之后。"）

回到邯郸之后，黀皮却告诉赵成侯："楚国人貌似爽快，却不肯承诺出兵的时间和规模，估计就是给咱们画一个饼，等魏、赵两败俱伤，他们再伺机出手。这帮蛮夷算计得太精，恐怕靠不住！与其被楚国人当枪使，不如索性忍下一时之气，割地跟魏国求和吧。"

听了黀皮一番话，赵成侯的气不打一处来：我要是想割地求和，还用得着派你跑这么大老远去搬救兵？再者说，楚国人不是讲得很明白吗，"师今从子之后"，你怎么能以小人之心度君子之腹呢？

仗着楚国的一句口头承诺，赵成侯拼尽全力死守邯郸，苦撑了一年光景，却迟迟不见楚军踪影，这才意识到自己真是被忽悠了。事已至此，赵成侯情急之下，又想到了东面的齐国。

此时，齐国变法刚刚起步，可以说是百废待兴，家里一摊子破事儿，跟老牌强邻魏国比起来，国力只能算是凑合。在这种情况下，齐国是否愿意冒着与魏国交恶，甚至引火烧身的风险，解赵国几近覆亡的燃眉之急？赵成侯的心里确实没底，只能死马当成活马医。

朝不保夕的赵成侯在邯郸城里忐忑不安，而接到求援消息的齐威王也是茫然不知所措，一直举棋不定，两面为难，大臣们更是各执一词，争论不休。

相国邹忌正在推行变法，迫切需要长期稳定的内、外部环境，因此建议不要去趟这摊浑水。大臣段干纶则认为，如果眼睁睁地看着魏国把赵国掐死，齐国的西面将会出现一个集二强藩于一身的超级强国，想想过去总被晋国压一头的场景，齐国想让历史重演吗？若真如此，变法还搞得下去吗?!

邹忌一寻思，好像真是这个道理。自己千方百计推行变法，不就是为了富国强兵，实现赶超吗？如果坐视魏国吃掉赵国，出现两强兼并的局面，齐国势必永无宁日，变法也就彻底失去了意义。

齐威王、邹忌都被段干纶说服了，随即下定决心，打算派出大军驰援邯郸。谁承想，段干纶又站出来吐槽了。他倒不是说救人于危难不对，而是觉得国君、相国方法欠妥。驰援邯郸，相当于替赵国挨揍，充当冤大头，若真要如此，还是别管这桩闲事吧！

还没等齐威王做出反应，邹忌立马怒了：说救的是你，说不救的也是你，这也不对，那也不妥，你行你上啊！

您别说，段干纶还真是行，他早就筹划好了一石二鸟之计：与其直接救邯郸，不如趁机偷袭魏国襄陵，这样咱们既能捞到实质性好处，又能解邯郸之围。这就是入选“三十六计”之一的经典战术——围魏救赵。

提出这一想法的人是段干纶，但具体在战场上实施这一战术的，则是一位与孙子、吴起齐名的杰出军事家——孙膑。

孙膑，齐国人，本名不详。有关他的传说很多，据说，孙同学早年与庞涓一起师从神话般的人物鬼谷子。后来，孙同学来到魏国，庞同学嫉妒这位昔日同窗的才能，怕自己丢了饭碗，于是百般加以陷害，致使孙同学受到膑刑，而被后世称为孙膑。

以上仅仅是传说，既缺乏史料佐证，一些细节也不大经得起推敲，但大家所熟知的“田忌赛马”倒是确有其事的。那是孙膑刚从魏国回到齐国的时候，投在将军田忌的门下。田忌跻身“东方六国八名将”，名望、能耐大了去了，孙膑能入他的法眼，完全是因为一次反败为胜的赛马。田忌的马，上、中、下三等都比对方要次一些，基本上没什么胜算，但孙膑别出心裁，打破常规套路，采用交错对阵的战术，以下对上，先输掉一局，接着以中对下，以上对中，连扳两局获胜。

如果说赛马只是孙膑要要小聪明，那么接下来的围魏救赵之战是对他军事才能的一次检验，更是他赖以成名的辉煌战绩！

前面已经说了，围魏救赵的策略是一位名叫段干纶的大臣提出来的，孙膑只是执行者而已，但他并非简单地执行，而是结合战场的态势创造性地执行，打出了一场流誉千古的漂亮仗！

首先，段干纶先前的战略设想是偷袭魏国襄陵，但孙膑坚持改攻地处宋、卫两国之间的平陵（今山东定陶附近）。平陵城有两大特点：一是“城小而县大，人众甲兵盛”，易守难攻；二是夹在宋、卫之间，齐军的后勤补给比较困难。明知不可攻而攻之，这是向魏国“示之疑”，成心让对方看不懂、摸不清齐国的出兵意图。

其次，在攻打平陵的时候，孙膑采用最为笨拙的爬墙战术，形象的说法是“蚁附”，就是像蚂蚁一样攀爬，结果损失惨重。这样的战术，按孙膑的说法是“示之不知事”，让魏国误以为齐军的指挥官是个蠢货，从而放松警惕。

再次，将齐军化整为零，兵分多路，造成兵力薄弱、难以相顾的假象。这叫“示之寡”，同时也能让魏国无从判断齐军下一步的进攻方向。

最后，以一支精锐之师轻装偷袭魏国都城大梁。这叫“攻其所必救”，逼着围攻邯郸的魏军撤兵回援。先前散落各处的齐军则重新集结于桂陵（今河南长垣附近）设伏，给匆匆回撤的魏军包顿饺子吃。

魏罃果然中计，还没反应过来是怎么一回事，都城大梁就拉响了警报，他赶紧命令在邯郸前线的庞涓回撤救火。庞涓火急火燎地往回赶，根本没有意识到看似全无章法的齐军会在桂陵等着找自己的麻烦。一仗打下来，魏军被揍得晕头转向，猝不及防的庞涓也做了人家的俘虏，后来被释放回魏国。

桂陵之战确实让孙膑崭露了头角，但我们冷静观察一番，便会发现这场仗打得相当怪异。

首先，齐国此番施以援手，阵势不算小，却没有达到救赵的目的。在庞涓抽身回援的时候，邯郸已经落入魏国之手，赵成侯仓皇逃窜。

其次，桂陵这场伏击战，挨收拾的并非魏军主力，虽然主将庞涓被俘，损失也有限。

为什么会出现这种雷声大、雨点小、收获少的状况呢？我认为，并不是孙膑盛名之下，其实难副，而是他算计得太精了，颇有一些聪明反被聪明误的味道。

齐国此次拔刀相助，内心的想法跟楚国是一样的，就是盼着赵、魏两败俱伤，关键时刻帮老赵留口气，防止老魏一家独大。基于这一点来看，孙膑的“示之疑”“示之不知事”，说穿了就是磨洋工，空耗一些时日，让魏国有充足的时间和精力去强攻邯郸。直至邯郸被攻破，孙膑的“示之寡”“攻其所必救”，才真正发挥了调动魏军回援的作用。不过百密一疏，孙膑技高一筹，但庞涓也绝非浪得虚名。尽管有魏罃的严令，但庞涓将在外，君命有所不受，并没有率主力回师，使得孙膑精心谋划的伏击战大打折扣，齐国并没有达成预先设想的战略目的。

登高必跌重，贫弱事事哀

因为孙膑把仗打得太复杂，对手庞涓又太狡猾，桂陵之战让齐威王感觉很不过瘾。次年，齐国便纠集宋、卫两个跟班，按原定方案围攻魏国襄陵。魏罃先前在桂陵挨了一闷棍，正窝着一肚子的火呢，哪能坐视齐国在自己的地盘上舞枪弄棒，随即带上小弟韩国与齐国一决高下，史称“襄陵之战”。

魏罃打算给不知天高地厚的齐国人一点颜色看看，倒未必是打肿脸充胖子、意气用事。当时，无论是单兵素质，还是整支队伍的技战术水平，魏军都远在齐军之上。先前桂陵一役，齐军仗着人多势众、以逸待劳，虽说赢得精彩，但不乏侥幸的成分。如今，双方在平原地区对阵，展开大兵团作战，齐军不仅远离本土，还要协同宋、卫两方，这一仗拼的可就是硬实力了。

您或许会问：凭借桂陵之战而人气爆棚、炙手可热的孙膑是否参加了这场襄陵之战？很遗憾，现存史料中并没有明确的记载，《孙膑兵法》对这场战事也只字不提。我觉得以孙膑在齐国的名望和身份，不大可能缺席如此重大的军事行动，没有记载，或许是出于“为贤者隐”的考虑，因为襄陵一战，齐军败得颜面尽失！

虽说现存史料没有记录这场战事的伤亡数字，但从最终结果来看，齐国被揍得连直接请和的机会都没有，绕了一个大弯，恳请楚国人出面求情。

不得不承认，熊孩子楚国历经各种纷争，越来越会玩了。先前忽悠人家赵国，说什么随后就到，结果邯郸城都换主子了，他也只是在楚、魏边境晃荡几下而已。如今齐国人找上门来，一听不是要搬救兵，而是想托个人情，楚宣王当场就应承下来，派人前往魏国充当和事老。

魏罃这边呢，原本不打算讲和，但魏、齐在襄陵大打出手的时候，西面的秦国也没有闲着，刚刚官拜大良造的公孙鞅率军出征，一举拿下了魏国旧都安邑。为了集中精力对付不安分的秦国，魏罃决定借坡下驴，既解了自己的套，也卖给楚国一个面子，便与齐、宋、卫会盟，达成了和解。不久之后，魏罃又与手下败将赵成侯在漳水举行盟会，狠敲了赵国一竹杠，方才将邯郸城物归原主。

摆平了齐、赵两家，一时也不必顾虑虚荣心得到充分满足的楚国，魏罃得以全力反击秦国，不仅收复了安邑，还围困了秦国定阳（今陕西延安附近），逼着秦孝公跑过来当面认错，这才握手言和。

武力倾轧，随后会盟和解，魏罃这套巴掌加甜枣的组合拳把齐、赵、秦几大强藩收拾得服服帖帖。紧接着，魏罃又亲率一干泗水流域的二流诸侯（鲁、宋、卫等），也就是所谓的“泗上十二诸侯”，前往洛阳朝见周天子。纵横名士苏代（苏秦的族弟）后来总结说，此时的魏国“拥土千里，带甲三十六万，其强北拔邯郸，西围定阳，又从十二诸侯朝天子，以西谋秦”，牛得一塌糊涂，鼎盛至极！

不过老话说得在理，“行高于人，众必非之”，一旦出了名，既会受到别有用心的捧杀，也少不了不留情面的棒杀。当时就有一种说法，认为魏国为了一座邯郸城而四面树敌，前前后后打了三年多的仗，惹得诸侯恨、百姓苦、国库空，到头来财货外流，国土遭割（“士民罢潞，国家空虚，天下之兵四至，众庶诽谤，诸侯不誉。”），进入战国时期后率先领跑的魏国，正是从这一时期开始走向衰颓的。

是鼎盛辉煌也好，是衰颓先兆也罢，无外乎说明了一个道理：居安不思危，登高必跌重！而正自我陶醉的魏罃，此时还浑然不觉。

魏国达到鼎盛，是在公元前350年前后。当时，邯郸城外的硝烟与血腥早已散尽，只有城墙上的箭洞刀痕让人意识到，不久之前这里还是激战甚酣的疆场。接下来的几年，魏国沉浸于沾沾自喜之中，赵国忙着舔舐创伤，秦、齐两家埋头变法，楚国更是不见动静。曾经热闹非凡的中原就像邯郸的城墙一样，带着累累伤痕，享受着难得的平静岁月。

如果一定要说说发生了什么事，无外乎家长里短的鸡毛蒜皮，而且基本上都发生在大难不死却未必有后福的赵国。

说到赵国，真是一个特别能折腾的诸侯国。从赵无恤开始，到目前为止，能够平稳实现新老交替的君主只有赵烈侯一人。其余的呢，不是经历一番夺嗣之争才得以上位，就是在自己死后引发一轮新的夺嗣之争。如今轮到赵成侯了，他登上君位那年就经历了公子赵胜的叛乱，主政期间又遭遇邯郸之围，差点亡了国。他于公元前350年去世之后，赵国公子间相互掐架的魔咒再一次显灵。

刚开始是公子緤跟太子语掐，公子緤没掐赢，流亡去了韩国。太子语得以继承君位，是为赵肃侯。赵肃侯的安生日子还没过上几年，公子范便起兵谋乱，还偷袭了邯郸，最终兵败身死。

积贫积弱，事事堪哀！赵国除了自家人互掐，还不忘折腾一下旧主晋国。早在二十来年前，也就是公元前369年，赵、韩两家为了抢地盘，趁着新嗣位的魏罃一个不留神，联手把晋桓公撵去了屯留。史书上说“已后更无晋事”，严格来讲，并不确切。公元前359年，晋桓公再一次被赵、韩架着搬家，从屯留迁徙到端氏（今山西沁水附近）安置。

如今，又一个十年过去，赵国想把端氏据为己有，打算让旧主再搬一回家。先前被迫搬了两回的晋桓公，已在公元前357年作古，眼下是他的儿子晋静公在位。赵国想让他搬家，晋静公倒是没有胆量和实力做“钉子户”，但现实的问题在于：晋国名下的封邑眼下只剩下端氏了，你打算让我搬到火星上去吗？

该往哪儿搬，赵肃侯其实早就替晋静公谋划好了：从哪儿来，回哪儿去，我看屯留那个地方就不错。搬去端氏、屯留，或是别的什么地方，晋静公都无所谓，但现实的问题又来了：屯留现在是人家韩国的地盘，你老赵说的能算数吗？

事实证明，晋静公的担心不是没有道理。韩昭侯听说赵肃侯想把这尊碍事的泥菩萨搬到自家院子里，脑袋摇得跟拨浪鼓似的。“己所不欲，勿施于人”，你还要不要脸？

赵肃侯懒得跟韩昭侯废话，擅自将晋静公架上马车，送到了屯留。韩昭侯下手更狠，直接派刺客结果了晋静公的小命，真成“已后更无晋事”了。

王室东迁之初夹辅周室的两大“护法”——郑国和晋国竟然都终结于韩国之手，也算是历史的巧合吧。

魏罃称王记

公元前344年，中原短暂的平静岁月被一桩理应庄严、实则闹剧的事件彻底打破：魏国国君魏罃竟然称王了！

平心而论，在当时，诸侯国国君称王，妄图与周天子平起平坐，虽然不合于礼制，但也不算什么新鲜事儿。楚、吴、越三国之君完全可以站出来（吴国业已亡国，君主需要从地底下钻出来），当仁不让地表达一番不屑之情：呵呵，这都是爷玩剩下的把戏！

然而话说回来，楚、吴、越毕竟只是南方强藩，一直都被视为“蛮夷”，隔绝于主流文化圈之外。他们别说称王了，就算是以天王老子自居，在中原诸侯的眼里也只是沐猴而冠的笑话。因称王而引发天下震动，还得数在主流圈举足轻重的魏国。

魏罃突发奇想打算称王的主意，其实并非出自他本人或者魏国大臣，而是出自秦国的大良造公孙鞅。这就有意思了：公孙鞅此时正在秦国推行第二阶段的变法，政务千头万绪，忙得脚不沾地，怎么会有闲情逸致操心起魏国君主的封号问题了呢？

个中缘由，还要从魏罃先前四处耀武扬威说起。秦孝公被逼无奈，与魏罃搞了一次会盟之后，内心一直惴惴不安。他知道，一时的风平浪静并不意味着可以高枕无忧，魏国亡秦之心一天不死，秦国就永无宁日。再者说，魏罃一边带着所谓的“泗上十二诸侯”朝见周天子，一边游说各大强藩出兵出力，一起关秦国禁闭。每念及此，秦孝公“寝不安席，食不甘味”，不知道该如何应对。

俗话说“主忧臣辱”，秦孝公愁眉莫展，便轮到公孙鞅发挥作用了。公孙鞅的破局之法倒也简单，用现代的话来讲，要让谁灭亡，就先让谁疯狂。尽管此时的秦国还没有实力棒杀“以武卒奋”“拥土千里，带甲三十六万”的魏国，但棒杀走不通，还可以试一试捧杀啊，等我公孙鞅亲自跑一趟大梁城，拍马屁拍死他！

拍马屁能把人拍死，这牛皮吹得有点儿大，但以公孙鞅的口才，把魏罃拍疯还是有可能的。来到魏国之后，公孙鞅一巴掌就把魏罃拍晕了：“我看国君您有‘王天下’的气象，只可惜有那么一点儿小瑕疵！”魏罃当即咬了钩，开口问公孙鞅：“哪里出了问题？”

公孙鞅娓娓道来：“您领着一批诸侯国君前去朝见周天子，这事儿干得太漂亮了！不过瞧您带的这群小弟，鲁、宋、卫之流，做吃瓜群众都多余，他们沾了您的光，您却因为他们而掉了价，太不值当了！”

魏罃转念一想，好像还真是这么个理，拿鲁、宋、卫之类的枯草烘托自己这朵红花，太寒碜！既然已经看出了瑕疵，你公孙鞅又有什么拿得出手的办法呢？

公孙鞅当即表示：这个还真有！（不然我疯了，白出一趟远门。）以魏国的实力，距离“王天下”的终极目标已经近在咫尺，联合燕、赵可伐齐，携手秦、韩能征楚，搞残齐、楚两大“刺儿头”，天下谁还敢不唯魏国的马首是从？（“有伐齐、楚心，而从天下之志，则王业见矣。”）当然了，伐齐、征楚事关重大，军事上要认真筹划部署，政治上更要讲究名正言顺。负什么样的名头，言语才能顺呢？——称王啊！以“准天子”的名义号令诸侯，剑锋所指，所向披靡！

听了公孙鞅的一通忽悠，魏罃大有醍醐灌顶、茅塞顿开之感。说干就干，但魏罃并不指望找周天子进行官方权威认证。别说人家不肯发证，即便肯发，一个天子给另一个天子发证，不是滑天下之大稽吗？没有人提拔、认证，魏罃就自己提拔，自己认证。他自封“夏王”，宫殿、衣冠、仪仗等，一律参照周天子的规格设置，后世称其为魏惠王。

魏惠王把称王这事儿办得相当认真，可眼下礼乐崩坏，尊卑秩序荡然无存，称王、封侯，只是一个名号而已，你说你“齐天”，但谁又会正儿八经地叫你一声“大圣”？

各方诸侯没什么反应，魏惠王却自我陶醉起来，以天子的名义向小弟韩国发号施令。结果碰了一鼻子灰。

事情的经过是这样的：正式称王之后，魏惠王便派人前往韩国兴师问罪，说他先前灭了郑国，这事儿办得不地道，应该给郑国宗室的后裔划出一块地，彰显“存亡继绝之义”。韩昭侯听完使者的振振之词，真是哭笑不得：你是来搞笑的吧？郑国可都灭亡三十多年了！你们国君不仅手伸得长，反射弧也不短啊！

尽管韩昭侯腹诽不已，但他也不敢轻易得罪魏惠王这个“躁狂妄想症”晚期患者，一时不知该如何应对。关键时刻，公子食我主动请缨，跑到大梁与魏惠王理论了一番。公子食我认为，先前晋国旧主被赵国撵得无家可归，你魏惠王置若罔闻，却捡一些陈谷子烂芝麻的事儿跑到韩国没话找话，天下哪有这样的道理？

挨了韩国人的怼，魏惠王自觉脸上无光，更是窝着一肚子火。打个比方，这就好比两口子吵架，一件事儿还没掰扯清楚，往往又牵扯出一连串的事儿来。韩国这回不听话，让魏惠王选择性地回忆起，这个小弟早就有闹独立的前科：

公元前375年，趁着魏、楚大战于榆关，韩国擅自灭了人家郑国。

公元前369年，趁着魏罃新立，韩国与赵国串通一气，架着晋桓公搬家，还私分人家的封邑。

公元前366年，韩国跟着魏国征讨秦国，出工不出力，致使魏国战败于洛阴（今陕西大荔附近），后来又在石门被揍得呜呼哀哉。

公元前359年，刚迁都大梁的魏国忙于经营中原，韩国再度与赵国联手，私分人家晋桓公的封邑。

公元前353年，韩国一边拜魏国的码头，一边抢周天子的地盘，霸占了东周国的两处封邑。

……

这一桩桩、一件件，真可谓劣迹斑斑、罪行昭昭！天容你韩国，我堂堂“夏王”可不答应！

转眼翻过年头到了公元前343年，为了维护魏国的绝对威权，魏惠王派出将军穰疵大举兴兵讨伐韩国。

此时，韩国经过申不害的变法，的确有十多年没怎么挨过揍了，但变法毕竟不是变魔术，更何况还剑走偏锋误入了歧途，野鸡岂能变成凤凰？

自忖不是魏国对手，又没有孤军奋战、负隅顽抗的家底，韩昭侯立即派人前往临淄，向先前已经做过一次“活雷锋”的齐国求援。齐威王呢，桂陵之战胜得不多，襄陵之战败得够惨，一直想趁机扳回一局，但在时机的把握上拿捏不定。

大臣张丏认为：晚救不如早救！韩国不同于赵国，恐怕抵挡不了多久，如果去晚了，尸骨无存，咱们救鬼去？！田忌则表示：咱们应该再等等，韩国还没到命悬一线的地步，咱们何必上杆子跑过去替韩国挨揍？当然了，等也不能干等，有必要暗中与韩国结盟，在道义上、精神上给韩昭侯打打气，让他放开手脚、全力拼搏。等把魏国军队消耗得差不多了，咱们再出去捡漏。如此一来，“国可重，利可得，名可尊”，可谓万全之策！

魏国志在必得，齐国这边也计议已定，一场大戏即将开演。

细论起来，齐国这套隔岸观火、渔翁得利的策略，与当初楚国面对赵国求援时的心思如出一辙。赵成侯当年钻过的圈、中过的套，如今韩昭侯也亲身体验了一把。

仗着有齐国的鼎力支持（目前只是口头上的），韩昭侯使尽浑身解数，即使五战五败，也坚决不气馁，更不认怂。然而，原先说好的齐国援兵迟迟不见踪影，韩国终究独木难支，在次年的南梁（今河南汝州附近）之战中损失惨重，到了命悬一线的地步。

韩国即将气绝，正是齐国施以援手的大好时机。在田忌（主帅）、孙膑（军师）的率领下，齐国大军抄起了魏国的后路，逼迫魏惠王从南梁撤军，让奄奄一息的韩国绝境逢生。魏惠王气炸了肺，委任太子申亲自挂帅，庞涓为主将，率领魏军主力东征齐国，让不长记性的齐威王和当年襄陵惨败时一样，再狼狈求饶一回。

然而，此时的魏国已经不再是当年国富兵强、呼风唤雨的中原强藩了。邯郸、桂陵、襄陵，几场大仗历时三年有余，消耗极大，使得魏国不仅劳动力严重不足，经济负担也与日俱增。至于魏惠王引以为傲的精锐之师——武卒，老化所导致的致命缺陷也日益显现。

士民疲敝，国库空虚，又刚刚跟韩国较量了好几个月，魏国能否再续昔日的荣光，很多人其实并不看好。譬如太子申率军路过宋国的时候，有一位姓徐的谋士前来求见，说自己有百战不殆之法。太子申心存疑虑，但还是表示愿意洗耳恭听。这位徐谋士的办法倒也简单：从哪儿来，就赶紧回哪儿去，自然就立于不败之地了！

听起来像找抽，但徐谋士的解释还真像那么回事儿：您贵为太子、魏国未来的国君，如果打赢这一仗，“富不过有魏，而贵不益为王”，并没有什么附加的收益；如果打输了，恐怕连家都回不去。只担风险却没收益，您这不是犯傻吗？

太子申如梦初醒，准备打道回府，徐谋士却把他拦住了：现在回去，恐怕不妥。担风险而没收益，这只是您一个人的处境。您手下这些人呢，风险要担，但收益也不小，想说服他们放弃，不大可能。

太子申不信邪，当即登上一辆车，号召众将士各回各家、各找各妈，结果身旁的车夫第一个站出来反对。

众意难犯，太子申只好硬着头皮继续向前，在马陵（今河南范县附近）迎头撞上了田忌、孙膑率领的齐军主力。仇人见面，分外眼红，双方痛痛快快地鏖战了一场，这就是史上赫赫有名的“马陵之战”。

此役，孙膑将自己的军事才能发挥到了极致。根据《史记》记载，孙膑采取减灶的战术，以“示之寡”的方式不断诱敌深入，最后在一处险隘设下埋伏，坐等庞涓率领的追兵前来。孙膑还成心想恶心一下庞涓，命人在一棵大树上写了八个大字：“庞涓死于此树之下。”庞涓追到此处，点燃火把看树上写的什么玩意儿，齐军伏兵发现火光，顿时万箭齐发。庞涓自知中计，愤然高呼：“遂成竖子之名！”随即拔剑自刎于阵前。

虽说《史记》的这段描写相当精彩，但其真实性一直受到后世质疑。譬如南宋文学家洪迈在《容斋随笔》中，将这段记录从头到尾怀疑了个遍，得出的结论是：编得太离谱！

事实上，对于马陵之战更为靠谱的记载，可以参看《孙膑兵法》。据《孙膑兵法》记载，孙膑后来跟田忌回忆起这一战事时说：当时的状况非常紧急，齐军完全没有时间修筑工事，只得退而求其次，用蒺藜代替壕沟，战车代替堡垒，再用□□（原文有脱字，所指之物不详）堆成矮墙，把盾牌立在上面充作垛口。紧贴临时工事之后，有一队手持戈、戟等长兵器的所谓“长兵”，随时准备跳出工事迎敌。长兵之后，有一队手持小矛的所谓“鏦兵”。鏦兵之后，则是手持短兵

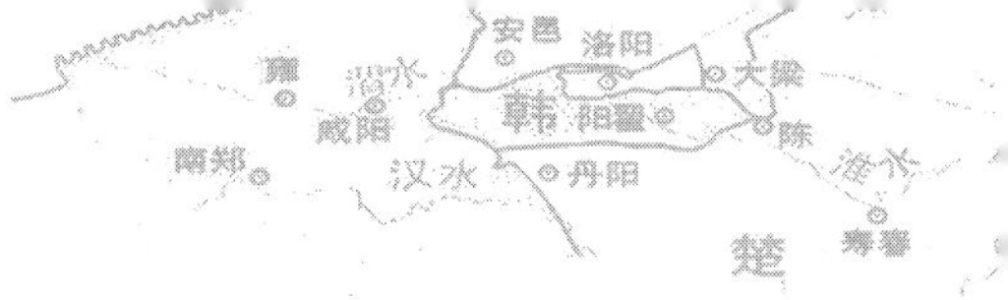

器的短兵。最后由弓弩兵压阵，提供远程打击支援。精心布阵，再配上望哨，通过旗帜（白天）、鼓声（黑夜）联络，将对方引诱到险隘之处，一战足以定乾坤！

甭管怎么说吧，马陵一战，魏军确实是中了齐军的埋伏，太子申被俘，主将庞涓战死，十万精锐之师连同魏惠王“王天下”的迷梦，就此彻底地灰飞烟灭了。

几家欢乐几家愁

马陵一战之后，真是几家欢乐几家愁！

愁煞人者，如自鸣得意的魏惠王，号称“带甲三十六万”，结果这一仗就报销了三分之一，加之这些年战事频频，经济上捉襟见肘，哪里还有财力满血复活，魏国从此一蹶不振。

同样犯愁的，还有先前一巴掌拍疯魏惠王、间接导致马陵惨败的公孙鞅。这是怎么一回事呢？魏国被齐国狠敲了一闷棍，秦国挺高兴的。毕竟自从魏国崛起，秦国受了太多窝囊气，且不说河西尽失、被关禁闭那段悲催的历史，就在几年前，魏惠王亲率“泗上十二诸侯”朝周，“以西谋秦”，也搞得秦孝公噤若寒蝉。

真是恶人自有恶人磨啊！戏剧性的变化来得如此突然，秦国岂能坐失良机？公孙鞅认为：秦国向东图谋中原，魏国是绕不开的头道关口，秦、魏两国的地理位置决定了双方不可能和平共处，不是你压过我，就是我压过你。如今魏国式微，小马仔们纷纷作鸟兽散，正是秦国兴师东征的大好时机。趁你病，要你命，成就我秦国大业！

秦孝公欣然采纳了公孙鞅的动议，于公元前340年，委任公孙鞅为主将，率领秦军东征魏国。魏惠王则派出公子卬领兵迎敌。结果呢，魏军再度一败涂地，损失惨重，而且这一仗比先前的马陵之战还要窝囊：尚未开打，主将公子卬就成了人家的俘虏。

原来，公孙鞅当年在魏国谋求出路的时候，与这位公子卬有些交情，如今各为其主，邂逅疆场，公孙鞅便提出想跟他见上一面，共叙旧谊的同时，也回去劝一劝各自的君主，差不多就行了，何必大动干戈呢！公子卬没往深处想，觉得公孙鞅的态度还是挺诚恳的，于是欣然赴会，没想到羊入虎口，有去无回。魏军群龙无首，被秦军揍得稀里哗啦。

藉此卓越战绩，公孙鞅受封列侯，拥有商、於之地十五个城邑，号称“商君”。坐享烈火烹油之盛的公孙鞅哪里想到，短短两年之后，即公元前338年，秦孝公溘然长逝，新嗣位的秦惠王便找他秋后算账，智擒公子卬之功竟然成了公孙鞅的一大罪状。秦惠王对此解释说：公孙鞅这个人，连老朋友都坑，人品卑劣，实在令人不齿！后来公孙鞅仓皇逃亡到魏国，大臣穰疵又说他背信弃义，无法取信于人，坚决不肯收留他。最终，公孙鞅还是被秦国人弄死了，给自己轰轰烈烈的一生画上了悲壮的句号。

与登高跌重、功勋归零的公孙鞅相比，田忌的境遇更加悲催：马陵之战大获全胜，但身为齐军主帅的田忌竟然一点儿光都没沾着。

究其根由，并不复杂：齐威王倚重的两大“忌”——力推变法的邹忌、征战沙场的田忌，虽说同名，但相当不对付，彼此暗中使绊子、踢两脚的事儿稀松平常。军师孙膑早就洞悉了这两位文武重臣之间的纠葛，在从马陵凯旋时，孙膑就向田忌提议：利用此次拥重兵在外的机会，兵不解甲地返回齐国，趁势把邹忌挤对走，您就可以独揽齐国的大权了。如若不然，按照邹忌的品性，还不知道憋着多少坏水呢，您恐怕就回不去了。

拥兵发难，兹事体大，田忌既担心有损自己的名声，又觉得孙膑是在卖弄智谋、危言耸听。几番权衡，田忌没有依计行事。但现实情况正如孙膑所料，临淄城里的邹忌早就把刀磨好了，只等田忌主动送上门来。

原来，刚得到马陵之战告捷的消息，邹忌便暗中派人假扮田忌的党羽，怀揣重金去街上问卦，当众声称田忌要图谋大事，特来卜个吉凶。一演完这出戏，这个人就被官府抓了，他遵照邹忌先前的吩咐，在齐威王面前大飙演技，充当污点证人。遭人暗算、铁证如山，田忌接到线报之后，自忖跳进黄河也洗不清，哪里还敢回去送死，索性鞋底抹油，逃亡去了楚国。

虽说成功逼走了田忌，但邹忌还是不敢掉以轻心：万一这阵风头过去，等齐威王回过味来，岂不是又要把田忌召回？争权夺利还在其次，若田忌衔恨报复，可就麻烦了！力求稳妥起见，邹忌派人前往楚国游说，以齐、楚通好为交换条件，替田忌在楚国讨了一处封邑，让他既来之，则安之，留在楚国，了此残生。紧接着，邹忌又向齐威王进言，说田忌已经被楚国人成功收买，绝不会再为齐国效力了。

田忌被邹忌“贩卖”到楚国，苦熬了二十多年。直至齐宣公嗣位，理清了这笔旧账，才为田忌平反昭雪，并召他返回齐国，官复原职。

马陵鏖战，败者如魏惠王、庞涓，自然是满盘皆输，胜者如田忌、公孙鞅，也未能安享荣华，反倒是当时声望逊色许多的孙膑，凭借超凡的谋略、卓越的战绩而名垂青史。尽管《史记》对于马陵之战的记载艺术加工的痕迹太重，但司马迁为庞涓设计的那句谢幕台词——“遂成竖子之名”，倒的确契合孙膑的人生际遇。

世事难料无常，大抵如斯。

第三章 纵横捭阖

名家救魏

先是马陵之战惨败于齐国，接着公子卬又被公孙鞅忽悠成了秦国的俘虏，魏惠王切实体会到了国力断崖之痛。魏国已经在事实上失去了盟主地位，各方诸侯痛打落水狗的紧张态势如泰山压顶一般，让损失惨重的魏惠王喘不过气来。

各方诸侯之中，最乐于见到魏国这座大厦轰然崩塌的自然非秦国莫属。就在秦孝公去世、公孙鞅挨收拾的前夕，秦国再一次兴师东向，在岸门（今山西河津附近）将魏国一顿痛扁，擒获其主将魏错。打一次，惨败一回，足见魏军的战斗力已经衰退到了何等不堪的地步！

秦惠王嗣位之后，虽然弄死了老冤家公孙鞅，但对于公孙鞅推行的一系列变法举措，并没有像楚国人对待吴起那样简单粗暴地一棍子打死。秦惠王曾经因为触犯法令而挨了罚、丢了人，但变法为秦国带来的巨大红利，他更是深有感触。作为一名成熟的政治家，理应厘清对人、对事的手段，什么时候对人不对事，什么时候对事不对人，应该从大局和根本利益出发，不能仅凭个人好恶。争雄于中原正是秦国的大局和根本利益所在，所以公孙鞅可以杀，但变法这个国力“倍增器”不能丢！

秦惠王的成熟与英明使秦国避免了人亡政息的挫折，但对于奄奄一息的魏国而言，这可绝不是什么好消息。眼瞅着楚、赵、韩等“一线”

诸侯相约跑到咸阳去拜秦惠王的码头，甚至洛阳的周天子也在向秦国称贺示好，魏惠王不由得如坐针毡、噤若寒蝉，担心不知道哪一天，魏国又会挨秦国板子。

危急关头，拯救魏国于水火的关键人物出场了。他既不是像吴起、孙膑那样的军事家，也不同于李悝、公孙鞅之类的政治家，严格来讲，他是一位哲学家，时人称为“名家”。

“百家争鸣”时期的思想流派，由司马迁的父亲司马谈总结为六家：阴阳、儒、墨、名、法、道。西汉文史学家刘歆又添上纵横、农、杂三家，称之为“九流”。再算上“不入流”的小说家，便成为“十家”。在这些流派当中，名家算是几乎无人问津的冷门了。原因在于：

第一，名家的学说太高深，人们搞不懂。

第二，因为搞不懂，所以在很多人看来，这套学说富不了国，强不了兵，无法解决实际问题。（正如后来有人质疑王阳明心学的济世功效一样。）

而公认的名家鼻祖正是此时拯救魏国于危难的一代名士——惠施。他与信奉道家的庄子来往密切，所以在《庄子》一书中的出镜率比较高。那场“子非鱼，安知鱼之乐”的著名辩论，就发生在庄子与惠施之间。尽管庄子对惠施的学说不认同，指责“其道舛驳，其言也不中”，还说些“非所明而明之，故以坚白之昧终”之类的风凉话，但庄子非常钦佩惠施的才学，盛赞“惠施多方，其书五车”，成语“学富五车”就是从这儿来的。据说，在惠施去世之后，庄子认定世间再无知音（“见世莫可与语也”），从此闭目不视，闭口不言，在孤独中度过了大约三十年残生。

惠施所秉持的学说，核心是“历物之意”的十个命题（记载于《庄子·天下》）。下面我们来学习一下：

其一，“至大无外，谓之大一；至小无内，谓之小一”，这是关于无限大、无限小的命题。

其二，“无厚，不可积也，其大千里”，意思是厚度为零，则面积无限大，这涉及空间降维问题。

其三，“天与地卑，山与泽平”，寓意事物的概念和属性会随着参照体的变化而变化，不能精确定位，这是空间上的“相对论”。

其四，“日方中方睨，物方生方死”，寓意某个时间无限短，不能精准定时，这是时间上的“相对论”。

其五，“小同异”“大同异”的概念，这是共性与个性、概念集合的问题。

其六，“南方无穷而有穷”，这是有限而无界的概念。

其七，“今日适越而昔来”，这是时差问题。

其八，“连环可解也”，后世对于这一命题有多种解读，大体与事物的独立性或空间变换有关。

其九，“天之中央，燕之北、越之南是也”，认为地球的北极和南极所指的方向就是天的中央(地球自转所形成的中央方位)。

其十，“泛爱万物，天地一体”，认为人类应当不分贵贱地善待自然万物，因为万物实际上都是相通的同一种物质。

这十大命题高深难解，即便是懂得现代科学知识的现代人，理解起来也是囫囵吞枣，更别说生活在那个时代的人了。他们要么认为惠施在说天书，要么觉得这人脑子有病，用今天的话来讲：“天才与疯子，不过一步之遥。”

尽管思想太高深，常人难以理解，但这丝毫不影响惠施在当时的名望。他原本是宋国人，早年经历不详，公元前335年在魏惠王的感召之下投奔到了魏国。

当时，魏国的相国是白圭，也是一位传奇人物。相传，白圭和孙膑、庞涓一样，也出自鬼谷先生的门下，在做相国后，他弃政从商，自创了一套经商理财的理论而被后世誉为“治生之祖”。担任魏国相国期间，白圭最显著的政绩是治理黄河水患，自诩功盖大禹，牛得一塌糊涂。

初来乍到的惠施与白圭初次谋面，聊得相当不愉快。惠施侃侃而谈一番强国之道，白圭自始至终不发一言。等惠施怏怏离去之后，白圭才开始叨叨：“哪里冒出来的新媳妇，刚迈进婆家门，就到处指手画脚，好不懂礼数！”

这话传到惠施的耳朵里，惠施不干了，气势汹汹地找白圭理论。他说：“我只知道《诗经》有云：‘恺悌君子，民之父母。’未曾听闻‘恺悌新妇’的奇谈怪论！”

白圭不置可否，转头又跑到魏惠王面前叨叨：“惠施之道，就好比一只高大而精美的鼎，要是用它来炖鸡呢，水掺多了味淡，水掺少了糊锅，有个屁用！”

惠施不甘示弱，回怼道：“鼎与甑搭配，恰是蒸饭的绝佳炊具。你偏要用来炖鸡，怪我咯?！”

白圭嗤之以鼻：“盛名之下的惠施，不过一个厨子而已！”

咄咄逼人的白圭似乎没有意识到，自己拜相这些年，除了治理水患可圈可点，其余乏善可陈，尤其是魏国眼下遭遇断崖之痛，他也没拿出什么像样的解决方案来。国君向来不养懒汉闲人，魏惠王早就不耐烦了，遂改拜惠施为相国。

哲学家惠施到底怀揣什么样的强国之策，现存史料没有明确的记载。从魏国接下来的境况来看，成效似乎也不甚显著，以前怎么衰，以后还是那么衰。既然如此，又为何说惠施拯救了魏国呢?

可以用一句话来总结：“变服折节而朝齐”，从而避免了四面树敌、惨遭瓜分的亡国悲剧。说得具体一点，就是放下恩怨，放下仇恨，直面惨淡的人生，真心实意地投向齐国的怀抱，对冲秦、楚两大强藩对魏国的威胁。

搞得过就搞，搞不过认怂，这跟名家哲学，特别是“历物之意”的十大命题有什么关系呢？看似八竿子打不到一起，实则冥冥之中有着千丝万缕的联系，因为这里面都涉及了三大终极灵魂拷问：我是谁？我从哪儿来？要到哪儿去？

关乎宇宙万物的终极灵魂拷问，惠施有的想明白了，有的想不明白，但关乎魏国的终极灵魂拷问，惠施已对解答了然于胸。

魏国是谁？一方诸侯，但又不是一般的诸侯。其身处四战之地，西邻强秦，东望强齐，北有赵、燕，南有楚、韩，但凡有点风吹草动，魏国的震感和烈度都是首屈一指的。

魏国从哪儿来？刚从盟主的位置上跌落下来！为什么会跌？因为机缘巧合，坐上了本不该坐的位置。潮水退去，方知你一丝不挂，岂能不跌？

魏国要到哪儿去？找准自己的位置，做自己应该做的事。简单来讲，就是不扛旗，不当头，“变服折节而朝齐”，挑起强藩斗强藩，便可任凭风浪起，稳坐钓鱼船！

事实证明，技术问题牵扯上政治，难免越搞越复杂，但很多事情一旦归结为哲学问题，往往就通透了！

魏惠王刚开始也想不通，齐国这些年把魏国收拾得怎一个惨字了得，“怨之至死不忘”，岂能向自己的宿敌、死仇摇尾乞怜？！但结合这三大终极灵魂拷问来反思，道理不言自明：以魏国的体量与声望（即便已经过气），向齐国认怂，秦、楚、赵岂会心甘情愿坐视齐国充大？这就把矛盾焦点转移到了齐国身上。几大强藩大动干戈，既报了魏国的血海深仇，又不必魏国亲自出面，这才是杀人于无形的高招啊！

同称一王，尊卑有别

想法很通透，但这场戏应该怎么演，才能达到预期目的呢？毕竟齐国也曾经吃过三晋不小的亏，对“带头大哥”魏国恨得咬牙切齿，此时它愿否甘当魏国手中的棋子？

对此，惠施有十足的信心：我精心谋划这么一场深藏不露的迷局，岂是一般人所能看透？

魏惠王打算拜码头的消息传到齐国之后，大臣张丐顿时就看穿了魏国意图激怒强藩（尤其是楚国）、对付齐国的阴谋诡计。不过，张丐毕竟人微言轻，既没有决策权，也没有多少话语权，此时真正能够左右齐威王的，除了相国邹忌之外，就只有手握重权的靖郭君田婴了。田婴是齐威王的小儿子，而田婴的儿子比他自己更为出名，乃是“战国四公子”之一孟尝君田文。

当时相国邹忌到底持什么意见，现存史料没有记载，但田婴认定这是他恃功夺取相国之位的大好时机，故而表现得特别积极。经过惠施、田婴的共同运作，魏惠王带着“御用跟班”韩昭侯，先后两次与齐威王举行会盟，魏、齐正式和解，而田婴也如愿以偿地拜了相国。

经过这两次盟会的铺垫，惠施亲自导演的这场戏在公元前334年达到了高潮。是年，魏惠王率领韩、鲁、宋、卫等一群小伙伴前往徐

州（今山东滕县附近），与齐威王举行了一场规模更大的会盟，史称“徐州相王”。

为什么是“徐州相王”，而不是“徐州之盟”呢？因为这场盟会有一个比会盟本身更重要的环节——相王。所谓“相王”，简单地说，就是魏、韩、鲁、宋、卫等与会诸侯拥护齐国君主正式称王，作为回报，齐威王也正式追认了魏惠王先前的自我提拔，算是互相认证吧。

虽说一笔写不出两个“王”字，但齐威王的“王”与魏惠王的“王”，尊卑大小还是有区别的。具体表现在魏惠王这个小写的“王”，要向齐威王这个大写的“王”“抱质执璧”“变服折节”，行人臣之礼。

不出惠施所料，这场看似魏、齐两家互嗨、互吹的闹剧，在天下诸侯中引发了一系列连锁反应。心里最不痛快的诸侯当非楚国莫属。楚国不痛快，不是因为诸侯会盟有什么问题，毕竟各国外交自由，连周天子都管不了，楚国又算哪根葱？不痛快是因为这帮诸侯接着会盟的由头搞什么相王，这就太不地道了，深深地刺痛了楚国敏感的神经。

何出此言呢？咱们在前面讲过，论“称王”的把戏，楚国是当仁不让的老资格。即使不考虑西周时期那一次（楚国后来自己撤销了），单从东周初期的楚武王算起，也有差不多四百年历史了。如今魏、齐如此大张旗鼓地互相吹捧，互相认证，考虑过楚国这个老资格的感受吗？

此时，楚国国君是楚威王（楚宣王之子）。在他看来，魏惠王妄自尊大敢称王，纯属一个笑话。楚国君主当年称王的时候，魏氏还是晋国的家奴呢！虽说自立门户之后，红火过一段时间，但老黄历不能当饭吃，眼下他已是自身难保，就算自封天王老子又如何？最可气的还得属齐国，“徐州相王”算是一桩，关键是做人相当不地道。楚、秦、赵正等着把魏国摁在桌上吃大餐呢，它可倒好，竟然单独媾和，充当魏国的保护伞，这不是跟楚国作对，让楚国难堪吗？

是可忍，孰不可忍！楚威王打算让齐国为自己的一时任性付出代价，随即联合起赵、燕，大举兴兵向齐国发难。

齐威王、田婴哪里会料到，好端端的一场“徐州相王”，竟然“相”出了这么一个讨债鬼。为今之计，岂能认怂，必须硬着头皮顶上去！好在刚收了魏国这个小弟，不仅西面可保无虞，还能出兵增援；北面的赵、燕呢，按照他们历来的调性，凑热闹、捡便宜的事儿挺积极，动起真格来势必立马开溜，根本不足为虑；东面是大海，至于零散羸弱的东夷部落，完全可以忽略不计；因此，齐国真正的威胁来自南面——直抵泗水流域的楚国大军。不过呢，只要夹在齐、楚之间的鲁国保持中立，又是在自家的地盘上抵抗外敌，齐国虽仓促应战，还是有机会获胜的。

但鲁国能否靠得住？齐威王、田婴的心里都没底，毕竟欺负人家鲁国是齐国（无论吕齐还是田齐）一直以来闯荡江湖的第一大乐趣。为了稳住这个总想着报仇雪恨的弱邻，田婴把那位说话没人听的大臣张丐派了出去，想忽悠一下鲁国人。

见到齐国派来的使臣，鲁景公（鲁共公之孙）露出一副幸灾乐祸的招打相，阴阳怪气地问道：“怎么着，齐国怕了吧？有求于我鲁国了？”

张丐却回答：“您想多了，我是专程吊唁您来了！”

鲁景公白了张丐一眼，并没有逞口舌之争，转而问即将发生的这场战事，齐、楚谁的胜算更大一些。

张丐这才道明来意：“您的问题，其实我也想问，但齐、楚两国棋逢对手，势均力敌，咱们不可能未卜先知。于鲁国这种小玩家而言，帮谁都起不到决定性的作用，与其事先押宝担风险，不如坐等事态明朗再跟进，方为万全之策。”

鲁景公认为张丐说得在理，决定静观其变。但出乎齐威王意料，盟友魏国那边掉了链子，迟迟不见出兵增援的动静。站在魏国的角度，这事儿太容易理解了，本来就打算把祸水东引，挑起齐、楚相争，如今梦想成真，正躲在家里偷着乐呢，哪里还有工夫管闲事？

因为孤立无援，齐国被楚国揍得那叫一个惨。田婴大为光火，打算杀掉魏国人质泄愤。有大臣站出来表示异议，认为此举非但于事无补，还会适得其反，不仅暴露了齐、魏之间的矛盾，让楚国有机可乘，还有可能把魏国彻底推向楚国一边。冷静下来一寻思，还真是这个理儿，于是田婴不仅打消了撕票的念头，还反其道而行之，提高了魏国人质的生活待遇。这样既稳住了心怀叵测的魏国人，又让楚国有所忌惮而草草收了兵。

尽管狠敲了齐国一闷棍，但楚威王还是不依不饶，他竟然摆起战败国的架势，责令齐威王将促成“徐州相王”的相国田婴驱逐出境。齐威王尚未表态，田婴就急眼了。俗话说得好：“自古无情帝王家。”在王侯之家，坑爹、坑儿子的事儿都稀松平常，如果自己真被君主扔出去做替罪羊，可就惨了！

于是乎，田婴又把伶牙利齿的大臣张丏派往楚国忽悠去了。张丏跟楚威王讲：齐国此次战败，不是打不赢楚国，而是因为懂军事、会打仗的悍将田肦（齐威王当年跟魏惠王比宝的时候提到过此人）靠边站了。田肦曾经深得齐威王器重，后来为什么靠边站了呢？因为相国田婴跟这个田肦相当不对付。反过来推理，如果撵走了田婴，岂不是放田肦“出笼”？田肦一旦复出，势必“复整其士卒，以与王遇”，这对楚国又有什么好处呢？

张丏果然不辱使命，寥寥数句就把楚威王忽悠过去了，对方表示不再追究此事。

超前思想遭遇现实之殇

惠施一手策划的“徐州相王”成功促使齐、楚两大强藩交恶，使魏国赢得了宝贵的喘息机会。然而，秦国这把达摩克里斯之剑依然高悬于魏惠王的头顶之上。在这个世界上，莫非还有顶尖哲学家惠施都搞不通透的死结？

暂且放下这个疑问吧，先回到惠施谋划“变服折节而朝齐”的时节。当时曾有人向他提出一个终极灵魂拷问：“您历来倡导‘去尊’，却竭力鼓吹要尊奉齐国国君称王，这不是自相矛盾吗？”“去尊”是惠施的两大核心政治主张之一，另一个是“偃兵”。

惠施见问，便举了一个“两害相权取其轻”的实例作为回应：“如果你在迫不得已之下必须做出一个选择，或者打儿子的人头，或者打一块石头，你会怎么选？——只要不是神经病，肯定选择打石头嘛！再看当下，齐国用兵不休，攻伐不止，其终极目的无非是想称霸于诸侯。要达到这个目的，或者生灵惨遭战火荼毒，或者以尊奉其称王的方式和平解决，你又会怎么选？你的答案，便是我竭力促成的局面！”

从这个道理出发，再来看魏国当时的处境，秦、齐、楚几大强藩都是足以致命的威胁，魏国只有臣服一条路可走，区别在于跟谁混。“变服折节而朝齐”，魏国损失的不过是颜面，但如果臣服于秦国或者楚国，魏国非但颜面尽失，地盘恐怕也保不住！秦、楚对中原觊觎已久，根本就是两匹喂不饱的恶狼，地理位置优越的魏国必将永无宁日，直至彻底覆亡！

魏国臣服于齐，正是两害相权取其轻的必然结果，可又该如何应对来自秦、楚的威胁呢？且听我慢慢道来。“徐州相王”只是惠施谋划的第一步棋，接下来，应该是以魏、齐同盟为基础，拉同出一脉的赵、韩两家入伙，维系与楚国的和平共存关系，从而背靠齐国，集中力量对付咄咄逼人的秦国。

从现存史料来分析，在所谓的“山东（指崤山以东）六强国”中，魏国的惠施最早意识到了秦国威胁的严重性，并竭力谋划出实际的行动，加以牵制和抗衡。这一理念经过后来的“纵横家”的一系列外交活动，逐渐完善成“合众弱以攻一强”的合纵战略。

不过，理想很丰满，现实很骨感，尤其是超前的思想往往会遭遇现时之殇。醒得早的惠施想抓紧赶路，可其他诸侯还在蒙头酣睡，这场纵横捭阖的大戏隆重上演尚有待时日。

譬如理应担纲“领衔主演”的齐国，“徐州相王”已属违例之举，还挨了楚国一通收拾，岂能被区区魏国牵着鼻子走，去招惹八竿子打不到一起的秦国？

还有“主演”赵国，虽说历来跟秦国不太对付，但魏、齐搞“徐州相王”的时候没带上他，让赵肃侯感到窝火，一度出兵偷袭魏国，可惜没能打赢。紧接着，赵国又在南面和东面修缮长城，防备齐、魏合力反击。剑拔弩张到如此地步，哪里还有心情来陪魏国拍戏？

至于挂着“主演”之名充当“龙套”的韩国，倒是真心希望能组建跨诸侯的抗秦联盟，毕竟韩国坐拥天下之中枢，境遇比魏国还要凄惨，秦国收拾它就跟玩儿似的，隔三岔五就“霸凌”一回。不过，齐、赵两国都不吭声，这让韩国心灰意冷：如果只有魏、韩两只可怜虫抱团取暖，无非就是从过去的分别挨揍转变成一起挨揍而已。再者说，魏、韩两国的地盘犬牙交错，冲突时有发生，关系一向微妙而敏感，掐架有余，信任不足，韩国还担心自己哪天被魏国出卖了呢！

惠施的精心策划在残酷的现实面前碰了一鼻子灰，这也证明了一个真理：没有实力作为后盾的外交，终究是苍白而枉然的！

哲学家的超前思想遭遇了现时之殇，两场险象环生的噩梦也相继降临到了“家道中落”的魏惠王头上。

头一场噩梦的“造梦人”名叫公孙衍，出生在魏国的阴晋，早年经历不详，后来投奔了秦国，得到秦惠王器重，时人称之为“犀首”。关于“犀首”的来历，一种解释是他担任过名为“犀首”的官职，另一种解释则是借弥足珍贵的犀牛角彰显公孙衍人才难得。魏、齐“徐州相王”后的第二年，也就是公元前333年，公孙衍官拜大良造，成了秦惠王时期的公孙鞅。

获悉秦国的百官之首——大良造由一位魏国人担任，魏惠王不禁欣喜若狂，这可真是天佑魏国啊！在他看来，公孙衍未必能彻底扭转魏、秦交恶的局势，但理应念及故土乡情，不至于让魏国过于难堪。当然了，理是这个理，但谁也不欠谁的情，魏惠王混迹江湖多年，还是相当识时务、通人事的，不待对方开口，魏惠王便主动献上殷勤，将公孙衍的老家——阴晋正式割让给了秦国。名为割地请和，实则收买公孙衍之心，恳请他务必妥善运作，对魏国高抬贵手。

收下魏惠王送来的厚礼，秦惠王、公孙衍确实消停了一段时间，毕竟抬手不打送礼人，不能把事儿做得太绝。魏惠王见送礼挺管用，自然宽慰了许多，适逢赵国对自己被排除在“徐州相王”之外心怀不满，先后兴兵讨伐齐、魏，魏惠王便联手齐国去收拾赵国，结果却被人家决开黄河河堤，放水冲了回来。

自认为高枕无忧的魏惠王没有意识到，公孙衍身为魏国人，恰恰更需要对魏国下狠手，才能彰显自己对秦国忠心耿耿。此时风平浪静，不是因为秦国君臣碍于情面，而是因为秦国被生命力异常顽强的西戎缠住了手脚。

说到西戎，把他们视作秦国人的噩梦，一点儿也不夸张。尽管秦国宗室的先祖曾经凭借讨伐西戎之功始列诸侯，但西戎也着实让偏居西陲的秦国吃尽了苦头。当年秦献公把都城从雍邑东迁至栎阳，既有摆脱旧贵族束缚、彰显东向争雄之心的长远考虑，也不乏远避西戎滋扰的现时需要。

在星罗棋布的西戎部落中，最能闹腾的是緜诸、大荔和义渠。緜诸大概亡于秦惠公时期的公元前395年，而大荔最后一次见诸史料是在秦孝公去世的公元前338年，被刚刚嗣位的秦惠王基本搞残。实力最盛、生命力最顽强的，当数义渠。这支部落多年来没少跟秦国过招，它神出鬼没，游踪不定，让据城防守的秦国疲于应付。一直到公元前331年，秦国才利用义渠发生内乱的机会果断出兵干预，暂时稳住了自家后院。

秦国没有了后顾之忧，魏惠王的噩梦就来了。公元前330年，秦国大军兵分南、北两路，以黑云压顶之势，直逼魏国而来。

北路由公孙衍领衔，挥师直指雕阴（今陕西甘泉附近）。此时，负责在西北面组织防御的是魏国硕果仅存的老将龙贾。虽说老将余威尚存，但经过几十年的岁月摧残，曾经所向披靡的精锐之师武卒早已消耗殆尽。雕阴一战，公孙衍让魏军再一次见识了秦军的虎狼之性，不仅主将龙贾兵败被俘，八万魏军士兵的首级也成了秦军勇士们赖以晋升爵位的战利品。

西北面被北路秦军揍得几乎全军覆没，西南面对抗南路秦军，形势也相当不乐观。南路秦军的主帅也是一位大名鼎鼎的人物——樗里疾。他是秦惠王的异母弟，曾经居住在渭南的樗里（今陕西西安市区东北部），故而被称为“樗里子”。此人不仅地位显赫，而且滑稽多智，享有“智囊”之美誉，在秦国可谓如雷贯耳的狠角色。

此次出征，樗里疾率领南路大军东出函谷关，沿着黄河南岸一路向东，顺利拿下了曲沃。随即“尽出其人，取其城”，人不要，城留下，为秦国夺取到染指中原的关键前沿据点。

仗打到这个份上，魏国已经丧失了最起码的抵抗意志和武装力量，各方诸侯又是一副隔岸观火、置身事外的嘴脸，除了割地求和，魏惠王别无选择。咬牙带跺脚，魏国以尽割河西之地的惨痛代价换取了秦国暂时休兵。

然而，魏惠王这一次失算了。秦惠王一边收下河西之地，一边派兵东渡黄河，一举拿下汾阴（今山西万荣附近）、皮氏（今山西河津附近）两座城邑。魏惠王方才回过味儿来，秦国的胃口实在是太大了，不仅要拿回河西故地，还打算把魏国啃个精光啊！

为今之计，死马当作活马医，魏惠王能抓的救命稻草，恐怕也只有公孙衍了。冷静下来一番寻思，魏惠王觉得先前奉送阴晋、笼络公孙衍的事儿，做得实在有点傻：秦惠王要是不“分赃”，公孙衍一亩地也拿不到，那他应该感谢慷慨的魏惠王呢，还是应该感谢厚德的秦惠王？于是乎，魏惠王决定纠正一下送礼求人的路数，派人暗中前往秦国，直接把重金摆到了公孙衍面前。

常言道：“拿人钱财，替人消灾。”公孙衍收下厚礼之后，果然开始想办法为魏国排忧解难。在他的积极运作之下，秦、魏两国国君举行了一次盟会，有效缓解了双方剑拔弩张的态势。

魏惠王的运气貌似不错，刚与强敌秦国握手言和，南方的另一强敌楚国便遭遇了一场大丧：楚威王染病身亡，其子熊槐嗣位，也就是后来的资深上当者——楚怀王。楚国死了人，魏惠王为什么如此兴奋？不是幸灾乐祸、乐见其殃，而是他活学活用哲学家惠施的思维，敏锐地意识到，这又是一个挑起强藩矛盾、让魏国得以喘息的大好时机！

具体来讲，就是怂恿新盟友秦国趁楚病、要楚命。无论战局如何发展，秦、楚一旦结下梁子，过去井水不犯河水的默契就会打破，魏国便可见机行事，寻求自保空间。

当然了，先前“徐州相王”带来的尴尬已经证明，仅凭一番口舌、一个空头衔就抽身事外、坐山观虎斗，终究无法激起几大强藩彼此纷争。就像威力十足的炸药，如果没有导线和火星，又与一摊烂泥何异？

为了梦想，更是为了生存，魏惠王决定豁出去一把，由魏国充当导火索，不仅先于秦国找楚国麻烦，还向秦国许诺，事成之后割让上洛之地（今陕西商洛一带）。

公孙衍寻思着这笔买卖挺划算，便怂恿秦惠王赶紧接单。于是，秦惠王从黄河东边的皮氏抽调了一万名士兵、一百乘战车，与魏军一道向楚国发难。有虎狼之师作为自己的后盾，屡遭败绩的魏军终于威风了一把，在陉山（今河南郾城东南）痛扁了楚军一顿。

眼瞅着魏国大功告成，秦惠王便按照先前达成的协议，派人前来接收上洛之地，没想到魏惠王竟然玩起了赖，能躲就躲，能拖就拖，压根不提割地那档子事儿。以弱国的身份充当“老赖”，简直就是活够了！秦国人几次上门讨要无果，便暗中串通楚国演起了双簧，摆出一副秦、楚联手找魏国追债的架势，吓得魏惠王惶惶不可终日，赶紧将上洛之地拱手奉送。

屋漏偏逢连夜雨，一个公孙衍已经把魏国折腾得够呛了，眼看局势稍微改观，偏偏又冒出一个“数典忘祖”的魏国人，帮着秦国人算计自己的故国，魏惠王的噩梦再度上演。

这一场噩梦的“造梦人”，正是后来屡次忽悠楚怀王上当的“诈骗专家”——张仪。说到这位张仪，他的名气比公孙衍还大，但有关他的人生经历，《战国策》《史记》等主流史料的记载都不太靠谱，这主要是受到杰出“纵横家”——苏秦的影响。司马迁自己也说，苏秦这个人被后世演绎得太离谱了，凡是跟合纵、连横有关的事儿，都往他身上扯，极尽杜撰、渲染、浮夸、增饰之能事（“世言苏秦多异，异时事有类之者皆附之苏秦”），其中就不乏将张仪、公孙衍等人的事迹张冠李戴到苏秦头上的情况，以至于漏洞百出，根本经不起推敲。

直到1973年，长沙的马王堆汉墓中出土了一部《战国纵横家书》，才基本上还原了历史的真相。原来，苏秦、张仪相差数十岁，没机会在一起斗智斗勇，真正曾跟张仪过招的，恰恰是先前的“造梦人”公孙衍。《孟子》里记录的一句时人之语就是一条有力的佐证：“公孙衍、张仪岂不诚大丈夫哉？一怒而诸侯惧，安居而天下熄。”

张仪身为魏国人，为什么投奔去了秦国呢？根据《史记》记载，他与苏秦师出同门（不出大家所料，两人的老师依然是那个神话般的存在——鬼谷子），学成下山之后，张仪在楚国蒙受了一场不白之冤，在苏秦的帮助下，来到秦国充当赵国的内线。结合前面的分析，这些桥段基本上都是扯！

相比之下，《吕氏春秋》的记载显然更合理一些。张仪不仅是魏国人，还是魏国宗室的庶氏旁支，可惜没能在魏国谋得一官半职，施展平生的抱负。为了显身立名，张仪先是跑到楚国去游说，但人家并不感冒，只得黯然返回中原，打算去秦国碰碰运气。

路过王城一带时，张仪拜会了昔年赵国捣鼓出来的城邦诸侯——东周国。此时东周国的国君是昭文君，他对张仪的才学赞赏有加，但苦于“寡人之国小，不足以留客”，依依不舍地送他西去。

带着昭文君的深情厚谊和慷慨资助，张仪来到了秦国。除了向秦惠王推销自己的强国争天下之策以外，张仪还竭力挤对两大竞争对手——公孙衍和陈轸。

公孙衍收过魏国的不少贿赂，一屁股的烂账，很快就被张仪抓住把柄，乖乖地靠边站了。鉴于秦国已无立足之地，公孙衍转而投奔了魏国。魏惠王呢，汲取了当年拒公孙鞅于千里之外的惨痛教训，对这位“造梦人”不计前嫌，还委任他做了将军，为后来张仪、公孙衍的巅峰对决搭起了舞台。

对付陈轸有点麻烦，此人足智多谋，屁股也干净，深得秦惠王宠信，史载他与张仪“皆贵重争宠”。为了扳倒陈轸，张仪秉持三人成虎、谎言千遍必成真的执念，没有烂账就创造烂账，不断在秦惠王面前掺坏水，进谗言，煞有介事地说陈轸暗通楚国，形同卧底。

陈轸频繁出使楚国，这一点不假，但要说他被楚国人收买，实在是欲加之罪，何患无辞，秦惠王对此也是将信将疑。为了弄清楚事情的原委，秦惠王把陈轸找来当面质问。陈轸倒也实诚，说我早有投奔楚国的打算，“行道之人皆知之”，没什么可隐瞒的，可自己既然效命于秦国，怎么还会心怀异志呢？陈轸举了几个例子来解释：

第一，商朝的王子孝己爱其亲，以孝道而闻名，所以全天下的百姓都希望他是自己的儿子。

第二，春秋时期的伍子胥忠其君，以耿介而闻名，所以全天下的诸侯都希望他是自己的大臣。

第三，仆妾能卖给乡邻，说明她平日里的人品有目共睹。

第四，被休的妇人再嫁本乡之门，说明她是一名有好名声的良妇。

以此类推，我陈轸要是一个为臣不忠的奸佞之徒，楚国岂会有招纳之心？但如果我在秦国忠而见弃，也只有投奔楚国去了。

陈轸的肺腑之言让耳根子软的秦惠王好不尴尬。然而，旁边有张仪不停地添柴加薪，秦惠王又贸然捅破了这层窗户纸，陈轸深感了无意趣，后来果然离开秦国，为楚国效力去了。

回头继续说张仪，他来得还真是时候，此时的秦国不仅尽取河西之地，还把黄河东岸的汾阴、皮氏以及黄河南岸的曲沃、焦邑（今河南陕县附近）收入囊中，完全摆开了争雄中原的态势。

任凭你的雄心壮志有几分豪情，中原终究在那里。所谓“争雄”，落实到具体的行动上，关键在于先揍谁。张仪认为，魏国身上已经没有多少羊毛可薅了，痛打落水狗，反被咬一口，这买卖不划算。不如把噤若寒蝉的魏国拉拢过来，以压促盟，让它死心塌地地充当秦国进取天下的马前卒，这就是“事一强以攻众弱”的连横战略。

依照这一全新的策略，秦惠王于公元前328年派兵讨伐魏国，顺利占领蒲阳（今山西隰县）。以此为契机，由张仪亲自出面，与魏惠王举行和谈。为了表示战胜国的诚意，秦惠王主动归还蒲阳，还把公子繇送往魏国充作人质。张仪则连哄骗带威胁地跟魏惠王讲：“既然大国已经做出了姿态，小国岂能失了礼数？”言外之意，不想继续挨揍，就赶紧借坡下驴！

魏惠王受宠若惊，将上郡（今陕北地区）的十五个县和双方屡次争夺的少梁割让给了秦国。张仪由此凭借卓越的开疆扩土之功官拜相邦（新设官职，即相国，高于大良造）。

翻过年头，秦惠王采纳了张仪的动议，将黄河南岸的曲沃、焦邑物归原主，进一步笼络魏国。南宋史学家胡三省对此评价说：秦国凭借强悍的实力，真是把魏国耍得团团转！（“既取而复归之。秦之于魏，若玩弄婴儿于掌股之上耳。”）

两年之后，也就是公元前325年，张仪效仿“徐州相王”的模式，将魏惠王、韩宣惠王（韩昭侯之子）忽悠到了咸阳，尊奉秦惠王正式称王。与此同时，秦惠王也追认了魏惠王先前的称王之举，并共同“提拔”韩宣惠王一起嗨，魏惠王、韩宣惠王还当众为秦惠王驾御所谓的“王车”。

在魏惠王看来，遭人戏耍玩弄也好，做任人驱使的“车夫王”也罢，终究好过于亡国。虽说割地割得心尖冒血，但背靠秦国这棵大树，魏国还是享受了好些年安生日子，至少不再像过往那样，隔三岔五遭到“霸凌”，一年到头鼻青脸肿了。

秦齐相争忙，赵国频遭殃

张仪初行连横之策，便成功将魏、韩两个“马仔”拉上了秦国的战车。秦国吃得嘴角冒油的同时，也开启了与东方强藩——齐国较量的新征程。争雄中原的主角发生变化，难免会经历一场阵痛，要说谁受伤最深，除了已经被噩梦折腾得死去活来的魏国，当数颇具硬汉血统的赵国了。

天下格局突变的同时，赵国也正经历着一次国君的新老交替。公元前326年，主政二十多年的赵肃侯寿终正寝。

二十多年不算短，足够做很多事情，想来赵肃侯也确实做过不少。然而，在“徐州相王”之前，赵肃侯的出镜率与他的身份完全不相匹配。最惹人关注的一出戏，还是他在初闯江湖的时候将晋静公强送出境，致使晋静公惨死于韩昭侯之手，晋国至此绝祀。从此以后，除了“更无晋事”，也没赵肃侯什么事儿了，赵国虽说揍过齐国，揍过魏国，也跟随齐国揍过魏国，但终究只是个可有可无的龙套。

根据零零散散、只言片语的记载，大致可以得出一个结论：赵肃侯这个国君干得实在不怎么样。首先是劳民伤财，激起了民变，让卫国伺机反薅赵国羊毛，抢走了一座城邑。其次是贪图享乐，沉迷于游山玩水。有大臣愤然直谏：“耕事方急，一日不作，百日不食。”规劝他别再这么瞎折腾了。后来，大名鼎鼎的赵武灵王说起他这个不成器的爹，也是一肚子的埋怨：连中山这样的蕞尔小国，仗着背后有齐国人撑腰，也胆敢“侵掠吾地，系累吾民，引水围鄗，非社稷之神灵，即鄗几不守”，把赵国收拾得够呛，而老爹赵肃侯呢，一副人若犯我、我就生气的悲催相，至死也没能报仇雪耻。

拜赵肃侯所赐，赵国的国力一路下行，对付卫国、中山这样的二三流诸侯都略显乏力，却偏偏没有自知自明，四处打肿脸充胖子。譬如魏、齐“徐州相王”的时候，赵国应楚国之请，先去收拾齐国，后来又讨伐魏国，非但一点好处没捞到，还被齐、魏两家合力痛扁。迫不得已之下，竟决开黄河河堤，以水代兵，总算是把来犯之敌冲走了。张仪促成秦、魏结盟，赵肃侯的醋瓶子再一次打翻，竟然兴师动众找秦国麻烦，结果偷鸡不成蚀把米，不仅主将赵疵战死河西，蔺邑（今山西柳林附近）、离石（今山西离石）两座城池也成了秦国的囊中之物。

带着无尽的遗憾与不舍，赵肃侯走完了自己乏善可陈、几无建树的一生。他的儿子赵雍嗣位，就是后来威震天下的赵武灵王。

赵国遭遇大丧，各大诸侯相当给面子，秦、齐、楚、魏、燕全都派出规模庞大的使团前去吊唁。新嗣位的赵武灵王只有十多岁，一听到消息，顿时就傻眼了：这些所谓的吊唁使团后面都跟着上万人马的军队，浩浩荡荡，气势汹汹，直奔邯郸城来了！

千钧一发之际，人小鬼大的赵武灵王毫无半点惧色。想当年，晋阳之围、邯郸之难，赵无恤、赵成侯临危而不乱，以异常顽强的意志绝境逢生。现如今，初闯江湖便遭到当头棒喝的赵武灵王也绝不能认怂做孬种！

在托孤重臣肥义的鼎力协助下，赵武灵王决心以强抗强，以暴制暴，当即下令全境戒严，随时准备与来犯之敌拼个鱼死网破。跟这些老江湖过招，明面上要表现出强硬的决心，背地里也别忘了要一要心眼。赵武灵王敏锐地意识到，在对待赵国的问题上，其他诸侯并非铁板一块，譬如韩、宋两国就没有掺和进来，说明公道自在人心嘛！

对方阵营里的漏洞，正是赵国策反、拉拢的广阔空间，当年的晋阳之围、邯郸之难，不就是这样赢得一线生机的吗？于是乎，赵武灵王果断派人前往韩、宋两国，以及许久没有出镜的“过气”霸主——越国，甚至让人感到陌生的塞北部落——楼烦。总而言之，只要是有可能争取到的盟友，先用真金白银把他们砸晕再说！

将各方“神圣”打点了一通之后，赵武灵王才下令打开边关，迎接各国吊唁使团到来。不过，不管你是强国还是弱藩，一概只准使臣、随从入内，由赵国官员陪同前往邯郸，至于蜂拥而至的军队，哪儿凉快哪儿歇着去，赵国地盘太小，没有多余的空地给你们傻站着！

赵国如此傲慢无礼，令各方诸侯顿生大打出手的冲动。然而，韩、宋两国公开表示支持赵国——“只要你们敢开战，我们就去收拾魏国”，把魏国吓得心神不宁；越国也在南边频繁闹事，使得原本就对此次兴兵不甚积极的楚国更加心不在焉；楼烦更狠，招呼都不打一个，直接闯到燕国、中山的地盘上一通劫掠。

如此一来，先前串通一气的五大诸侯当中，魏、楚、燕率先掉了链子，只剩下秦、齐两个大块头，你看着我，我看着你，一脸苦笑加无奈。毕竟众意难违，没必要为了区区赵国自讨没趣，况且各国使臣都被“押送”邯郸，名为吊唁，实则人质，真要撕破脸皮掐起来，还不知道惹出多少麻烦呢。知其不可便不为，算了吧，散了吧。

吊唁大军无功而返，彰显出赵武灵王的气魄与胆略，但并不意味着赵国可以高枕无忧了。刚翻过年头，魏、齐两国联军便卷土重来了。赵国这一次遭殃也是飞来横祸，用现代的话来说，赵国成了惠施、公孙衍手中的“小白鼠”。

事情还得从哲学家惠施说起。

自从官拜魏国相国以来，惠施的谋略始终一以贯之：借助外力与秦国抗衡，为实力大不如前的魏国争取生存和发展的空间。魏惠王最初倒是挺积极，挺配合，但“徐州相王”这出闹剧让魏国得不偿失，魏惠王心灰意冷，打起了退堂鼓。后来经不住张仪忽悠，魏惠王又与秦国打得火热，结果代价更惨痛，河西、上洛、上郡，哗啦啦都流进了秦国的腰包，岂止是切肤之痛，简直就是断送了半条命啊！

这些年来，惠施一直不看好与秦国结盟的前景，但他先前那剂“变服折节而朝齐”的药方也不济事啊，所以魏惠王也不想听这个“庸医”胡扯。直至公孙衍被张仪挤对到魏国，魏惠王的态度才露出一丝松动的迹象。作为资深“造梦人”，公孙衍太熟悉秦惠王、张仪的套路了。经过他现身说法，魏惠王才逐渐意识到，看似华丽的外衣之下笼罩着多么凶残的恶魔！

惠施、公孙衍可谓英雄所见略同，他们一致认为，魏国必须直面日渐衰弱的残酷现实，而足以致命的威胁终究是觊觎中原已久的秦国。魏国唯一的出路便是“合众弱以攻一强”，对冲秦国的强势崛起。

打一个比方：秦国好比一只被关进笼子里的猛兽，魏国则一直充当着笼子的角色。如今猛兽长大了，想出来打牙祭，那它第一步做什么呢？肯定是把笼子撞破嘛！随着猛兽的力气越来越大，笼子越来越经不起它撕咬踢踹，应该寻求外援进行加固，而不是屈服于猛兽，充当它的帮凶，最终落个沦为其腹中之物的悲惨结局。

这个道理再浅显不过了，至于先前的“徐州相王”没什么作用，不是战略本身有问题，而是在时机的选择上有瑕疵。当时，离笼八丈远的诸侯们尚未感知到这只猛兽的威胁，大家都很忙，谁会对在空间和时间上都遥不可及的事上心呢？现如今不一样了，猛兽出笼之势迫在眉睫，如果魏国顶不住，其他诸侯哪个又能独善其身？目前正是合力抗秦的绝佳机会！

合纵这剂经过改良的老药方到底疗效如何，魏惠王的心里还是有点虚，毕竟有“徐州相王”的前车之鉴摆在那儿呢。为了打消国君的疑虑，惠施、公孙衍一通合计，又跟齐国的田婴交换了意见，一致同意先拿赵国搞一下“试点”。

论实力，赵国被秦国甩出好几条街去，但屡遭败绩的魏惠王确实是打怕了，毕竟赵国也不是一盏省油的灯，万一有什么闪失，岂不是赔了夫人又折兵？

公孙衍见魏惠王这么瞻前顾后、畏畏缩缩的，相当不耐烦，当即拍着胸脯保证说：“给我五万军队，不出五个月，便可凯旋！”出任齐军主将的是田肦，听说公孙衍吹了这么大的牛皮，忍不住埋怨起来：五万人，五个月，你以为打虫子呢？你的自信是从天上掉下来的吗？

当着田肦的面，公孙衍方才大倒了一通苦水：“我也知道那是吹牛皮，但魏、齐两国国君都对于此战心存疑虑，我如果大谈这困难、那困难，咱们这场仗就没法打了！不如先表现得云淡风轻，反正吹牛皮又不上税，等咱们一开打，开弓没有回头箭，真要遇到麻烦，援兵自然少不了！”田肦听完公孙衍的分析，不由得伸出了大拇指。

果然不出公孙衍所料，前线尚未开战，魏惠王、齐威王为了确保万无一失，又增派了大批军队赶过来增援。凭借压倒性的优势，魏、齐联军在桑丘（今山东兖州附近）痛击赵军，一举攻占了平邑、新城两座城池（皆今河南南乐附近）。

“试点”宣告成功，惠施、公孙衍却是一脸的凝重。因为魏、齐联手收拾赵国的时候，张仪却率领秦军东出函谷关，一举攻占了中原西面的最后一道关口——陕邑（今河南陕县附近）。紧接着，樗里疾也在上郡构筑了军事要塞，巩固河西防线。至此，黄河天险已悉数落入秦国之手，魏国面临的局势空前凶险，刚在赵国身上完成“试点”的合纵新战略即将迎来第一次真正的考验。

五国相王，“连鸡”一帮

形势愈发严峻，惠施、公孙衍加快了“合众弱以攻一强”的节奏，提出联合齐、楚共同抗秦的设想。为了把南面的楚国拉进盟友圈，惠施耐心说服魏惠王，派出太子嗣、公子高分别前往齐、楚充当人质。然而，楚国虽然愉快地接纳了魏国的人质，但一说到联合抗秦，却打起了马虎眼，毕竟楚、秦两国素来友谊大过纠葛，何必平白无故撕破脸皮？因此，楚国更倾向于保持中立。借用前面的例子来分析，它距离即将出笼的猛兽最远，反应自然就迟钝了许多。

尽管楚国人不接招，但该搞的行动还是得抓紧搞。公元前323年，为了引导合纵联盟步入正轨，惠施、公孙衍共同策划了一场规模更大、意义更突出的“相王”活动，参加者包括魏、赵、韩、燕、中山的国君，史称“五国相王”。

“相王”先前已经搞过两回，含义不必再解释，咱们还是来说一说疑点：说好的借助强藩之力抗衡秦国，可为什么齐、楚两个大国国君都没有出席如此重要的活动？

楚国容易理解，身为“称王界”的老资格，根本不屑于跟一群新手玩，更何况对合纵提议并没有多大兴趣。那么齐国呢？先前拿赵国搞“试点”，不是还兴致盎然吗，怎么在关键时刻掉了链子？

表面上看，是惠施、公孙衍考虑不周，拉谁入伙，也不应该拉中山国啊！齐威王对此很介意，说堂堂的一流强藩却跟中山这样的三流诸侯平起平坐，你们不嫌掉价，我还怕丢人呢！除了口头上表达抗议，齐威王还封锁了边境道路，拒绝中山使臣入境，并扬言要联合赵、燕一起讨伐中山。

话虽这么说，但齐威王未必真如此想。他倒不是非要跟国穷民弱的中山国较劲，而是真心不想与秦国闹得太僵。楚国不来，齐威王更失三分底气，于是随便找个由头，置身事外，先看一看秦国的反应再说。只可怜中山国君，原本以为撞了大运，第一次（也是唯一一次）得到主流诸侯的抬举，何曾料到江湖的水实在太深，刚出门就“躺枪”背了锅。

事实证明，齐威王担心秦国会不高兴，未免有些多虑了。秦惠王到底什么想法，咱们留到后面再说，真正对“五国相王”耿耿于怀的，反倒是不给魏国人面子的楚国。

楚王的心思完全可以用一句俗话来形容：“只准州官放火，不准百姓点灯。”他率先称了王，便自视高人一等，为了维系这种优越感，但凡有诸侯称王，他就要炸毛。你可以认为，这是长期受到歧视而导致的自卑心理作祟，但也必须承认，人家现在确实有表达不满情绪的资本。

在“五国相王”之后不久，楚国令尹昭阳便率领大军北上，在襄陵痛击魏军，一连夺取了八个城邑，还准备搂草打兔子，捎带着把齐国也痛扁一顿。齐威王不想与楚国交恶，却苦于没有退敌的良策，只能干瞪眼，空着急。

关键时刻，陈轸来了。当时，陈轸虽然时常被张仪挤对，但还没有投奔去楚国，正奉秦惠王之命出使齐国。听说齐威王正为此事烦恼，陈轸便主动请缨，动身前往楚军驻地，游说昭阳退兵。

根据《战国策》记载，陈轸给昭阳讲了一个“画蛇添足”的故事。他认为，官居令尹，已经是昭阳的“职业天花板”了，如果贸然跟齐国过招，胜了呢，“官之上非可重也”，没有更进一步的空间，败了呢，您等着挨收拾吧！

这番说辞似曾相识，当年魏国的太子申东征齐国，一位宋国谋士就是拿这个道理劝太子申打道回府的。太子申想撤，怎奈魏军将士求功心切，他也没办法。如今轮到昭阳，楚军将士没那么矫情，这些年打的仗不少了，不缺这一回，于是昭阳班师回国。

话说回来，将楚国退兵归功于陈轸的巧舌如簧，未免有些夸张。现实的情况是，楚国此次大打出手，除了刷一刷存在感，表达对“五国相王”的不满情绪之外，关键还是想把人质公子高送回魏国，逼迫魏惠王册封他做太子。（公子高在楚国混得不错啊！）

如此险恶的用心最后没能得逞，与陈轸耍嘴皮子无关，而是因为有人掉链子，也有人冒出来捣乱。掉链子的是韩宣惠王，先前承诺与楚国打配合，但被公孙衍连哄带诈地威胁了一番之后，竟做起了缩头乌龟。捣乱的则是齐威王，听说楚国打算把公子高送回来做太子，齐国就把自己手中的人质太子嗣抢先送回了魏国。真资格的太子归了国，公子高还会有戏？正是因为齐威王从中作梗，楚国才会迁怒于齐国。

至于陈轸发挥的作用，与其说是他口才好，倒不如说是他秦国使臣的身份。不看僧面看佛面，楚国只有悻悻作罢了。

楚国横插一杠，寓示了“五国相王”的闹剧本质，而理论上挨揍的一方——秦惠王则对这种“合众弱以攻一强”的模式不屑一顾。他有一个相当形象的论断：“诸侯不可一，犹连鸡之不能俱止于栖之明矣。”这句话的意思是说，各方诸侯合力抗秦，说起来天花乱坠，其实就是把一群鸡绑在树上，这只往这边扑腾，那只往那边扑腾，根本消停不下来，还想打仗?!

秦惠王话糙理不糙，洞悉了惠施、公孙衍合纵新战略的致命缺陷：各诸侯心思各异，实力有差，根本没办法做到步调一致。

虽说在战略上极端藐视，但秦惠王、张仪在战术上并没有掉以轻心。在魏、齐联手搞“试点”之后不久，张仪便预感到了合纵对于秦国的潜在威胁，亲自前往齐、楚两国游说，搅魏国的局。后来“五国相王”，齐、楚没有跟着起哄，虽说各有各的考虑，但也不乏张仪从中作梗的因素。为了从根本上瓦解惠施、公孙衍的合纵新战略，张仪还针锋相对地抛出了“*事一强以攻众弱*”的主张，也就是连横战略。

反观魏国，楚国借“五国相王”兴兵发难，让魏惠王难免有些心思浮动：两番“相王”，麻烦不断，惠施、公孙衍到底行不行啊？就在他信念发生动摇的时候，“诈骗专家”张仪适时而至，给魏惠王开药方、灌迷魂汤来了。

张仪首先向魏惠王分析了天下之势，尤其是魏国面临的现实处境。简单来讲，魏国方圆不足千里，境内又以平原居多，基本上无险可恃，更无纵深可言。按理说，魏国拥有三十万大军，已经不算少了，但身处四战之地，齐、楚、赵、韩等强藩环伺，谁都不是省油的灯，三十万军队分守四境，剩下的机动部队还能有多少？军事上长期处于高度紧张状态，外交上也举步维艰：亲楚疏齐，东边生变；亲齐疏赵，北边不宁；与韩交恶，西边难安；与楚相争，南边告急。魏国纵有三头六臂，也难免四分五裂，终会被各方诸侯蚕食殆尽！

如何破解这一危局？张仪的办法就是连横：跟着秦国，吃香喝辣！

毫不夸张地说，张仪这番话真是振聋发聩，一语惊醒梦中人。魏惠王自己也承认，被震撼到的远不止他一人，而是“*一国尽以为然*”。哲学家惠施虽然心有不甘，但实在没有底气纵论合纵、连横的短长，只能以哲学观点反驳说：“凡谋者，疑也。疑也者，诚疑以为可者半，以为不可者半。”意思是众人皆称是，未必是好事。如此表达异议，显得既苍白又无力，无法扭转魏国完全倒向秦国的大局。

惠施不仅话不起作用，他连相国的位置也保不住了。按照秦惠王最初的想法，魏国改弦更张之后，相国就必须换人，而最佳人选莫过于现任秦国相邦的张仪。一人挂两国的相印，既彰显同盟的稳固，又能确保双方协调一致，真是一举两得。

面对如此仗势凌人的蛮横要求，魏惠王一时犹豫不决，他倒不是对张仪本人有什么意见，而是不甘心被秦国肆意摆布，今天挂相印，明天是不是还要做国君呢？魏惠王准备打哈哈糊弄过去，但秦惠王、张仪早就料到会有阻力，果断出兵攻占了曲沃、平周（今山西介休附近），威逼魏惠王就范。

想打打不赢，魏惠王只能认怂，勉为其难地改拜张仪为相国。算是给新入伙的魏国一个面子吧，秦惠王象征性地免去了张仪的相邦之职，但一直没有补缺，实质上还是由张仪掌秦国相邦之权。

至于丢掉饭碗的哲学家惠施，魏国肯定是待不下去了，史载其“易衣变冠，乘舆而走，几不出乎魏境”，惶惶如丧家之犬，差点儿困死在这里。惠施来到楚国，楚怀王倒是有意收留他，但有大臣担心秦国人追上门来找麻烦，实在没辙，楚怀王只好将惠施礼送出境，并把他引荐到了不怎么惹眼的宋国暂且栖身。三年之后，诸侯相争的形势发生逆转，惠施方才得以重返魏国，重竖合纵的大旗，这是后话了。

踩在鸡蛋上的舞者

在秦国的威逼利诱之下，魏惠王撵走了惠施，改拜张仪为相，但他在恍惚之间有一种穿越的感觉：眼下的魏国俨然春秋时期郑国的翻版，“牺牲玉帛，待于二竞，以待强者，而庇民焉”。夹缝求生，江湖实苦，无论合纵还是连横，魏国都没获取期望的利益，反倒亏得一塌糊涂。

经过这一连串的折腾，魏惠王逐渐意识到了自身的处境：虎落平阳遭犬欺，落毛凤凰不如鸡，秦、齐、楚三大强藩，哪一家他都惹不起。身处四战之地的魏国就好比踩在鸡蛋上的舞者，不指望舞姿能有多么华美，但求在凶险之中找寻到微妙的平衡。具体来讲，就是连横、合纵都押宝，做一个审时度势、顺势而为的骑墙派。连横者，已有仗势欺人的张仪；合纵者，虽说惠施黯然离去，但手握军权的公孙衍还在。一个巧舌如簧，一个舞枪弄棒，让他们多掐架，国君少说话，但凡有个风吹草动，则唯强势者是从，这样永远都是战胜国。

魏惠王“黑、白通吃”的战术，韩宣惠王同样玩得炉火纯青。在韩国，大臣公仲朋主张连横，大臣公叔赞则赞成公孙衍的合纵，二人同朝为官，时常吵得乌烟瘴气。有人对此提出异议，认为高层大搞路线斗争，必然造成“多力者树其党，寡力者借外权”的混乱局面，大树朋党者产生内忧，挟外自重者形成外患，内忧、外患交织，韩国将何以自处？

这个道理，韩宣惠王也懂，但归根结底还是那句话：找准位置跟好队，两害相权取其轻。韩国虽说与魏国之间纠葛不断，但从根本上讲，魏国始终是韩国天然的盟友与屏障。过往的事实充分证明：韩国要想少吃亏，就必须紧紧跟随魏国的步伐，即使两国一道挨揍，十拳至少有七拳都是打在魏国的身上。现如今魏国选择骑墙，韩国又岂能玩一边倒？

因为实力更加不济，韩国“通吃”的诉求更加强烈，四处献殷勤的举动也更加到位。连横这边，先前秦、魏结盟，张仪拜魏相，韩国的公仲朋上窜下跳，积极奔走，可谓出力甚多。合纵这边，韩国不时与同出一脉的赵国眉来眼去，会盟还嫌不过瘾，又搞起了联姻，一名韩国宗室女子成了赵武灵王的夫人。

魏、韩两家的小聪明、小盘算，在秦国看来纯属雕虫小技。张仪认为，有魏、韩的支持（即便不是一心一意），连横的形势就算是大功告成了，有必要让天下诸侯感受一下“事一强以攻众弱”的强大威力。

彰显威力，未必总是通过干仗，软实力也是实力，而且很多时候比硬实力更有感召力。譬如由秦国出面协调，在魏、韩两家之间搞一次互换地盘的仪式：魏国让出上党的一部分给韩国，韩国则拿黄河南岸的一块地作为交换。

对于这个方案，韩国当然是举双手赞成。除了可以多得两个县之外，上党这块地对于韩国而言实在太关键了！上党位于今天山西省的东南部，当时分属于魏、韩两国，西面是韩国故地，东面则是魏国的地盘。韩国灭郑之后，迅速将政治重心转移到了黄河南岸的中原地区，与上党故地只能靠成皋一带的狭长通道往来。如果能换得上党之地，无疑将拓宽新、旧两地的接壤区域，有利于加强统治。

韩国占到的便宜不小，未必就意味着魏国要吃亏，这其实是一次双赢的买卖。对于魏国而言，虽然少了两个县，但拿到黄河南岸的这块地之后，一来可以将王城和两个城邦诸侯（东周国、西周国）变成魏国的国中之国，二来还能对楚国的方城构成反包围，从而减轻来自南方的威胁。这样的政治优势、地利优势，岂是区区两个县可比？

然而，信心十足的憧憬往往敌不过世事无常。这场互通有无、各取所需的交易，魏、韩两家满心欢喜，又有秦国从中牵线，看似水到渠成，却被一个毫不起眼的小角色搅黄了。

这个横插一杠的小角色便是即将被魏国包成饺子馅的西周国。西周公（一说西周惠公，一说西周武公）也知道自己说的话连个屁都不如，便派人前往楚、赵两国游说，请他们出面砸秦、魏、韩的场子。

楚国这边自不必说，魏国对方城构成反包围，那还了得？赵国那边呢，韩国一旦加强对上党故地的统治，势必威胁到赵国控制的太行陉隘口——羊肠坂，赵国的日子也不会好过。于是乎，应西周公之请（利益攸关，没人请恐怕也会自来），楚、赵频繁向魏、韩施压，真就把这场双赢的买卖搅黄了。

没过多久，齐国出面召集楚、赵、燕几大诸侯的相国前往卫国举行盟会。具体要谈什么事儿不太清楚，魏惠王判断，肯定是谋划如何对付秦、魏、韩的连横同盟，而魏国必然首当其冲。公孙衍也是这么想的，认为魏国不应该坐以待毙，于是主动请缨，带着重金厚礼亲自去砸场子。

算计着开会的日子，公孙衍率领五十乘车组成的使团浩浩荡荡来到卫国。通过重金贿赂齐国的随从，公孙衍抢在楚、赵、燕之前，与齐威王进行了一场面谈。两人谈了什么不重要，哪怕只是谈谈天气，聊聊人生，只要让楚、赵、燕的使臣知道齐威王已经与魏国使臣见过面，公孙衍的目的就达到了。

果不其然，楚、赵、燕的使臣顿时心生疑窦：魏国并没有接到与会邀请，却先跟齐威王见了面，这是搞阴谋吧？大家一起来到齐威王的面前，想问个所以然，齐威王则一脸无辜地表示，自己确实不清楚公孙衍为什么不请自来，跟他也没聊什么啊。

这时候说只是谈天气，聊人生，楚、赵、燕的使臣会相信吗？越是说不出个子丑寅卯来，越说明他心中有鬼，大家都不是三岁小孩儿，甭指望把我们卖了，我们还帮着你数钱！不说了，太伤心，咱们各回各家，各找各妈吧！

彼此使坏又拆台，虽说魏国暂保无虞，但对于野心勃勃的秦国而言，既然各方诸侯不买软实力的账，那就只有大打出手了。公元前320年，秦军挥师东向，横穿魏、韩、卫三国，与齐国展开了一场激烈而精彩的交锋。

常言道“兵来将挡，水来土掩”，作为东方第一大强藩，齐国自然也不是吃素的。此次率领齐军前去迎敌的是一个名气远不如田忌、孙膑、田肦的小角色——匡章。

前面其实也有匡章的戏份，但只是“群演”，我们没有提及他的名字。还记得吗？当年哲学家惠施谋划“变服折节而朝齐”的时候，有人向惠施提出了一道终极灵魂拷问，惠施则举出“两害相权取其轻”的例子作为回答。那位“话多”的人，便是匡章。

闲言少叙，来看匡章如何与气势汹汹的秦国大军过招。当时，秦军进抵位于齐、卫边境的阳晋（今山东郓城附近），貌似要强攻城邑，却突然调转向南，直扑齐国腹地，在桑丘一带与匡章率领的齐军撞个正着。

秦军虽然以“虎狼之师”闻名天下，但此次劳师以远，千里奔袭，又是孤军深入，不比过去在家门口打仗，故而谨慎、低调了许多。秦军主将下达严令，不得滋扰一代贤臣展禽（即著名的柳下惠）的陵寝，以争取到当地民众的支持，同时悬赏万户侯外加二万两金，扬言要取齐威王的首级，藉此激励士气。

匡章没有选择硬拼，而是抓住对方人生地不熟、前瞻后顾的软肋，果断采取疑兵之计，让部分士兵假扮成秦军，先把水搅浑，再从中寻找合适的战机。

齐军不按套路出牌，战场的形势霎时陷入混乱，不仅秦军稀里糊涂，齐国内部也传言四起。不时有消息传到临淄城，说匡章已经被秦国人收买，正在充当“带路党”，直扑都城而来。一时间群情汹汹，闹得沸沸扬扬，唯独齐威王气定神闲，耐心等待匡章传回捷报。

齐威王为何如此信任匡章？不仅咱们有疑问，当时很多人都表示难以理解。齐威王解释说：“匡章这个人啊，寡人还是比较了解的。少年时期，家中突遭变故，母亲被父亲杀了，草草掩埋在一处马厩的下面。寡人委任他做将军的时候，曾许诺在他凯旋之后，将他的母亲风风光光地迁葬。匡章却婉言谢绝，说父亲生前没有提过这事儿，为人之子，岂能逆父命而为？你们想一想，这样一个‘为人子而不欺死父’的人，会做出不忠不义之举吗？”

事实证明，匡章果然没有辜负齐威王的信任与重托。凭借主场优势以及别出心裁的新玩法，齐军大败贸然进犯的秦军，一举扭转了“西风压倒东风”的不利局面。此后不久，曾经自诩“不鸣则已，一鸣惊人”的齐威王溘然长逝，太子辟彊嗣位，是为齐宣王。

这场发生在东、西两大强藩之间的战事让张仪颜面无光，在魏国的日子愈发艰难。转眼到了第二年，也就是公元前319年，张仪被迫“引咎辞职”，灰溜溜地离开了魏国。“踩在鸡蛋上的舞者”魏惠王一改先前的骑墙态度，改拜公孙衍为相国，重新回到了合纵大家庭，哲学家惠施也从宋国返回魏国，继续为抗秦大业殚精竭虑。不久，在位长达五十余年的魏惠王去世，太子嗣登上君位，是为魏襄王。

“连鸡”的魔咒

魏惠王主政的半个世纪，正值魏国极盛转衰时期，整个过程可谓跌宕起伏，精彩纷呈。就在他接近人生终点的时候，“亚圣”孟子来到魏国，于是发生了“何以利吾国”的著名对话。当时，魏惠王已经是心力交瘁、焦头烂额，孟子则视其为功利主义者、好战分子、不仁之君，“以土地之故，糜烂其民而战之”，简直是可恶至极！

孟子把魏惠王批得体无完肤，咱们在前面分析过，未免有失偏颇，但我在这里还想说，孟子的话并非全无道理。诚然，孟子倡导的“仁政”“王道”过于理想化和务虚，但他也有一套与民休息、积蓄国力的主张，譬如轻刑罚、减赋税、奖耕种等，李悝、吴起、公仲连、邹忌、公孙鞅这些变法名士都是靠类似的举措以图富国强兵并行之有效的。

然而，自从合纵、连横的新战略兴起以来，各方诸侯都把注意力转移到了外交舞台上。尤其是家底并不厚的魏国过于重外力而轻内功，结果必然是内失元气，外受屈辱，由极盛转衰只是时间问题。造成这样的衰落局面，迷信“抱大腿”又摇摆不定的魏惠王理应对此负主要责任。

如今换了一位新的国君，孟子又作何感想呢？《孟子》里的一句话足以说明：“望之不似人君。”孟子认为此人根本没有做国君的潜质，谈都不想谈，直接卷起铺盖走人了！你可以说这是孟子以貌取人，但现实的情况是：初闯江湖的魏襄王决心一雪前耻，继续沿着重外力而轻内功的道路前行，从而踏入了万劫不复的深渊！

魏襄王急于雪耻的心理为公孙衍提供了施展平生夙愿的广阔舞台。公元前318年，在公孙衍的积极运作下，一场史无前例的军事行动为这个列强争雄的时代树立了新的风向标，史称“五国伐秦”。

“五国伐秦”，顾名思义，就是五个诸侯联手收拾秦国。毫不夸张地说，自从秦国崛起以来，这是天下诸侯即便敢想也不敢轻易尝试的事情。

哪五个诸侯吃了熊心豹子胆呢？头一个当然是公孙衍担任相国的魏国；第二个是拿定主意跟魏国保持步调一致的韩国；第三个是赵国，原本保持中立，秉持秦、齐两不招惹的方针，却经不住魏、韩“三晋一家亲”的游说与怂恿，勉为其难地应承了一回；第四个是燕国，身处偏僻之地，向来是看齐、赵两国的颜色行事，赵国拉他入伙，燕国哪里敢说半个“不”字；第五个有些出人意料，竟然是素来不愿与秦国交恶的楚国。楚怀王决定插上一脚，完全是由于遭到张仪挤兑后投奔到楚国的陈轸。陈轸对张仪恨之入骨，乐于见到合纵形成大气候，不仅鼎力支持公孙衍的动议，还耐心说服楚怀王亲自出面，担任此次合纵行动的“从约长”。

初现雏形的“战国七雄”一股脑站出来五个，加上挨揍的一方——秦国，就剩下齐国没有到场了。平心而论，公孙衍当然希望齐国能够扛旗、带头，但新嗣位的齐宣王始终有一个心结：先前魏、韩两家借道给秦军大举伐齐，这事儿是不是得唠一唠？

关键时刻，伶牙俐齿的陈轸又出面忽悠了，他以楚国使臣的身份为齐宣王分析了当今天下大势：

首先，秦国是所谓“山东六国”的共同敌人，如果咱们搞窝里斗，岂不是给秦国以可乘之机？

其次，魏、韩、赵、楚已经感受到了秦国这只猛兽的严重威胁，尤其是紧邻秦国的魏、韩两家，伤心的泪水从来没有干涸过，齐国对此无感，只是因为距离太远，反射弧太长而已！

再次，如果任由秦国在中原肆虐，沿着黄河一路凯歌高奏，从函谷关直通东海之滨，北隔齐、赵、燕，南绝楚、魏、韩，齐国岂不是玩完了？

最后，就说眼下伐秦的五国，胜也好，败也罢，难免会对“不合群”的齐国心怀不满，万一一鼓作气，再来一个“五国伐齐”，难道是齐国希望看到的吗？

“听君一席话，不吃眼前亏”，齐宣王果断做出表态，站在五大诸侯的一边，支持大家伐秦，齐国就是“大后方”！如此一来，名义上的“五国伐秦”便多了一个摇旗呐喊的齐国。

事实上，除了齐国这个只表态不出兵的“后台”外，五大诸侯还有一个既表态又出兵的传奇盟友——义渠。

前面说过，义渠是西戎部落当中的“小强”——顽强的强、强盛的强，历来让秦国颇感头疼。一直到公元前331年，义渠发生了一场内乱，秦国趁机出兵干涉，威逼义渠国君俯首称臣。称臣归称臣，“小强”终究是“小强”，但凡有一线契机，就以百倍的劲头出来找麻烦。“五国伐秦”的前一年，秦国还出兵讨伐过义渠。

俗话说得好：“敌人的敌人就是朋友。”公孙衍敏锐地意识到，义渠正是“山东六国”合纵抗秦的天然盟友。在此之前，表面上臣服于秦国的义渠国君曾经到访过同属一个阵营的魏国（当时魏惠王接受了连横的主张），与公孙衍有过一番诚恳而深入的交谈。公孙衍有效命于秦国的经历，故而亲自“现身说法”，直言秦国对付义渠无外乎两招：要么放火，要么给钱。

具体来讲，秦国与中原诸侯相安无事的时候，便跑到义渠境内放火烧草场，让专司畜牧、不事农耕的义渠没饭吃；与中原诸侯交恶的时候呢，则以重金厚礼开路，拉关系，套近乎，把义渠稳住，确保后院不出事。

此次诸侯谋划合力伐秦，秦国使者再度来到义渠，又是送上厚礼，又是大谈友谊，义渠国君回想起当年公孙衍的一番话，不禁怒火中烧：秦国这个混蛋，果然是把爷当猴耍啊！秦国人的马屁拍到了蹄子上，反倒激起义渠的血性与斗志，义渠果断加入了轰轰烈烈的抗秦大业。

满打满算七对一，挥师直指函谷关，谁承想，看似毫无悬念的一场仗，最终却打成了“不能伤秦”“皆引而归”的尴尬局面。也就是说，浩浩荡荡的五国联军非但没能打赢，还被秦国轰出家门、撵散伙了。

究其根由，秦惠王曾经的评价一针见血、入木三分：“诸侯不可一，犹连鸡之不能俱止于栖之明矣。”不仅出现在这次规模空前的“五国伐秦”中，“连鸡”的魔咒始终与“山东诸侯”合纵抗秦的历程如影随形。

就说“五国伐秦”吧，公孙衍的谋划并没有错，但参与此次军事行动的诸侯各自打着各自的小算盘。别看楚怀王挂着“从约长”的名头，其实楚国并没有派出成建制的部队参与此次行动。燕国太远，实力也不咋地，有它没它一个样。如此一来，真正跟秦国大军刺刀见红的只有魏、赵、韩这三个难兄难弟。

这下可就尴尬了！魏、韩致力于合纵，原本就是因为自己打不过秦国，结果忙活这么大一圈，仅仅多了个陪着挨揍的赵国而已。三晋要是能对付秦国，哪里用得着四处忽悠“合众弱以攻一强”？这么一分析，无功而返自然没什么奇怪的了。

至于三晋联军是如何败北的，现存史料没有详细的记载，只是说魏国“折兵之半”，打算向秦国请和，足见战场形势之危急。当然了，楚国虽然不出工，不出力，但楚怀王毕竟是名义上的“从约长”，如果魏襄王绕开领导单独与秦国媾和，显得不怎么地道，于是他先派惠施前往楚国打声招呼，再让他从楚国出发，以“从约长特使”的身份前往秦国求和。

仗打成这个样子，楚怀王和令尹昭阳自知理亏，打算同意惠施前往秦国交涉。不过，有一位谋士提出了异议，认为此举极不利于楚国，这不是在向秦国明示，咱们是此次“五国伐秦”的幕后推手和总后台吗?

令尹昭阳认为言之有理，于是答复惠施说：“‘五国伐秦’是魏国发起的，楚国空有名头而已，所以你还是先回去吧。至于和谈的事儿，可以由楚国派人出面，经魏国前往秦国交涉。”

惠施无功而返，魏襄王相当难堪，方知江湖的水有多深，稍有不慎就会被坑，真是防不胜防啊!

要说“五国伐秦”劳而无功，似乎也不确切。唯一小有斩获的，恰恰是那个不怎么起眼的盟友——义渠。趁着秦军主力开赴函谷关对付诸侯联军，义渠从背后捅上一刀，史载“大败秦人于李帛之下”。

风光是别人家的，轮到魏国全是哀伤。平白无故被当作众矢之的，秦惠王心里的这口恶气岂能咽得下去，非给魏、韩、赵三家一点颜色看看不可。

收拾魏、韩容易，素有硬汉风范的赵国却不太好惹。为了牵制赵国，秦惠王想到了太行山区的“小强”——中山国。无论是先前被魏国据为己有，还是后来中山伺机复国，这块地一直是赵国的心腹大患，因此只要将中山拉入秦国阵营，赵国就不敢轻举妄动了。拉拢的办法倒也不复杂：秦惠王将中山国的相国乐池请到咸阳，拜他为秦国相邦。

说到这个乐池，几年前出使赵国的时候被赵武灵王强行扣留，逼他割地盘换回自由身，乐池不肯就范，“攻关而出逃”，侥幸逃过一劫，故而对赵国恨之入骨。如今乐池出任秦国相邦，赵国一时难以顾及即将吃苦头的魏、韩两个盟友。

一切准备就绪，樗里疾率领的秦军主力顺势深入魏、韩腹地，修鱼（今河南原阳附近）一战斩首八万余众。几乎与此同时，先前还唱高调、放空炮的齐国也翻脸不认人了，撺掇宋国一起讨伐魏、赵，在观泽一带（今河南清丰附近）取得了胜利。至此，公孙衍、惠施、陈轸等人精心谋划的“五国伐秦”以接踵而至的惨败宣告终结。

此后没多久，魏襄王罢免了公孙衍的相国之职，改请出身齐国宗室的田需到魏国主持大计，以寻求齐国的保护。而公孙衍的老对手张仪取代失去利用价值的乐池，回到了秦国相邦的位置上。数年之后，即公元前315年，秦国找义渠秋后算账，接连拿下了二十五座城邑。

秦国练功记：利在巴蜀

合纵、连横之争暂且告一段落，秦国用辉煌的胜利证明了自己的硬实力，但放眼未来，秦惠王面临着两难的纠结局面：接下来，咱们先揍谁呢？

就当前的形势而言，魏国已经抱上了齐国的大腿，赵国则向来不服输，薄弱一些的环节就只剩下韩国了，因此，张仪重新出任秦国相邦之后，一直力主出兵讨伐韩国。当然，张仪偏偏跟韩国过不去，倒不是看重韩国身上那点少得可怜的油水，而是出于更深层的考虑。别忘了，周天子所在的王城可是紧挨着韩国的哟！

按照张仪的谋划，先把魏、楚两家稳住（连给甜头带吓唬，做到这一步不难），再出兵所谓的“三川”地区，就是黄河、伊水、洛水交汇一带，堵住韩国通往魏、楚两国的要道，最后进攻韩国的新城（今河南伊川附近）、宜阳（今河南宜阳）两座城邑，对王城连带东周国、西周国构成泰山压顶之势，威逼周天子交出象征王权的九鼎。一旦九鼎归秦国所有，秦惠王便能挟天子而号令诸侯，实现数代秦国君主梦寐以求的“王天下”的终极目标了！

张仪绘就的这张宏伟蓝图让秦国上下激情澎湃、热血沸腾，很多人都举双手赞成，恨不得明天就杀到王城之下，将九鼎搬回咸阳。众口一

词之际，偏偏站出来一位名叫司马错的将军。他力排众议，直言张仪的谋略有错，而且错得相当离谱！

司马错是司马迁的八世祖，出生于秦、魏两国曾经频繁争夺的少梁，这是他第一次，也是最光彩的一次出镜。司马错认为，“王天下”的目标没有错，但张仪选择这样一个时机是有问题的。要想实现“王天下”的终极愿景，国富、兵强、德厚，三者缺一不可。国要富，自当开疆扩土；兵要强，必须百姓富足；德要厚，理应广施仁政。眼下的秦国呢，地盘不算大，百姓也不算富，如果贸然讨伐韩国，挟持天子，冒天下之大不韪，势必背负不忠不义的恶名，岂不是与德厚背道而驰？再者说，周天子受天下诸侯的尊奉，突遭此祸端，各方诸侯岂能坐视不管、袖手旁观？真要把周天子和韩国逼急了眼，他们索性豁出性命，一个把九鼎送往楚国，一个将三川地区送给魏国，秦国岂不是就尴尬了？俗话说得好：“有多大的锅，烙多大的饼。”别总是惦记那些不切实际的痴心妄想！

司马错的一番慷慨陈词将道理讲得十分通透，而更加通透的策略还在后面。司马错建议，与其大出风头，不如苦练内功，咱们打蜀国去！讨伐蜀国有什么好处呢？司马错总结了三点：

第一，蜀国沃野千里，“取其地，足以广国也；得其财，足以富民”，完全符合国富、兵强的战略方向。

第二，经蜀国顺流而下是秦国的强劲盟友——巴国，再向东便可进攻楚国了（“水通于楚，有巴之劲卒”）。

第三，眼下蜀国有桀、纣之相，国君残暴异常，百姓苦不堪言，秦国师出有名，即使是将蜀国的珍宝据为己有，天下人也只会归咎于蜀国国君不成器，与秦国何干？

对于司马错的这个动议，张仪嗤之以鼻，他举了一个形象的例子：“争名者于朝，争利者于市。”普天之下的名利场不就是“三川”与王城吗？蜀国呢，既偏远又不开化，要名没名，要利没利，讨伐这么个破地方，不是吃饱了撑得慌吗？

张仪、司马错各执一词，秦惠王可就犯了难。表面上看，两人是在争论伐韩、伐蜀孰优孰劣，背后却寓意着“纵横”在秦国的战略当中到底应该扮演什么样的角色，发挥什么样的作用。

前面讲过，魏国极盛转衰，最根本的教训就是重外力而轻内功，合纵不行就连横，连横不行则回到合纵，妄图通过外交谋略来实现崛起，结果却是越来越悲催。用今天的话来说，弱国无外交，战场上得不到的东西，在谈判桌上也休想得到。

再看秦国呢，硬实力确实能甩魏国好几条街，但与齐、楚两大强藩相比，并不具有压倒性的优势。值此诸侯争雄的关键时刻，如果秦国也迷信纵横学说的功效，搞用一张嘴忽悠天下的“片面外交”，那么魏国的今天极有可能就是秦国的明天，这绝非危言耸听之辞！

权衡一番利弊之后，秦惠王力挽狂澜，果断地否决了张仪的“冒险主义”路线，支持司马错的伐蜀动议，先练好内功，再外争于天下。这场激烈的辩论与前面讲过的公孙鞅变法，成为秦国“跃迁式”崛起的两大标志性事件和关键里程碑！

司马错之所以力主立即伐蜀，除了蜀国国君暴虐之外，还有一个至关重要的因素：巴、蜀两个世仇近来关系日益紧张，已经闹到你死我活的地步了。

要想把这两个宿敌的纷争掰扯清楚，咱们还得从头说起。今天，巴蜀通常是连在一起说的，但追本溯源可知，巴文化、蜀文化是在截然不同的原始部落演化而成的，它们不仅与中原文化风格迥异，彼此之间也少有交集。

蜀文化发祥于岷江上游地区，最早被称为蜀山氏。相传，黄帝娶了一位蜀山氏的女子为妃，他们有一个儿子擅长养蚕，后来成为部落首领，这个部落也被称为“蚕丛氏”。后来，蜀人部落不断迁徙，又有

"柏灌氏"（聚居柏树林，摘果为生）、"鱼凫氏"（聚居河边，打渔为生）等称谓。李白在《蜀道难》里写道："蚕丛及鱼凫，开国何茫然。"讲的就是这段历史。

商朝末年，"鱼凫氏"的首领名叫杜宇，又号"望帝"，曾经率兵参加了讨伐商纣王的战争。传说在他死后，精魂化作了鹃鸟，所以鹃鸟又称为杜鹃。李商隐在《锦瑟》里写道："庄生晓梦迷蝴蝶，望帝春心托杜鹃。"后一句说的就是这段典故。

杜宇在位时，蜀国频遭水害，族人杜灵治水有功（因擅长治水也被人称为鳖灵），杜宇便将君位禅让给他，其号"开明帝"，开启了"开明氏"时代。公元前368年，蜀国君主杜尚（"开明氏"第九世）出兵讨伐汉中①，吞并了郜、平周两个部落，将这块地盘分封给了自己的弟弟杜葭萌，号"苴国"。随着时间的推移，分家单过的两兄弟矛盾丛生，控制与反控制的斗争愈演愈烈。苴国毕竟只是分封的藩属，根本斗不过蜀国，便投靠了东南面的巴国以寻求庇护。

巴文化的历史一样源远流长，发祥于今天重庆、湖北的交界地区，最早由五个氏族部落组成。其中，巴氏凭借武力和船技成为这个部落联盟的首领。武王伐纣的时候，饱受商朝压迫的巴、蜀都踊跃参战。尤其是巴人得到了西周王朝的正式分封，以姬姓宗族为首领，授子爵，因此也被称为"巴子国"。

受限于地理环境，巴国与中原联系并不多，最初主要是跟同为子爵的楚国打交道。数百年来，巴国先是跟着楚国揍别人，接着轮到自己挨楚国的揍。进入春秋时期，巴国主动投靠了秦国，想藉此对冲楚国的威胁，但那时秦国的实力还很弱小，根本无暇顾及这个比自己还要羸弱许多的盟友。巴国被楚国步步紧逼，被迫向西迁徙到了今天的重庆西部、

① 指汉水流域中段，大约是陕西汉中至湖北郧阳一带。西部一直由秦国控制，东部则为秦、楚反复争夺。

四川东部一带。

进入战国时期，巴国发生过一次内乱，一位被称为“巴蔓子”的将军自忖无力平乱，只得向楚国借兵，并允诺事成之后割让三座城邑作为酬谢。楚国果断出手，襄助巴蔓子平息了内乱，在派人前来接收地盘的时候，却遭到巴蔓子的严辞拒绝。巴蔓子表示：割让城邑之事，我做不了主，先前因为情况紧急，只能出此下策，但我不能做无信之人，只有用自己的人头向楚国谢罪了（“将吾头往谢之，城不可得也”）。巴蔓子说到做到，当场举剑自刎，头颅被楚国使臣带回去复命。楚王感动不已，下令以上卿之礼收葬，巴国人也以上卿之礼将他的躯体收葬，相传其墓地就在重庆市渝中半岛的通远门。

巴国西迁之后，与蜀国成了近邻。利用得天独厚的自然资源，巴国靠捣腾井盐发了家，开始觊觎西面易于发展农耕的土地。从此以后，两国闹别扭、使绊子的事儿多了去了，视彼此为水火不容的世仇。尤其是苴国表现出离心倾向之后，巴国更是当仁不让地充当起了保护伞，频繁出兵袭扰蜀国。公元前316年，蜀国君主杜芦（“开明氏”的第十二世）出兵讨伐苴国。苴国国君仓皇逃往巴国，并通过巴国的关系，向秦国寻求军事援助。与此同时，蜀国使臣也来到咸阳，希望秦国能对蜀国此次清理门户的行动保持局外中立。这也是诱发秦国伐韩、伐蜀之争的一个重要导火索。

虽说伐蜀是司马错的动议，但其实秦国垂涎这块地盘不是一天两天了。早在秦惠王嗣位之初，两国就闹过一点别扭。当时，秦惠王与蜀国君主会面，并互赠礼物。秦惠王送出一盒黄铜，却换回泥土一捧，蜀国君主还大言不惭地解释说：“珍玩之物，物化为土。”秦惠王气得够呛：你哄三岁孩子呢，胆敢如此戏耍寡人！眼瞅着国君既吹胡子又瞪眼，秦国的大臣们却纷纷拍手称贺：土者，地也，这可是好兆头啊！

然而，讨个口彩、自我安慰容易，要真的大动干戈、兴师讨伐，就

必须直面“蜀道之难，难于上青天”。秦国这些年一直没有对蜀国动手，除了忙于争雄中原之外，路不好走也是一个重要的原因。

如今，秦惠王采纳了司马错的动议，决定对蜀国用兵，可交通问题怎么解决呢？不着急，今时不同往日，有一条刚刚完工的石牛道可供秦军大举南下！

说起这条石牛道，有一个流传甚广的故事。据说，决意征蜀的秦惠王苦于无路可通，便效仿当年荀瑶讨伐仇由的套路，命令工匠赶制了五头巨大的石牛，又派人偷偷在牛屁股下面放上黄铜，对外声称天降了五头会拉铜疙瘩的神牛。贪婪成性的蜀国君主听说后，当即派使臣前来讨要，秦惠王眼睛都没眨就答应了。于是乎，蜀国大举征发兵丁，遇山开路，遇水架桥，修出了一条栈道，称为“石牛道”，又叫“金牛道”。

事实上，据后世史学家考证，这条石牛道确为蜀国人所修，但不是为了迎接子虚乌有的石牛，而是为了讨伐不听话的苴国。

闲言少叙，秦惠王收下蜀国、苴国两边送来的厚礼之后，委任司马错为主将，率秦军沿石牛道南下伐蜀。翻山越岭出奇兵，宛如秋风扫落叶，偏居要荒的蜀国岂是秦国的对手？一仗打下来，蜀国国君杜芦一败涂地，狼狈逃窜，终被秦军所杀。随后，司马错挥师东向，顺势俘获了巴国国君以及流亡于巴国的苴国国君。

尽收蜀、巴、苴之地后，秦国在巴、苴故地设置了郡、县，纳入直接管辖的范围。其中，巴国原本是替苴国国君喊救命的，结果自己也跟着送了命，纯属“躺枪”，加之秦、巴素来交好，理应区别对待，没必要把事儿做得太绝。因此，秦惠王“以巴氏为蛮夷君长”，承认土著贵族在巴国故地的政治地位，并让他们世代迎娶秦国女子为妻，普通百姓则一律授予“不更”爵位（二十等爵中的第四级，低于第五级“大夫”）。

对于实力更强、土著贵族影响力更大的蜀国，秦惠王采取了更为谨慎和务实的态度。杜芦殉难之后，秦惠王册封他的儿子杜通为蜀侯，以

“藩属”的形式为蜀国复了国。随后，秦惠王“移秦民万家实之”，将消化、同化难题交给了时间。

后来的事实证明，秦惠王的这些举措虽然在短时间内缓解了对立与紧张，却为将来留下了严重的隐患。由于蜀国屡屡背叛，制造混乱，秦国分别于公元前310年、公元前301年、公元前285年接连杀掉了三任蜀侯。直至最后这一次，秦国才痛下杀手，将蜀国一锅端，改设为蜀郡，只派郡守不封侯，正式将蜀国故地纳入了郡县体制，而此时距离司马错的灭蜀之战已经过去了整整三十年。

齐国练功记：权力诱惑

秦国内功、外交两不误，东方第一强藩齐国同样没有迷信“片面外交”，只是它内功的修炼之路走得有些坎坷，具体表现在靖郭君田婴的宦海沉浮上。

作为春秋时期的老牌霸主，齐国经过邹忌变法，驶上了快速发展的快车道，成为魏国的惠施、公孙衍推行合纵战略的首要攀附目标。平心而论，“*合众弱以攻一强*”能得到齐国首肯，有齐威王再图霸业的考量，但主要还是由于靖郭君田婴的蛊惑。田婴为什么表现得如此积极呢？他最根本的动机在于挤对坚持变法图强、反对过早招惹秦国的邹忌。

在田婴的怂恿下，齐国扛起了合纵的大旗，邹忌日益遭到冷落，田婴逐渐成了大势。取代邹忌成为齐国的相国之后，权欲熏心的田婴并不知足，而是图谋独专齐国的大权。

想专亲爹齐威王的权，靖郭君田婴自有妙计。当时，齐国已经建立了相当完备的上计制度，譬如在田婴之下设有五官，包括主管人事的大行、主管农桑的大司田、主管军事的大司马、主管刑狱的大司理和主管监察的大谏，他们都需要定期向齐威王述职。田婴就跟齐威王讲，这五官太重要了，您应该每天都听他们的口头报告，及时审阅他们的书面报告，以免耽误大事。齐威王认为言之有理，便责令五官每天都要向他报告工作，结果没坚持多久就不耐烦了，抱怨“日听五官吾厌之”，还能不能愉快地做国君了？

不厌其烦的齐威王找来田婴，让他自己看着办，五官不必每天都来对自己报告。到了年底上计时，有人提醒齐威王亲自听一听五官汇报，“知吏之奸邪得失”，一年一次，也不算过分。田婴耍起了心眼，暗中指使五官事无巨细，罗列一大堆枯燥乏味的数字，结果又把齐威王绕晕了。

除了暗设圈套，让齐威王钻入其中而不自知，田婴还懂得搞政治投机那一套。齐威王的夫人去世之后，按惯例需要重新册立一位夫人，田婴摸不准父亲到底中意于谁，便有谋士给他出了一个主意：齐威王宠幸的姬妾满打满算十人而已，新的夫人必出其一，您就备下十对玉耳环，将其中一对做得更精致、华丽一些，献给齐威王。齐威王肯定会把这十对玉耳环送给这十位受宠的姬妾，您再“视美珥之所在，而劝王以为夫人”，肯定一猜一个准！

凭借才能卓越、心机缜密，靖郭君田婴吃定了父亲齐威王，在齐国可谓要风得风，要雨得雨，说是一手遮天也并不为过。

田婴有一个特殊的癖好——豢养食客，他可不是小打小闹地豢养，而是成百上千、大批量地豢养，首开战国时期权臣养士的先河。这一习气在他的儿子孟尝君田文的手上得以进一步发扬。

食客虽说重在一个“食”字，但绝不是吃白食的，关键时刻要发挥作用。譬如有一年，齐威王要将毗邻楚国的薛邑（今山东滕州附近）赏赐给田婴作为封邑，楚国认为齐国有进窥蚕食之意，故而相当不快，扬言要诉诸武力。齐威王不希望节外生枝，打算收回成命。田婴的一位食客主动请缨，跑到楚怀王面前忽悠了一通，说薛邑封给田婴是齐国自残、自弱之举，您高兴还来不及呢，干吗拦着呢？

拿到薛邑之后，田婴打算修缮城防，以备不时之需。很多食客提出异议，认为此举既会引发齐威王的猜忌，也会让楚国有所警觉，实在是不聪明，不稳妥。田婴一意孤行，严令仆人不得给前来劝谏的食客传话，不见、不听、不看，让你们有话没处说。

众食客知难而退，偏偏有一位不肯罢休，豁出性命也要见主子，而且承诺只讲三个字就走，如果多说一字，愿领烹杀之刑。田婴心想：三个字岂能说出大天？便破例见了他一次。这位食客信守诺言，扔下“海大鱼”三个字之后扭头便走。

田婴被这莫名其妙的三个字弄糊涂了，赶紧命人将这位食客拦下，赦他无罪，让他把话讲完，至少解释一下啥意思吧，不然睡不着觉。这位食客应田婴之请方才娓娓道来：“海里的大鱼厉害得很啊，鱼钩、渔网都拿它不住，但如果它得意忘形离开了大海，势必变成蝼蚁口中的美味佳肴。主子您呢，好比一条大鱼，齐国就是您的海水。薛邑的城防再坚固，一旦失去了齐国的庇护，又有什么用呢？”

顺带说一句，海大鱼的比喻倒是与古希腊神话里的巨人安泰俄斯的寓意有异曲同工之妙：海里的大鱼离开海水，会葬身于蝼蚁之腹；而巨人安泰俄斯双脚离地，便不能获取力量，被人轻而易举地掐死在半空中。

海大鱼也好，安泰俄斯也罢，如果忽视甚至忘却了自己的地位、力量的来源，必然会走向彻底覆亡。田婴盛赞这位食客言之有理，完全打消了修缮薛邑的念头。

总结一下吧，终齐威王主政时期，田婴的日子过得相当滋润，但在齐威王去世、齐宣王上台之后，田婴的处境就急转直下了。

齐宣王田辟彊是田婴的异母兄长，两个人向来不对付。因此，田辟彊嗣位之后，先前大权在握、呼风唤雨的田婴立即认怂，带着食客躲在薛邑避风头去了。然而，老这么躲着，终究也不是个事儿啊，早晚还得挨收拾！就在田婴一筹莫展之际，一位名为剂貌辨的食客站了出来，表示自己可以跑一趟临淄，让齐宣王对田婴以礼相待。

说到这位剂貌辨，堪称食客中人见人烦的另类。此人尖酸刻薄，不拘小节，人缘差得一塌糊涂，有的食客不屑于与他为伍，甚至愤然离去，以爱才、惜贤著称的孟尝君田文说起剂貌辨也是一肚子的火，屡次劝田婴将他赶走。

孟尝君田文火大，靖郭君田婴的火比他还大，说你再敢提撵走剂貌辨的事儿，别怪老子不认儿子！田婴甚至表示，只要是对剂貌辨有利的事，即使铲除家族，捣毁家业，自己也在所不惜！当时，没有人知道田婴如此护着剂貌辨到底是为了哪般，直到剂貌辨这次在危难关头毛遂自荐，人们才见识了他的才干。

田婴原本不想让剂貌辨去临淄送死，但剂貌辨成竹在胸，执意前往。齐宣王接见了剂貌辨，压着满腔的怒火，问了他一句话："靖郭君是不是什么事儿都听你的啊？"剂貌辨不卑不亢地回答说："在下深得靖郭君宠信，这是事实，但要说他对我言听计从，未免过于绝对了。譬如说吧，您当年还是太子的时候，我嫌您颜值太低，长着一张猪脸，劝靖郭君动用手中的权力把您废掉，改立其他公子，但靖郭君于心不忍，说到动情之处，还大哭起来。哎呀！当年靖郭君要是听了我的肺腑之言，何至于落到今天这步田地啊！还有，靖郭君跑到薛邑之后，楚国令尹昭阳派人找上门来，提出要用广至数倍的地盘交换薛邑。我觉得这笔买卖划算，劝靖郭君应承下来，但他说先王的宗庙在此，岂能落入楚国人之手？"

出来闯社会，大家都是聪明人，看破未必要说破，点到为止就够了。因此，在听完剂貌辨这段看似动情入理、实则暗藏玄机的故事之后，齐宣王不禁一声长叹，盛邀田婴返回临淄，并亲自前往郊外，热泪盈眶地迎接他归来。得益于剂貌辨的智慧与胆略，田婴成功躲过了这场政治风波，继续执掌齐国的大权。

借助"合众弱以攻一强"的契机，田婴在齐国成了势，但客观地讲，田婴毕竟不同于专注合纵战略的惠施、公孙衍，而更像一个兼容并包的实用主义者。当合纵有利于壮大齐国的威势时，他竭尽全力地促成诸侯联手，从而抬高齐国和自己的身价；而当合纵、连横在中原斗得乌烟瘴气、难解难分的时候，田婴又不失时机地抽身于繁杂的纠葛之外，让齐国始终立于不败之地。

“五国伐秦”的浪潮退去之后，近乎“裸泳”的魏、韩尴尬“走光”。秦惠王采纳了司马错的建议，决定暂且放他们一马，转而对南面的蜀、巴大打出手，练自己的内功去了。与此同时，重新回到齐国核心决策层的田婴也将“连鸡”魔咒笼罩下的合纵战略搁置一旁，怂恿齐宣王如饿虎扑食一般，咬向了觊觎已久的猎物——燕国。

作为“战国七雄”中的一员，燕国一直不显山，不露水，只是在诸侯联手前往赵国“讨丧”以及“五国相王”的时候，勉强出出镜，露露脸，“友情客串”，跑一跑“龙套”，戏份还没有人家韩国多。

这能怪谁呢？论实力，燕国与韩国相当，属于“战国七雄”中垫底的那一类。论位置，韩国实力再不济，也是身处王城根下，拥有京畿户籍，近水楼台先得月，所以哪儿都有他，燕国可就惨了，想进一趟城（中原），山高路远、车马劳顿不说，还得看人家齐、赵的脸色，它们不让路，你还能飞过去？

话说回来，燕国在诸侯争雄的舞台上没多少戏份，并不意味着它不懂得折腾。虽说蹭戏不易，但自娱自乐的精神还是有的。太远的故事，咱们就不讲了，只说燕国内部最近发生的一场闹剧，直接导致了齐国决定对它动口又动手。

这场闹剧大致可以分为前、后两段，前一段是禅让，可谓史上一大奇观！禅让本身其实并不是什么新鲜事儿，但发生在燕国的这一次既不同于上古的定制，更不像后来权臣篡位走过场，而是国君心甘情愿、积极主动地把位置让给了相国子之。

哪位国君的“政治觉悟”这么高？此人名“哙”，没有谥号，被称为“燕王哙”，嗣位于公元前321年。根据现存史料记载，燕王哙主政初期做得还是挺像样的，不贪图声色犬马，而是“苦身以忧民”“勤身而忧世”，时人称之为“圣王”“明君”。不过，燕王哙嗣位的时候年纪应该比较大了，长年累月地操劳国事，身体难免感到吃不消，因此越来越仰仗相国子之。

子之这个人呢，能高居相国，虽然不排除政治投机的因素，但实事求是地说，还是有两把刷子的。他将方圆数百里的燕国治理得井井有条，深得国君的信任与器重，燕国的百姓也很拥戴他，自然不乏粉丝和吹鼓手。

就拿苏秦的族弟苏代来说吧，他当时在齐国效力，奉齐宣王之命出使燕国。燕王哙问苏代，齐国的这位新国君怎么样。苏代摇了摇头说：不咋地，成不了什么气候！原因很简单，春秋时期的齐桓公成天沉迷于玩乐，但“内事属鲍叔，外事属管仲”，因为知人善任，所以能成为一方霸主。再看现在的国君，单就猜忌臣属这一条，既没法跟当年的齐桓公比，眼下也被您甩出了几条街。言外之意，相国子之得到信任正是燕国成就霸业的必由之路。燕王哙听了苏代的这番话自然相当受用，于是更加倚重子之。

在燕国，有一个名叫鹿毛寿（一说潘寿）的大臣，比远道而来的苏代更能忽悠。鹿毛寿劝燕王哙：“既然这是成就霸业的必由之路，那咱们要做就做彻底，光器重怎么能行呢？不如效仿上古的贤君，将国君的位置禅让给子之吧！相传帝尧打算禅让给贤人许由，许由不肯接受，还跑到河边洗耳朵，结果帝尧、许由都以贤德留名于青史。您要是也搞这么一回，既符合‘圣王’‘明君’的光辉形象，又能使燕国成为天下诸侯的表率，何乐而不为呢？”

苏代敢说，鹿毛寿敢想，燕王哙敢干，公开表示要将自己的君位禅让给相国子之。子之倒也识时务，通人事，配合演出戏而已，该干嘛还干嘛去。但眼瞅着即将“杀青”，“总导演”鹿毛寿又冒将出来，打算拍“第二季”。鹿毛寿认为，禅让这一段勉强到位，但国中管事儿的大小官吏都是太子的人，咱们劳神费力地搞“禅让”，结果竟然是子之替太子看家护院，这也太糊弄人了吧！（“是名属子之而实太子用事。”）

燕王哙大腿一拍：言之有理，赶紧换人！一声令下，俸禄三百石以上的文臣武将全体起立，官印悉数收缴，由子之全权酌情任用。如此一来，子之便成为名副其实、如假包换的燕国国君了！（“子之南面行王事，而哙老不听政，顾为臣，国事皆决于子之。”）

燕王哙把禅让之事做得风生水起，太子平可就尴尬了，他满脑子都是三大终极灵魂拷问：我是谁？以后该干什么？眼下还能活下去吗？

心中有疑问，何人可解惑？被太子平视为心腹的将军市被只用了一个字作答：反！于是乎，这场闹剧的后半段——“子之之乱”上演了。公元前315年，太子平、将军市被联手发动武装政变，率领手下的军队向子之发难。

令人大跌眼镜的是，燕国的百姓大多站到了子之一边，压根不承认这个毫无作为的太子。激战数月，死亡数万之众，太子平、将军市被终究没能翻盘，在这场混战中送了命。由于事发突然，尽管战乱得以平息，但燕国上下依然是人心惶惶，无所适从（“燕人恫怨，百姓离意”）。

燕国自乱阵脚之日，正是齐国大举兴兵之时。齐宣王、田婴决定，抓住这一千载难逢的契机，将这个羸弱而不忘折腾的诸侯完全纳入齐国版图！

说干就干，曾经痛击秦军的“小人物”匡章再度挂帅出征。反观刚刚经历了一场闹剧的燕国，“士卒不战，城门不闭”，既无招架之功，更无还手之力。匡章率领的齐军只用了一个月时间，便横扫燕国全境，擒杀了燕王哙、子之。与此同时，隔壁的“三流”诸侯中山国也跳将出来，狠狠地咬了燕国一口，给中山国的史册添上了辉煌一页。

二十世纪七十年代，从位于河北省平山县的中山王墓出土了三件带有铭文的铜器，被史学界称为“中山王三器”。在铜鼎的铭文中，有一段文字记叙了中山国此番讨伐燕国的“不世之功”：“征不义之邦，奋桴振铎，辟启封疆，方数百里，列城数十，克敌大邦。”看来，一向挨收拾的中山国这一回真是占了不小的便宜。

俗话说得好：“打江山容易，坐江山难。”秦国灭蜀、巴算得上简单粗暴，但消化起来绝非易事，前后折腾了整整三十年。再看齐国灭燕呢，一路凯歌高奏，打得痛快淋漓，但要想将之完全据为己有，恐怕没那么简单。

先说齐国这边，齐宣王在燕国故地所采取的政策一开始就搞出了麻烦。当时，“亚圣”孟子已经来到齐国游说，他将齐国在燕国故地的所作所为总结为“杀其兄父，系累其子弟，毁其宗庙，迁其重器”。如此一来，原本可以吹嘘为拯救燕国百姓于水火的一场正义之战迅速变质为暴虐百姓、掠夺财富的强盗之举，势必招致燕国故民的激烈反抗。

再看国际形势，更不容乐观。先前被秦国吞并的蜀、巴虽说也是一方诸侯，但长期游离于中原核心圈之外，属于“蛮夷”一类，多一个嫌烦，少一个正好，天下谁关心它们的死活？燕国就不一样了，有“户籍”，有“身份证”，还是西周分封时的五大方伯之一，虽说实力不济，但在“五国相王”中也占有一席之地。齐国想把燕国生吞活剐，各方诸侯岂能置若罔闻，坐视不理？

果不其然，与燕国山水相邻、利益攸关的赵国率先发声，遥立身在韩国为质的公子职为新的燕王，根本不承认齐国对燕国的非法占领，并撺掇楚、魏两家合力讨伐齐国，为燕国“充值续命”。

燕民反抗激烈，诸侯不肯罢休，把妄想吃独食的齐宣王搞得心力交瘁、焦头烂额。勉强撑了几年，齐国被迫认怂，无奈而不舍地从燕国退了兵。公元前312年，赵武灵王派兵护送公子职回到燕国，成为新的国君，是为燕昭王。被齐国掐断气的燕国终于借助外力，满血复活了。

七雄方成战国，一个都不能少啊！

第四章 此消彼长

前赴后继，合纵不死

秦、齐两大强藩忙着恃强凌弱，练就内功，在“五国伐秦”、修鱼之战中损失惨重的魏国也在深刻反省，痛定思痛。

打不赢强悍的秦国，魏襄王决定紧紧抱住齐国的大腿，将出身齐国宗室的田需请到了魏国，取代公孙衍成为新的相国。突然闯进这么一个“外来户”，还颇得魏襄王的信赖与器重，这在魏国高层造成了不小的震动。

出于稳定局面的考虑，哲学家惠施亲自出面，跟田需探讨了一番哲学问题。惠施这次谈的问题并不抽象，也没有天马行空地聊，而是结合实例来进行说明：“杨树的生命力很顽强吧？横着栽、倒着栽、折断了栽，都能成活，单单怕被人连根拔起来。如果有十个人负责种树，一个人处心积虑要去拔，恐怕一棵也活不了。按此逻辑来看您当下的处境，国君对您深为信赖与器重，算是种您这棵大树的一方，但想方设法要挤兑您、拔掉您的大有人在。十种比一拔，尚且会感慨‘树之难而去之易’，如今一种而多拔，您还能落着好吗？”

惠施建议田需如履薄冰、谨慎从事，搞好与同僚的关系，毕竟强龙难压地头蛇。田需呢，仗着齐国宗室的身份，还有魏襄王的支持，并不以为意，特别是与前任相国公孙衍闹得很僵。田需的做法也在意料之中，毕竟他向来对合纵不屑一顾，认为“合众弱以攻一强”的战略纯属痴心妄想。

公孙衍咽不下这口气，跑到魏襄王面前诉苦：“我这些年殚精竭虑，到底图个什么呢？还不是‘为王广土取尊名’吗？扪心自问，并无半点私心杂念。现如今，田需总是跟我过不去。官大一级压死人，我跟他没法掰扯，您还是赶紧做个决断，要么他走，要么我走！”

魏襄王有些于心不忍，毕竟公孙衍为了魏国呕心沥血、四处奔波，没有功劳也有苦劳，于是宽慰了他两句，并表示会有意识地疏远田需，不妨碍公孙衍施展才华。魏襄王这番无关痛痒的口水话并没有达到公孙衍预期的效果，于是乎，公孙衍再度找上门，但改变了一下策略。

公孙衍向魏襄王坦言：“选择抱齐国的大腿，战略方向没错，但在拜田需为相的细节上有不小的瑕疵。”

魏襄王对此大为不解：“过去魏国投靠秦国、秦国拉拢中山，不都是采取这一套路吗？”

公孙衍回答说：“拜齐国人为相，方向上没有毛病，瑕疵主要是指对于具体人选的甄别。您寻思寻思，要想抱稳齐国这棵大树，是不是要找地位高，又能说上话的人呢？齐宣王之下，惟有靖郭君田婴一人而已。至于田需，呵呵！您这是进对了庙，烧错了香啊！当然了，田婴挂着齐国的相印，这尊大神咱们确实请不动，但要是把他的儿子孟尝君田文请过来，不是也能达到同样的效果吗？”

忽悠完魏襄王，公孙衍又亲自跑到齐国去忽悠田婴，达成一致决定：让自以为是的田需靠边站，改由田文出任魏国的相国。至于公孙衍自己，当然也没有吃亏，虽说做不成魏国的相国，但不是还有小兄弟韩国吗？魏国坚持走合纵路线，韩国不可能背道而驰，因此韩宣惠王接受了公叔赞（韩昭侯之弟，韩宣惠王的叔叔）的建议，将时任相国的公仲朋轰下台，改拜公孙衍为相。

话说回来，公孙衍点名要孟尝君田文取代田需，虽有个人恩怨的考量，但绝非病急乱投医。首先，田文深得父亲田婴器重，田婴又深得兄长齐宣王器重，顺着这条线足以绑定齐国。其次，田文的政治立场倾向于合纵，符合魏国“合众弱以攻一强”的基本国策。

说到大名鼎鼎的孟尝君田文，他能够得到父亲田婴的青睐着实来之不易。田婴妻妾一大群，儿子有四十多个，光是想名字都要想好一阵。在田婴的众多子嗣当中，田文偏偏又属于不受待见的那一类。他的生母仅仅是一名贱妾，他又出生在“五毒日”（五月五日），田婴觉得不吉利，要求把呱呱坠地的田文处理掉，要么送人，要么直接弄死（这是亲爹吗？！）。田文的母亲舍不得，毕竟是身上掉下来的肉啊，虎毒还不食子呢，于是背着田婴偷偷地养活。

田文长大之后，母亲通过其他子嗣牵线，将他带到了父亲田婴的面前。田婴大为光火，对着田文的母亲一通臭骂。母亲吓得不敢吭声，一旁的田文却站了出来，毕恭毕敬地问道：“五月出生的儿子，为什么不能要？”田婴回答：“五月出生的儿子，长到跟大门差不多高的时候，就会克父母，所以万万不能留！”（“五月子者，长与户齐，将不利其父母。”）

田文追问：“人是受命于天，还是受命于大门？”田婴登时语塞，田文又给他补上了一刀：“如果受命于天，何必操心什么大门？如果受命于大门，再修高点不就行了？”田婴无言以对，便斥责道：“闭嘴！”

此番交锋，田婴嘴上没说，但心里算是认下这个倔强的儿子了。隔上一些时日，田文又来找他爹扯闲篇，开口便问：“儿子的儿子叫什么？”

田婴回答：“孙子。”

田文又问：“孙子的孙子呢？”

田婴回答：“玄孙。”

田文再问：“玄孙的孙子呢？”

田婴："……（附带白眼）"

田文言归正传，数落起了他爹的不是："您拜相这么些年了，齐国的地盘没见增加，而您'私家富累万金'，门下却无一贤者（想必田婴当时还没有大批量豢养食客吧）。常言道：'将门出将，相门出相。'可到了您这里，怎么看不出一丁点子承父业、家业长青的迹象呢？顾私而忘公，光想着往自家捞好处，死了又带不进黄土，只能留给那些叫什么都不知道的后人，您觉得值吗？有意思吗？"

由此看来，田婴将豢养食客作为平生的一大嗜好恐怕与儿子田文的"耳提面命"不无关系，而田婴也通过父子之间的屡次交锋对田文愈发刮目相看。公孙衍把田文相中，想必也是欣赏他异于常人的胆略与见识吧！

公孙衍慧眼识人，孟尝君田文踌躇满志，但刚刚将蜀、巴之地收入囊中的秦国似乎并不打算给这位声名远扬的公子哥以施展平生抱负的机会。

在司马错灭蜀、巴之后的第二年，也就是公元前315年，秦军大举东侵，在浊泽一带将羸弱不堪的韩国揍得七荤八素，令刚刚挂上韩国相印的公孙衍好不尴尬。此时，一直秉持连横立场的前任相国公仲朋趁机在韩宣惠王面前讲起了风凉话。他煞有介事地分析："秦国这一次要讨伐的其实是南边的楚国，咱们韩国完全是因为先前站错了队，才会代人挨顿胖揍。为今之计，与其干吃眼前亏，不如做个顺水人情，送出一座城邑，通过张仪跟秦国人讲和，再跟着秦国去收拾楚国。"韩宣惠王也是被打怕了，只要不挨揍，一座城邑算得了什么，就同意了公仲朋的建议。

说起来有些悲催，公孙衍空有相国的名头，韩宣惠王和公仲朋商量这么大的事儿，他却连句话都插不进去。毕竟前脚韩宣惠王拜他为相国，后脚韩国就挨了一顿收拾，韩宣惠王哪里还有心情听他瞎扯？

于是乎，公孙衍暗中派人前往楚国，将公仲朋的诡计透露给了昔年一道效力于秦国的同僚陈轸。

听说韩国打算勾结秦国收拾楚国，楚怀王的心里十分忐忑，问陈轸

该怎么办。陈轸认为，如果秦、韩成功联手，楚国肯定是要挨收拾的，所以眼下应当设法搅黄公仲朋的阴谋。落实到行动上，虽说有些麻烦，但一点也不复杂：下令在楚国全境戒严，将戎车布满通往中原的道路，大造即将出兵救援韩国的声势，同时派高级别的使臣带着重金厚礼前往韩国。

陈轸此举的目的很简单，就是要让韩宣惠王相信，合纵的盟友是靠得住的，齐、赵、魏咱们不敢说，至少楚国是绝对不会隔岸观火的；另一方面，也让韩宣惠王意识到，如若叛变资敌，充当伐楚的“带路党”，那么楚国的戎车也绝不是摆设！

连哄带诈，韩宣惠王被楚国的使臣忽悠得晕头转向，公孙衍又不失时机地在一旁煽风点火。因此，任凭公仲朋好说歹说，韩宣惠王还是断然终止了向秦国求和的动议。

如此一来，就轮到秦国尴尬了。先前已经收到了韩国抛来的橄榄枝，没想到尚未签署协议、完成城邑的交割，挨揍求饶的一方竟然毫无征兆和理由地反悔了，这不是拿自己开玩笑吗！

盛怒之下，秦惠王决定加大攻势，于次年在岸门一带（今河南许昌附近）痛击韩国军队，斩首达万余人，史称“岸门之战”。以相国之名充任主将的公孙衍直接来了个临阵脱逃。韩宣惠王悔不当初，被迫与秦国订立了城下之盟，将太子仓送往咸阳充当人质，以彰显唯秦国马首是从的诚意。

关于韩国频繁挨揍这一段，咱们有必要来说道说道了。至少在签订城下之盟以前，韩国名义上还是合纵大家庭的一员，眼瞅着韩国被秦国摁倒在地、拳打脚踢，其他诸侯为什么无动于衷，集体玩起了消失呢？

尤其是楚国，先前口口声声地说要与韩国共存亡，可是仗打了这么久，自始至终也没见它有什么实质性动作。韩宣惠王被揍急了眼，接连不断地派使臣前往楚国求援，前一拨还没回来复命，后一拨又出发了，搞得一条大道上都是韩国的使团，却没有盼来一兵一卒。

楚国心眼多，这一点天下诸侯心知肚明，对它也别抱太大的指望和幻想。那么魏国呢？与韩国同处一条战壕，两国这些年一直步调一致、形影相随，这次它怎么也作壁上观、见死不救呢？事实上，并非魏国人欺软怕硬、孟尝君不讲义气，实在是其自身难保、顾不过来。就在秦国大军讨伐韩国的时候，秦国将领樗里疾也带了一路人马攻打魏国的焦邑。两位难兄难弟都在挨揍，谁也帮不上谁。至于与魏、韩同出一脉的赵国，秦国在下决心收拾韩国之前已经冷不丁地敲过它一闷棍，致使赵国连失两座城邑了，此时它更是不敢引火上身。东方第一强藩齐国这段时间在干什么呢？前面已经讲过了，其利用一场“子之之乱”，正发兵横扫燕国，吃独食吃得酣畅淋漓，哪里还顾得上魏、韩两个小兄弟的死活。

这几场仗打下来，“内不量力，外恃诸侯”的韩国彻底认怂，对合纵不死心的魏国也不敢仅凭自己的力量死撑。在丢掉焦邑之后，魏襄王便主动向秦国求饶请和了。秦惠王开出的价码倒还算公道：人质就不要送来了，将亲近于秦国的公子政册立为太子即可，至于其他人事安排（尤其是为相的田文），我点到为止，你魏襄王自己看着办。

所谓“看着办”，其实就是“照着办”。一个亲秦的太子配一个亲齐的相国，根本尿不到一只壶里啊，孟尝君田文只有牺牲一下，交出魏国相印，滚回齐国了。魏襄王惹不起秦国，也不敢跟齐国彻底撕破脸皮，于是他让前任相国田需官复原职，继续维持与齐国若即若离的关系。

楚怀王受骗记：利令智昏

合纵的笼子不堪一击，“山东诸侯”深受秦国这只猛兽的侵扰之害。首当其冲的魏、韩两家就不多说了，惨败之后直接倒向秦国一方。赵国先前担心引火上身，但该来的总归会来，一味地躲闪是没办法糊弄过去的。公元前313年，樗里疾率秦军痛击赵国于蔺邑，俘获其主将赵庄，史称“蔺之战”。

后来，纵横家苏代向燕昭王总结三晋抗秦的悲壮历程时，特别点出了五次惨重败绩：

头一次是雕阴之战，发生在公元前330年，老将龙贾率领的魏军被斩首八万余众。

第二次是高商之战，这场战事并未见于现存史料的明确记载，或许是指秦军反击五国联军时的修鱼之战。当时，三晋联军的损失超过八万人，尤以损失过半的魏军最为惨烈。

第三次是公元前314年的岸门之战，主将公孙衍被揍得抱头鼠窜，韩军则被斩首万余人。

第四次便是眼下的蔺之战，具体伤亡数字不详，但主将赵庄都成了秦军的俘虏，想必也好不到哪儿去。

第五次是封陵之战，此时还没有发生，咱们留到后面再说。

苏代说：“秦之所杀三晋之民数百万，今其生者，皆死秦之孤也。”可以说是生灵涂炭，惨不忍睹！

厄运连连的魏、韩、赵三家显然无力抗衡秦国的咄咄逼人之势了，这让齐、楚两大强藩顿感压力。它们终于意识到，如果继续袖手旁观、放任自流，充当屏障的魏、韩、赵三家必死无疑，而齐、楚又岂能独善其身？值此危机四伏的紧要关头，齐、楚决定合力出手，遏制秦国染指中原的强劲势头。

具体的做法是这样的：依托楚国的方城，挥师向北直抵黄河南岸，夺取曲沃、於中（今河南西峡附近）这片战略要地，将秦国关在崤山以西，减轻魏、韩两国面临的军事压力，将它们重新拉回合纵大家庭。

当然了，与齐国联手抗秦的同时，心眼颇多的楚国并没有放弃与秦国和谈的努力。一位名叫屈匄（一说屈丐）的大夫，曾经奉命前往咸阳寻求与秦国人和解的机会，结果被秦国将军甘茂以破坏秦、魏同盟为由，一口回绝了事。

公元前312年，秦惠王、魏襄王在蒲坂关（今山西永济附近）举行会盟。亲近于秦国的楚国大夫景鲤此时正出使咸阳，应邀出席了此次盟会。但他非但没有什么实质性收获，还险些被秦惠王扣作人质以向楚国施压。直至此时，心猿意马的楚怀王方才意识到和解的道路走不通，终于一门心思地与齐国共同对付起秦国。

齐、楚两大强藩联手抗秦，让秦国感到有些吃不消。秦惠王心急如焚，让相邦张仪赶紧拿个主意。反观张仪，倒是显得气定神闲，不急不躁。在他看来，眼下最要紧的事并不是调兵遣将，应对齐、楚联军的讨伐，而是巧施离间，让齐、楚互相闹起别扭，这盘棋立马就活了！

得到秦惠王的首肯后，“诈骗专家”张仪赖以成名、引以为傲的一场大骗局隆重上演。张仪诈骗的首选对象是楚国，除了因为楚国离得最近，威胁最为直接，最关键的因素在于楚国贪婪成性、心眼又多。即便

是在当今社会，这样的人往往也更容易上当受骗。另外，楚国内部的政治格局错综复杂、相互掣肘，张仪有足够的运作空间，不像齐国是靖郭君田婴一家独大，若是被他识破，便没有回旋的余地了。

来到楚国之后，张仪当着楚怀王的面开始了自己的精彩表演。他跟楚怀王讲：“秦国于公于私，都不愿意与楚国为敌，只是想收拾齐国而已。您现在站在齐国那边，让秦国感到相当为难啊！依在下之见，楚国应该立即与齐国彻底绝交，让秦国放开手脚收拾它！为了表示和解的诚意，我愿意回去劝说国君，献出商於之地六百里，与楚国‘嫁女娶妇，长为兄弟之国’。如此一来，楚国便能‘北弱齐，西德于秦，而私商於之地以为利也’，可谓一石三鸟！”

张仪放出的诱饵不由得楚怀王不动心。当时，楚国已经在齐国的协助下夺取了秦国控制的曲沃，正集中兵力攻打商邑（今陕西商洛附近）和於中，若能不战而获，岂不美哉！

楚怀王迫不及待地将这一利好公之于众，群臣纷纷拜贺，只有陈轸一个人哭丧着脸。楚怀王问陈轸：“楚国不费一兵一卒尽取商於之地六百里，大家都觉得这笔买卖做得既精明又划算，怎么就你一副如丧考妣的衰相？”

陈轸回答说：“商於之地六百里，说起来动听，但我看这事儿挺悬！楚国不仅拿不到想要的地盘，还有可能会滋生出祸事来！何出此言呢？您琢磨琢磨，秦国不计代价与成本主动跟楚国套近乎，它什么时候如此慷慨过？还不是因为咱们与齐国联手了吗？秦国害怕了，故而百般讨好。如果轻信张仪的鬼话与齐国断交，楚国势必完全孤立，届时‘西生秦患，北绝齐交，则两国兵必至矣’，能自求多福就不错了，还想什么商於之地六百里？您如果不甘心，咱们可以跟秦国人谈条件，先把商於之地六百里拿过来，再去跟齐国绝交。总而言之，凡事留个心眼，免得将来追悔莫及！”

只可惜，陈轸入情入理、游刃有余的一番话并没有让利令智昏的楚怀王醒悟。在他看来，陈轸纯粹是因为与张仪有宿怨，公报私仇罢了。

于是乎，楚怀王一边派人前往齐国宣布断交，一边派人跟张仪回去拿地。齐国那边挺顺利，一句话就能把事儿办妥，秦国这边呢，肯定要出岔子。

回到咸阳之后，张仪足足装了三个月的病，一直躲在府中不露面。楚国使者束手无策，赶紧派随从回去向楚怀王如实禀报。楚怀王还没有醒悟，反而觉得是张仪在考验自己绝齐的诚意，随即派出使者前往宋国，借宋国的符节跑到齐国（楚、齐业已断交，使者的符节已经互不相认了），将齐宣王当面臭骂了一通。齐宣王哪里忍得下此等奇耻大辱，马上派使臣前往秦国，双方摈弃前嫌，共商伐楚大计。

直至秦、齐正式达成和解，张仪才勉为其难地召见了楚国使者。说到地盘的事儿，张仪倒也爽快："我有奉邑六里，你拿去吧！"使者大吃一惊：不是说好的六百里吗？就算打个折，也没有这种打法吧，差着两个数量级呢！

张仪表现得比使者还要夸张："啥？你说啥？六百里？我的天爷呀，你们楚国人可真会扯闲淡！奉邑六里还是我自掏腰包给你的，六百里什么概念，我能替国君做这个主？"

使者空着双手怏怏而回，楚怀王这才意识到自己中了张仪的圈套，不由得大发雷霆，准备大举伐秦以挽回颜面。陈轸赶紧站出来劝阻说："既然知道中了计，就别继续往坑里瞎跳了。为今之计，不如顺势而为，割让一座城邑给秦国，双方联手去讨伐齐国，先前被秦国薅走的羊毛，咱们让齐国买单！"

陈轸的建议虽说有点无耻，但对于楚国而言至少能避免更大的损失。然而，楚怀王依然执迷不悟，委任屈匄等三位大夫统率九军，几乎是举全国之力兴兵讨伐秦国，非把商於之地抢到手不可。与此同时，大

夫景翠也率另一路楚军进抵鲁、齐边境，并围困了韩国的雍氏（今河南禹州附近）。

楚国几乎倾巢出动，秦国也不敢掉以轻心。张仪坐镇谋划，部署三路大军东向反击：西路由将军甘茂统领，从汉水上游顺流而下，攻打楚国控制的汉中地区。樗里疾负责东路，穿过函谷关进入韩国境内的三川地区，配合韩军解雍氏之围。与张仪私交甚厚的将军魏章则率秦军主力从中路突击，经武关（今陕西丹凤附近）进入商於之地，正面抵抗楚军主力。

自从三家分晋以来，这是秦、楚两大强藩之间规模最大的一场战事。客观地讲，无论是野心勃勃的秦国还是实力尚存的楚国，这场战争的胜败都将直接影响其未来至少数十年的国运乃至天下格局。

据北宋时期出土的三块石刻记载，秦惠王为了打赢这一仗，曾经亲自或者委派专人前往雍都（今陕西凤翔附近）、朝那湫（今甘肃庄浪附近）等地，祭祀各路神祇。从石刻上的铭文判断，秦惠王祭祀了上古神巫巫咸（相传为天神向人间传话的人）、水神大沈厥湫和亚驼（所指不详，史学家怀疑是宋人伪托），而这些铭文无一例外都是给楚怀王下诅咒，保佑秦军旗开得胜，所以被史学界笼统地概括为《诅楚文》。

怪力乱神的事儿，孔老夫子颇为不屑，直言“未能事人，焉能事鬼”，但在秦惠王看来，这一番求神拜鬼的动作果然收到了奇效，秦国的三路大军接连告捷！

先是樗里疾率领的东路军在雍氏的外面又围上一圈，将大夫景翠率领的楚军包了饺子，并与固守雍氏的韩军里应外合，致使楚军几乎全军覆没。随后，樗里疾又转向西南方，配合魏章的中路军夺占了楚国控制的丹阳（今河南淅川附近），楚国大军一败涂地，阵亡八万余众，包括主将屈匄在内的七十余名将领被俘。

魏章的中路军乘胜向西攻伐，与甘茂率领的西路军会合，攻取了楚国控制的汉中，并设置汉中郡。樗里疾的东路军则调头北上，联合魏军与先前围困煮枣（今山东东明附近）的齐军大战于濮水（今山东荷泽一带），史称“濮水之战”。此役，齐军将领声子殒命沙场，而能征善战的匡章也根本不是樗里疾的对手，惨败而逃。

一直到第二年秦惠王去世时，因丹阳大捷而受封“严君”的樗里疾依然奋战在争雄中原的最前沿。他率领东路军帮助魏国征讨卫、燕等国，还把曾经被齐军围困的煮枣收入囊中，使之成为秦国摆在齐国眼皮子底下的一块飞地、一颗棋子。

楚怀王不甘心失败，再度召集兵力发起反击，一直打到了蓝田（今陕西蓝田）附近。然而，先前损失惨重的楚军终究还是难敌秦国强悍的虎狼之师，黯然铩羽而归。韩、魏两家伺机而动，出兵南下直抵邓邑（今河南郾城附近），逼着楚怀王撤了兵。在秦惠王即将离世之际，秦军再度出兵进攻楚国，一举拿下召陵（今河南漯河附近），以此告诫楚怀王认清现实，不要再做无谓的抵抗，那样徒献楚军将士的首级耳！

在这场以秦、楚、齐为主角的中原大混战中，楚、齐被揍得呜呼哀哉，秦国则赚得盆满钵满，“诈骗专家”张仪更是藉此迈向了人生巅峰。

百尺竿头，总还想着更进一步，张仪又打起了苦主楚国的算盘。他认为，经历此番鏖战，楚国已经从一线强国跌落为二线的中等国，与秦国的小跟班魏国和韩国基本上属于同一个级别了，这不正是秦国推行连横战略的争取对象吗？

当然了，楚怀王毕竟不比魏、韩两个“马仔王”。一来瘦死的骆驼比马大，虽说元气大伤，但金盆虽破分量在；二来以谋臣陈轸、将军昭过为代表的一批仇秦派在楚国的政治能量不可小觑，说不定哪天咸鱼翻了身，对秦国反攻倒算，也不是没有可能。

因此，要把楚国拉进“事一强以攻众弱”的连横阵营，就必须设法把陈轸、昭过这些仇秦派撵走，省得他们从中作梗，坏咱们的好事。而要想撵走陈轸、昭过，秦国恐怕得先出点血，拿出足够的诚意才行。具体来讲，就是把新设立的汉中郡一分为二，秦国自己留一半，另一半物归原主，还给楚国。

为了实现这一宏愿，张仪当着秦惠王的面将这块地盘贬得一无是处。他说：“秦国占着这块地，就好比种树没种对地方、家里藏着不义之财，早晚是个祸害，不如索性大方一点，全部还给楚国算了！”将军甘茂听得此言，不待秦惠王发话，便跳出来反对：“真是崽卖爷田心不疼啊！眼下太平无事，你张仪就琢磨着送地盘拉拢楚国，将来要是有什么变故，你打算拿什么继续笼络楚国呢？”

甘茂的激烈反应咱们完全能够理解，毕竟汉中这块地是他率领西路军辛辛苦苦打下来的，岂能仅凭一番轻描淡写就拱手送人？

秦惠王没有搭理甘茂，他深知“舍不得孩子套不住狼”的道理。虽然搞不清楚张仪的葫芦里能倒出什么药，但秦惠王坚信，张仪这么做一定有他的道理，只是时机未到，不便说破而已。凡谋大事者，得有眼界和远见，岂能斤斤计较于眼下一城一地的得失？

得到秦惠王的鼎力支持，张仪这事儿办起来就顺畅多了。他派人前往楚国，与大夫昭雎搭上了线。昭雎听说秦国破天荒地要来归还地盘，条件不过是驱逐陈轸、昭过，觉得全天下没有比这更划算的买卖了，就兴高采烈地报告给了楚怀王。

楚怀王毕竟上过张仪的当，高兴之余心里难免有些疑虑，因此并没有当场决断，只是同意秦国派使臣过来具体谈一谈。

天下没有不透风的墙，撵人换地的消息迅速在楚国不胫而走。俗话说得好：“事出反常必有妖。”楚国的不少有识之士仅凭直觉就能感知得到，这其中必然藏着一场不可告人的阴谋。

就拿不幸沦为筹码的将军昭过来说吧，一位谋士跑到他面前讲：“魏、韩两国都曾经向周天子推荐过相国，但周天子坚持认为，他们想派谁来就派谁来，不是把堂堂王室当作他们的县邑来对待吗？因此全部顶了回去。如今的楚国再不济也是万乘之国，难道混得连周天子都不如了吗？张仪指名道姓想驱逐您和陈轸，不就是因为您‘能用楚之众’、陈轸‘习于三晋之事’，让狼子野心的秦国觉得如鲠在喉，惟欲除之而后快吗？为今之计，只有尽快与齐国恢复邦交，使张仪的阴谋受到掣肘，不至于这么快付诸行动。事情一旦耽搁，昭雎带的话也就成了空头支票，国君势必会疏远于他，您也就能确保无虞了。”

这位谋士的动议是否得到了采纳，现存史料没有明确记载，但可以肯定的是，秦国使臣来到楚国之后，楚怀王提出了与张仪的提议截然不同的想法。他向秦国使臣表示：驱逐陈轸、昭过需要从长计议；汉中那块地盘呢，寡人愿赌服输，不要也罢；至于秦、楚结盟，更不是什么问题，只要张仪亲自来一趟楚国就行。

明眼人都看得出来，报仇心切的楚怀王这是想取张仪的性命，一雪先前上当受骗之耻。秦惠王本不打算应允，张仪却云淡风轻地表示：“既然我的面子能抵半个汉中郡，何乐而不为呢？再者说，我此番前往楚国，看似羊入虎口、有去无回，但我必能化险为夷，您就静候佳音好了！”

张仪的信心来自于楚怀王跟前的红人——大夫靳尚。据说，张仪很早就用重金砸出了这样一位至交，而靳尚还与楚怀王的宠姬郑袖来往密切，无疑是为张仪的这次虎口之行上了双保险。

当张仪以秦国使臣的身份来到楚国之后，楚怀王懒得跟他废话（若让他先开口，自己又得上当），当即下令将他打入大牢。张仪没有机会自辩，靳尚却冒了出来，劝楚怀王说：“打狗还得看主人呢，您擅自羁押秦国使臣，等于是跟秦国翻脸。楚国一旦跟秦国交恶，咱们将失去倚靠，势必为天下诸侯所轻视。”

楚怀王还在气头上，没搭理靳尚。靳尚又去忽悠郑袖说：“张仪是秦国的有功之臣，如今却被咱们的大王扣押在了楚国，秦国肯定会设法把他赎回去。我私下打听了，秦国国君准备送一位颇受恩宠的公主到楚国来，把身陷囹圄的张仪换回去。真到了那个时候，您在后宫哪里还有容身之处！”

郑袖被忽悠得手足无措，问靳尚该怎么办才好。靳尚顺势提议说：“您还是赶紧劝大王把张仪放了吧，这样既能保全自己的地位，又送秦国和张仪一个人情，非但两不得罪、八面玲珑，还能与炙手可热的张仪结下患难之交，将来立自己的子嗣为太子，岂不是有了十足的把握？”（“内擅楚之贵，外结秦之交，畜张子以为用，子之子孙必为楚太子矣。”）

听了靳尚的一席话，郑袖如梦初醒，夜以继日地在楚怀王面前吹风，甚至任性撒泼闹分居，以带着儿子迁往江南避祸相要挟，逼迫楚怀王收回成命，最终使张仪得以安然无恙地离开楚国。

虽说楚怀王耳根子软，终对张仪网开一面，但他毕竟吃过亏、上过当，依然心存疑虑，担心张仪回去之后继续使坏。于是乎，靳尚主动请缨，跟随张仪一起返回咸阳，监视他的一举一动。出人意料的是，两人路过魏国的时候，一位名叫张旄的大臣为了挑起秦、楚之间的矛盾，竟暗中派人将靳尚劫杀。

关于张仪冒险入楚、全身而退的桥段，《史记》的记载相当精彩，但实事求是地说，靳尚帮助张仪的最初用意，以及他在整个过程中所发挥的作用，很明显是被司马迁刻意夸大和艺术化了。

先说用意吧，与郑袖单纯的争风吃醋不同，靳尚力主释放张仪，未必完全出于一己之私。毕竟两国交战，不斩来使，更何况楚国处于弱势的一方，如果贸然耍横，看似图得一时之快，却搭上了国家命运，后果不堪设想。在张仪被释放之后，靳尚又不惜以身涉险，跟随张仪前往咸阳，不幸殉职于半道，可见他并非惟利是图的小人。

再来看靳尚发挥的作用，推行变法的吴起惨遭反攻倒算之后，楚国大权就落入了昭氏、景氏、屈氏三大公族的手中。这三大公族与国君同为芈姓，皆为楚国宗室的旁脉庶支，牢牢掌控着楚国政权。靳尚虽说深得楚怀王的器重，但毕竟游离于三大公族之外，即使是与郑袖联手，也未必能真正左右最高层的决策。

事实上，在靳尚、郑袖干权的后面隐藏着楚国政局的混乱与纷争。内部的争权夺利不必赘言，具体在外交谋略方面就有亲秦、亲齐之争，或者称之为连横、合纵之争。当时，亲秦、连横势力明显占据上风，包括昭雎、景鲤、屈匄等跻身大夫之列的公族重臣皆持此主张；亲齐、合纵势力则相对处于劣势，除了"外来户"陈轸，只有同样出身三大公族，但不怎么受待见的将军昭过和大夫屈原持此主张。

陈轸、昭过曾经是张仪指名道姓要求楚怀王赶紧轰走的对象，而"博闻强志，明于治乱，娴于辞令"的大夫屈原根本不劳张仪费心，早在公元前314年就因为政敌的攻讦被罢免了左徒（地位仅次于令尹）的实职，只领着三闾大夫的虚衔，在楚怀王的眼皮底下做闲云野鹤。即便如此，屈原的厄运也远未终结，没过多久又惨遭流放，连都城也待不下去了。公元前312年，楚国在蓝田遭遇惨败，楚怀王才意识到与齐国搞好关系的重要性，屈原得以返回政坛，并于次年奉命出使齐国，修复两国的关系。而当屈原从齐国回到楚国的时候，张仪已经全身而退，尽管楚怀王采纳了屈原的谏议，派人一路狂追，却为时已晚了。

斯人已逝，风波再起

张仪兴高采烈地回到秦国的时候，秦惠王距离人生的终点已经越来越近了，而他亲手发动的一系列战争还没有真正结束。

先说蜀国这边，秦惠王一直希望利用土著贵族的影响力维系蜀国故地的基本稳定，因此，在出兵灭掉蜀国之后，又对其网开一面，册封蜀国亡国之君杜芦的儿子杜通为蜀侯，作为秦国的藩属继续存在。然而，这个颇具“羁縻”（世袭土司）雏形的政策并没有收到预期的成效。名义上臣属于秦国的蜀侯利用自身的影响力，处心积虑地谋求扩张，先后征服了丹、犁等部族，大有叛秦复国之势。

公元前310年，被秦惠王派往蜀侯国出任相国的陈庄见势不妙，自作主张杀掉了蜀侯杜通，结果引发蜀国故民大规模暴乱。当时，秦惠王已经去世，新嗣位的秦武王赶紧派司马错、张仪、甘茂率军入蜀平乱，果断诛杀了陈庄，以稳定民心，随即讨伐丹、犁。后来，秦武王又册封出身蜀王室的公子恽为新的蜀侯，继续推行“羁縻”政策，并仿照咸阳城的布局在成都大搞城市建设，建成了一座“小咸阳”，使当地百姓得以安居乐业。

再看中原的形势，尽管是通过极不光彩的诈骗伎俩，秦、楚两大强藩终究实现了休兵和解，樗里疾率领的东路军则依然激战甚酣。

濮水之战，齐国损失惨重，田肦便给齐宣王出了一个主意："将咱们手中的余粮全部送给宋国，让它一门心思地做齐国的挡箭牌，如此一来，秦、魏联军就没办法穿过宋国之境来攻打齐国了。至于送出去的粮食，等度过这一劫之后，咱们再去讨要回来，以宋国的实力，还敢不给不成？"齐宣王依计而行，致使秦、魏联军想再收拾齐国却苦于无路可通，于是调转矛头，去攻打卫国境内的蒲邑。

说到卫国，很长时间没戏份了，过去一直是被赵国薅羊毛的苦主，如今面对秦国的悍将樗里疾，又是被秦、魏两家联手讨伐，人亡地失是迟早的事儿。不过，现实的情况令人有些匪夷所思：看似经不起折腾的蒲邑被重兵围困却岿然不动，秦、魏联军并没有选择强攻，而是出人意料地退了兵。

个中缘由，史料里的记载不尽相同。按照《史记·魏世家》的说法，一位名叫如耳的魏国大夫发挥了决定性的作用。他专程跑到卫国向卫嗣君（即卫孝襄侯，因为卫国饱受大国欺凌，地盘只剩下濮阳一地，于是他在公元前330年自行降格称君）保证，自己有办法让魏国退兵并令魏军主将成陵君丢掉饭碗，而魏军一撤，劳师以远的秦军就撑不下去了。

如耳的妙计其实就是挑拨离间。他先去忽悠成陵君，说卫国要是被逼急了眼，索性归附秦国，魏国岂不是既白忙活又尴尬？因此，魏国应该出面替卫国求情，才能掌握主动权。紧接着，如耳又回到魏国见了魏襄王，说卫国与王室同为姬姓，又是当年分封的五大方伯之一，必然有不少珍奇财宝，如今城都要被攻破了，却迟迟不肯交出来，恐怕是拿去行贿了吧？我跟您打个赌：拿了卫国人好处的人，肯定会站出来提议宽释卫国的。

如耳话音未落，成陵君的恳求就来了，然后这位没有留下姓名的成陵君就没有后话了，史载魏襄王"罢其兵，免成陵君，终身不见"。

对这件事，《战国策》和《史记·樗里子甘茂列传》则是另外一番说辞。据说，一位名叫胡衍的卫国人找到樗里疾，说他已经被魏国人耍了，还在跟着人家数钱。此话怎讲？胡衍的解释是：秦国不远千里帮着魏国打卫国，输倒不至于，可赢了呢，无非是卫国屈服于魏国，秦国能捞到啥好处？再者说，魏国一直惦记着河西那块地盘，眼下实力不济，不敢轻举妄动，一旦收服甚至吞并了卫国，那可就不好说了。您身为秦国将军，却干着“害秦以善魏”的勾当，回去怎么向您的国君交待呢？

胡衍认为，与其做这种损己利人的傻事，不如果断放弃此次征伐，既送卫国一个人情，又成功规避了将来的隐患，何乐而不为呢？于是，樗里疾欣然接受了胡衍送来的三百金贿赂，班师返回秦国。魏军自觉无趣，也跟着撤军了。

两种说法到底孰是孰非，咱们一时难以判断，或许兼而有之吧。不过，樗里疾决定从蒲邑退兵，有一个绕不过去的重要因素：文攻武略的秦惠王溘然长逝了！

公元前311年，主政秦国二十余年的秦惠王去世，太子荡成为秦国的新国君，是为秦武王。想当年，秦惠王一上台就收拾了公孙鞅，现如今，伴随着秦武王新立，张仪的好日子也算是过到头了。

前面说过，公孙鞅之所以遭到新国君的无情整肃，在新国君尚为太子时得罪过他倒还在其次，主要问题在于功高盖主，“只知商君、不知国君”的舆论绝非空穴来风，加之利益受损的旧贵族煽风点火、推波助澜，公孙鞅必死无疑。

张仪的情况与公孙鞅有着很大的区别。他尽管官拜相邦，高居百官之首，政绩不可谓不卓越，但远未达到公孙鞅集军政大权于一身的地步，秦惠王也并不是对他言听计从，伐蜀、伐韩之争便是最具有说服力的实证。即使得到了秦惠王的鼎力支持而推行连横战略，张仪也颇受樗里疾、甘茂等权臣掣肘，真正跟张仪一条心的高级别官员恐怕就只有将军魏章了。因此，当初部署三路反击的时候，由声名不及樗里疾、甘茂的魏章率领最重要，也最容易立功的中路军，算是张仪的挟公济私之举了。

张仪殚精竭虑地效命于秦国，还要时不时地受到束缚和制约，其处境并不如公孙鞅那般舒坦，新嗣位的秦武王为什么非要跟他过不去呢？有一种说法认为，秦武王做太子的时候就不怎么喜欢张仪这个人，但具体原因和事例不详。大臣们抓住这一契机纷纷进谗言诋毁张仪，说这个人在江湖上名声很臭，言而无信，靠出卖自己的故国（挖魏国的墙脚）来获取荣宠（“左右卖国以取容”），秦国重用这样的人，遭天下人耻笑事小，在身边埋下一颗定时炸弹事大啊！

因为缺乏佐证，这一说法姑且听之。事实上，张仪遭到新国君整肃，还险些丢了性命，背后隐藏着秦国政局暗流汹涌、动荡不安。只可惜，秦国作为诸侯争雄的最终胜利者，删改了太多原始史料，使得秦国历史上发生的诸多敏感事件变得扑朔迷离。

虽说不能尽知详情，但我们还是能从一些幸存的零散记载中略窥一二。这里就举两个例子：

第一，所谓“阴君之事”。这具体指的什么事，现存史料没有记载。参考几年之后发生的“季君之乱”，单从字面上来理解，其或许与夺嗣有关。当时，一位名叫公孙竭的大臣参与了事前谋划，却又向手握兵权的樗里疾告了密，致使那位“阴君”的夺嗣计划胎死腹中。公孙竭凭借此功官居五大夫，但行为过于卑劣（告密者向来为人所不齿），并没有得到新主子的信任，还被限制出境，谨防其叛逃。

第二，秦惠王在晚年时，迷信的心理达到了极致。他当初下决心反击中原的时候，曾经大兴祭拜鬼神之风，搞出了好几篇所谓的《诅楚文》。大获全胜之后，秦惠王一方面对樗里疾、魏章、甘茂等将领论功行赏，一方面却深信是先前的祭拜发挥了关键作用，对怪力乱神之事更是深信不疑。后来，秦惠王又宠信一个名叫史定的神棍，造成了“饰鬼以人，罪杀不辜，群臣扰乱，国几大危”的混乱局面。

这一系列事件的发生，官拜相邦的张仪恐怕都脱不了干系。要说最令秦武王心存芥蒂的，还是“群臣比周以蔽其上，大臣为诸侯轻国”的畸形政治格局。这句话并不难理解，“比周以蔽其上”就是大臣之间拉帮结派，一起蒙蔽国君。平心而论，这样的事儿倒也稀松平常。但“为诸侯轻国”，这问题可就大了，各大派系都有诸侯作为自己的外援和后台，用现代的说法，这是典型的挟洋自重。这些大臣动不动就告洋状、打洋牌，自树一帜，相互掣肘，甚至使坏拆台，造成了极其严重的内耗。

秦武王上台之后，花了差不多一年时间，才搞清楚问题的根源所在。于是，他采取了釜底抽薪的果断措施以整肃日益败坏的政治风气，具体来讲，就是兼具稳、准、狠的三板斧：

第一，撤掉相邦之职，改设左、右丞相各一人，由甘茂、樗里疾出任，分权的同时也能相互制衡。

第二，完善高级别官吏的职责体系，做到“从臣不事大臣”“大臣不得事近臣”，官员们各司其职，各得其位，谨防相互勾结或者彼此诋毁。

第三，对那些擅长搞外交、拉外援的大臣采取冷处理，让他们坐冷板凳，使得挟洋者无以自重，热衷于结交秦国重臣的诸侯也无利可图。

至于曾经显赫一时的张仪，屁股底下的凳子都撤了，等于自动免职，其连同党羽魏章一道被驱逐出了秦国。此时的张仪体会到了登高必跌重的滋味，画风突变，他霎那之间陷入茫然不知所措之中。

这时，魏国再一次不计前嫌，向这位曾经大挖魏国墙角的叛徒施以援手，接纳了惶惶如丧家之犬的张仪和魏章。

没过多久，再度出任魏国相国的田需去世了，张仪仿佛看到了一丝东山再起的曙光。不过，同样关心魏国新相国人选的还有时任楚国令尹的昭鱼。他向靠嘴吃饭、四处游说的纵横家苏代坦言：先前的田需情感上更亲近于楚国，而如果让张仪、田文和公孙衍这三个曾担任过魏国相国的人补位，无论花落谁家，都对楚国极为不利。

话虽如此，但昭鱼一时也找不出像田需那样亲近楚国的人选，于是恳请苏代去说服魏襄王，让他从内部进行选拔，最好是由太子出任，从而斩断魏国攀附强藩搞阴谋的重要渠道。

苏代受人之托，终人之事，果然跑到大梁去忽悠魏襄王去了。苏代分析说：拜张仪为相，他必然优先替秦国考虑；拜孟尝君田文为相，他是优先为齐国考虑；拜公孙衍为相，不必怀疑，他会优先替韩国考虑。总而言之，三个人都是吃里扒外的货色！与其损己利人，不如肥水不流外人田，先让太子担任相国。这三个人肯定会觉得，太子身为嗣君，不可能久居相国之位，于是就会暗中较劲，依托各自的外援争着表现，千方百计地替魏国捞好处。如此一来，相当于在魏国的背后站着三个万乘之国啊，想想都令人振奋！

听了苏代的一番忽悠，或许也是因为受到了来自楚国的压力，魏襄王果然让太子出任了相国，无形中彻底断绝了张仪重出江湖的念想。大约一年之后，张仪、魏章在魏国郁郁而终。至于《战国策》记载说，张仪在离开秦国之后游走于各方诸侯，就如同苏秦挂六国相印一样，都是后来的纵横家们伪托、杜撰出来的故事，旨在推销他们的纵横之术，不足以采信。

意欲窥周室，悲哉大力王

秦武王新君上位三板斧，终结了张仪极致辉煌的政治生涯。这位年少气盛、血气方刚的新国君并没有就此罢休，此时，他正在谋划着一场令天下诸侯刮目相看的空前举动。

早在伐蜀、伐韩之争的时候，张仪就提出过“据九鼎，按图籍，挟天子以令天下，诸侯莫敢不听”的宏伟设想。秦武王虽说不怎么待见张仪，但对他这个颇具诱惑力的构思表现出了极其浓厚的兴趣。想当年，秦惠王老成而持重，经过一番权衡，断然否决了张仪的动议，不敢冒天下之大不韪。现如今，秦武王初闯江湖，颇有初生牛犊不怕虎的豪迈气概，在此起彼伏的反对声浪中力排众议，决心要将昔年张仪绘就的蓝图变成现实。

经过与魏襄王两度举行盟会，巩固了秦、魏同盟之后，公元前308年的秋天，秦武王将“车通三川，以窥周室”的历史重任交给了左丞相甘茂。甘茂认为，王城虽小，却关乎全局，光稳住魏国一家还不够，应当设法让赵国保持中立，再撺掇魏国一起去收拾韩国，挥师三川地区，直逼王城洛阳！

甘茂亲自出马，来到邯郸忽悠赵武灵王。赵国有大臣当即提议，将甘茂扣下来，再跟齐、韩、秦等诸侯做交易，看看谁家出的价码更高。

赵武灵王思虑再三，还是不想惹是生非，没有采纳这一冒险提议。

赵国选择不吭声，这事儿也就有了七八分的把握了，但甘茂刚刚踏进魏国都城大梁，就跟秦武王玩起了欲擒故纵的心眼。他派副手向寿返回咸阳，向秦武王复命，说赵、魏两家都搞定了，但眼下还是不要轻启战端为妙。

秦武王顿时一头雾水：既然已经搞定，为何又不想打了？这是什么逻辑？负责带话的向寿也是稀里糊涂，说不出个所以然，秦武王只好亲自跑到边境去迎接出使归来的甘茂，顺便问个所以然。

见到不明所以、心急如焚地秦武王，甘茂还在打马虎眼，愁眉莫展地分析道："要实现'车通三川，以窥周室'的目标，就必须先拿下宜阳。宜阳地处韩国连通南北两块地盘的要道，必然是重兵把守，咱们长途奔袭、劳师以远，这仗恐怕不好打，还是算了吧！"

秦武王隐约听出了甘茂的弦外之音，于是耐心宽慰他道："知难而退岂是你甘茂的风格？你这些年打的奔袭战、攻坚战还少了？心里有什么话，但说无妨！"

直至此时，甘茂才娓娓道出自己的真实用意。他先是给秦武王讲了曾参杀人的典故：据说曾参当年在费邑的时候，有一个跟他同名的歹徒杀了人，乡邻们道听途说、口口相传，还没弄清楚状况，便接二连三地跑去告诉曾参的母亲："你儿子杀人了！"头两个人来说，曾参的母亲都无动于衷，泰然自若地坐在那儿织布，但到第三个人来说的时候，老太太当即扔下梭子，翻墙逃走。甘茂接着感慨说："曾参可谓贤，曾母可谓慈，但仅凭三个人的捕风捉影，就让一位慈母对自己的贤子生疑，竟然闻风而逃了，足见人言可畏！再来看看我呢，贤明比不上人家曾参，您对我的信赖也无法超越母子连心，但质疑、诋毁甚至栽赃我的远远不止三人。我甘茂不怕苦，不怕难，更不怕死，就怕您'投杼逾墙'啊！"

甘茂坦诚相见，秦武王也不兜圈子，当即与甘茂盟誓，郑重承诺不会轻信任何揣测虚妄之词。

后来的事态果然如甘茂所料，韩国在易守难攻的宜阳屯集了重兵，秦军啃了几个月都没啃下来。眼瞅着战事陷入胶着，各种质疑、非议乃至诋毁甚嚣尘上，在立场上亲近韩国的樗里疾、公孙显等人闹腾得最欢。

“智囊”樗里疾官居右丞相，还是秦武王的叔叔；公孙显呢，曾经是秦武王的少年玩伴。单就影响力和话语权而言，樗里疾、公孙显一旦发话，就没有弄不死的人。但秦武王信守先前的承诺，始终无动于衷，他相信甘茂一定会不负重托，给自己一个满意的结果。

秦军的处境异常艰难，而突遭战火荼毒的韩国，日子更加难熬。当时，有谋士向相国公仲朋建议，应该将蔺、离石、祁等城邑还给赵国，促成韩、赵联盟，在一起向魏国施压，逼其脱离秦国阵营，一旦三晋联手抗秦，宜阳便可保无虞了。

客观地讲，韩国想拉赵、魏两家一起扛，方向上还是比较合理的，但可行性基本没有。且不论赵、魏两家是否乐意，即便乐意，又是否靠得住？关键是等韩国耗费时日兜了这么大一个圈子，宜阳恐怕早就成为秦国的盘中餐、腹中食了！

危急关头，还是擅长耍心眼的楚国有意出手拉韩国一把。楚怀王认为，向来亲近秦国的公仲朋惨遭外援打脸，肯定会琢磨出解宜阳之难的办法，因此，楚国不应该袖手旁观，坐失捞取好处的机会。

楚怀王的这一想法说是趁火打劫也好，看作火中取栗也罢，陈轸不敢苟同。他给楚怀王举了一个狩猎的例子：山泽之中的野兽当属麋鹿最为狡猾。猎人往往采取围而有缺的办法，故意露出一道破绽，让麋鹿往有缺口的方向逃跑，再用一张大网等着它，一抓一个准。麋鹿吃一堑，长一智，偏偏朝着猎人所在的地方突围，十回里能有七八回有惊无险。

猎人们吃了亏，便将计就计，张着大网伪装前行，成功将麋鹿捕获。智慧与谋略的较量往往就是如此，我认为你傻，你却故意装疯卖傻，我再利用你的伪装暗做文章，看谁能成为这条“猜疑链”的最后一环。

把狩猎的例子说得这么复杂而玄乎，陈轸就想说明一个道理：眼下秦国攻打宜阳，这算是使蛮力的“阳谋”，但背后到底隐藏着多少狡诈的“阴谋”，有多少人张着大网伪装蛰伏？凭借公仲朋的聪明才智，尚且陷于困境而无力自拔，楚国又哪里来的自信，偏要自投罗网、自找麻烦呢？

不过，陈轸再一次对牛弹琴了。楚怀王命大夫景翠率军北上，直逼重兵围困之下的宜阳。

秦武王毕竟是初闯江湖，难免有些担忧，甘茂却胸有成竹：即便是楚、韩联手，也是各怀各的鬼胎，各打各的算盘，不足为虑！具体来讲，楚国此番出兵是来寻找机会捞好处的，不是来替韩国冲锋陷阵的，而韩国也担心楚国在自己的背后搞小动作，双方势必相互观望，结果是1+1<1，还不如楚国不来帮忙呢！

甘茂的分析不无道理，但在秦武王看来，这位老江湖只知其一，不知其二——楚国出兵中原的风格，向来是先站在边上看热闹，等场子里打得差不多了，它再钻出来捡漏，因此千万不能掉以轻心。

秦武王与甘茂各执一词，到底孰是孰非，由于事态比较复杂，一时难以做出判断。事实上，不仅他们二人当局者迷，旁观者也是一头雾水、莫衷一是。就拿毗邻宜阳的城邦诸侯——东周国来说吧，君臣的意见就截然不同。国君东周武公断言，宜阳“城方八里，材士十万，粟支数年”，周边既有公仲朋挂帅的二十万韩国大军，又有景翠率领的楚国援军，秦军必然会无功而返。一位名叫赵累的大臣则认为：宜阳这场仗，无论是领兵上阵的甘茂，还是运筹帷幄的秦武王，都输不起！不比宗室出身、为自家人打仗的樗里疾，甘茂毕竟是一名客将（他是淮夷下

蔡人），胜则比肩周公之勋，败则卷起铺盖走人。秦武王呢，此番东征力排众议，一意孤行，胜则建功立业，败则背负耻辱。国君与主将都输不起，凭借秦国之强悍，哪里还有拿不下区区一座宜阳的道理?

赵累言之凿凿，但他并不知道，原先认为楚、韩联手无异于助秦一臂之力的甘茂此时正经历着痛苦的煎熬。宜阳久攻不下，秦军将士伤亡惨重，除了非议、诋毁之声不断，更有人向公孙显提议，领兵去攻打西周国（周天子寄居于此），直接把九鼎抢过来，这样既能让甘茂黯然失色，又能激将各方诸侯驰援宜阳，让甘茂劳而无功！（自己人整自己人，真是精准而歹毒！）

咸阳有人捣鬼也就罢了，前线士兵竟然也成心让甘茂难堪，史载“三鼓之而卒不上”，就差临阵哗变了！

内外交困的窘迫局面直逼甘茂的心理承受极限。咸阳那边呢，眼瞅着宜阳前线依旧胶着，楚国又蠢蠢欲动、伺机谋利，秦武王感到寝食难安。据《战国策》记载，一位名叫冯章的谋士给秦武王出了一个主意：以归还汉中之地作为诱饵，换取楚国保持中立。等秦军拿下宜阳，楚怀王肯定会派使臣前来要债，届时冯章再假装逃离秦国，将黑锅一道背走，秦武王便可推托说是冯章自作主张、非法允诺割地，从而赖掉这笔账。

我觉得吧，这个伪许汉中的妙计是抄袭当年张仪诈骗楚国的桥段，楚怀王再怎么利令智昏，也不大可能往同一个坑里跳两回，当是出自后世纵横家的杜撰，不足以采信。

事实上，秦武王迫于无奈，的确给了楚怀王一些好处，以换取楚国严守中立。什么好处呢？不是至关重要的汉中之地，而是樗里疾在先前的濮水之战中顺手捞到的一块飞地——原本属于魏国的煮枣。既然是块飞地，防守、治理难免鞭长莫及，索性做个顺水人情，拱手让给楚国好了。

一座煮枣城解除了甘茂的后顾之忧，这买卖做得值。此时甘茂也意识到，自己当初主张攻取宜阳，旨在得到国君的认可与青睐，如今反倒成了骑虎难下之势，自己一旦打起退堂鼓，不仅功亏一篑，在秦国更是断无立锥之地。

狭路相逢勇者胜，置之死地而后生！甘茂不惜拿出私产激励将士，以必死的决心率军发起全面进攻，终于一举拿下宜阳，斩首六万韩军。随后，秦军乘胜北渡黄河，攻占了对岸的武遂（今山西垣曲附近），将韩国赖以连通南、北两块地的要道完全控制在手中，以此威逼韩国认怂。

拿下宜阳之后，秦武王还是觉得煮枣那笔买卖做得有点亏，于是，他又派司马错率领十万水师，携带六百万斛粮食，浩浩荡荡地沿长江顺流而下，从楚国手中夺取了黔中之地的一部分，方才心满意足，班师回国。

“车通三川，以窥周室”的梦想变成现实之后，右丞相樗里疾于公元前307年奉秦武王之命，率领百乘战车气势汹汹地踏入周天子的封邑，以此炫耀秦国的强悍实力。周天子待之甚恭，还专门举行了盛大的欢迎仪式。然而，秦武王依然觉得不过瘾，索性亲自来到王城，做了一件让全天下大跌眼镜的事：与周天子平日里豢养的力士比试举鼎！

根据史料记载，秦武王自幼习武，尤其擅长“角力”（类似于摔跤运动）。在秦武王的身边，还有好几位以力大闻名的“陪练”，譬如任鄙、乌获、孟说等，这些力士都因受宠而官居高位，时人有“力则任鄙，智则樗里”的说法。

为了向天下诸侯彰显其“据九鼎”“挟天子”的丰功伟绩，秦武王大腿一拍，决定跟力士孟说一起，当着周天子的面以举鼎为戏。这里有必要说明一下，秦武王与孟说比试所举的鼎，并非当年楚庄王惦记其重几何、被天下视为至尊神器的九鼎，而是一尊龙文赤鼎。您或许会问：

“来都来了，为什么不直接举起九鼎呢？”答案很简单：秦武王和孟说都是大力士，但他们毕竟不是起重机，九鼎实在太重了！当然，还有另外一种解释是：早在二十年前，九鼎就沉没于泗水之中了，至于怎么跑到那儿去的，现存史料没有记载。据说，秦始皇统一天下之后，派出数千人去泗水打捞，却始终难觅其踪迹。

虽说没能举九鼎，但在王城举鼎，其象征意义已能满足秦武王的虚荣心了。然而，谁也没有料到，秦武王当初向甘茂坦承，此生若能“车通三川，以窥周室”则死而无憾，竟然一语成谶！

秦武王将这尊龙文赤鼎举过头顶之后，他不堪重负的四肢不停颤抖，倏忽之间，只见赤鼎从手中滑落，重重地砸向地面。伴随着秦武王的一阵惨叫，赤鼎将他的右胫骨砸断，殷红的鲜血流淌在地面上，现场顿时陷入一片混乱。当天夜晚，秦武王终因伤重不治，在王城气绝身亡。与他比试身手的力士孟说则惨遭灭族之祸。

自秦简公主政以来，秦武王是秦国在位时间最短的国君。四年光景，风华正茂的秦武王其实做了很多事情：

政治方面，他大力整肃朝纲，使大臣互不干涉，各尽其职，“辐辏以事其上”，像车轮的辐条一样，围着国君这个唯一的核心转。

经济方面，他委任左丞相甘茂主持修改田律、疏浚河道，并在巴、蜀等新辟疆土推行大亩制。

军事方面，他力主伐宜阳、窥周室，并夺取了楚国的黔中之地，令天下大震。

总而言之，无论从哪个方面看，秦武王的潜质都是不可小觑的。假以时日，他必然能成为与秦简公、秦孝公、秦献公齐名，甚至更胜一筹的有为之君！

然而，历史终究没有给秦武王这样的机会。他在短暂的一生中没有被任何外敌打败，却败给了自己的内心。有一位大臣曾经当着秦武王的面一阵见血地指出他性格上的两大缺陷：一是骄，二是躁。秦武王的骄与躁主要体现在厚魏、赵而轻齐、楚的外交策略上。宜阳之战以后，秦武王更是摆出老子天下第一的派头，视韩国为卑贱的奴仆，如此行径势必置秦国于险境之中。

这位没有留下名姓的大臣一口气举了三个盛气凌人的反面典型：

第一个是荀瑶，仗着自家的权势搞残范氏、中行氏，进而威逼晋阳，结果为赵、魏、韩三家所败。

第二个是吴王夫差，曾经将越国的残余势力撵到了会稽山，大败齐国（指春秋时期的吕齐）于艾陵，又在“黄池之会”上与晋国争霸，可谓立下了不世之功，却对宋国无礼，最终被卧薪尝胆的越王勾践收拾了。

第三个是魏惠王，南胜楚，东胜齐，赵、韩归附，曾经率领“泗上十二诸侯”朝见周天子，简直牛得没边，却落得个太子在桂陵之战中被掳杀、自己“变服折节而朝齐”的屈辱下场。

由此观之，真是应了《诗经》里的一句话：“靡不有初，鲜克有终。”有始有终，方能善做善成！

这位大臣继续分析道：现如今，秦国破宜阳、据三川，截断了南北诸侯的相互呼应，更挫败了“山东诸侯”合纵抗秦的图谋，俨然已成不世之功。如果国君能够如履薄冰、谨慎而为，王业便指日可待，但若是慎始而不能善终，势必后患无穷！

纵观当下之大势，秦国助魏抗楚，楚国援韩抗秦，说明秦、楚两大强藩势均力敌，彼此相持不下，而齐、宋等诸侯置身事外，尚未在秦、楚之间选边站队，更显得举足轻重了。这位大臣据此断言，谁能率先争取到齐、宋两国的支持，谁就能成为最终的胜利者。为什么如此肯定呢？您想啊，如果秦国率先将齐、宋拉入自己的阵营，韩国便会两面受敌，受到遏制，楚国就会陷入在中原孤立无援的险境；而如果楚国抢了先手，魏国就会遭到威胁，秦国也会独臂难支！

正如当年赵良劝公孙鞅急流勇退时所说的那样，“千人之诺诺，不如一士之谔谔”，但眼下这位大臣的一番谔谔之言，并没有换来秦武王幡然醒悟、悬崖勒马，他还是执意前往王城，结果枉送了本可以有更大一番作为的性命，可惜，可叹，又可笑！

秦武王发生意外的时候很年轻，只有二十多岁，并没有留下子嗣，于是，遴选新的国君便成了秦国内部事发突然又异常敏感的话题，各方势力展开了激烈的角逐。这场因夺嗣而起的内乱跨越了三个年头，使得诸侯争雄的格局发生了突变，也严重地迟滞了秦国征服天下的历史进程。另一方面，这场旨在夺嗣、夺权的内乱也成就了一位重量级的巾帼政治家——宣太后芈氏。

第一太后，太后第一

芈氏，名不详，据说是楚国宗室后裔，与宗室本支——熊氏，以及昭氏、景氏、屈氏这三大公族同为芈姓。按照男称氏、女称姓的规则，她被称为芈氏是没有问题的。不过，有一点令人感到费解：她有一位同父所出的弟弟，并没有称氏，而是直接冠上了姓，叫作芈戎。出现这样的情况，一般有两种可能：一是现存史料的记载有错漏或者缺失；二是他们所在的宗族在楚国的地位比较低贱，有名而无氏，往往以姓代之，但这显然与出身宗室的说法相矛盾。总而言之，其氏目前还无法考证。

芈氏嫁的是秦惠王，入宫后被封为“八子”，所以她也常被称作“芈八子”。在秦国的后宫当中，八子处于中等偏下的地位，上面有王后、夫人、美人和良人四级，后面则有七子、长使和少使三级。在秦武王出事之前，即使是秦惠王在位时期，现存史料对于这位芈氏都没有特别的记载，但我们可以从两个细节判断，她还是很受秦惠王恩宠的：

第一，芈氏的一位同母异父的弟弟魏冉，以及她母亲的族人向寿（甘茂伐宜阳时的副将）都做了秦国将军。

第二，芈氏至少给秦惠王生了三个儿子：公子稷、公子芾和公子悝。

秦惠王去世之后，按照立嫡立长的原则，惠文后所生的太子荡继承了国君之位，也就是秦武王。谁曾料想，正值青春年少的秦武王竟然“作”

得死于非命。国不可一日无君，贵族、群臣痛心疾首之余，打算继续遵循嫡长制的规则，拥立惠文后所生的另一个儿子——公子壮为君。

看似顺理成章的事情却遭到了芈氏势力的激烈反对。担任将军的魏冉率先发难，认为已经有了秦武王这个前车之鉴，老规矩恐怕就得改一改了。他跟芈氏、向寿等人一合计，考虑到年长一些的公子稷此时还在燕国做人质，公子悝则年齿尚幼，便打算拥立身在咸阳、排行居中的公子芾为君。

然而，让嫡子靠边站、改由庶子上位的做法明显不合常理，仅仅是芈氏一派的一厢情愿，并没有得到宗室贵族和群臣的广泛支持。魏冉、向寿费尽口舌，四处游说，却仅仅争取到了樗里疾的支持。

樗里疾选择站在芈氏一边，倒不是因为对这方有好感，完全是出于权力斗争的需要。他是秦惠王的异母兄弟，无论哪个公子上位，都得管他叫声叔叔，拥护谁不一样呢？但是，宗室贵族与大臣们纷纷支持公子壮，其中就包括与他颇多抵牾的左丞相甘茂。本着“逢甘必反”这一为人处世、当朝为官的基本原则，樗里疾义无反顾地烧起了冷灶，只为攫取压制甘茂的政治资本，有朝一日独掌大权。

同一个秦国突然冒出两个准国君，立马就乱了套。先看公子壮这边，他是惠文后最小的儿子，所以也被称为“季君”，仗着自己是嫡出的先天优势，内有惠文后、武王后的鼎力支持，外得贵族、大臣的积极拥护，貌似已经胜出了七八分。再看公子芾呢，虽说没有嫡出的命，但后天优势也不可小觑，母亲芈氏、舅父魏冉、外戚向寿，加上右丞相樗里疾，都是有头有脸、有权有势的人物。

双方剑拔弩张之际，偏偏“抢戏”添乱的人来了。听说秦武王在王城一命呜呼，赵武灵王便审时度势，果断派使臣前往燕国，将公子稷接了出来，并马不停蹄地护送回咸阳。当然了，赵国这个好人好事不能白做，意图很明显：人已经给你送来了，立还是不立，你们自己商量着办，护送公子稷的赵国军队呢，就留在咸阳城外听信儿吧！

芈氏心里很清楚，赵国这是拿兵临城下来威逼秦国就范，虽说公子稷也是自己的儿子，但被人把刀架在脖子上做交易，心里的别扭劲儿倒在其次，重点是这买卖肯定公平不到哪儿去，欠赵国人情事小，秦国的利益受损事大啊！

权衡再三，芈氏始终下不了最后的决心。魏冉、樗里疾则认为，与其涉险开罪于赵国，倒不如顺势而为，利用赵国的武装干涉对付惠文后、公子壮一党，至于事成之后，到底是厚礼酬谢，还是受制于人，车到山前必有路，行到跟前再想辙，咱们还是走一步算一步吧！

变弊为利，此言甚是有理，芈氏最终拍了板，决定屈从于赵国的压力，用公子稷换下公子芾，并借助赵国之力，迅速扶持公子稷登上君位，是为秦昭王（一作秦昭襄王）。与此同时，芈氏、樗里疾当机立断，以防备突发事件为由，委任将军魏冉负责咸阳城的治安。

经过这一番缜密的部署，惠文后一党再怎么心有不甘，也不敢轻易造次了。然而，眼巴巴地看着自己与唾手可得的君位失之交臂，公子壮岂能善罢甘休？他在暗中勾结诸公子、大臣，伺机而动。具体的过程呢，拜秦国后来删改史料所赐，一点蛛丝马迹都没有留下，我们只知道最后的结局：公元前305年，羽翼渐丰的芈氏决定快刀斩乱麻，命将军魏冉以镇压所谓的“季君之乱”为名，展开了一场血腥的杀戮，将惠文后、公子壮以及支持他们的公子、贵族、大臣悉数诛杀，并将武王后撵回了其娘家——魏国。

经历这场血雨腥风的夺嗣之乱，秦昭王成了最终的胜利者。至于落败者，除了满盘皆输的惠文后、武王后、公子壮之外，还有事前算盘打得精、如今时时陪小心的“智囊”樗里疾，心狠手辣、愈发老到娴熟的芈氏并不打算给他一丝权倾朝野的机会。

秦昭王登上君位之后，芈氏在同一时间创造了两项史上第一：

一是“第一太后”。虽说没能成为秦惠王的王后，但身为现任国君的生母，芈氏别出心裁地给自己首创了一个“太后”的称谓，是为宣太后。后来，历朝历代的君主之母皆称为太后，就是从她这里开始的。（“王母于是始以为称。”）

二是“太后第一”。秦昭王是芈氏长子，但年纪不算大，于是芈氏再度别出心裁、力挽狂澜，以太后的名义临朝主政，堂而皇之地成了秦国事实上的第一号人物！

光是自己临朝还不够，为了确保上下一致、政令畅通，芈氏又“任魏冉为政”，公然将秦国开成“芈家店”，逐渐架空了大权在握的左、右丞相。

还有前面提到过的芈戎，早年间在楚国犯了事，畏罪潜逃去了东周国。秦昭王刚刚上位的时候，有大臣为了讨宣太后芈氏的欢心，打算助芈戎出任东周国相国，但芈氏压根不领这份情，直接将芈戎召到咸阳，封他做了华阳君，协助魏冉处理政务。

另外，先前被芈氏放弃的国君候选人公子芾被封为泾阳君，年纪最小的公子悝则被封为高陵君，同样手握大权。倚仗魏冉、芈戎、公子芾、公子悝这所谓的“四贵”，芈氏将秦国大权牢牢地控制到了自己手中，开启了长达四十一年的主政生涯。反观逐渐失势的樗里疾、甘茂，在不知不觉之中，已经从过往争权夺利的冤家对头变成了如今丧权失利的难兄难弟，真是世事难料，造化弄人啊！

秦在闹，楚在笑，揍得韩、越嗷嗷叫

纵观天下诸侯，秦国内乱，芈氏掌权，最大的受益者莫过于楚国。且不说秦国内部闹得不亦乐乎，管不了别人家的破事儿，让这些年受尽欺凌的诸侯得以喘息。即使秦国腾出手来有暇外顾，临朝主政的宣太后芈氏毕竟是楚国人，对于自己娘家人的一举一动也更倾向于选择睁只眼闭只眼。坐拥如此可遇而不可求的机会，擅长耍心眼的楚怀王自然不会无所事事，坐失良机。

楚国伺机谋利，率先噤若寒蝉的是周天子脚下的两个城邦诸侯——西周国、东周国。前面说过，这两家诸侯的出现是赵、韩联手干预王室事务的杰作。本属同根生，又挤在巴掌大的一块封邑，都城相距不足四十里，国也好，家也罢，类似的情况往往没办法和睦相处，相互掐架势必成为常态。这些年来，双方始终坚持与邻为壑的方针，相互拆台使坏，甚至大打出手，一度闹得不可开交。

譬如有一位名叫宫他的大臣从西周国逃亡到了东周国，把西周国的情报卖了个底朝天（“尽输西周之情于东周”）。西周国君盛怒之余巧施离间计，暗中派人给宫他送礼，包括一堆黄铜和一封书信，接着又安排人向东周国君举报，结果一查一个准，致使宫他无端送命。

还有，听说东周国的人打算种植水稻，西周国这边仗着地处上游，故意不放水。后来还是苏秦（洛阳人，籍贯东周国）出面劝西周国君说：“放水给东周国种稻，就等于是捏住了对方的命脉，一言不合，咱们就断他们的水，让东周国喝西北风去，所以东周国必然会仰仗于西周国。”听了苏秦的分析，西周国君这才欣然应允放水。

事实上，东周国并不领西周国的情（河水又不是你家的！），双方不仅暗地里互相使坏，兵戎相见的事儿也没少做。这可便宜了毗邻的楚、韩两国，它们吃完被告吃原告，狂薅两家（特别是家资更丰厚的西周国）的羊毛，再出面充当和事老，解决两国之间的纷争。

秦国眼下自顾不暇，楚国就更来劲了。虽说东周国、西周国此时并没有发生矛盾，但无事生非向来是大国强藩闯荡江湖的惯用伎俩。楚怀王派使臣前往西周国，对其先前高规格接待秦国的樗里疾表达了极其强烈的不满，让西周国君拿个说法。

楚国如此蛮横无理，西周国君大气都不敢出，更别说发火撵人了。关键时刻，一位名叫游腾的大臣主动请缨，前往楚国忽悠楚怀王说：“想当年，荀瑶以送钟为名灭仇由，齐桓公名为伐楚，实则伐蔡，仇由、蔡国挨收拾，就是因为缺乏防备之心。再看眼下的秦国，‘虎狼之国也，兼有吞周之意’，先前派樗里疾过来耀武扬威，西周国地狭民贫，实力更弱，咱们也惹不起啊！您别看欢迎仪式很隆重，其实我们西周国君早有防备，长兵在前，强弩在后，樗里疾要是不怀好意，咱们虽然打不赢秦军，但擒贼先擒王，弄死樗里疾还是有机会的！西周国君为什么冒着亡国的风险与强悍的秦国巧为周旋呢？实话实说，有谋求自保的考虑，但更关键的着眼点在于，如果西周国被秦国吞并，楚国将失去一道屏障，所以西周国并非只是为自己，更是为了楚国在冒险苦撑啊！您如今还要派使臣来兴师问罪，太让西周国寒心了！”游腾貌似说得挺可怜，却暗藏着锋芒：如果逼急了眼，老子就投靠秦国去了！

考虑到西周国确实没有太多的油水可榨，贸然采取行动反倒会惹出不可预知的麻烦，楚怀王也就不再钻这个牛角尖了。

西周国侥幸逃过一劫，韩国就没有这么好的运气了。说到韩国，真是凄惨得一塌糊涂，刚挨过秦国的收拾，丢掉了宜阳、武遂两处战略要地，还没等韩襄王（韩宣惠王之子）缓过劲来，先前口口声声要拔刀相助的楚国却反戈相向，派大军围攻雍氏，找韩国报仇来了。

报什么仇？楚国的说法比先前讹诈西周国还要离谱：丹阳之战，楚军被秦军揍得呜呼哀哉，不仅七十余名将领被俘，还被对方斩首了八万余众！为什么这么惨？不是楚军无能，而是因为韩国没有及时施以援手！——楚国人的不要脸真是到了登峰造极的地步！

眼瞅着雍氏被人家围困了好几个月，韩国内部依然争论不休。连横派的公仲朋主张向秦国求援，合纵派的公叔赞则力主与楚国谈和。一个要打，一个要和，各说各的理，谁也说服不了谁，但雍氏城内的守军已经等得不耐烦了：你们能不能先把援兵、粮草送来，再继续吵架？

为了缓解雍氏的燃眉之急，给最终的决策争取时间，韩襄王赶紧派人前往东周国、西周国征兵讨粮。两国国君登时傻眼：韩国是被揍糊涂了吧！我们这点小本生意，哪里填得了那么大的窟窿？

心里这样想，话却不敢明说，两国国君陷入了纠结：给吧，不仅杯水车薪、于事无补，还搞得自己往后的日子捉襟见肘；不给吧，万一惹恼了韩国，往后的日子不是吃糠咽菜的生活品质问题，而是能不能活下去的问题了。

危急关头，拯救两个城邦诸侯的贵人出现了，是为苏秦族弟、纵横家苏代（洛阳人，籍贯东周国）。苏代出面忽悠韩襄王说："楚国敢出兵攻打雍氏，就是考虑到韩国将士疲惫、仓廪空虚，打算趁着庄稼地里青黄不接的时候发难，预计不出一个月，便可大功告成。然而，几个月的光景过去，雍氏始终没能啃下来，楚国国君已经开始怀疑最初的情报是否准确了。如果您这个时候去找人家打秋风，非但于事无补，反倒示弱于人，坚定楚国增兵的信心，这不是自己刨坑埋自己吗？”

苏代这番替城邦诸侯求情讨饶的话点醒了韩襄王：仅凭韩国一家之力，根本无法抗衡楚国，城邦诸侯更不济事，应该赶紧向秦国求援啊！

虽说韩襄王的醒悟为时未晚，但一批又一批韩国使臣被派往咸阳，大道上冠盖相望，结果却是无功而返。秦国选择置身事外，倒也不难理解：临朝主政的宣太后是楚国人，她这个嫁出去的媳妇再怎么不通世故、不晓人事，也没有为了一个外人而动员婆家人收拾娘家人的道理！

直到韩国大臣尚靳出使咸阳，事情才出现了一丝转机。他对宣太后、秦昭王分析说：“韩国对于秦国而言，‘居为隐蔽，出为雁行’，平时是屏障，战时当先锋。眼下雍氏十万火急，你们秦国怎么能见死不救呢，难道没有考虑过“辅车相依、唇亡齿寒”的道理吗？”

宣太后点了点头，回答道：“先前韩国来了不少使臣，有一个算一个，都是大谈韩国如何挨揍、如何凄惨，但你们再怎么惨不忍睹，跟秦国又有什么关系呢？秦国可没有替你们看家护院的义务！相比之下，你的话倒还像句人话，至少懂得站在秦国的角度考虑问题。”

尚靳暗忖自己这次出使应该有戏，没想到宣太后给他点过赞之后，话锋一转，竟然在大庭广众之下讲起了自己当年的宫闱密事：“我当年侍奉先王的时候，如果他只是把一只脚压在我身上，我会备感吃力，很快就困倦了。但他要是把整个身子压上来，我却会感到轻松许多。知道为什么吗？因为我很享受啊！”

宣太后把国事扯到床上，就是想跟尚靳说明一个道理：以秦国的实力，出手帮一帮韩国，倒不是不可以，但令人纠结的问题就来了。少派一些兵吧，难解韩国的燃眉之急，如果兴师动众，每日耗费数以千计，韩国肯定是负担不起的，这笔账又该由谁来买单呢？所以啊，我就在寻思，秦国费这么大的劲，到底能够换来什么样的好处，既让我感到舒服与享受，又能给秦国的臣民一个像样的交待呢？

这话讲得够直白了吧！少扯什么“辅车相依，唇亡齿寒”，秦国又不是吓大的，“五国伐秦”都不顶用，韩、楚联手又能奈我何！要求援，就先把价钱谈好，想空手套白狼，还是免开尊口，省得伤了和气。

尚靳顿时就尴尬了，自己是奉命前来求援的，不是来谈生意的，价钱的问题，他可不敢擅自做主，只好幸怏怏地回去复命。

韩襄王不甘心，又派大臣张翠出使秦国。张翠的脑子比尚靳灵光一些，谎称自己有病，一路上慢慢悠悠地走，难得出趟远门，权当游山玩水了。来到咸阳之后呢，张翠也不急着拜见宣太后、秦昭王，而是先找左丞相甘茂报到。

甘茂看张翠一副病怏怏的样子，不禁感慨道：“看来韩国的事儿真是迫在眉睫了，让你强撑病体，为国奔走。

张翠却回答：“急什么急，一点儿都不急，只是临近危急时刻而已。”

甘茂顿时有点不高兴了：“你以为堂堂的万乘之国都是瞎子啊，看不出个轻重缓急？你这大言不惭的，糊弄谁呢！”

张翠解释说：“我还真不敢糊弄您，真到了所谓的危急时刻，韩国早就归附楚国了，哪里还用得着派我到秦国来！”

话音未落，甘茂便拉起张翠，一路飞奔去见宣太后、秦昭王。甘茂说：“亲秦的公仲朋倚仗有秦国的支持，得以执掌韩国的大权，可如今楚国重兵围困雍氏，袖手旁观的秦国连个屁都不放，搞得人家公仲朋颜面尽失、无地自容，为了避免抛头露面，他连朝都不敢上了（‘抑首而不朝’）。照这样搞下去，支持合纵抗秦的公叔赞之流就会得势，他要是出面与楚国结盟，再一起向魏国施压，势必形成三国共谋秦国的局面。虽说他们眼下不敢有什么大动作，但凡事就怕有个变数。总被这群人虎视眈眈地盯着，秦国还怎么发展壮大、谋取天下？咱们是应该坐以待毙呢，还是应该先下手为强？太后是精明人，您赶紧拿个主意，免得将来追悔莫及！”

我们知道，甘茂前不久还是率军伐韩的主帅，并在宜阳、武遂大获全胜，如今一反常态，站出来替韩国陈情，而且讲得句句在理，在朝中引起了不小的共鸣。宣太后原本不想干涉娘家人的事，一直以各种理由推脱，现如今众意难违，况且凡事当以秦国的利益为先，于是勉为其难地同意向韩国施以援手，逼迫楚国从雍氏退了兵。

半道杀出来一支秦国援军，兴师动众讨伐弱邻的楚国一无所获。不过“失之东隅，收之桑榆”，野心勃勃的楚怀王还是在公元前306年独享了一份大餐，灭掉了春秋时期的末代霸主——越国。

前面提到过，身为一代霸主的越国未能成功延续辉煌、跻身战国七雄之列，很大程度上归咎于频繁的夺嗣之乱。早年间，越王勾践临终的时候就曾经忧心忡忡地向太子与夷坦言：“夫霸者之后，难以久立，其慎之哉。”——后人的运气被前人透支得太多，你好自为之吧！

勾践去世之后，经鹿郢（即太子与夷）、不寿（一作盲姑，鹿郢之子）两代国君，越国行情一路看跌，再度边缘化。直至朱勾（不寿之子）于公元前448年弑父篡立，越国才在诸侯争雄中有了一些存在感和成就感。朱勾在位三十余年，正值三家分晋后的大肆兼并时期。越国不甘寂寞，积极向北扩张，在灭掉滕、郯两个弹丸诸侯之后，将势力范围前推到了齐国（当时还是吕齐）的家门口。

相比北方的诸侯，同处长江流域的楚国与越国恩怨更深、纷争更多，两国长年累月地争城夺地，隔三岔五就要干上一架，打陆战不过瘾，后来还跑到长江上打水仗。刚开始，楚国确实吃了不少的亏，大发明家公输般（即鲁班）的到来彻底扭转了楚国面临的颓势。

根据史料记载，公输般为楚国设计、制造了一大批新式武器装备，譬如攻城用的云梯、舟战用的钩拒，还有一种竹子做的飞行器，相传能在天上转悠三天三夜。用上这些杀伤力极强的道具，楚军的战斗力有了显著的提升，收拾起越国开始得心应手。

这里顺便说个笑话。据说公输般为了展示精湛的技艺，特意制作了一辆由木人驾御的马车，载着自己的老母亲出去兜风。这应该是史上“无人驾驶”的首秀，因为没有导航和定位，竟以“一驱不还，遂失其母”的悲剧收场，也不知道后来公输般把可怜的老母亲找回来没有。

闲话扯完，言归正传。在朱勾之后，其子越王翳也主政了三十多年。前半段，越国凭借强大的军事实力灭掉了同为姒姓的缯国，还把齐国（此时依然是吕齐）收拾得够呛。田氏篡齐自立以后，有大臣提议反击越国，却遭到齐太公田和严辞拒绝，理由是先君有遗命，越国惹不得。

到了越王翳在位的后半段，齐国（田齐）、楚国日渐崛起，加之当年吴国为勾践所灭，其地尽归于越国，而吴国遗民胸怀复国之志，乘机在江浙一带蠢蠢欲动，越国显现出了江河日下的衰颓之势。屋漏偏逢连夜雨，越王翳的弟弟公子豫为了争夺君位，接连谋害了三位公子，还怂恿越王翳对太子诸咎下黑手。诸咎当然不会坐以待毙，遂于公元前375年发动兵变，不仅驱逐了叔叔公子豫，还顺带弄死了父亲越王翳，史称“诸咎之乱”。紧接着，支持越王翳的军民奋起反抗，杀死了诸咎。这一段自相残杀的血腥历史被时人精辟地总结为“越人三世弑其君”。

国人打算拥立诸咎的儿子错枝为国君。错枝当时并不在都城，听说宫里发生了这么多血腥的事儿，打死也不愿意出来主持大局，直接躲到山洞里去了。大臣们不依，点燃艾草把他熏了出来。内乱中，代表吴国遗民势力的所谓“吴党”以拥立错枝为契机，迅速掌控了越国政局。

越王错枝的屁股还没坐热，越国的本生贵族们不干了：越国的地盘岂能容那帮吴国余孽鸠占鹊巢！于是，众贵族暗中串谋发动叛乱，结果是业已返回越国的公子豫被杀，错枝也被废黜，无余（越王翳之子，一作初无余之）被立为新的国君。

勉强消停了十来年，至公元前361年，越国的贵族们再度发难，联手干掉了无余，改立无颛（无余之子，一说无余之弟）为国君。越王无颛在位十八年，于公元前343年去世，将君位传给了自己的弟弟无彊，越国的混乱局面才逐渐稳定下来，国力也有所恢复。

稍有实力，便想惹事，这是诸侯争雄的不二法则，越国当然也不例外。楚怀王挨了张仪的一番戏耍之后，楚国不惜大动干戈、陈兵中原，摆开架势要跟秦、齐大干一场。当时，越王无彊也想趁此机会捞点好处，打算挥师讨伐齐国。

为了避免两线作战，齐宣王赶紧派出使臣来忽悠越王无彊：越国想再现勾践当年“诸侯毕贺，号称霸王”的荣光，心情齐国完全可以理解，但实话实说，您走错道了！应该拉上魏、韩两家去收拾楚国啊，在这儿跟齐国瞎较什么劲?！

越王无彊倒也实诚，一脸无奈地说：“你的分析倒是有些道理，但眼下魏、韩成了齐、秦的棋子，正忙着相互掐架，这些失策寡谋的货色实在难堪一用。”

齐国使臣愤然回怼：“智谋如同双眼，能看到别人身上的毫毛，却看不到自己眼前的睫毛，张嘴就说别人愚不可及，何曾想过自己也聪明不到哪儿去？越国借助魏、韩两家之力，无非分散一下楚国的注意力而已，您难道还想指望他们冲锋陷阵不成？眼下，楚国国君为了一雪前耻，让三位大夫率九军出击中原，西至曲沃、於中，东抵齐、鲁边境，战线延绵三千七百里，还有比这种局面更分散兵力的吗？何必‘知二五而不知十’，只认死理，不懂变通，一门心思地等着魏、韩出力呢？”

使臣这一番话点醒了脑子一根筋的越王无彊。越国不惜血本，通过邗沟、淮水和鸿沟给魏国送去了三百艘战船、五万支箭矢，以助其一臂之力。由此可见，秦、齐、魏、韩能把楚国一顿痛扁，越国这个“运输大队长”也是功不可没的。

楚怀工惨败而归，痛定思痛，又将目光转向了越国。看来，楚国要想放开手脚与秦、齐较量，必须先解决掉越国这个后顾之忧。只不过楚国经过中原鏖战一时元气大伤，对付实力不可小觑的越国绝非一朝一夕就能拿下的。

没有底气明着打，那就玩点儿阴招好了。于是，楚国大夫昭滑以修复邦交为掩护，奉楚怀王之命前往越国任职。楚怀王交给他的任务就一条：搅乱越国，方法不限！

为了实现这一用心险恶的阴谋，昭滑花了大约五年时间。只可惜，越国一直被中原视为“蛮荒”，导致现存史料并没有关于“昭滑乱越”具体细节的明确记载。不过话说回来，能干出“三世弑其君”的勾当，说明越国自身确实有深厚的内斗土壤，原因大概有两个方面：

第一，因为长期游离于中原文化之外，缺乏嫡长制的约束和熏陶，导致宗室子嗣之间尔虞我诈，很容易被别有用心之徒煽动，发生父子、手足相残的悲剧。

第二，受地域、历史和现行政策的影响，越国土族与吴国遗民积怨甚深，说是水火不容也不夸张，只要有人出来挑事，就不必担心闹不大。

昭滑奉命入越，想必也是围绕这两点来暗中运作的，搞得越国鸡犬不宁。适逢秦国陷入一场夺嗣之争，临朝主政的宣太后又明里暗里地偏袒娘家人，楚怀王伺机出兵讨伐越国，一举干掉了越王无彊。

为了防止消化不良，楚怀王借鉴秦国对蜀国故地采取的“羁縻”政策，册封越国的宗室后裔为藩属国君，利用他们的影响力、号召力来统治越、吴遗民。

秦国历经三十年的光阴，三次杀掉蜀侯，终于将蜀国故地纳入了直属中央的郡县体系，楚国可就没有这样的气魄与实力了。直到八十多年以后（公元前222年），秦国已经踏上一统天下的最后一段旅程，楚国依然没能完全控制越、吴故地。处于藩属地位和半独立状态的越国，最终泯灭于秦国大军的洪流之中。

合纵靠孟尝，谁人来搅黄？

意欲“车通三川，以窥周室”的秦武王以一场意外结束了自己短暂的国君生涯，更引发了持续三个年头的夺嗣之乱。趁此千载难逢之机，楚怀王果断出手，将地域辽阔的吴、越故土纳入楚国版图。对于普天之下的围观诸侯而言，两大强藩一个窝里闹，一个开口笑，最直接的影响就是连横战略严重受挫，为再行合纵抗秦创造了极其难得的机缘。

此时，合纵战略的最初倡导者、第一代领导者——哲学家惠施已经去世十来年了。第二代领导者公孙衍虽然还在世，但他这些年推行合纵，让魏、韩两家吃尽了苦头，更何况他还曾在岸门之战中临阵脱逃，政治上已经完全失势了。

话说回来，即使公孙衍合纵之心不死，以魏国目前的实力，也不可能再像当年的“五国相王”那样，奋勇争先地扛起合纵大旗。即使实力允许，此时的魏国恐怕也没有这份心思了。

当初受到楚国的压力，魏襄王让太子做了相国，没过多久，又将太子送往楚国充当人质，改拜大臣翟强为相，另外还有一位名叫楼鼻的大臣也深得魏襄王的器重。这两位仁兄的政治立场倾向于亲秦，积极响应连横战略，但在具体细节上有分歧，翟强主张联齐抗楚，楼鼻主张联楚抗齐，相互诋毁拆台，闹得不可开交。家里吵成了一锅粥，哪里还有闲心搞外交?

眼瞅着魏国业已没落，曾经积极响应公孙衍的齐国决心义不容辞地补位扛旗。不过，与先前惠施、公孙衍负责提议，魏国国君最终拍板的模式有所不同，尽管史料记载齐宣王有意做“从约长”，但真正集提议、拍板于一身的其实是权倾齐国朝野的时任相国孟尝君田文。

国君做不了主，改由相国越俎代庖，除了先前的奇葩——燕王哙以外，恐怕没有哪个诸侯还是这种风格了。究其根由，与齐国的政治风气，特别是威、宣两代国君治下的权力格局有关。

田氏篡齐自立之后，虽说国君换了一家人，但大臣专权的传统并没有受到多大影响。就说邹忌吧，能力、政绩没得说，但功不掩过，一码归一码。他借着推行变法的机会，广布党羽，独揽大权，还玩弄阴谋诡计，致使立下赫赫战功的田忌有家难回。在齐威王主政的末期，邹忌逐渐失势，但直至齐宣王时期，邹忌仍然在利用自己的影响力举荐官员，惹得新国君相当不高兴。邹忌还大言不惭地替自己辩解，说什么“有一子之孝，不如有五子之孝”，我这是替您招纳孝子贤孙呢!

邹忌之后，炙手可热的红人是靖国君田婴。他借助“徐州相王”成功得势，并利用宗室公子的身份大搞专权。前面说过，田婴给齐威王下套，成功掌控了官员的上计考核权，为培植党羽大开方便之门。利用身份、地位与权力，田婴还积累了巨额财富，连自己的儿子田文都看不下去了，说他“后宫蹈绮縠”“仆妾余粱肉”，吃穿都要高人一等，极尽奢华之能事，只顾着自己骄奢淫逸，不思齐国如何兴盛发达。

威、宣两代国君交替之际，田婴在门客剂貌辨的帮助下，成功躲过了一场性命攸关的政治风波，继续执掌齐国大权。后来，齐宣王改拜储子为相，田婴才日渐受到冷落，晚年回到自己的封邑度过余生。

靖郭君田婴去世之后，爵位、封邑由其颇受器重的庶子——孟尝君田文继承。田文曾经应公孙衍的盛情邀请，到魏国做过一段时间的相国，但并没有什么作为。回到齐国之后，孟尝君利用家族特别是父亲田婴的人脉和影响力，成功取代储子，官拜齐国相国。

腰挂相印的孟尝君一面大肆揽权，一面收租放贷，亦官亦商，两不耽误，结果是权力越揽越大，财富越积越多，门下不仅豢养三千食客，竟然还“招致诸侯宾客及亡人有罪者”，胆大足以包天，什么人都敢容留。

此情此景，令人不禁回忆起少年时期的田文。他曾经义正词严地数落他爹田婴“私家富累万金”、私而忘公，可轮到自己坐上这个位置、品尝权力滋味的时候，田文比他爹田婴还要敢想敢干！

按理说，孟尝君受封万户于薛邑，钱是真不少，但他豢养的食客太多，只靠收取赋税那点小进账，实在是入不敷出。于是乎，孟尝君便把钱拿出去放高利贷。后来，一位名叫冯驩的门客去替主子追债，光是一年的利息就多达十万钱！

孟尝君生财有道，但说到政绩，却乏善可陈。齐宣王问他治国之道，孟尝君回答说：“君主自行掌控赏罚，不外示于人足矣！至于臣属，他们就像兽鹿一样，哪里有草吃，就奔哪儿去。”（“犹兽鹿也，唯荐草而就。”）此番轻描淡写的说法颇似当年申不害在韩国推行的以“术”治国，治国的成效可想而知。

话说回来，与剑走偏锋、误入歧途的申不害相比，孟尝君还是有一项拿得出手的业绩：倡导合纵，主动扛旗！

当时，孟尝君决定由齐国出面，笼络魏、韩、楚等国一道对付自顾不暇的秦国。趁你病，要你命，谁让秦国自己跟自己过不去，偏要瞎折腾呢？

拿定主意之后，最令孟尝君担忧的（准确地说应该是忌惮）还是秦、楚两大强藩极有可能会穿一条裤子，毕竟宣太后临朝主政，有能力，更有意愿实现婆家、娘家联手。就拿先前楚国讨伐韩国来说吧，宣太后一直不想出面干预，还是左丞相甘茂晓之以情、动之以理，才勉为其难地帮了小兄弟韩国一把。

有意思的是，甘茂通过这场突如其来的战事，深刻意识到连横战略对于秦国的极端重要性，并力主将自己先前率军打下来的武遂归还给韩国，旨在进一步巩固连横阵营。结果呢，武遂倒是物归原主了，但樗里疾、向寿、公孙显等人借题发挥，煽风点火，在宣太后面前大肆诋毁甘茂，说他拿秦国的利益做交易，化解自己与公仲朋的私怨。甘茂害怕挨收拾，借着一次率兵征讨魏国的机会，一溜烟跑去了齐国。如此一来，秦国俨然成为宣太后的一言堂，秦、楚结盟已是大势所趋了。

常言道“尽人事，听天命”，孟尝君认为还是有必要搏上一把。在他的建议下，齐宣王给楚怀王写了一封言辞恳切的书信，帮楚国分析与秦国结盟的前景。齐宣王（其实是孟尝君）认为：在秦国有一定话语权的大臣当中，甘茂已经被挤对走了，而樗里疾是亲韩的，公孙显是亲魏的。如果楚国倚仗有一个宣太后，上杆子向秦国靠拢，韩、魏两家担心自身利益受损，势必会利用樗里疾、公孙显，与秦国巩固同盟关系。韩、魏一动，赵国自然也不肯落于人后，进而又带上燕国，形成“四国争事秦”的众星捧月之势。那么问题来了，楚国应该往哪里摆？依齐国这个局外诸侯之见，不过是主动送上门去挨宰的羔羊而已！

基于这一判断，齐国向楚国提出了一个规模空前的合纵新方案：以齐、楚结盟为核心和驱动，争取拉拢韩、魏、赵、燕四国，以山东六国之力抗衡秦国。在此过程中，楚国可以径取武关、蜀、汉中等地，再依托吴越之富、江海之利，成为天下头号强藩！

这张饼画得足够大，把楚怀王忽悠得热血沸腾。于是，楚怀王将与秦国结盟的念头暂时搁置，把齐国的提议交给群臣商量。商量的结果倒也不出意料，有支持亲秦的，也有主张亲齐的，一时无法达成共识。大夫昭雎倾向于亲齐，但并不打算跟着齐国的套路走，而是提出了一套楚国之利触手可及的新方案：楚国先与齐、韩两国交好，再通过宣太后这条线提升亲韩派樗里疾的影响力和话语权。最后，得齐、楚、韩之助的樗里疾必然会投桃报李，说服宣太后、秦昭王归还楚国的土地（譬如汉中之地）。

昭睢不光提方案，也将可行性分析做好了。他认为，与齐国交好完全符合齐国方面的诉求，故这一点的可行性不必怀疑。问题是：韩国能倒向楚国吗？答案是肯定的。道理也不复杂，归纳起来讲有两点：

第一，韩国之所以选择依附秦国，并不是因为对秦国有什么亲近感，而是因为这些年被收拾怕了！因此，脱离秦国的魔爪一定是深藏于韩国内心的真实想法。

第二，之前如果秦、楚、赵三国联手，韩国必死无疑，从这一角度来说，正是楚国不愿意落井下石才保住了韩国的小命。如今，韩国已经拿回了武遂，理应报答楚国的不灭之恩。

此番精彩纷呈的分析得到了多数大臣的支持，楚怀王终于做出最后的决断：响应齐国之邀，与之结盟！

得到楚国积极响应，意味着孟尝君绘就的宏伟蓝图即将变成令人振奋的现实。不过也别高兴得太早，以往推行合纵，总少不了纵横家们一番智力与谋略的比拼，否则也不会有对纵横家们“一怒而诸侯惧，安居而天下熄”之叹了。

跟过去一样，孟尝君精心谋划的这场合纵行动依然不乏打着各种旗号来搅局拆台的人，但令人感到匪夷所思的是，此时跟孟尝君唱对台戏的竟然是后来以抗秦而闻名的一代纵横名士苏秦。这不是大水冲了龙王庙吗？到底是怎么一回事呢？请容我从头讲起。

说到苏秦，被各种记载、传闻搅得一头雾水的司马迁曾经坦承：“世言苏秦多异，异时事有类之者皆附之苏秦。”也就是说，对苏秦经历记载的杜撰、增饰简直多得离谱！更何况这三位四处推销纵横之术的同族兄弟苏秦、苏代、苏厉都被尊称为“苏子”，很容易把人绕晕，搞不清楚到底是谁说的话、做的事。

在跟孟尝君较劲之前，关于苏秦相对靠谱的记载是他出面游说西周国君给东周国放水种植水稻。后来，甘茂逃离秦国，出函谷关之后与苏秦见了一面。此时的苏秦尽管尚未得到君主的重用，但长年游说于诸侯之间，多少算是小有名气的谋士了。甘茂呢，咱们先前一直在讲他如何带兵打仗、扬威疆场，其实他还有一点小说家的风范，逢人就爱讲故事、摆道理。

当时，甘茂给苏秦讲了这样一个故事：一群女子在江上做活计，其中有一人家境贫寒，买不起蜡烛，总是去蹭别人的光。众人心中不快，合计着怎么把她撵走，不让她占大家的便宜。这位女子不甘示弱地跟大家讲："我没钱买蜡烛，蹭了你们的光，这是事实，但我每天都起得很早，打扫完屋子又铺上席子，替你们干了很多活，你们何必吝啬那点余光呢？我不过是蹭一点光用，妨害你们什么了？"众人想了想，的确是这么个理儿，少一个人又不能少点一根蜡烛，何必损人不利己呢，便不再执意撵走她了。

绕这么一大圈，甘茂方才道出"愿为足下扫室布席"的来意，恳请苏秦设法引荐他到别的诸侯国谋个安身立命之所。

苏秦答应得很爽快，即刻动身前往秦国忽悠。他跟秦昭王讲："甘茂历经三朝（秦惠王、秦武王、秦昭王），一直颇受器重，又长期在军队中任职，对秦国的险要关隘了如指掌。如果他跑去为齐国效力，麻烦可就大了！"

听得此言，秦昭王顿时着急了，问苏秦该作何区处。苏秦顺势提议：奉上重金厚礼，劝甘茂返回秦国，再随便找个理由，将他软禁起来。秦昭王依计而行，甘茂则遵照苏秦临行前的交待，婉言谢绝了秦国的"好意"。

紧接着，苏秦又马不停蹄地跑到齐国，将甘茂的能耐大肆吹嘘了一

番，同时煞有介事地说：“秦国前些日子还不惜重金要请他回去呢，但甘茂没有答应。如果齐国能以礼待之，岂不是多了一道对付秦国的筹码吗？”于是，甘茂应邀来到齐国，高居上卿之位。

苏秦正是此次前往咸阳拜见秦昭王的时候，既帮助甘茂解决了无处容身的问题，也跟秦昭王大谈了一番轻文重武的道理。

苏秦表示：眼下齐国蠢蠢欲动，打算联合各方诸侯来对付秦国，依在下之见，根本不足为虑！秦国西有巴、蜀、汉中之富庶，北有胡、代之良马，南有巫山、黔中之屏障，东有崤山、函谷之险关，堪称“田肥美，民殷富，战车万乘，奋击百万，沃野千里，蓄积饶多，地势形便”的“天下之雄国”！地理环境之优越，山东六国简直望尘莫及，只要国君贤明，兵法谋略运用得当，必能吞并各方诸侯，实现一统天下的伟业！

秦昭王初闯江湖，又刚刚经历了一场“季君之乱”，对于秦国到底有几斤几两、能发展到什么程度，他的想法还是比较务实的。因此，秦昭王没有轻信苏秦那些不着边际的胡侃，淡然回应道：“你讲的这些道理太宏伟了，依寡人之见，还是从长计议吧！”

苏秦依然不甘心，转而强调以战止战的重要性，并以兵家的观点和主张质疑法家的一系列做法。他认为，正是法家的歪门邪道把秦国搞得“科条既备，民多伪态，书策稠浊，百姓不足”，“明言章理，兵甲愈起”，“繁称文辞，天下不治”，“行义约信，天下不亲”。总而言之一句话，法令规章、繁文缛节那一套只会束缚秦国的手脚，应该趁早摈弃，只有厉兵秣马、征战疆场，才有机会建功立业！

苏秦越说越来劲，后来又上了十几道奏章，但秦昭王始终置之不理。当然了，此时的秦昭王还没有做主的资格，真正对苏秦这套穷兵黩武的说辞不感兴趣的是临朝主政的宣太后。在宣太后看来，兵家不是也主张“上兵伐谋”“其下攻城”吗？如果能用外交谋略解决问题，又何必人动干戈呢？

通过这次游说，咱们可以发现，此时的苏秦尚未秉持合纵抗秦的政治立场。他动身前往咸阳，既是帮甘茂的忙，更是想给自己谋求一条出路。但他似乎忽略了一点：秦国正是凭借变法才逆势崛起的，你苏秦跑过来想要大挖变法的墙脚，无异于动摇人家的国本，宣太后、秦昭王岂能听之任之？

苏秦的一番精彩陈词尽管严重跑偏，完全不合秦国的胃口，却让宣太后意识到了秦、楚结盟的紧迫性。如果坐视孟尝君将齐、楚联盟搞成，秦国恐怕也只能按照苏秦的设想，用无数将士的鲜血和生命去争取秦国的利益了！

为了抢在孟尝君的前面拉拢楚国，宣太后采取了后宫、朝堂“双保险”的策略。后宫方面，不惜以重金相聘，为秦昭王从楚国迎娶了一名女子，还册封她为王后，延续两国的联姻传统。朝堂方面，就丞相的人选问题，向楚怀王征求意见，以示对楚国的尊重。楚怀王原本打算推荐甘茂，但有谋士认为甘茂太能干，恐怕于楚国不利。于是，楚怀王改为推荐宣太后的外戚向寿，宣太后欣然接受。

公元前304年，经过一系列的铺垫之后，秦昭王、楚怀王在黄棘正式举行会盟，秦国还将地处汉中的上庸归还给了楚国。随后，秦、楚联手伐韩，算是给各方诸侯一个见面礼。

到了第二年，秦国内部局势业已稳定，便再度东出函谷关，一举夺取了魏国在黄河上的几处渡口、要塞，包括蒲阪（今山西永济）、阳晋（今山西永济附近）和封陵（今山西芮城附近），并将韩国的武遂再一次收入囊中。这场战事便是苏代后来跟燕昭王提到过的“封陵之战”——三晋抗秦的五大惨败之一。凭借此次重大胜利，秦国几乎占领了所有山防、河防要塞，对魏、韩两家构成泰山压顶之势。至此，孟尝君拉拢楚、魏、韩的计划显然已经没有多少可能性了。

齐、秦斗智，楚国受伤

在宣太后的主持之下，秦、楚两大强藩成功实现联姻结盟，致使孟尝君“*合众弱以攻一强*”的宏大谋略基本上化为泡影。但是，要说心比天高的孟尝君已经满盘皆输，恐怕还为时过早。宣太后虽说技高一筹，但她的眼里似乎只有娘家，情急之下犯了一个可大可小的错误：不仅将魏、韩揍得呜呼哀哉，还将这两个弱邻赖以自保的险隘、要塞悉数据为己有。如此一来，魏、韩两家担心被秦、楚联手灭国设郡，于是转而向齐国寻求庇护。

如果齐国采取事不关己、高高挂起的超脱姿态，拒绝魏、韩之请以免招惹秦国，那么宣太后的这个失误倒也无碍于大局。不过，咱们可别忘了，此时的孟尝君殚精竭虑地要推行合纵战略，虽说楚国已经被秦国抢先拉拢，但他完全可以退而求其次，先与魏、韩两家联手，去收拾背信弃义、出尔反尔的楚国，因此齐国欣然应允了韩、魏的请求。

楚国先前吞并了吴、越之地，疆域有所拓展，实力有所增强，但想在中原对抗齐、魏、韩三家的合力征讨，还是力不从心。于是，楚怀王将太子横送往咸阳充当人质，恳请秦国施以援手。宣太后刚把楚国拉入秦国阵营，岂能让娘家人寒心，当即出兵驰援，齐、魏、韩惹不起，只能选择认怂。

虎头蛇尾的一场仗令魏、韩两家备感失望，两国便打算重新归附于秦国，以免挨揍。公元前302年，魏襄王、韩国太子婴与秦昭王在临晋（今山西临猗附近）举行盟会，秦国还将先前夺取的蒲阪归还了魏国。随后，韩国太子婴前往咸阳，参加了一系列外交活动。

至此，孟尝君谋划的简化版合纵战略（从六国同盟到三国同盟）似乎已经注定落败，但天意（或者说巧合）站到了孟尝君这边：咸阳城里，有两拨人公然打架斗殴，还闹出了人命。

按常理论，这么大一座咸阳城，闹出几桩人命案子并不是什么了不得的事情，怎么会影响到天下合纵、连横的格局呢？看看两拨人的带头大哥是谁，咱们就明白了：一边是秦国的大夫（名不详），一边是楚怀王先前送来的人质——太子横。被活活打死的是那位不知名姓的大夫，而自知闯下大祸的太子横既不自首，也不自辩，竟然畏罪潜逃，擅自跑回了楚国。

堂堂大夫稀里糊涂地遭人杀害，身为人质的嫌疑犯竟然跑了！于是，这场斗殴最终演变成了严重的外交事件，让秦、楚双方都始料未及。

嗅觉敏锐的孟尝君意识到合纵的机会来了，便再度撺掇起魏、韩两家去收拾楚国，并许诺所获之地皆归魏、韩，齐国不会参与“分赃”。魏、韩两家认为有利可图，特别是在秦、楚突生嫌隙的情况下，伐楚也不会惹怒秦国，这样的契机岂能坐失？故而兴致相当高涨。

虽说魏、韩两家接了招，但孟尝君的心里还是没底：战端一开，楚国势必找秦国求援，难保秦国不会摒弃前嫌、横插一杠，真是那样的话，恐怕又是白忙活一场！为了避免重蹈覆辙，孟尝君采纳了一位食客离间秦、楚的计策。

方法倒也简单易行：齐国先是派出一支高规格使团前往楚国，与楚怀王共谋合力抗秦的大计。楚怀王一直惦记着汉中、黔中故地，又因为太子横在咸阳惹出了祸事，短期内与秦国恢复邦交的可能性不大。因此，对于齐国提出的动议，楚国表现得异常积极，在不知不觉之中便钻进了孟尝君欲擒故纵的圈套。

公元前301年，在孟尝君的协调组织之下，匡章、公孙喜、暴鸢三位将军分率齐、魏、韩三国军队，合攻楚国方城。

再次受骗的楚怀王大呼上当，又厚着脸皮向秦国求援。宣太后、秦昭王因为太子横之事此时还在气头上，又怀疑楚国是在配合齐国上演一出“苦肉计”，要引蛇出洞、打蛇七寸的阴谋，故而按兵不动，静观其变。

秦国不肯帮忙，但楚国作为南方第一强藩，也不是吃素的。楚军不仅战斗力强悍，而且武器装备精良，史载“鲛革犀兕以为甲，鞈如金石；宛钜铁矛，惨如蜂虿；轻利僄遬，卒如飘风”。用白话文来解释就是：铠甲坚如金石，长矛毒如蜂蝎，兵士行如旋风。显然，这一仗并不好打。

果不其然，攻防双方势均力敌，隔着泚水（今泌阳河、唐河）对峙了半年之久，依旧不见胜负。身在临淄的齐宣王、孟尝君很着急，派一位名叫周最的大臣赶到前线催战。周最毕竟是文臣，误以为端端架子、放几句狠话就能扭转僵持局面，结果却被匡章这个暴脾气怒怼了一番。匡章表示：“杀我，免我，甚至灭我全族，国君都可以做到，但要想拿君命来压我，让前线将士明知不可战而战，或者明知可战而不战，是绝不可能的！”言外之意，您哪儿凉快哪儿歇着去，少来瞎指挥！

嘴仗归嘴仗，背负重任的匡章无时无刻不在谋划着破敌之计。面对来势汹汹的三国联军，楚军在数量上并不占优势，但他们利用泚水的天然阻隔严密布防，三国联军一时间也无懈可击。匡章屡次派人意图抵近泚水侦察，寻找适合的强渡之处，却都被对岸的楚军放箭射了回来，根本没办法靠近。

一次偶然的机会，有一位乡民前来告诉齐军：河水的深浅根本没必要实地勘察，从楚军的布防情况便能发现端倪。在水浅的地方，楚军必然是重兵防守，而没多少兵力的地方，说明河水比较深，不适合强渡。

匡章如获至宝、喜出望外，当夜便指挥大军朝楚军防守严密的地方发动突然袭击，一举冲破了沘水防线，并在垂沙一带痛击楚军主力，杀其主将唐昧（一作唐蔑），史称“垂沙之战”。随后，三国联军席卷楚国控制的宛、叶以北地区（今河南南阳一带），取得了齐、魏、韩三国合纵以来最为辉煌的战果。

楚国在中原被揍得哭爹喊娘，先前还心存疑虑的秦国突然发现自己也中了孟尝君的圈套。事已至此，拿脑袋撞墙，大呼悔不当初，又能有什么用呢？宣太后果断拍板：既然没赶上头班车，就不能再错过末班车，咱们也跟着搅浑水去，既捞些好处回来，也让朝三暮四的楚国长点教训！

于是，就在中原战事接近尾声的时候，秦军东出武关，先是大败楚军，斩首二万，夺取了宜阳南面的要塞新城，接着又攻占了韩国的手工业重镇穰邑（今河南邓州），宣太后将它赏赐给了魏冉，所以魏冉也被称为“穰侯”。转眼到了第二年，秦国再度出兵伐楚，一举夺取了襄城（今河南襄城），楚军被斩首三万，主将景缺殒命疆场。

常言道：“福无双至，祸不单行。”楚国被昔日的盟友揍得喘不过气来，偏偏自己家里也出了状况，史称“庄蹻之乱”。严格来讲，这场由将军庄蹻挑起的武装叛乱，在楚怀王出兵消灭越国之前就已经闹到“吏不能禁”的地步了。有大臣曾经以此为由反对出兵越国，主张先平内乱、再征外藩，但没有得到楚怀王采纳。如今，楚军在垂沙之战中惨败，庄蹻乘机扩张势力，甚至已经波及楚国的政治中心郢都了。详细的情况，现存史料语焉不详，但有一句话令人无比震惊：“楚分而为三四。”——“三家分晋”的格局是要在楚国上演吗？！

眼瞅着国内的局势急剧恶化，几乎到了四分五裂的地步，楚怀王哪里还有心思跟齐、秦一争高下，只能选择服软认怂，不仅将太子横送往

临淄充当人质，还拱手送出了六座城邑，与齐国讲和。

楚国选择倒向齐国，下一步应该就是合力抗秦了，这让秦国感到异常紧张，势必会采取动作、设法搅黄。不过，天意（或者是巧合）再一次站到了孟尝君这边：秦国的家里同样遇到了大麻烦——蜀侯杜恽反了！

咱们在前面讲过，秦国灭蜀之后，历经三十年的光景，接连杀掉了三任蜀侯，才最终将蜀国故地纳入郡县体系。上一次杀的是蜀侯杜通，眼下是第二次，轮到蜀侯杜恽挨收拾了。

根据《华阳国志》记载，蜀侯杜恽原本不想造反，却被他的继母设计陷害。当时，杜恽祭祀山川，按惯例给秦昭王献食，他的继母暗中命人在食物中下毒，想借秦昭王之手杀掉杜恽。不过，这段记载的漏洞很多，可信度不高。蜀侯杜恽选择造反，应该是想匡复蜀国吧。甭管什么原因，蜀国人闹独立，秦国就不能听之任之。于是，司马错再度率兵南下，杀掉了蜀侯杜恽，改立出身蜀王室的公子绾为新一任蜀侯。

在这种情况下，宣太后一时无暇外顾，尤其不希望过早地与齐国对抗，只好将自己的亲儿子——泾阳君（公子芾）送往临淄充当人质，先把图谋扛起合纵大旗的齐国稳住再说。

与齐国相安无事的同时，秦国也正经历着一场影响深远的人事更迭。具体来讲，表现在两位重量级人物身上：

其一，戎马一生的“智囊”——右丞相樗里疾撒手人寰。

毫不夸张地说，作为一位出身宗室的公子（秦孝公之子、秦惠王的异母弟），樗里疾为秦国的崛起耗尽了毕生的精力。对于他的智谋与功绩，时人有“力则任鄙，智则樗里”的评价，而后来的太史公司马迁更是站在历史的高度，精辟地总结说：“秦所以东攘雄诸侯，樗里、甘茂之策。”

顺便说一件有意思的事情。樗里疾在世的时候，在渭水的南面给自己选了一块墓地，还故弄玄虚地预言道：“当有天子之宫夹我墓。”时人听得此言，或许就是当个笑话而已，毕竟谁也看不到那一天。直到一百多年以后，汉高祖刘邦兴建了两座宫殿——长乐宫、未央宫，恰好就位于樗里疾墓地的东、西两侧。正是这个颇似杜撰、附会的历史巧合成就了樗里疾在风水界（正式的说法是堪舆，也叫相地）的鼻祖地位，被后世的相地之士尊奉为“樗里先师”。

其二，魏冉官拜相邦（后改称丞相），标志着芈氏在秦国的势力达到了巅峰。

相邦之职，最早是秦惠王为张仪量身定制的。秦武王一上台，就把这个集大权于一身的座位给撤了，改设左、右丞相，从而达到相互制衡的目的。宣太后临朝主政以后，日常事务一直是由她的同母弟魏冉把持，左、右丞相形同虚设。如今，左丞相甘茂早已受谗出奔，而攻讦甘茂的右丞相樗里疾也走到了人生的终点。宣太后索性废除了左、右丞相的设置，恢复相邦之职，让魏冉名正言顺地独揽大权。

这场旨在集中相权的官制变革虽说是宣太后肥水不流外人田之举，客观上却与集权以创业、分权以守成的普遍规律不谋而合。就眼下的情况来说，秦国的决策层只要在争雄战略上高度统一（不像过去有亲韩、亲魏之争），将一张蓝图绘到底，距离“王天下”的终极目标就会越来越近。

舍身陷骗局，其志不可夺

秦国集中相权、统一思想，为积极参与新一轮的诸侯争雄摆脱了制度上的束缚。此时，秦国上下都围着宣太后一个人转，她想收拾哪个诸侯，直接决定了全天下的纷争格局。出人意料的是，宣太后既没有找魏、韩、赵三家的麻烦，也没有背信弃义招惹齐国，而是将矛头指向了自己向来刻意偏袒的娘家——楚国。

宣太后六亲不认，当然不是没有来由的。细论起来，导火索是发生在韩国的一场夺嗣之乱。以往的夺嗣之乱大都是发生在国君新老更迭的敏感时期，但这一次比较特殊，国君韩襄王活得尚好，几位公子却已经迫不及待地闹将起来了。

关于这段纷争，现存史料的记载比较混乱，有前后不一致的，也有相互矛盾的，但整件事的基本脉络还算清楚。夺嗣的主角有三位：公子婴、公子虮虱、公子咎。他们都是韩襄王的儿子，仗着或内或外的支持，明里暗里斗得不可开交。

当时，在齐、魏、韩合纵的大背景下，韩国的相国已经变成了公叔赞。他利用齐、魏的外援关系，尤其是齐军还在韩国境内活动，将亲近于秦、楚的公子虮虱撵去了楚国，并力主将公子婴册立为太子。没想到公子婴福浅命薄，做上太子没多久就死掉了。

除了少一位主角之外，一切仿佛回到了原点。楚国想打公子虮虱这张牌，让亲楚派在韩国得势，便派人到咸阳联络华阳君芈戎，共谋武装干涉之策。芈戎坚决不同意，想法倒也简单：公子虮虱一旦得势，只会对楚国感恩戴德，跟秦国没有半毛钱关系，要是中间出点什么岔子，反倒会让秦、韩徒增嫌隙，这种担风险、无收益的买卖，谁做谁是傻子！最终，楚国手里的这张牌彻底废了，亲秦的大臣公仲朋得到魏国鼎力相助，拥立公子咎坐上了太子之位。

正是韩国的这笔烂账暴露了楚国同处一片天、各自分半边的险恶用心，它可是时刻不忘扶持亲楚势力上台，以达到拉拢其他诸侯国的目的。这触碰了宣太后唯秦独尊的底线，看来，很有必要给名义上的娘家人一记重拳，敲一敲警钟，让他们长点记性了！

公元前299年，宣太后以秦昭王的名义派使臣给楚怀王送去一封书信，大致讲了四点：

第一，深情回忆昔年迎娶楚妇、会盟黄棘、约为兄弟之国的甜蜜时光，重申巩固秦、楚的传统友谊符合两国的根本利益。

第二，双方关系由热转冷，几乎跌至冰点，责任并不在秦国。先是太子横在咸阳擅杀秦国大夫、畏罪潜逃，接着楚国让他去临淄做人质，积极向齐国靠拢，是楚国在背信弃义的道路上越走越远，越来越离谱。

第三，秦国希望楚国能以大局为重，认清“秦、楚不欢，则无以令诸侯”的现实处境，及时悬崖勒马，与秦国相向而行，回到重修秦、楚旧好的正确轨道上来。

第四，如果楚国同意秦国的意见，建议两国国君在武关（位于秦、楚交界地区）举行会盟，化干戈为玉帛。

接到秦国的这封书信，楚怀王一时间犯了难。单从言辞上来分析，秦国口口声声说以大局为重，却字字句句藏着咄咄逼人的机锋。太子横从咸阳畏罪潜逃，又跑到临淄充当人质，楚国如果拿不出像样的说法，武关会盟这一关恐怕不好过。再者说，武关虽然位于秦、楚交界地区，但处在秦国的绝对控制之下，如果一言不合、闹将起来，楚怀王无异于自投罗网。

昭雎、屈原等大臣认为：秦国是毫无信义可言的虎狼之国，此番盛情邀约，必然心怀叵测、居心不良，咱们不能上当。不过，官拜令尹的公子子兰（楚怀王的幼子）则是另外一番考量与说辞：事已至此，贸然拒绝人家的好意，无异于跟秦国交恶，对楚国而言，真是百害而无一利。不如利用好这次会盟，与秦国摈弃前嫌、达成和解，双方再联手出兵攻打魏、韩，楚国便可夺回在垂沙之战中失去的地盘，岂不是两全其美？

权衡再三，楚怀王不顾昭雎、屈原等大臣的坚决反对，执意舍身冒一次险。结果刚刚踏入武关，楚怀王就意识到自己又上当了：早早等候于此的“秦昭王”其实是一位将军假扮的。秦国并没有给这个资深上当者任何反应的时间，迅速封堵了通往楚国的道路，重兵“护送”楚怀王前往咸阳，跟真正的秦昭王见面，史载其“朝章台，如蕃臣，不与亢礼”，受尽了秦国人的欺辱。

身为一大强藩的国君，却遭受此等奇耻大辱，楚怀王先是悔不当初，接着又大为光火，声嘶力竭地与秦国人据理力争。宣太后懒得跟他废话，直接将其软禁在咸阳，要求割让巫郡和黔中全境，差一座城池，他就甭想回去。

楚怀王自忖已成秦国案板上待宰的羔羊，但还在耍弄金蝉脱壳的心眼，回复说先举行会盟，待回国之后再行交割。秦国人把诈骗的伎俩玩得炉火纯青，岂容苦主楚怀王班门弄斧：先放你回楚国，我们到时候找谁要地去？无论是会盟还是回国，只要先把地盘交出来，一切都好说，否则免谈！

尽管屡次上当受骗，智商确实令人着急，但楚怀王贵为一国之君，最起码的气节还是有的：要地没有，要命一条，肆意讹诈、漫天要价的买卖，寡人不谈！

国君一去不复返，成了秦国人手里的一张牌，加之太子横此时身在临淄做人质，万一秦、齐联手甩出一对“王炸”，楚国即便侥幸不死，恐怕也会重度致残。形势万分危急，必须赶紧拿出一个切实可行的解决方案，挽救楚国于危亡。

这个道理谁都懂，但具体该走哪条路，楚国的大臣们犯了难。如果想迎回国君，按照秦国开出的价码，巫郡、黔中都保不住。可一旦失去这道天然的屏障，楚国在秦国面前无异于“裸奔”，到时候人家想来就来、想走就走，这跟亡国又有多大区别呢？而如果迎回太子横，以眼下的处境来看，极有可能打草惊蛇，难保嗅觉敏锐的齐国不出什么幺蛾子。

两条路都行不通，国中又不可一日无君，怎么办呢？有一些大臣提出：活人不能被尿憋死啊，既然迎国君、接太子都没什么指望，不如拥立一位身在国内的公子为新的国君，以免受制于人。

对此，大夫昭雎第一个站出来反对。他认为，此举不仅有悖于君命，道义上更是说不过去。如果齐国人拿太子横做文章，咱们会陷入被动，甚至有可能造成严重的分裂与内乱。先前庄蹻之乱，“楚分而为三四”，眼下局势稍微有所好转，哪里还经得起新一轮的折腾！

昭雎主张迎回太子横，这样至少能将内乱风险降到最低。为了迷惑齐国，昭雎又利用秦、齐两国尚处于敌对状态、相互没有来往的契机，甘愿冒着大不敬的罪名，诈称楚怀王已经病逝，恳请齐国按照惯例，将太子横放回来继承君位。

此时，齐国因为与秦国交恶，并不清楚秦国软禁了楚怀王的真实状况，但在是否放人的问题上，内部争论得一度比较激烈，连国君与相国的意见都大相径庭。

国君是齐湣王（齐宣王之子），嗣位只有两年，迫切地需要一些业绩刷一刷初闯江湖的成就感，所以打算把太子横扣下，敲诈楚国一笔，让他们割让淮河以北地区作为交换。

相国依然是孟尝君田文，他作为一位老江湖，深知这种乘人之危的做法既缺乏法理上的依据，也有损齐国在道义上的形象，合纵的队伍还怎么带？再者说，如果楚国人拒绝做这笔交易，改立其他公子为君，齐国手上的这张牌就彻底废了，以后再想拿太子横做文章，无异于“抱空质而行不义于天下”！

还有一些大臣虽然觉得国君的方案太过于理想化，根本没有实现的可能，但又不甘心一无所获地把人送走，于是提出了一个退而求其次的办法：先把太子横扣下，等楚国拥立新国君之后，再设法跟他们做交易，以割让徐夷地区（也称为“下东国”，今江苏徐州一带）作为酬劳，齐国负责把太子横干掉，断绝楚国的后患。如若不然，齐国就联合秦、魏、韩三家拥立太子横，与楚国新国君分庭抗礼。

综合各方的意见，齐湣王最终决定：人是可以放的，好处也是要捞的，价格嘛可以商量（底线是徐夷地区），不过商量的对象不是楚国新国君，而是身在临淄的太子横。

计议已定，齐湣王迅速召见太子横，将这桩交易摆到了台面上：齐国可以放你回去继承君位，但你必须割让徐夷之地五百里给齐国。太子横没有当场答复，要回去请教一下自己的师傅慎子（这位慎子是不是法家名士慎到，历史上有争议）。慎子认为，如果因为舍不得土地而不能为亡父送葬，显然于礼不合，这事儿还有什么好犹豫的呢？

于是，太子横答应了齐国的条件，不过他此时还不是国君，没办法先割地盘后走人，只能以个人的信义为保，做一个口头承诺而已。

顺利回到楚国之后，太子横被拥立为新的国君，是为楚襄王（一作楚顷襄王）。齐湣王当即派出规模庞大的使团前来楚国讨债。楚襄王不置可否（看来是想赖账），转而问师傅慎子该如何应对这一局面。慎子认为，五百里地盘可不是小事，不能咱们两人说怎么搞就怎么搞，还是听一听大臣们的意见为妥。

大臣们经过充分讨论，基本上形成了三种意见：

上柱国（仅次于令尹）子良认为，国君应当言而有信，否则以后还怎么在诸侯界混？不过呢，徐夷之地是楚国东北面的屏障，不容有失。因此，可以先履行承诺，将这块地割让给齐国，彰显楚国的信义，然后出兵反抢回来，这就是比拼实力的问题了，谁又有理由来横加指责呢？

大夫昭常认为，如果割让徐夷之地五百里，楚国就不再有资格称万乘之国了！因此，这块地非但不能拱手送人，还要调集重兵固守，谨防齐国狗急跳墙、出兵硬抢！

大夫景鲤大体上同意昭常的看法，但他认为仅凭楚国一家之力，难以阻挡齐国的侵扰，应该向秦国求援。

三位大臣三种意见，初登君位的楚襄王一时无所适从，又去向师傅慎子讨教。慎子回答说：这事儿太好办了，三种意见都采纳。按照谁提出、谁负责的原则，子良去齐国献地，昭常去徐夷一带部署防御，景鲤去秦国搬救兵。

楚襄王依计而行，结果真是精彩纷呈！子良奉命来到齐国，认认真真走了一道过场，郑重其事地完成了交割手续，兴致勃勃地准备回国复命。齐湣王的兴致更高，赶紧派人前往徐夷接收地盘，结果遭遇了严阵以待的昭常。昭常跟齐国人讲："谁跟你们交割的土地，你们找谁要去，我接到的命令是负责在此地防守。王命如天，军令如山，我已下达了全民动员令，征召了三十万大军枕戈待旦，尽管是'弊甲钝兵'，但我们愿意奉陪到底，誓与徐夷之地共存亡！"

齐国人被怼得一头雾水，齐湣王更是要炸肺，怒气冲冲地召见了尚未启程回国的子良，问他到底在搞什么鬼。子良一脸无辜地回答："我秦国君之命前来献地，没听说要防守啊。肯定是昭常那小子假传王命，您尽管去收拾他，我支持您！”

随即，齐滑王调兵遣将，准备硬抢，结果尚未踏上徐夷之地，秦国那边就放出话来，指责齐国拿人家的太子做交易，做人也太不地道了，秦国绝不会置之不理。（秦国人真是有脸说啊！）整件事情变化得太快，齐滑王顿生江湖险恶之感，转念一想，为区区五百里的地盘就与秦、楚两大强藩交恶，这笔买卖着实是得不偿失，便不再坚持讨债了。

回头来说秦国，先前绑了楚怀王的票，便一直在敲诈楚国，怎么突然之间来了个180度的大转弯，跑到齐国面前替楚国撑腰打气呢？这事儿还得从太子横返回楚国之后说起。楚国人拥立了新的国君，便派使臣前往咸阳通报说：“赖社稷神灵，国有王矣。”言外之意呢，就是被扣押的楚怀王已经自动下岗，成为一张废票了，你们秦国人自己看着办，楚国无所谓！

宣太后自然是相当郁闷，没想到娘家人要起横来也是不甘人后的。一时间，秦国竟陷入骑虎难下、无言以对的局面。可咸阳这边还没琢磨出一个应对的办法，楚国的使臣又来了，将齐国如何利用太子横敲诈勒索，添油加醋地描述了一番，并表示徐夷之地五百里已是危如累卵，楚国眼看就撑不下去了。

宣太后意识到，如果坐视齐国成功从楚国身上薅走羊毛，势必打破秦、齐两大强藩之间的均势。因此，当务之急应该是帮助楚国保住自己的地盘，不让齐国的阴谋得逞，而不能意气用事，帮着齐国把楚国往火坑里推。

这场风波过去之后，秦国对于失去利用价值的楚怀王没什么兴趣了，看守的力度也宽松了许多。楚怀王毕竟只是被软禁，而不是下大狱，所以趁着监管日益松懈的机会，终于在惨遭扣押的第三个年头潜逃出了咸阳。

宣太后、秦昭王得知楚怀王逃跑，迅速传令各地，严密封锁所有进入楚国的道路和关口。楚怀王被迫走小路进入赵国境内，想投奔大名鼎鼎的赵武灵王。不过，赵武灵王在几年前已经退位，自称“主父”，他此时并不在都城，跑到代地（今山西北部）巡视去了。名义上的国君赵惠文王（赵武灵王之子）以及诸位辅政大臣接到边境的报告之后，不敢接这个烫手山芋，一致决定将他礼送出境。楚怀王想逃往魏国，结果被秦国追兵撵上，押回了秦国。公元前296年，楚怀王客死咸阳，秦国才将他的棺椁送还给楚国归葬。

平心而论，楚怀王在历史上的名声不怎么好，但还是有一点值得肯定：在近乎身陷囹圄的情况下，他始终以楚国的利益为重，宁愿漂泊异国、客死他乡，也绝不屈服于秦国的淫威。因此，当他叶落归根、归葬故土的时候，史载“楚人皆怜之，如悲亲戚，诸侯由是不直秦”。楚国故民对于楚怀王的悲惨遭遇和忠贞不屈的怜悯之情一直延续到了天下反秦之时，所以才会有“楚虽三户，亡秦必楚”的说法。

从垂沙之战惨败到楚怀王无端遭到扣押，楚国接连被齐、秦两大强藩折腾得死去活来，此后的四十年，楚国都处于日渐没落的窘境，一心只图自保，再也无力争雄于中原。

回到新一代合纵领导者——孟尝君这里，真可以说是青出于蓝而胜于蓝啊！他组织的这一系列合纵举动终于搞残了雄心勃勃的楚国。还有一个重大成果是孟尝君始料未及的：秦、齐这两个冤家对头竟然越走越近，越交越欢了！

特别是在公元前299年，原本在临淄做人质的泾阳君被齐国主动送回秦国，孟尝君也应宣太后的盛情邀请前往咸阳，接替上任仅一年的穰侯魏冉，官拜秦国丞相，标志着秦、齐两大强藩正式步入了短暂的蜜月期。

秦、齐呈现合流之势，一直跟着带头大哥混饭吃的魏、韩两家倒是乐见其成，满心欢喜地想着往后不会再犯选择困难症了。然而世事难料，就在各方诸侯其乐融融的时候，突然间冒出一个人来，非把秦、齐的亲密关系搅黄了不可！出人意料的是，秦、齐的“热恋”还真是被这个胆大而嚣张的人弄得支离破碎，致使诸侯争雄又呈现出新的格局。

敢同时跟两个一等强国叫板，究竟是何人如此自不量力呢？

第五章 三足鼎立

穿新衣，打新仗

揽黄秦、齐两国好事的人，正是大名鼎鼎的赵武灵王。

曾几何时，赵国还是一个饱受列强欺凌和战火荼毒的二等诸侯国。先前总是受盟主魏国的气，后来又被秦、齐两大强藩欺负，就连实力屈居三流的中山国也仗着身后有齐国撑腰，不断出兵骚扰。到赵肃侯去世的时候，各方诸侯更是串通一气，兴师动众跑来奔丧，想把赵国当成肥羊狠宰一顿，谁承想遇到了拼死不服输的赵武灵王，凭借着初生牛犊不怕虎的大无畏精神，硬生生地将诸侯联军挡在了国门之外。

时光荏苒，如白驹过隙，到公元前299年，赵武灵王的主政之路已经度过了二十七个年头。二十余载春去秋来，赵国貌似悄无声息，实则发生了翻天覆地的变化。简单来讲，在天下诸侯的眼里，昔日那个四处寻求庇护的小马仔如今已锤炼成为肌肉感十足的暴力男！

蜕变如此惊人，真就应了孟子的那句名言："生于忧患，而死于安乐。"通俗一点讲，这世上所谓的牛人大多是被惨淡的人生甚至淋漓的鲜血硬逼出来的！从前赵国的处境到底有多惨淡呢？咱们大致可以归纳成三点：

第一，地理位置毫无优势可言，只勉强比“七环”外的燕国稍微强一点儿。

张仪当年力主伐韩的时候说过这样一句话：“争名者于朝，争利者于市。”普天之下的“朝”与“市”，核心是王室所处的三川地区，灭郑之后的韩国霸占了一大片黄金地段。扩大一圈来看，魏、秦、楚、齐离得也不算太远，各自都有炒作升值的空间。偏偏赵国比较悲催，早在三家分晋的时候，赵氏分到的地盘就比较靠北，尽管都城一迁再迁，从晋阳到中牟，再搬往邯郸，终究与热闹非凡的中原隔着一段距离，很难在地理位置上捞取实质性好处，基本上是跟在魏、韩两国后面做义工。

第二，放眼四周，强敌环伺。

南面有素来以盟主自居的魏国，西面隔着黄河与秦国相望，东面则是同样身强力壮的齐国，北面更难对付，从西北到东北是不同游牧部族的地盘，实力比较强的有楼烦、林胡、匈奴和东胡。这些年来，赵国挨过齐国的揍（如平邑之战、观泽之战），也饱受秦国欺凌（如蔺之战），与魏、韩两位名义上同出一脉的兄弟也是貌合神离、龃龉不断。

当然了，看似诸侯们相互征伐不断，实则彼此牵制提防，只要谋略运用得当，还是有机会游刃于其间的。真正让赵国历代君主感到无比烦忧的，还是盘踞在太行山区的中山国，以及驰骋塞北、来去无常的胡人部落。

中山国三面与赵国接壤，只有东北面挨着燕国，如同一只楔子，嵌入赵国的腹地，让其南、北难以顺畅地往来，一直令赵国如鲠在喉，惟欲除之而后快。由于自身实力羸弱，赵国非但不能把中山国怎么着，反倒还饱受它的滋扰与侵伐。用赵武灵王自己的话说，中山这么一个三流小国，“侵掠吾地，系累吾民”，让赵国吃了不少的亏。

比中山国还要难缠的是胡人部落，他们以游牧为生，除了撒尿拉屎，什么事儿都可以骑在马上完成，骑术、箭术十分了得，并充分利用骑兵的运动优势，频繁侵掠赵国边境，来了就抢，抢完就跑，令习惯于车战、步战的赵国有力无处使。负责边境防守的赵军不知道对方会在什么时间、什么地点出现，遇有战况驰援不及，碰到了也撵不上，实在是疲于应付。

第三，融合阻力大，内部隐患深。

在战国七雄之中，赵国的地盘不算小，北至代郡，南抵邯郸。前面提到过，代郡原本是代国，当年赵无恤干掉亲姐夫之后强行吞并的，与赵氏故地有着截然不同的文化与传统。代郡靠近塞北，习俗上更接近于逐草而居的胡人部落，以邯郸为核心的赵氏故地则毗邻中原，属于典型的农耕文明。自古武力统一易，文化融合难，南、北本就不同俗，中原混战不息，塞北滋扰不止，中间还隔着一个碍手碍脚的中山，赵武灵王面临的压力之巨大可想而知。

或许是穷人的孩子早当家吧！主政之初，赵武灵王便清醒地意识到，眼下的赵国依然是战国七雄中的一支弱旅。在“五国相王”的时候，赵国碍于魏国的面子，勉为其难地捧了一回场，但赵武灵王认为，以赵国目前的实力，哪里配称什么王呢，索性自己给自己降了级，下令在内部称君而不称王，毕竟赵国亟待解决的问题实在是太多、太难了，还是低调点好。

赵国面临的这三大惨淡处境彼此相互关联又错综复杂，可地理位置没法选，四周的强敌也惹不起，赵武灵王能做的只有不遗余力地维系内部的平衡。譬如说，为了保持南、北在权力和地位上的均势，进而实现思想、文化融合，赵武灵王一方面重用赵氏宗室贵族，委任公子到代地做郡守，一方面也对肥义（白狄人）、楼缓（楼烦人）、仇液（匈奴人，又作仇郝、仇赫）等来自戎狄的外族大臣信赖有加。其中，肥义更是以托孤重臣的身份官拜相国之职，赵武灵王对他几乎是言听计从。

经过将近二十年的苦心经营，赵国面临的危险处境终于有所好转。

这既得益于中原诸侯忙于纵横捭阖，无暇顾及远居北地的赵国，更得益于赵武灵王在代郡搞的军事改革试点。毫不夸张地说，这真是一招化先天劣势为后天优势的妙棋！

所谓的“戎”“狄”“蛮”“夷”一直处于中原文化“鄙视链”的底端，不是“被发文身”“被发衣皮”，便是“雕题脚趾”“衣羽毛穴居”，送进嘴里的更不讲究，“不火食”“不粒食”，所以人人避而远之。但是，对于赵国而言，邻居是搬不走的，只有硬着头皮相处，合不来的为敌，合得来的为友。因此这些年来，赵国为了对付频繁滋扰的胡人骑兵，不断从毗邻的楼烦、林胡、匈奴、东胡等部落召募骑兵，有些人还充任教官，为赵国编练骑兵部队，分化对手的同时，也增强了自身的力量。凭借军事实力的增长，赵国在秦武王举鼎而亡之后终于强硬了一回，将秦国的公子稷从燕国送抵咸阳，并联手楼烦大兵压境，逼着宣太后、魏冉等实权派就范，拥立公子稷为秦国的新君主。

初享改革甜头，赵武灵王踌躇满志，决定将试点于代郡的军事改革措施推广到全国范围，这便是历史上赫赫有名的“胡服骑射”。

这项军事改革，表面上是变更衣着服饰和编练科目，其实蕴含着文化传统孰轻孰重的问题，牵涉面很广，质疑的声音也很多。为了稳妥起见，赵武灵王计划先从宗室和朝中大臣开始，以身作则，以上率下，再逐步推广到各级官吏、将士和普通百姓。

即便如此，反对的声音依然不绝于耳，尤其是那些养尊处优的王室宗亲反应最为激烈。譬如公子成（赵武灵王的叔叔）认为，中原文化是贤圣所教，足以令四方夷狄高山仰止，夷狄学习中原是天经地义，而让中原人打扮成戎狄的模样，那可是违背礼制而有悖于人心了。一位名叫赵文的宗室贵族也说，穿着、服饰是礼制的重要组成部分，出于圣贤所教，不可轻易更改。赵造更是直言“圣人不易民而教，智者不变俗而动”，为政者自己没能耐，怎么可以怪百姓衣服没穿对，让大家跟着遭罪呢？！

来自王室宗亲的各种非议一度令赵武灵王犹豫彷徨。他不由得感叹道：“有高世之功者，必负遗俗之累，有独知之虑者，必被庶人之怨。”这句话的意思是说，凡建功立业者总免不了受到世俗的非议，要独自承担不被世人所理解的痛楚。由此可见，赵武灵王的内心是多么无奈！

无奈归无奈，但赵武灵王并不孤独。与诸多宗亲不同，肥义、楼缓、仇液等出自戎狄的重臣是这场“胡服骑射”改革的积极倡导者和坚定支持者。

他们一直主张，要想使赵国走向强盛，就必须师夷之长技，死守那些古法礼制而冥顽不化，虽然不会惹出非议，但身处弱肉强食的现实，必然要吃大亏！赵国经历的那些血的教训难道还不够深刻吗？

再者说，任何一场真正的改革都不可能畅行无阻，毕竟“愚者暗于成事，智者见于未萌”，真理往往掌握在少数人的手中！正所谓“论至德者不和于俗，成大功者不谋于众”，脱俗与超凡往往是相辅相成的！因此，作为一位远见卓识的政治家，理应有舍我其谁、迎难而上的气概，哪有因噎废食、畏难不前的道理？

正是在肥义等重臣的鼎力支持下，赵武灵王耐心而又诚恳地做着宗室贵族的思想工作。他反反复复地讲：服饰、礼制乃至治国的方略不应该是一成不变的，而是要顺应时代的潮流和现时的需要。如今的赵国是个什么处境呢？四周强敌环伺，还有中山横亘其间，不搞军事改革就得挨揍，百姓饱受战火荼毒，赵国难道还没被欺负够吗？

通过耐心细致的说服工作，“胡服骑射”的改革终于得以按照既定计划逐步推行，这项穿新衣、打新仗的改革给赵国带来的红利，也逐渐地显现出来。

首先是有效遏制了中山、林胡对赵国的滋扰。在赵武灵王的率领之下，赵国大军先是东略中山之地，一直打到中山国都城附近的宁葭（今河北石家庄附近），控制了穿越太行山区的要道——井陉。接着西渡黄河，击破林胡，夺占榆中（今陕西榆林一带）和河套地区，设九原、云中二郡，林胡王被迫献出大批良种战马以示归附之意。

其次是增强了军事实力，特别是着意培养骑兵这支新型的作战力量。经过多次征伐，赵武灵王不仅收编了大量的林胡骑兵，还把原阳一带（今内蒙古自治区呼和浩特附近）划定为骑兵的驻扎和演练基地。

再次是对西面的秦国形成了一定程度上的优势。秦武王举鼎而亡之后，赵武灵王伺机出手，派兵将身在燕国为质的公子稷送往咸阳。可以说，秦国方面选择就范，立公子稷为新的君主（秦昭王），赵国骑兵护送、楼烦助阵、榆中对咸阳的压顶之势都发挥了至关重要的作用。

另据史料记载，赵武灵王曾经假扮为一名使者深入秦国境内勘察地形，并冒险前往咸阳，与秦昭王有过一面之缘。蒙在鼓里的秦昭王为赵武灵王的气场深深震撼，“怪其状甚伟，非人臣之度”，觉得这名使者不像是一般人，在获悉他的真实身份之后更是惊骇不已。

平心而论，赵武灵王并没有全面压制秦国这种不切实际的想法，他出兵干涉秦国君主的嗣立，不过是避免陷入两面作战的危险境地，为彻底解决中山国的问题创造一个良好的外部环境而已。公元前305年，利用秦国内乱尚未完全平息之机，赵武灵王再度大举征伐中山，从三个方向合攻其都城灵寿（今河北灵寿），中山国君被迫割让鄗（今河北高邑附近）、石邑（今河北石家庄附近）、封龙（今河北鹿泉附近）、东垣（今河北正定附近）四座城池才达成和解。

公元前302年，胡服已经推广到了将军、大夫乃至戍吏一级，标志着以骑兵为主的作战体系基本形成。赵武灵王也在这一年下达诏令，凡是不着胡服者，无论是谁，都会受到律法的严厉惩处。

公元前300年，赵武灵王再度挥师东向，夺取了中山与燕国接壤的区域，对中山国构成了严密的环形封锁。为了排除外部干扰，集中全力收

拾中山，赵武灵王还在北面构筑长城，阻挡林胡、楼烦的侵伐。中山国君曾经幻想联合北方部落搞两面夹击，显然已经不太可能了。次年，意识到胜利在望的赵武灵王做出了一个惊人的决定：退位自称“主父”，而将王位传给了太子何，是为赵惠文王。

赵武灵王改称主父，看上去类似于大家熟知的太上皇，日常政务基本上就撒手不管了，由年仅十一岁的赵惠文王具体负责，当然少不了肥义等大臣的辅佐。不过，与通常意义上的太上皇有所不同，赵武灵王退位可不是退二线，深居禁宫颐养天年，反倒有些上一线的味道。他从繁杂的政务中抽出身来，就是为了集中精力，巡察边防（以代郡为主）和部署军事行动，以期彻底消除中山国这个“肠梗阻”。

赵国的形势一片大好，中原诸侯却令赵主父感到忧心忡忡。具体来讲，就是孟尝君田文入秦拜相，秦、齐这对冤家大有合流之势。秦、齐两大强藩合流，谁可能会率先遭殃呢？咱们不妨挨着瞧一圈：楚国已经被搞残，一时难以恢复元气；魏、韩两家地狭民贫，没什么油水可捞；穷乡僻壤的燕国更甭提了，对它征伐的收益还抵不住长途奔袭的花销……如此一来，答案不言自明：只有从东、西两个方向夹击赵国，才足以彰显秦、齐联手的威力！

可以肯定，如果真的出现这样的局面，赵国二十多年的苦心经营势必付之东流。危急关头，赵主父岂能置若罔闻，坐以待毙？

天下形势有变，不仅触动了赵主父敏感的神经，也在赵国的群臣中引发了不小的争议。大夫富丁的意见是联合齐、魏两家，再怂恿齐国对付秦国，从而达到疲齐敝秦的目的。大夫楼缓则主张向秦、楚靠拢，共同对付齐国。

赵主父认为，富丁的想法虽好，但未免过于理想化。天下诸侯同在一个锅里抢食，谁也不是傻子，如果没有像样的理由，怎么忽悠齐国去充当抗秦的急先锋？所谓疲齐敝秦不过是一厢情愿，结果多半是秦、齐、赵三败俱伤，而最输不起的就是实力稍逊一筹的赵国，这不是搬起石头砸自己的脚吗？

富丁的意见缺乏操作性，楼缓的主张又如何呢？赵主父总体上表示认可，但并没有完全采纳，因为他在秦、齐的貌合之中看出了神离的玄机。

先看秦国这边，在经历了一场夺嗣内乱以后，宣太后、秦昭王的注意力一度转向楚国，把贪婪而憨厚的楚怀王收拾得够呛。齐国趁此机会挖了秦国连横阵营的墙脚，将魏、韩两家拉拢到自己的门下。如今，秦国借助拜孟尝君为相，主动向齐国示好，只是权宜之计而已。有仇不报，根本就不是虎狼之秦的性格！

齐国那边呢，新嗣位的齐湣王选择向秦国靠拢，也未必有多少真心实意，不过是想创造一个相对缓和的局面，让自己有时间去吃掉堵在家门口的宋国罢了。

英明神武的赵主父据此断定，秦、齐两大强藩各怀鬼胎，便是赵国从中作梗的机会。于是，他提出了一个颇为大胆的设想：以秦、赵、宋三方同盟对抗齐、魏、韩三家合纵。

不得不说，赵武灵王毕竟是赵武灵王，即使如今退位自称主父，依然是享誉那个时代的杰出政治家！完全可以下定论：只有这样一个全新的对峙格局才符合各方的现时所需！

譬如秦国，表面上向齐国示好，暗地里却对齐国搞合纵策略心存忌惮，需要赵、宋两国从北、南两面对齐国构成牵制。宋国更不用说，如果没有秦、赵等大国替自己撑腰，早晚会成为摆在齐湣王桌上的一道饕餮大餐。赵国又图些什么呢？除了消除遭受东、西两面夹击的隐患之外，更重要的收益是为吞并中山国争取到足够的时间。

赵主父的这番谋略已经足够完美了，而赵国要走出的第一步棋便是设法将孟尝君从秦国挤对走。由于赵国在秦国有一定的影响力，秦国内部也不乏反齐派，只要众人群起而攻之，这事儿一点也不难办。

说到孟尝君，咱们在这里稍微回顾一下，他当初准备动身前往咸阳赴任的时候，竟有数千人出面劝阻，其中就包括后来成为一代纵横名士的苏秦。

当时，孟尝君已经被劝得很不耐烦了，相当不客气地跟苏秦讲：“人间之事我已尽知，只有鬼怪之事不曾听闻。”言外之意，您还是免开尊口吧！

苏秦不以为意地回答说：“真是巧了，我就是想来谈一谈鬼怪之事的！”

孟尝君不能言而无信，只有耐住性子洗耳恭听，苏秦便绘声绘色地编起了故事。他跟孟尝君讲：我这次来齐国经过淄水，听见一个泥人（土偶人）和一个木偶（桃梗）对话。木偶跟泥人讲：“你本是西岸之土，被做成人像放在这里，等到发大水的时候，你会被冲得残缺不全。”泥人回答说：“此言差矣，我本是西岸之土，无论被水冲成什么样，依然是西岸之土。而你这个木偶呢，是用东方的桃木雕刻而成的，洪水一到，还不知道会把你冲到哪儿去呢！”

关于这段荒诞不羁的鬼怪之事，有一种说法认为，泥人代指在齐国做人质的泾阳君，木偶当然说的是孟尝君。不管怎么解释，苏秦都认定孟尝君此去咸阳必然是凶多吉少。孟尝君听完苏秦的这番话之后，又是什么反应呢？《战国策》记载说，孟尝君当即决定取消行程！然而，这一记载明显与《史记》不符，当是后世的纵横家所杜撰。事实上，当时孟尝君力排众议，义无反顾地赶往了秦国。

官拜秦国丞相，名义上是百官之首，张仪、魏冉等人都在这个位置上留下过辉煌的篇章。然而，这位跻身“战国四公子”之列的孟尝君出场表演，却没有带给观众些许惊艳，跟他当年在魏国拜相一样，说轻一点是乏善可陈，说重一点就是吃白食。如此名不副实，赵国想找机会挤对他，那就再容易不过了！

当年在魏国庸碌无为，孟尝君倒还可以全身而退，但想在秦国尸位素餐、骗吃骗喝，未免就太天真了！不身临其境，还真是不知道咸阳的水到底有多深！尤其是赵国派出一位名叫金投（一作金受）的大臣来搅浑水，孟尝君的日子就愈发艰难了。

当时，不断有人在宣太后、秦昭王面前进馋言，说孟尝君这个人能耐还是有的，但毕竟出身齐国宗室，如今在秦国做丞相，“必先齐而后秦”，置秦国于险境。游说者络绎不绝，加之赵国从旁施加压力，宣太后最终决定将孟尝君就地免职，并下令将他囚禁，改拜赵国推荐的大臣楼缓为丞相。

孟尝君身陷囹圄、性命堪忧，跟随他来到秦国的食客们急了，到处求爷爷告奶奶，救主子于危难。有食客找到秦昭王的一位宠姬帮忙，宠姬倒也爽快：忙可以帮，先把那件世间稀有的狐白裘送来！

真是哪壶不开提哪壶，逼着公鸡下鹅蛋啊！那件价值千金、举世无双的狐白裘已经被孟尝君作为见面礼送给秦昭王了，她男人舍不得赏给她，咱们上哪儿给她弄去？

众人束手无措之际，一位昔日以偷盗为业、饱受旁人鄙夷的食客主动请缨，趁着夜色潜入宫中，将狐白裘偷了出来。宠姬虽是女流之辈，但言而有信，便在秦昭王耳旁大吹枕头风，真把孟尝君保释了出来。

孟尝君担心夜长梦多，丝毫不敢耽搁，撒腿就往函谷关的方向开溜。来到关门前，天还没有亮，守关的士兵不认时辰只听打鸣，要等到鸡叫了才肯开门放行。孟尝君惴惴不安，担心秦昭王派出追兵来撵，那可真是瓮中捉鳖了！危急关头，又是一位不受待见的食客站出来，惟妙惟肖地学了几声鸡叫，惹得附近村子里的鸡全都叫了起来。孟尝君一行得以顺利离开秦国，狼狈不堪地逃回了齐国。

“三家村”对抗“齐家店”

孟尝君在秦国被撸得一干二净，还险些丢了小命，标志着秦、齐的短暂结盟彻底破产。与楼缓官拜秦国丞相几乎同时，仇液也前往宋国出任相国，如此一来，由赵主父撺掇起来的赵、秦、宋“三家村”就正式开张营业了，与齐、魏、韩三方合伙的“齐家店”构成了新的对峙格局。

赵、秦、齐、魏、韩这五家的出镜率一直不低，相信大家对它们都比较熟悉了，这里只补充一下赵主父此番谋划的点睛之笔——宋国。

咱们常说，韩、燕是强国之中的弱旅，跻身七雄之列，实在是有些勉为其难。与此相反，像宋、越这样的老牌霸主却是弱国之中的强藩，只是它们没能撑到秦国横扫山东的时代，否则山东六强国变成八强国、七雄变成九雄，也不是没有可能。虽说没能抢到争雄核心圈的“编制”，但宋国以目前的实力，还是可以拿出来晒一晒的，不然也入不了赵、秦两大强藩的法眼。

早在西周初行分封的时候，宋国便是商朝宗室微子启（商纣王之兄）的封邑，诸侯中唯一的公爵，单论级别的话，其实比五大方伯还要高，算是给前朝的王室一个面子，当然只具有象征意义。

宋襄公主政的时候，算是宋国在春秋时期最为辉煌的时刻，好歹勉强做过一回霸主。虽说宋襄公最终以“蠢猪式的仁义道德”沦为千古笑柄，但不可否认，宋国在诸侯之中还是多少有一些影响力的，譬如春秋后期的两次弭兵运动便是宋国率先倡议发起的。

宋桓侯（又称宋辟公）时期，当时的相国剔成（又称子罕、皇喜）大权独揽，史载“大臣亲之，百姓畏之”，公元前355年索性弑君自立。剔成是宋戴公的后裔，这一门以戴为氏，所以这场政变被称为“戴氏取宋”。先前的宋氏也好，如今的戴氏也罢，往上追溯都是一家人，所以虽是以臣弑君，但与三家分晋、田氏代齐有着本质的区别。

主政二十五年之后，年迈的剔成被自己的亲弟弟子偃轰下了台。宋君偃自立数年，适逢几大诸侯搞“五国相王”，连实力三流的中山国都赫然在列，偏偏没人想起来给宋国发邀请函。宋君偃没有生气的资格，于是自己提拔自己，并通过重金贿赂，得到了对“五国相王”一肚子愤恨的楚国的鼎力支持，从而顺利跻身称王的行列，是为宋康王。

说起这位宋康王啊，在《战国策》《史记》等主流史料中被称作“桀宋”，可以说是劣迹斑斑、声名狼藉！不妨举几个例子：

第一，不敬天地与鬼神。

宋康王命人将牲口的血灌进一只皮囊里，吊起来用箭射，称为“射天”，再用长鞭抽打地面，称为“笞地”，并放火焚烧祭祀的祠堂、神位，声称要“威服天下鬼神”。

第二，荒淫好色。

宋康王想把一位客卿的妻子据为己有，怎奈夫妻二人坚拒不从，最终自杀殉情。宋康王依然不肯罢休，不准他们合葬。于是就有传闻说，夫妻二人的坟头各自长出一棵树，树根、枝头紧紧缠绕，这便是“连理树”的典故。

第三，草菅人命。

宋康王一声令下，便将驼背的人现场解剖，那些清晨过河的人也被他下令砍下双脚。（“剖伛之背，锲朝涉之胫。”）此等恶行着实令人发指，连宋康王自己都承认：“寡人所杀戮者众矣！”

据说，随心所欲乱杀人的宋康王还大言不惭地问相国唐鞅：“既然寡人已经杀了这么多人，群臣为什么还是没有畏惧之心呢？”唐鞅的回答也令人恐惧：“您杀的那些人啊都是罪有应得，没犯错的人怕什么呢？您想要他们有畏惧之心，办法很简单，从今往后，有罪无罪都收拾！如此一来，人人自危矣。”此等祸国殃民的谬论，宋康王竟深以为然！

第四，诅咒诸侯。

据苏秦后来跟燕昭王讲，宋康王自己不敬鬼神，却在宋国大搞巫术，将各方诸侯的国君铸成铜像，充当自己的侍从，还“展其臂，弹其鼻”，极尽诅咒、侮辱之能事。

而在军事方面，宋康王紧跟赵武灵王的步伐，走上了一切以军事为先的道路，甚至也曾将王位传给太子，让自己有足够的精力作战。

平心而论，穷兵黩武倒不失为宋国的正确选择，不像只注重搞文化建设的弱邻鲁国，“周礼尽在鲁”的美誉从春秋一直享受到战国，却被列强呼来唤去，一言不合还有兵临城下的危险。反观宋国，宋康王推行武力强国的战略，取得了一些出人意料的辉煌战果。归纳起来讲，有这么三大斩获：

一是灭滕。滕国这个弹丸诸侯国比较悲催，曾经在公元前414年被越国灭过一回，后来趁越国衰退之机得以复国，如今又落到宋国的手里，彻底凉凉了。

二是伐薛。薛邑原本是孟尝君的封邑，在孟尝君挨齐湣王收拾的时候（这事儿放到后面再讲），宋国趁虚而入，伸手敲了一闷棍，史载“东败齐，取五城”，未免有些夸大其词，事实上是图钱不图地，发了一笔横财。

三是夺淮北。淮北原本是楚国历尽艰辛抢来的地盘，但自从被秦、齐两大强藩搞残之后，自顾不暇的楚国就鞭长莫及了。宋国近水楼台先得月，一举霸占了三百里！

得益于这三大赫赫战功（就宋国的国力而言，确实不算小了），宋国被苏代称为“五千乘之劲宋”，终于有机会走上列强争雄的核心舞台，倚仗赵、秦两大强藩的支持，对冲一等强邻齐国的军事威胁了。

“三对三”的架势拉开之后，一场从“三打一”最终演变成“五打一”的精彩大戏正式开场。等等！说好的“三对三”，怎么又冒出“三打一”乃至“五打一”来了？别着急，听我慢慢道来。

挨揍的那个“一”，想必大家心里清楚，正是令孟尝君切齿痛恨的秦国。从咸阳侥幸逃回临淄之后，孟尝君继续出任齐国相国，他怀着满腔的愤恨，准备借助齐、魏、韩的合纵之力，让宣太后、秦昭王尝一尝挨揍的滋味。

历史经验充分证明，合纵最大的风险，不是虎狼之秦有多么强悍，而是“连鸡”的魔咒始终如影随形。具体到这一次来讲，魏、韩这两个刚刚改换门庭的小跟班是否敢于冒着秋后算账的危险，与先前的带头大哥秦国撕破脸皮？对此，孟尝君心里没底，但出人意料的是，名义上处于秦国阵营的赵主父却在有意无意之中帮了孟尝君大忙。

赵主父到底是有意还是无意，不太好下定论，咱们还是先说一下整件事情的过程吧。

当时，彻底掐死中山是赵主父的毕生夙愿。眼看大功即将告成，为了预防对方狗急跳墙拉外援，赵主父还派出一干大臣分别前往楚、魏、齐等国进行游说，以求稳住这些潜在的“搅屎棍”。

派到魏国的大臣是先前出过镜的富丁，曾经主张联合齐、魏以达到疲齐敝秦的目的。说来也巧，富丁刚踏进大梁城，齐国的使臣也来了，任务很简单，撺掇魏国一起去收拾秦国。

如今的魏襄王在位已有二十多年光景，早就不是当年“望之不似人君”的毛头小子了。俗话说得好：“吃一堑，长一智。”魏国挨了这么多年揍，岂能不长一点记性？因此，在齐国使臣道明来意之后，魏襄王便打起了自己的小算盘。他心里很清楚，秦、齐任何一方，魏国都吃罪不起，历次合纵伐秦，不都是魏、韩两家先卖力气后背锅吗！于是乎，魏襄王表面上应承下来，暗地里却找到富丁，想请赵国出面撮合，与秦国单方面媾和，这样对秦、齐两大强藩都能有所交代，不至于掉进火坑爬不出来。富丁原本就力主与齐、魏结盟，自然乐得做个顺水人情，赶紧派人回去向赵主父如实禀报。

听说魏襄王准备掉孟尝君的链子，赵主父不由得大为光火，一边痛斥富丁不晓事，一边琢磨稳住魏国的办法，甚至打算割出一点地盘作为贿赂，让魏襄王乖乖听孟尝君的话，一心一意地跟着齐国去收拾秦国。

对于赵主父提出的这个办法，有大臣认为不妥。堂堂“三家村”的村长，拿出自家的土地帮“齐家店”的店主留住店员，这脑洞开得也忒大了！

议来议去，赵国君臣一致认为：与其贿赂魏襄王，不如资助齐国大臣周最，帮他前往魏国谋职，即便拜不了相，至少也能在魏襄王的身边安插一根齐国的眼线，魏国还怎么跟秦国媾和？

周最果然来到了魏国，孟尝君精心谋划的三国伐秦也在赵主父的幕后襄助下得以顺利推进。公元前298年，齐、魏、韩三国联军在著名悍将匡章的率领下，浩浩荡荡地讨伐秦国，并屯兵于函谷关外，关秦国人的禁闭。

眼瞅着“齐家店”开足了马力，“三家村”这边依然是各怀鬼胎的一盘散沙。

先说秦国，突如其来的无妄之灾、似曾相识的窘迫之境，令宣太后、秦昭王顿生时光错乱之感，不由得怀疑起了人生：时隔百年，又被关了禁闭，这还是令天下诸侯震恐的虎狼之秦吗？

再说赵国，自家盟友挨了收拾，理应出手帮衬一下，但从赵主父的做派来看，他是绝不会趟这滩浑水的。理由很简单：齐、秦两大强藩斗得越激烈，赵国剪灭中山的机会就越大。为了达成这一终极目标，先前魏国不能掉链子，如今赵国也不能出手帮秦国，你们慢慢玩去吧！

因此，没等秦国使臣前来求援，赵主父便早早地玩起了消失，一直在边境地区搞巡察，准备对中山发起致命一击。赵惠文王在邯郸坐镇，倒是一找一个准，但一个十多岁的娃娃哪里做得了这么大的主？面对秦国的请援，赵惠文王只能是一副爱莫能助的表情："稍安勿躁，等我爹回来，一定会给您一个满意的答复！"

至于宋国，心眼没有赵国那么多，态度也还算诚恳，怎奈自身实力不济，又与齐国毗邻，着实不敢轻举妄动。有大臣建议说，咱们还是设法通过外交渠道来解决吧，譬如先提请赵国归还中山国的故地，再由中山国君出面去忽悠齐国，就说秦、赵、宋、中山四国联军打算抄后路，逼齐国割地求和。

真亏宋国人想得出来！既化解秦、齐的争端，又让濒临灭亡的中山死里逃生，这种比富丁还要不晓事的动议，别说赵主父不可能答应，单是在宋国内部，相国仇液这一关就过不了。吵来吵去，宋国自始至终也没能拿出一个切实可行的方案，采取一些实质性的行动，来证明自己还是秦国的盟友。

赵、宋两家没动静，让秦国好不尴尬，只得自己硬着头皮往上顶，与三国联军在函谷关附近周旋，时而陈兵对峙，时而激战甚酣，难解难分之势一直持续了三个年头。

"三打一"的这三年，可以说是赵主父此生最为辉煌的时刻。得益于"胡服骑射"的军事改革，赵国军队的实力一路看涨，面对游牧部落无力招架、被动挨打的局面已然成为过去。就在三国伐秦的第二年，赵主父亲自挂帅出征，大败楼烦于河西，收编了不少强悍的骑兵，赵国军队更是如虎添翼。

面对黑云压顶一般的军事压力，中山已尽显日暮途穷之态。据一位实地考察回来的大臣报告说，中山国君亲近隐士，怠慢勇武之人，貌似礼贤下士，实则令农夫懈于耕种，俨然是兵弱而国贫，亡国指日可待！

那位著名的“治生之祖”白圭先前到访过中山国，给了中山国君“信尽”“名尽”“亲尽”“财尽”“功尽”的差评，说他失信丧名、众叛亲离、坐吃山空、碌碌无为，岂有不亡之理？

公元前296年，赵主父率军攻破中山都城灵寿，活捉了中山国君。为了防备其死灰复燃，中山的君主、宗室被异地安置于黄河西面的肤施（今陕西延安），复国不足百年的中山至此彻底灭亡。

赵主父干得漂亮，齐、魏、韩这边也是风生水起。经过长达三年的对峙与激战，三国联军终于攻破函谷关天险，随即挥师北渡黄河，一直打到盐氏（今山西运城），旨在将秦国势力撵回黄河西岸。

按理说，此时的赵国已经腾出手来，没有理由再置身事外、袖手旁观了。事实上，赵主父确实没有装聋作哑，中山那边刚搞定，他便赶紧撺掇起宋国前来助阵。不过，赵、宋不是来帮衬名义上的盟友秦国，而是一头钻进“齐家店”的阵营，玩起了“五打一”。个中缘由，说穿了也不难理解：秦、齐两相比较下来，谁家对赵国的威胁最大？不必怀疑，肯定是秦国！趁你病，要你命，江湖就是如此险恶，只能隔空喊一声对不起了！

被四个万乘之国外加一个“五千乘之劲宋”合力围殴，秦国只手难敌众拳，万般无奈，不得不动起割地求和的念头。虽说是权宜之计，但秦昭王的心里着实堵得慌！自从秦孝公励精图治、变法图强以来，秦国多少年都没打过这样的窝囊仗了，过去都是逼迫别人割地求饶，何曾想到自己也有认怂的一天？

秦昭王问丞相楼缓对割地求和这事儿有什么看法。楼缓的心里倒是不堵，但万分尴尬是免不了的：自己被赵国派到秦国来，还官拜丞相之职，旨在促成秦、赵同盟，然而面对“齐家店”合纵伐秦，赵国先是置身事外，后来索性帮着对方收拾自家兄弟。此情此景，楼缓恨不得找个地缝钻进去，哪里还敢发表什么看法，只能硬着头皮敷衍道：割地的损失着实不小，若能免于战祸，却收益甚多，利与弊过于重大，“此父兄之任也”，我一个客卿不便多嘴，还是请宗亲们拿主意吧！

出身宗室的大司马公子池表了态，认为无论割地与否，秦昭王将来都难免心生悔意。割地吧，等诸侯退了兵，觉得他们早晚都会自行撤走，后悔自己沉不住气，白白送出几座城池；不割地吧，等诸侯联军兵临咸阳城下，又后悔自己舍不得几座城池，落到签订城下之盟的凄惨境地。既然都要后悔，还是两害相权取其轻吧！

秦昭王果断地采纳了公子池的意见，认为“宁亡三城而悔，无危咸阳而悔”。为了能让五家诸侯收手，秦国真是不惜血本，索性将自己控制的河外之地全部拱手奉送，其中就包括进逼中原的三座前沿堡垒——武遂、封陵和阳晋（今山西永济附近），故而有“失三城、全咸阳”的说法。

毫不夸张地说，这是历代谋士推行合纵战略以来战果最为辉煌的一次重大胜利。不过，薅到秦国羊毛的山东诸侯不要高兴得太早。与过往惠施、公孙衍倡导的“合众弱以攻一强”不同，由赵主父幕后运作、孟尝君出面导演的这场“五打一”合纵大戏存在着足以致命的先天缺陷。

首先，魏、韩两家借助五国伐秦的机会收复了赖以抵抗秦国的多处天险，无疑是最大的受益者，所以他们的积极性很高。尤其是韩国，有一个非常形象的说法是“先为雁行”，啥事儿都冲在最前面，充当急先锋。不过，诸侯联军各回各家、各找各妈之后，仅凭两国之力，能否守得住这些险关和要塞呢？

其次，齐国作为“齐家店”的店主、五国联军名义上的统帅，历经三年的艰苦鏖战，取得了空前辉煌的胜利，却没有捞到任何实质性好处。不是齐国觉悟高、不想拿，而是根本没办法要。一来，隔着赵、魏、韩、宋，自己鞭长莫及；二来，河外原本就是人家魏、韩的故地，物归原主，天经地义，仗着自己膀大腰圆就欺负小弟，以后还怎么带队伍?

如此一来，孟尝君精心谋划的这场伐秦之战必然会在齐国内部引发质疑与挑战。这笔账谁都会算：代价不算小，收益却微乎其微。这样的亏本生意，是哪个败家子搞出来的!

一旦齐国对于合纵的态度有所松动，最擅长落井下石的赵国又指望不上，魏、韩两家只能是自求多福，通过改换门庭来谋求退路。无论是惨遭报复之后割地图存，还是早日醒悟割地归附，区别不过是挨不挨揍而已，尚未焐热的地盘肯定是保不住了。

总而言之，千万不要过分陶醉于对秦国的胜利，对于每一次这样的胜利，秦国都会进行报复，魏、韩两国的处境将比夺取胜利之前还要艰难。

君臣相争，嫁祸孟尝

诸侯争雄的格局变幻莫测，说得直白一点，就是一场此消彼长的拉锯战。

利用秦国内忧不断的契机，赵主父在幕后运作，由孟尝君出面导演了一场五国伐秦的大戏，让中原大地响起了久违的胜利欢呼。等秦国缓过神来，对魏、韩两支弱旅进行反攻倒算，也在咱们的意料之中。

不过，历史的必然之中往往充斥着各种不可预知的偶然。就拿这次辉煌空前的胜利来说吧，欢呼声尚在中原大地上回荡，魏、韩也还没有吞下秋后算账的苦果，这场大戏的杰出操盘手——孟尝君与赵主父却几乎在同一时间跌落到了人生的最低谷，不仅导致齐、赵两大强藩乱云翻腾，更是引发了一场波及魏、韩、燕、宋等周边诸侯的剧烈动荡。

先来说一说孟尝君吧。前面已经分析过，齐国在这场历时三年的军事行动中出力甚多、斩获甚少，很多大臣乃至齐湣王本人势必对孟尝君颇有微词。为了给上上下下一个交代，孟尝君先是谋划着夺取被宋国吃了独食的淮北之地，但考虑到各方诸侯的连锁反应，动作不能太大，加上“五千乘之劲宋”也不好惹，最终根本没有什么收获。

一计不成，再出一招，孟尝君打算通过重金贿赂赵国大臣李兑，构建起由齐、赵、魏、韩四家组成的新同盟。为此，孟尝君不仅忽悠齐湣王拿出一块地盘送给李兑，还威逼魏、韩两家跟进，接着又带上刚刚嗣位的魏昭王（魏襄王之子）、韩国相国成阳君前往邯郸，大张旗鼓地搞了一场献地仪式。然而，花钱买来的交情，想想都觉得不靠谱。李兑得了便宜，却对同盟之事不怎么上心，惹得齐、魏、韩三家都对孟尝君相当不满。

孟尝君这边徒劳无功，缓过神来的秦国则开始有所动作。吃了一场败仗之后，宣太后、秦昭王痛定思痛，先是免掉楼缓，改由魏冉复任丞相之职，接着精心谋划如何秋后算账，一举夺回拱手送出去的地盘。这其中至关重要的一环便是设法稳住合纵的总后台——齐国。

秦国玩的套路与赵主父先前稳住齐、魏、楚等潜在"搅屎棍"的办法如出一辙，简单来讲，就是派眼线、掺沙子。公元前294年，秦国的五大夫（二十等爵中的第九级，低于庶长）吕礼东出函谷关，经由魏国前往齐国游说。

吕礼走一路哭一路，逢人就说魏冉如何如何歹毒，自己要是跑得慢一点，恐怕小命都难保。因为演技太逼真，吕礼甚至骗过了后世的史官，史料记载说，吕礼此番离开秦国，就是受魏冉所害，不得已而逃亡的。事实上，吕礼非但没有开罪于魏冉，反倒是受魏冉指使，巧施障眼法，博取同情，掩人耳目，以完成自己背负的重大使命。什么使命呢？结交、拉拢齐国大臣，扳倒合纵旗手孟尝君，彻底砸烂"齐家店"，让秦国得以放开手脚收拾魏、韩。

说来真是令人唏嘘，连后世史官都被吕礼蒙骗，作为被忽悠的对象，孟尝君更是被卖还跟着数钱了。他不仅接纳了吕礼，还派人前往咸阳威胁魏冉，替吕礼出一口恶气。平心而论，不是孟尝君智不及人，而是魏冉安排的这个吕礼实在太具有迷惑性了。

吕礼不仅是齐国人，还出身昔日吕齐的宗室，是吕齐的末代君主齐康公的七世孙。利用这样的身份搞欺诈、串联，吕礼可谓如鱼得水、游刃有余，很快就与一群大臣打得火热，众人携手在齐湣王面前掺坏水，明面上是怼拿了赵国好处的大臣周最（他先前曾短暂入魏谋职，此时已回到齐国），实则暗批“崽卖爷田心不疼”、让齐国费尽心力白忙活的孟尝君。

有意思的是，挨怼的这个周最根本没什么人品可言，奉行“有奶便是娘”的做人准则，向来只图一己之私。刚开始呢，周最还主动向吕礼示好，表示自己可以帮他取孟尝君而代之，并建议吕礼挟秦自重，撺掇秦、齐联合。周最当然不愿白干，开出的条件也简单，让吕礼襄助自己在魏国拜相，拉起魏国一道入伙。

周最的这番动议与吕礼背负的秘密使命背道而驰，结果必然是一张热脸贴上了冷屁股。吕礼与祝弗（一作亲弗）等大臣联手，很快就怂恿齐湣王驱逐了周最，如此一来，由孟尝君领衔的合纵派便失去了一大臂膀。

当时，一些大臣对这样的局面感到忧心忡忡，认为吕礼、祝弗等人怂恿齐湣王驱逐周最，最终目的就是谋求与秦国结盟。齐、秦走到一起，势必打破秦、齐、赵三足鼎立的平衡，而秦国可以利用赵国的不满挑起齐、赵两国相争，自己坐收渔人之利。

苏代当时正在齐国效力，也意识到了这一隐忧，于是赶紧找到孟尝君，摆事实、讲道理，放眼将来谋大局，建议他尽快做出反应。怎么反应呢？首先，积极促成赵国与秦、魏讲和，接着再将被驱逐的周最召回，彰显仁义之心。只要做好这一系列部署，任凭吕礼、祝弗之徒如何不安分，想必也掀不起什么大浪来了。

苏代的办法到底管不管用呢？很遗憾，孟尝君根本没有机会去验证。就在周最离开齐国之后不久，临淄城里发生了一桩颇为离奇的突发事件，史称“田甲劫王”。

可以说，纵观齐湣王主政的十余年光景，“田甲劫王”是一桩最为有惊无险，也最为扑朔迷离的严重政治事件。有惊无险这一点容易解释，遭到劫持的齐湣王最终安然无恙。说扑朔迷离，内涵就比较丰富了，归纳起来讲，有两大待解谜团：

其一，田甲这个名字先前并未见诸史料，后来的结局照样无迹可寻，仿佛是专为此次劫王而生的。他到底是谁？官居何职？劫持君主的动机是什么？都搞不清楚！

其二，劫持齐湣王的人是田甲，但最后受到猜忌，甚至仓皇出逃的人确是官拜相国的孟尝君。他跟劫王的事到底有什么关系？不得而知！

带着这些疑问，咱们尝试着来破解这个迷局。

君主被劫持，可能性无外乎以下三种：

第一种可能，田甲自作主张。

武力劫持君主，最常见的动机是谋权甚至篡位。不过，田甲充其量就是宗亲身份，官职、实权乃至言行都没有在史料中留下半点蛛丝马迹，他胆敢冒这么大的政治风险，即便大功告成，也未必压得住阵，因此他的举动匪夷所思，实在不符合正常逻辑。

第二种可能，田甲是受孟尝君的指使。

如果幕后主使真是孟尝君，以他相国的身份与实权，绝不可能把宝压在田甲一个人的身上，必定会这边入宫去劫王，那边则在宫外有所策应。以孟尝君的权势、声望和手段，即便不能把临淄搅得天翻地覆，也完全可以依托薛邑，与齐湣王分庭抗礼，作困兽之斗。然而，田甲劫王以失败收场之后，孟尝君没有采取任何实质性行动，反倒仓皇出逃，同样不符合逻辑。

第三种可能，齐湣王自导自演。

结合齐国的历史和现状来看，这种可能性应该是最大的。自田氏代齐以来，齐国一直深陷于大臣专权的旋涡，从邹忌到田婴，再到如今的孟尝君，哪一个不是大权独揽、党同伐异？齐湣王虽然嗣位不久，却早已厌倦了这种形同虚设的君主生活。

在此之前，有大臣曾经提醒齐滑王，做君主千万不能过于仁慈，并指名道姓地说："太仁薛公，则大臣无重；太不忍诸田，则父兄犯法。"百般呵护孟尝君和田氏宗亲，结果是让孟尝君集权于一身、宗室子弟肆无忌惮，"兵弱于外，政乱于内，此亡国之本也"。

从这个角度来看，吕礼来到齐国上蹿下跳、煽风点火，齐滑王未必真的蒙在鼓里。他选择装聋作哑、将计就计，其实隐藏着借机收回大权的深谋远虑。因此，来路不明的田甲极有可能是齐滑王暗中找的托，先演绎一出有惊无险的好戏，再把谋逆弑君的屎盆子往孟尝君头上扣，只要有田甲这个污点证人，孟尝君跳进黄河也甭想洗清白。

孟尝君可就惨了，人在家中坐，祸从天上来，简直是猝不及防啊，除了跑路，别无他途，甚至连薛邑都不敢回，仓皇逃亡去了魏国。

根据《史记·孟尝君列传》记载，孟尝君蒙受这场不白之冤之后，三千食客四处奔走呼号，甚至还跑到宫门前举剑自刎，称为"血谏"。齐滑王感念其忠心与诚意，下令重新核查，还了孟尝君的清白，将他召回齐国。孟尝君经历这场磨难之后彻底淡泊名利，索性托病告老，返回薛邑颐养天年。

需要说明的是，《史记》的这段记载完全是后世史官一厢情愿的理想化设定。结合其他史料的记载来看，孟尝君从出逃的那一天起便背上了"背故主，轻忘其薛，不顾其先君之丘墓"的骂名。他在魏国落脚，还会发生很多故事，咱们后面再说。齐国的相国由秦国派来的"搅屎棍"吕礼接任，齐滑王则"弃薛公，身断事"，将大权牢牢控制在了自己的手中，这更能佐证"田甲劫王"是刻意嫁祸孟尝君的一场阴谋！

复辟不成，殒命沙丘

说完齐国扑朔迷离的突发事件，咱们再来看一看赵国到底发生了什么糟心事儿。

在“田甲劫王”的前一年（公元前295年），赵国也发生了一桩迷雾重重的严重政治事件，史称“沙丘之乱”，结果导致戎马一生的赵主父落了一个众叛亲离、饿死宫中的凄惨下场。

这场内乱为什么会发生？里面又有怎样的谜团？咱们还是从头讲起。赵主父，也就是鼎鼎大名的赵武灵王，在位二十七年，退位至今也过去了四年。他的膝下至少有四个儿子健在：

公子章是长子，生母是一位韩国女子（已去世），赵武灵王的第一位正妻。

排行靠后的有两个，一个是跻身“战国四公子”之列的平原君赵胜，一个是平阳君赵豹。

重点说一说排行居中的公子何，也就是继承了君位的赵惠文王。他的生母名叫孟姚，也被称为吴娃，堪称一位传奇女子。

据说，赵武灵王在公元前310年前往大陵（今山西交城附近）游览，做了一个美梦，梦见一位美少女弹着琴放声歌唱道：“美人荧荧兮，颜若苕之容。命乎命乎，曾无我嬴。”醒来之后，意犹未尽的赵武灵王一直念念不忘，逢人就念叨这个春梦，结果被一个名叫吴广的人听了进去。吴广煞有介事地跟赵武灵王讲，他梦中的美少女倒是与自己的女儿孟姚有几分神似，便将她送进了宫中。

关于孟姚的传说，还可以追溯到赵鞅（赵无恤之父）时期。根据《史记·赵世家》记载，赵鞅生了一场重病，一连五天不省人事。一代神医扁鹊前来诊治一番之后，认为并无大碍，过不了几天就会醒过来的。为了打消赵家人的疑虑，扁鹊还举了一个发生在秦穆公身上的例子：当年秦穆公昏迷了整整七天，醒来就说自己的精魂逛到天上去了，还聆听了天神的教诲，天神预言晋国将会大乱，接连五代不得安宁。后来，秦穆公说的这些话果然都得到了应验。过了两天，赵鞅果然自己转醒过来，就像当年的秦穆公一样，同样言之凿凿地说自己听到了天神的预言：一是晋国再传七世就会亡国，二是虞舜的后裔孟姚将受天神的差遣，嫁给赵鞅的七世孙，也就是赵武灵王。

传说虽然只能当作故事听，但不可否认的是，孟姚入宫之后，颇受赵武灵王的宠幸。《列女传》记载说，孟姚生下公子何之后地位逐渐稳固，也有了更多的诉求。为了形成子以母贵、母以子贵的良性循环，孟姚不断构陷公子章（当时是太子）和他的生母，说母子二人一个“有淫意”，一个“无慈幸之行”。赵武灵王大为光火，一怒之下废了王后、太子，改立孟姚为后（惠后）、公子何为太子。

公元前301年，心满意足的孟姚撒手人寰，赵武灵王开始倾力培养时年不足十岁的公子何。当时，赵国有一位名叫周绍的大臣，赵武灵王认为此人“辩足以道人，危足以持难，忠可以写意，信可以远期”，便安排他身穿胡服，负责悉心教导公子何。短短两年之后，赵武灵王更是将君位传给了公子何，让他“顶岗实习”，积累治国经验，将来做一名奋发有为的君主。

然而好景不长，赵惠文王才顶了三年多的岗，先前欣然退位的赵主父心理却在悄然发生变化。究其根由，按照《史记》的说法是赵主父对“反北面为臣，屈于其弟”的公子章动起了恻隐与怜悯之心。我觉得吧，这种近乎敷衍了事的解释显然是低估了赵主父作为一代杰出政治家的谋略与决断。

以现代的观点来看，赵主父的心理变化其实是一个相当常见的现象，我们称之为“退休综合征”。当初，赵主父从一线岗位上退下来，就是为了集中精力巩固边防、剪灭中山，如今毕生夙愿已经完成，突然间无事可做，心里难免空落落的，不时回忆起昔年位高权重的无上荣光。

如果仅限于此，倒也算是人之常情，但咱们从头到尾再捋上一遍，就会发现这里面的玄机。有一个疑问现在必须要搞清楚：赵主父退位之后，“顶岗实习”的为什么是少子公子何，而不是长子公子章？

对于这个问题，前面引述的《列女传》似乎已经有了解释：公子何的生母孟姚受宠啊！但是，赵主父决定退位的时候孟姚业已去世，想必那时会有不少人转而支持公子章，打着恢复嫡长制的旗号，大搞政治投机。面对群情汹汹，赵主父最终选择将错就错，与其说是因为偏爱公子何，倒不如说是为自己将来功成“复辟”埋下一道深深的伏笔。

从这一点出发，后来发生的很多事情，直至满盘皆输的“沙丘之乱”都能找到完全合理的解释了。

赵主父一心想“复辟”，但这事儿不能明着来，毕竟当初选择退位是他本人主动提出的。做一国之君又不是打牌那样大家轮流坐庄，岂能随心所欲？因此，赵主父预设的突破口便是“反北面为臣，屈于其弟”的公子章。他以内心的愧疚作为掩护，册封公子章为安阳君，以整个代郡作为他的封邑，还委派一个名叫田不礼的人到公子章身边出谋划策。

田不礼这个人名字不太好听，来头却一点儿也不小。他原本是宋国重臣，在赵主父运作“三家村”的时候，作为“交流人才”来到了赵国。时人评价说，这个田不礼“忍杀而骄”，后来宋国灭亡便是由于田不礼、唐鞅两个奸佞宵小之徒埋下的祸根。将这样一个残忍好杀、傲慢无礼的人派到公子章的身边，赵主父的用意再明显不过了。

为了将死赵惠文王，让自己有机会出面收拾乱局、实现“复辟”，赵主父还放出风去，打算让公子章自行称王，彻底脱离邯郸的控制，刻意制造内部分裂，以此观察各方的反应。时任相国的肥义最先站出来反对：这不是闲得心慌、没事找事吗！作为百官之首，肥义颇具大局观念，他既不支持裂土封疆，也不赞成赵主父“复辟”，竭力主张维持现状，以免破坏安定团结的大好局面。

在肥义这里碰了一鼻子灰，心有不甘的赵主父决意放手一搏。他向公子章透露说，裂土封疆之事“计未决而辍”就是因为赵惠文王、肥义君臣俩从中作梗，暗示公子章、田不礼向邯郸发难，配合自己唱双簧。

若论玩心眼，公子章还真不是他爹的对手。得到父亲的暗中支持以后，公子章开始表现出“心不服其弟所立”的姿态，四处召集党羽，准备与赵惠文王争个高下。赵主父坐山观子斗，打起了自己的如意算盘：兄弟俩闹得不可开交之日，便是为父挺身而出“复辟”之时！

赵主父的这番算计可以说是十拿九稳、包赚不赔，却偏偏坏在了曾经深受他器重的相国肥义手里。肥义跟随赵主父有三十年之久，主子的葫芦里装着什么迷魂药，他早已心知肚明，了然于胸。

于是，肥义利用赵惠文王的合法身份，紧锣密鼓地进行了妥善部署。他先是安排一位名叫信期的胡人将领贴身保护赵惠文王的人身安全，并给信期下了一道死命令：任何人要想召见君主（除了赵主父，谁还有这资格），一律让他肥义先去！紧接着，肥义又调派自己的亲信阳文君率军守卫邯郸，不给公子章任何可乘之机。

赵主父暗中操盘，公子章、田不礼与赵惠文王、肥义两方剑拔弩张，局面已经够混乱的了，偏偏还有密谋坐收渔翁之利的第三股势力——公子成、李兑此时正躲在暗处，等待时机出来摘桃子。

公子成咱们在前面提到过，他是赵肃侯的弟弟、赵主父的叔叔，曾经对“胡服骑射”军事改革相当抵触，后来经过侄子的说服教育，勉为其难换了服饰，但内心深处依旧是耿耿于怀。李兑呢，对于出门穿什么衣服一点儿也不挑剔，他真正介意的是肥义、仇液等外族大臣借助“胡服骑射”的改革机会掌握话语权，朝中根本没他说话的份儿了。

一个要更衣，一个要捞权，公子成、李兑一拍即合，准备利用这场乱局打一场翻身仗。李兑先是找到肥义，煞有介事地说公子章、田不礼“必有谋阴贼起”，假装好意地规劝他将相国的位置让给公子成，自己闭门称病，远离这场权斗的旋涡。肥义行得正、坐得端，说自己曾经拜受了先君“坚守一心，以殁而世”的托付与教诲，言犹在耳（先君也还在世，只是有些犯糊涂），不能半途而废。

肥义的执意既使得李兑知难而退，也让赵主父如鲠在喉。鉴于赵惠文王这边已经有了严密的防备，一时无隙可乘，赵主父决定另辟蹊径，以勘察陵寝选址为由，带着赵惠文王一同前往沙丘离宫，为公子章、田不礼起兵发难创造机会。

公子章、田不礼心领神会，当即率兵包围沙丘，并假借赵主父的名义召见赵惠文王。担任贴身护卫的信期按照肥义先前的命令，拦着赵惠文王不让他出去，由肥义先去打探一番虚实。结果呢，肥义一去不复返，惨死于公子章、田不礼的屠刀之下。信期心知有诈，率兵展开激战，拼死保护赵惠文王的安全。

与此同时，公子成、李兑的队伍也来了，先是打着“勤王”的旗号，收拾沙丘外围的公子章、田不礼一伙。公子章猝不及防，一头钻进了赵主父所在的沙丘离宫，公子成、李兑则顺势将沙丘围困。

直到这个时候，自以为得计的赵主父才意识到自己玩大了。为了保住自己的性命，赵主父将公子章、田不礼扔了出去，想跟公子成、李兑一伙做交易。然而，公子成、李兑干的毕竟是开弓没有回头箭的勾当，如果一时不忍心放了赵主父一马，以后还不知道谁收拾谁呢！

于是乎，公子成、李兑在杀掉公子章、田不礼之后，转而对宫内隔墙喊话：“早出可免一死，晚出满门抄斩。”话音未落，宫里的人纷纷跑了出来，转眼间只剩下孤苦伶仃的赵主父被困在离宫艰难度日，真可谓是求生不得，求死不能。为了苟活于世，饥渴难耐的赵主父爬到树上，抓雏鸟、掏鸟蛋，就这样苦苦支撑了三个多月，最终饿死于沙丘宫中。

“沙丘之乱”，赵国宗室可谓满盘皆输！

昔日威震天下的赵武灵王以生命作为代价，吞下了自酿的苦果。公子章呢，一开始就注定了充当牺牲品的结局。至于侥幸得存的赵惠文王，日子也不好过。随着肥义殉难，外族重臣遭到致命打击，“胡服骑射”军事改革近乎停滞，南北融合更是无从谈起。公子成、李兑控制着绝对的话语权。没过多久，公子成离世，继任相国的李兑大权独揽、肆无忌惮，导致赵国走上了一段跌宕起伏的艰辛道路。

孟尝君瞎忙，魏昭王遭殃

齐、赵两大强藩内部闹得乌烟瘴气，自然无暇顾及先前大快朵颐的魏、韩两家，这就给秦国的反攻倒算创造了绝佳的契机。昔日吃得欢，如今拉清单，没有大国在背后撑腰，魏、韩两个倒霉蛋即将面临一场厄运。

因为毗邻函谷关，韩国最先感受到了秦国准备秋后算账的巨大压力。为了保住来之不易的胜利果实，新嗣位的韩釐王（韩襄王之子）做出紧急部署，责令在十五日之内完成新城的防御工事，与五十里开外的伊阙要塞形成呼应，确保韩国腹地的安全。

韩国人忙着修工事，有一名县吏还因为延误工期而险遭处斩，但这丝毫不影响秦国的既定方略。魏冉复任丞相之后，便殚精竭虑地谋划着打一场翻身仗，他一边将吕礼派往齐国去搅浑水，一边组织讨伐家门口的韩国。

齐国发生“田甲劫王”事件的那一年（公元前294年），秦国军队兵分两路进逼三川地区。一路由老将向寿统领，攻打武始（今河北武安附近），另一路对付韩国精心布防的新城，将军是后来威震天下的一代战神白起。白起据说是楚王室的后裔，但血缘关系太过疏远，已经难以考证，他的早年经历不详，应该是在少年时期便投身行伍。得益于公孙鞅创立的晋爵制度，历经战火锤炼的白起逐渐崭露头角，得到了魏冉的赏识。此时他的爵位是左更，二十等中的第十二级，算是中高级别了。

白起打仗有一个特点：勇猛为先，谋略次之。凭借强悍的战斗力，秦军摧枯拉朽，很快就攻破了韩国临时抱佛脚修筑的新城工事。新城失守之后，至关重要的伊阙要塞便彻底暴露在秦国大军的面前。韩国上下骤然紧张起来，同病相怜的魏国也不敢掉以轻心，新嗣位的魏昭王赶紧委派将军公孙喜领兵前往伊阙协防。更有甚者，就连地狭民贫、人丁不旺的东周国也派兵前来增援，可见形势之危急已经是迫在眉睫了。

翻过一个年头，两路秦军合兵一处，向韩、魏、东周三国重兵布防的伊阙要塞发起强攻。当时，守军人数有秦军的两倍，凭借坚固的城防死守，致使总指挥向寿久攻不下。魏冉临阵换将，让白起接替向寿指挥，严令尽快结束这场耗时已久的攻坚战。

秦军的勇猛，向寿先前已经运用过了，除了双方均死伤惨重，并没有什么明显的效果。白起上来之后，面对敌众我寡的局面，决定利用魏、韩之间的矛盾玩一玩心眼。

魏、韩是一根绳上的蚂蚱，他们之间有什么矛盾呢？据白起后来回忆说，魏、韩看似同声共气，实则各有各的盘算。具体来讲，魏国的实力要强一些，所以韩国指望着魏国能够挑大梁，魏国则认为伊阙是韩国的地盘，岂能喧宾夺主？你指望我，我怂恿你，双方都想保存自己的实力，谁也不愿意充当急先锋。

利用魏、韩之间的猜忌与防范，白起先挑韩国军队打，既是佯攻也是牵制。韩军苦苦鏖战，赶紧找魏军求援，但公孙喜一直按兵不动，躲在一旁看西洋景。双方打得难解难分之时，白起突然率领秦军主力向魏国军队发起突袭。公孙喜措不及防，竟被秦军擒杀，群龙无首的魏军顿时乱作一团，成了一只只待宰的羔羊。眼瞅着实力最强的魏军被揍得落花流水，韩军、东周军哪里还有什么斗志，也纷纷抱头鼠窜，秦国将伊阙要塞收入囊中。

在这场极其惨烈的伊阙之战中，魏、韩、东周三国联军被秦军斩首达二十四万之众，尸横遍野，血流成河！凭借这一赫赫战功，白起连跳了好几级，晋升为国尉（仅次于大良造），并乘胜北渡黄河，席卷安邑一带，将魏、韩两国彻底搞残。秦国的一代名相范雎后来总结说：魏、韩两家在经历了这场惨败之后，方才彻底地沦为秦国的附庸。（“韩、魏以故，至今称东藩。”）伊阙之战，与后来的鄢郢之战（发生于今湖北宜城、江陵一带）、长平之战（发生于今山西高平一带）一道，成为白起赖以成就战神之名的三大辉煌战绩。

秦军在伊阙大获全胜，令夹缝求生的西周国预感到自己这个弹丸诸侯即将大祸临头了。西周公（此时是西周武公或西周文公）亲自跑到大梁，向魏昭王求援。魏国刚在伊阙吃了这么大的亏，哪里还敢出去找死，便以上党一带不太安稳为由把他打发走了。

西周公不甘心，又派使臣前往邯郸，希望赵国能出面说和说和。此时，经历了一场“沙丘之乱”的赵国局势刚刚有所稳定，相国李兑可不想节外生枝去招惹气势汹汹的秦国，根本就不接这茬。百般无奈之下，西周公只得破财消灾，派使臣携重金前往咸阳活动，请秦国务必高抬贵手，放西周国一马。

西周国最先认怂，引发了一场“卑辞割地以讲于秦”的连锁反应。先前挨收拾的魏、韩、东周自不必说，就连置身事外的楚国也没能幸免。借助伊阙之战的神威，秦昭王派人给楚襄王送去了一封书信，说什么“愿王之饬士卒，得一乐战”，狠狠地敲了楚国一笔竹杠。

各方诸侯要么噤若寒蝉，要么缄口不言，秦昭王的信心备增。伊阙之战后的第二年（公元前292年），已经官居大良造的白起再度率军讨伐魏国，夺取垣（今山西垣曲）、宛（今河南南阳）等地。次年，秦将司马错率军卷土重来，夺取魏国的轵（今河南济源附近）、邓（今河南孟县附近）等地，宣太后分别将宛邑、邓邑赏给了自己的两个儿子——泾阳君公子芾和高陵君公子悝。

秦国这些年不厌其烦地收拾魏国，除了因为这里的油水比较充足，还有一个不容忽视的重要因素：从齐国仓皇出逃的孟尝君此时不仅在魏国落了脚，还得到魏昭王的器重，官居相国之职。作为合纵的一代统帅、一面旗帜，孟尝君走到哪里，秦国就会打到哪里（够不着的时候便玩心眼），千万不能让他好过，以免合纵的势力死灰复燃！

平心而论，秦国这么不依不饶、咄咄逼人，仿佛有些神经过敏了。孟尝君曾经是合纵的积极倡导者，此时确实也高居相国之位，但他眼下太忙了，并没有多余的心思考虑“合众弱以攻一强”的战略问题。

孟尝君在忙什么呢？简单来讲，就是两件事儿：一是树立威权，二是报复齐国。

所谓树立威权，不是说他这个相国没什么权力，而是魏昭王身边有两名颇受宠信的近侍，一个叫阳胡，一个叫潘其，跟孟尝君不太对付，令他备感掣肘。

收拾这样的宵小之徒，孟尝君可谓易如反掌、手到擒来。他先是不动声色，主动邀请二人前来博戏，赌金呢，全部由孟尝君提供，大家图个乐子而已。表面上看，孟尝君是想花钱笼络两位近侍，但二人欣然赴约、博戏甚酣时，一场戏正暗中上演。

有人前来禀报说：“张季的儿子求见。”正兴致盎然在一旁观战的孟尝君突然拉下脸来，怒气冲冲地骂道：“张季那个混蛋，总是跟我作对，他儿子想必也不是什么好鸟！见什么见，拖出去砍了！”旁人赶紧站出来求情说：“您日理万机，不太清楚，张季这个人明面上不听话，其实在暗地里出力甚多啊！”孟尝君听闻，顿时笑逐颜开，不仅收回了成命，还开出一列清单重赏张季，包括五百金、千石粮、两乘车和二十个美女。

阳胡、潘其两位观众亲眼观摩了孟尝君的手段，领教了“顺其者昌，逆其者亡”的道理，后来果然老实了许多。

报复齐国这事儿呢，也是人之常情。孟尝君被整得寄人篱下、无家可归，这口气岂能咽得下去?

正所谓爱屋及乌，恨屋亦及乌，只要是齐国人，孟尝君怎么看都不顺眼。利用权势之便，孟尝君怂恿魏昭王将宫中、朝中的齐国人全部驱逐，其中就包括公子负蒭的生母。当时，秦国有一位大臣向秦昭王提议把公子负蒭的生母迎娶过来，再与齐国联手，助力公子负蒭成为魏国太子，合力收拾孟尝君。这位大臣的脑洞确实开得有点大，秦昭王并没有采纳，但可以从一个侧面看出，秦国终究视孟尝君为眼中钉、肉中刺，惟欲除之而后快。

秦昭王拒绝通过接盘一个二手妇人来对付孟尝君，除了顾及自身颜面之外，关键在于秦国具有绝对的军事优势，足以逼魏昭王就范。公元前290年，秦军东渡黄河，攻占了蒲阪、皮氏等渡口要塞。随后，秦昭王亲自前往宜阳行宫，接受东周武公、韩国相国成阳君的朝见，韩国还乖乖地交了一笔保护费，割让武遂之地二百里。

韩、东周两家去宜阳拜码头，原本打算叫上魏昭王一起，但屡遭败绩的魏昭王始终不肯向强秦低头。对于秦国而言，不认怂没关系，继续收拾就是了。公元前289年，司马错率领秦军又一次讨伐魏国，先是占领了河雍（今河南济源附近），接着损毁了魏国在黄河上架设的浮桥，并一举夺取了六十一座大小城邑。不堪其扰的魏昭王痛定思痛，意识到难逃一劫，只好派使臣前往秦国，拱手送出河东之地四百里，换得一时的安宁。

眼瞅着魏、韩两家饱受强秦欺凌，素来秉持明哲保身之道的齐国继续隔岸观火，而擅长于落井下石的赵国这次并没有趁火打劫，倒不是因为赵惠文王心存善念、痛改前非，而是赵国内部的亲秦势力——文臣金投和武将韩徐为此时工在积极谋划着 盘合秦伐齐的大棋局。

赵国的这一新动向让魏昭王看到了挽救魏国于危亡的一线生机：只要秦、齐、赵三大强藩再度拉开架势互打，甭管谁跟谁一伙、谁是挨揍的冤大头，压力山大的魏、韩都终于有机会喘息了。

虽说赵国内部正在密谋，但金投、韩徐为两位亲秦派要推行自己的主张，先要过亲齐派——相国李兑那一关，架还有得吵呢。魏昭王不想坐在这里干耗，决定主动出击，派遣流亡至此的齐国旧臣周最前往临淄投石问路，谋求挑起强藩互斗的契机。秦国接到消息之后，以为魏国又在打合纵的算盘，便派使臣前来质问。魏昭王装作一脸无辜地答复说："周最自己撒腿跑了，怪我咯？如果秦国想收拾齐国，魏国肯定会帮帮场子，但魏、秦都不与齐国接壤，咱们都够不着人家，您恐怕还得跟赵国说说去！"

魏昭王倒是三言两语把秦国的使臣糊弄过去了，但三强相争的局面眼下八字还没能画出一撇。齐国有什么想法，大家一时琢磨不透；赵国的想法倒是很明确，但要具体落实下去，还有不短的距离；关键就看秦国了。

秦国这边呢，倒不是非要把魏、韩两只小绵羊薅成秃驴不可，毕竟齐、赵才是真正的对手。不过，到底是合赵伐齐，还是合齐伐赵，秦国最高决策层的优先选项与赵国亲秦派的想法截然相反。对于秦国而言，齐国实在隔得太遥远，揍它过于费力，又没有多少实质性的好处，还不如彼此相安无事，如果能东西夹击赵国，消除家门口的重大隐患，那就再好不过了。

想法很完美，但秦、齐毕竟是积怨已久的宿敌啊！虽说吕礼不辱使命，挤对走了力主抗秦的孟尝君，可两大强藩的嫌隙之深，绝非一朝一夕能够弥合，如何才能拉拢齐国，共同对付赵国呢？

魏冉从以前的"徐州相王""五国相王"捕捉到了一丝灵感：过去各方诸侯靠"相王"拉帮结派，如今咱们可以和齐国"相帝"啊！

“王”字已经烂大街，被炒成白菜价了，但“皇”“帝”二字可是天神和上古圣君的专属称谓，连周天子都不敢冒用，这诱惑力可是杠杠的！

经魏冉一手策划，秦昭王于公元前288年在宜阳举行了一场盛大的登基仪式，正式自封为“西帝”。韩、魏、东周、西周等诸侯都接到了出席观礼的邀请，韩釐王乖乖地亲自去了，东周、西周则派公子参加，唯独心虚的魏昭王不敢去，担心楚怀王客死异国的悲剧在自己身上重演。

随后，魏冉又亲自前往齐国游说，尊奉齐滑王为“东帝”。齐滑王戴上这顶高帽之后，也紧跟秦国的步伐癫狂起来，双方共同商定：以秦、齐两大强藩为核心，纠集魏、韩、燕三个小跟班，以五国之力去讨伐赵国。

一场五国伐赵的大戏即将上演，连出兵的具体日期都已经敲定，但谁也没有料到，秦国此番处心积虑的谋划竟然坏在一个羸弱不堪的诸侯、一个落寞潦倒的书生手里！诸侯，指战国七雄里最名不副实，甚至连“五千乘之劲宋”都不如的燕国。书生，则指一代纵横名士苏秦。

苏秦成名记（上）：以身许燕，密谋疲齐

尽管司马迁也坦承：“世言苏秦多异，异时事有类之者皆附之苏秦。”但不可否认，苏秦的横空出世为这个诸侯争雄的纷乱时代奉献了一曲曲充满智慧的绝美华章。关于他的人生阅历，咱们不妨从头说起。

苏秦出生在洛阳，籍贯是周天子脚下的城邦诸侯——东周国。据说，苏秦早年曾师从神秘莫测的鬼谷子。在秦昭王嗣位后不久，苏秦兴冲冲地前往秦国游说，抛出了兴兵征伐天下的主张。不过，忙于稳定局面的宣太后给了他不少白眼。从秦国无功而返后，苏秦饱受了至亲的冷遇，史载“妻不下纴，嫂不为炊，父母不与言”。家里的老老小小一致认为，苏秦不事产业，只知耍嘴皮子功夫（“释本而事口舌”），这辈子算是彻底凉了。

很多时候，卓越与平庸的转折点只在于服不服输。苏秦不屈服于残酷的现实，没有自暴自弃，而是闭门发奋苦读，花了整整一年时间，苦心钻研一本《太公阴符》，从中悟出了纵横天下之策，还留下过“锥刺股”的励志传奇。

信心满满的苏秦认为据《太公阴符》揣摩而成的纵横之术足以游说天下诸侯，但这些年来他走南闯北、投东奔西，一直不见有什么效果。在“沙丘之乱”后不久，苏秦来到赵国，遇到了平生第一位贵人——李

兑。李兑非常赏识苏秦的博学与口才，赏赐了他不少好东西，据说有夜明珠、和氏璧、黑狐裘三件稀世珍宝。不过，李兑对于苏秦的赏识也仅此而已，那套征伐天下的学说，以赵国目前的悲催样，压根就行不通。

离开赵国之后，踌躇满志的苏秦来到燕国，终于遇到了成就其光辉一生的顶级贵人——燕昭王。

说到燕国，名义上跻身战国七雄之列，但偏居穷乡僻壤、实力羸弱的燕国实在是没有什么存在感。前一次以主角的身份抛头露面，还是由于那场“子之之乱”，难得上一回镜头，却险些亡了国。

作为那场内乱的最终受益者，燕昭王主政已近二十年，既感念赵国的慷慨襄助，也对齐国当年趁火打劫的灭国之仇耿耿于怀，史载其“未尝一日而忘报齐也”。燕国这只小蚂蚁这些年来一直想绊齐国这只大象一跟头，却苦于没有合适的时机（搞不好自己会被踩死），苏秦的到来恰逢其时。

苏秦跟燕昭王讲：所谓“自覆之君”，指的是满足于现状、毫无进取之心的君王，断然不会有什么前途！燕国实力羸弱不假，但梦想与身价无关，这世上只有想不到的，没有做不到的，就看你有没有信心和勇气了。具体到燕国来说，显身立名于天下的捷径便是找齐国报仇雪恨。尽管齐国是一等强藩，但凡事都要看得长远，就拿当年秦国力士乌获来说吧，举起千钧之重轻而易举，但时光有尽，岁月无情，等到他年迈体衰的时候，照样需要人来搀扶。如今的齐国也一样，看似强悍过人、难以撼动，但等到它“西劳于宋，南疲于楚”的时候，还有什么可畏惧的呢？届时，燕国完全可以联手秦、赵，将不可一世的齐国彻底搞残！

苏秦的一番慷慨陈词把燕昭王忽悠得热血沸腾。不过，蓝图绘就得再怎么激动人心，眼前的困局也不容忽略：疲齐也好，拉拢秦、赵也罢，总得有人从中穿针引线，巧施离间，因势利导吧？要想完成如此繁复的使命，必须有一位高段位的战略级间谍！

从古至今，间谍都是一门考验智慧和胆量的技术活，而且危险系数极高，一旦身份暴露，基本上就意味着活不成了。即便是现代，文明社会倡导做文明人、打文明仗，但落入敌手甚至主动投降的间谍仍被《日内瓦公约》排除在优待范围之外。换句话说，当正常的外交变成搞间谍活动，就是去玩命了。但是，为了实现自己的人生价值，报答燕昭王的知遇之恩，苏秦甘愿赴汤蹈火，万死不辞！

背负疲齐的秘密使命，苏秦踏上了前往临淄的征程。他虽说已将自己的生死置之度外，但还是将有些话说在了前面，省得有朝一日陷入出师未捷身先死的悲剧，于国于己，没法交代。苏秦在临行前说了什么话呢？他向燕昭王承诺，自己会像尾生一样，信守铮铮诺言。

尾生是庄子笔下的痴情男子。他跟一位中意的女子相约，某月某日某时在一座桥下见面，但不知道什么缘故，女子始终没有出现。尾生信守约期，一直站在桥下死等，眼看河水逐渐上涨，尾生依然不肯离去，最终抱住桥墩溺亡。

苏秦向燕昭王言及这个典故，当然不是无的放矢。他此去相隔千里之遥，不可能时时、事事请示汇报，如果燕昭王被一些表象甚至谗言所迷惑，对苏秦产生信任危机，那么他豁出性命想要成就的一番伟业必然会遭遇前功尽弃的悲惨结局。

为了让燕昭王明白“*以忠信得罪于君*”的道理，苏秦又编出了一个故事：有一家人，丈夫长年在外奔波，居家的妻子寂寞难耐，竟然出轨了。丈夫回来之后，妻子担心奸情暴露，便狠下一条心，暗中备下毒酒，让小妾送去弄死亲夫。这位小妾偏偏是个鬼灵精，明面上不动声色，暗地里心知肚明，顿时陷入了两难境地：送过去吧，男主子将无辜丧命；告发吧，女主子恐怕也活不成。两边都牵扯人命，实在是下不去手。进退维谷之际，小妾突然想到一条妙计：假装摔了一跤，将毒酒洒了一地。结果呢，小妾保住了两条人命，自己却惨遭一顿毒打。

苏秦的深深忧虑，与楚国大夫屈原遭遇的“信而见疑，忠而被谤”其实是一个道理。信任的有效期往往会随着环境的改变而改变，尤其是在质疑、猜忌乃至诋毁的面前总显得不堪一击。燕昭王听懂了这个故事，当即表明自己用人不疑、疑人不用的坚定态度。但咱们在后面会看到，此时的苏秦绝非杞人忧天、刻意矫情，燕昭王对他的信任并不是没有动摇过，还险些枉送了他的性命。

以后发生的事情，咱们以后再讲，且看背负秘密使命的苏秦如何玩弄齐国于股掌之中。

此时，实力强劲的齐国对秦国欺凌魏、韩两家默不作声，却对弱邻燕国露出了狰狞的獠牙。早在苏秦入燕之前，齐国已经收拾过燕国一回了，史载燕国“十万之众尽”，或许有所夸大，但这场实力悬殊的较量，燕国必然吃了不小的亏。后来，燕国向秦国求援，秦国太远够不着，便出面找赵国帮忙，才使齐国咄咄逼人的态势有所缓和。

齐国一门心思地欺负燕国，究其根由，其实并不遥远。当初赵国剪灭中山的时候，齐国趁机向西扩张地盘，跟赵国抢食，没想到不甘寂寞的燕国也来横插一杠，这让齐国相当恼火。正如当年对中山参加“五国相王”耿耿于怀一样，齐国向来就是这副恃强而傲骄的臭德行，见不得实力弱小的诸侯出现在聚光灯下。

先前买秦、赵两家的面子放了燕国一马，不过是权宜之计而已，齐湣王这些年时刻惦记着薅燕国的羊毛。因此，燕昭王特意交待苏秦，务必争取到五年的喘息时间，让燕国先集中精力摁住北边不断袭扰的胡人部落，再轻装上阵，南向争雄于中原。

简单来讲，疲齐也好，离间几大强藩也罢，那都是以后的事儿，眼下的当务之急是设法让齐湣王放弃讨伐燕国的念头。为了达到这一目的，苏秦在齐湣王的面前大费了一番口舌，归根结底就是想讲一个道理：“与其得百里于燕，不如得十里于宋。”直白地说，穷乡僻壤的燕国没油水，坐拥膏腴之地的宋国才有搞头！

不得不承认，苏秦的段位真是高！怂恿齐国将矛头转向宋国，既能解除燕国面临的危机，又能达到疲齐的目的（“五千乘之劲宋”也不好惹），还有可能引发秦、赵等强藩的连锁反应，可谓一石三鸟！

咱们能想到这一点，齐滑王当然也不是傻子。宋国毕竟不同于燕国，膏腴之地、油水够足，也意味着牵一发而动全身，齐国想在各方诸侯的眼皮子底下吃独食，基本上没有这种可能性。不妨回顾一下，赵武灵王为了剪灭中山，索性连君位都让给儿子，又在各方诸侯那里搅过多少浑水、发过多少烟幕弹？即便如此，依然免不了齐、燕两家跳出来抢食。就拿齐国自己来说吧，先前薅燕国的羊毛，秦、赵都出面充当和事老，明为受人之托，实则不想让齐国太好过。身处三大强藩相互牵制与防备的争雄格局，齐国想一口吃掉经济富庶、区位占优的宋国，谈何容易啊！

因此，齐滑王尽管对伐宋之议深以为然，但苦于缺乏合适的契机，一拖就是好几年。其间，秦国对魏、韩两家攻势愈加迅猛，似乎稍微再使一把力，便足以让这两个倒霉蛋从地图上消失。燕昭王敏锐地意识到，如果任由虎狼之秦这么肆无忌惮地疯狂下去，诸侯争雄的格局必然生变，燕国的报齐之志极有可能化为乌有，留下永远的遗憾。因此，疲齐之谋不能再这么无限期地搁置下去了。

公元前290年，燕昭王正式拜苏秦为相国，封“武安君”（没有实际封邑），随即委派他挂着相印再度出使齐国，商议并力求促成伐宋大计。有了这么高的身份和地位，苏秦还是不太放心，便派人去齐国打前站，一来交涉接待的规格（按诸侯之礼），二来联络时任齐国相国的韩珉，打探一下虚实。

事实证明，苏秦的这番铺垫绝非画蛇添足。接替吕礼出任相国的韩珉原本是韩国人，跟秦昭王关系不错，后来效力于齐国。他对苏秦派来

的人坦言，齐国上下对于讨伐宋国的事并没有异议，唯一的担心是赵国会从背后捅刀子。摸清楚这张底牌之后，信心满满的苏秦再度派人前往齐国，向韩珉承诺“将以燕事齐”，由燕国负责牵制赵国，让齐国没有后顾之忧，双方可互派人质作保。

一切准备就绪之后，苏秦带着足有一百五十乘规模的庞大使团前往齐国，受到了极高的礼遇。相国韩珉不仅出城迎接，还亲自为苏秦驾车，一同进入临淄。通过此次出使，燕、齐两国顺利达成同盟协议，共同约定出兵讨伐宋国，燕昭王当即派出两万“自食”大军到齐国境内集结。

这里要特别解释一下“自食”，也就是自行携带粮食。按照往常的惯例，无论是一同出去揍人，还是抱团就地协防，后勤给养的问题向来是由召集者想办法解决。譬如孟尝君当年主持合纵伐秦的时候，曾经带着齐、魏、韩三家联军去找西周公打秋风，就是这个道理。如今，伐宋的主导者是齐国，但燕军一反常态，自己带着粮食前来助阵，足见燕昭王的诚意。确切地说，应该是急迫吧。

燕国诚意十足，齐国这边也毫不含糊，苏秦在一封书信中向燕昭王报告说：“齐之信燕也，至于虚北地行其兵。”意思是齐国完全将两万“自食”的燕军当作自家人，一点防范都没有。然而，这种情同手足、亲如一家的信任关系却被齐湣王怒杀燕军主将张魁彻底打破。

张魁到底怎么得罪了齐湣王，史料上没有记载，咱们也不好乱猜，但闹出人命的事实是很清楚的。对于燕国而言，这可真是奇耻大辱，还能不能愉快地收拾宋国了？燕昭王好歹是一国之君，实力再怎么不堪，那也是有尊严、有脾气的，当即拍案而起，准备举全国之力，向齐国兴师问罪。千钧一发之际，力主合齐伐宋的苏秦不方便讲话，好在燕国不乏头脑清醒的大臣，赶紧站出来劝阻燕昭王，让他务必着眼于大局和长远，忍一时之气，方能成不世之功。冷静下来之后，燕昭王也意识到小不忍则会乱大谋，决定派苏秦前往齐国请罪，就说燕国“择人不谨”，给齐国添了麻烦。

此时的苏秦感到有些尴尬，要是没有他的疲齐之谋，也不会惹出这么窝囊的事来，于是动起了引咎辞职的念头。燕昭王不准，并放下狠话说："你苏秦这个时候要是掉了链子，则燕国危矣！"万般无奈之下，苏秦冒着生命危险（鬼知道齐湣王的气消了没有），凭借卓越的谋略与口才，终于化险为夷，重修齐、燕两国之谊，二国回到了合兵伐宋的既定轨道上。

伐宋大计已是箭在弦上、蓄势待发，但战国时期的列强争雄有一条基本的规律：兵马未动，使者先行。具体到这一次来讲，齐、燕想薅宋国的羊毛，就不能不考虑各方诸侯的反应，尤其是憋着一肚子坏水的赵国。因此，齐滑王派出使臣专程前往邯郸，与时任赵国相国的李兑达成了一项秘密协议：李兑负责确保赵国严守中立，齐国则承诺在灭掉宋国之后，将富庶的蒙邑（今河南商丘附近）奉送给李兑，作为他的酬劳。

双方一拍即合，但别忘了，此时的赵国还有另外一股势力——以金投、韩徐为两人为代表的亲秦派。面对咄咄逼人的齐国，李兑想伺机谋取私利，手握兵权的韩徐为也没有闲着，他正在与魏国相国孟尝君密谋，打算联合魏、燕去讨伐齐国，还派人前来游说挂着燕国相印的苏秦。

鉴于态势出现了新的动向，苏秦决定因势利导、将计就计，把伐宋的事儿放一放，先助力促成韩徐为、孟尝君合纵伐齐之谋。单就效果而言，这可比借伐宋而疲齐的办法显著多了。于是乎，苏秦再度出使齐国，以赵、魏、燕三家合纵伐齐为由，游说齐滑王与宋国和解。不是苏秦会忽悠，而是事实本就如此，齐滑王只好采纳了苏秦的建议，利用宋国割让淮北之地而求和的契机，与宋国结为盟友。

不久之后，齐滑王派将军赵信前往淮北接收地盘，赵信却与邻近的楚国军队发生了武装冲突，不希望节外生枝的齐滑王为了息事宁人，索性杀掉赵信了事。由此可见，齐国还是相当忌惮被几家诸侯联手讨伐的。

司马错率军讨伐魏国、夺取六十一座城池的那一年（公元前289年），苏秦背负促使齐、赵交恶的绝密使命，亲自前往邯郸游说。通过广泛接触、细致观察，苏秦在一封书信中向燕昭王报告了自己得出的结论：合齐伐宋也好，合赵伐齐也罢，成与不成，眼下对燕国都没有什么影响，咱们真正的威胁其实来自于李兑！

李兑这个人啊，最明显的特点是贪婪，最擅长的手段是投机，根本没有做人的底线和政治立场。从“沙丘之乱”坐收渔人之利，到出卖赵国的利益与齐国达成秘密协议，他可谓发现哪里有好处就挖空心思往哪里钻。他不仅贪图齐滑王先前许诺的蒙邑，还对宋国境内更加富庶而繁荣的都市陶邑（今山东定陶）垂涎三尺，一直在琢磨如何借助秦、齐之力实现自己不可告人的阴谋。苏秦认为，一旦李兑促成赵、齐合流，燕国密谋疲齐的文章就没办法做下去了，因此，“齐、赵不恶，国不可得而安，功不可得而成”。

为了使赵、齐两大强藩交恶，苏秦到处煽风点火、制造舆论，但或许是做得实在太露骨，很快就被人举报了。根据举报人（不止一个）提供的信息，苏秦的罪行涉及四点：第一，使赵国失信于齐国；第二，破坏齐国的伐宋大计；第三，襄助齐国合秦伐赵；第四，怂恿齐国监视赵国送到临淄做人质的公子。

急于求成的种种做派让倾向于伐齐的韩徐为都看不下去了，特意警告苏秦低调从事，不要太过火。李兑可没这么好的性子，直接下令将苏秦羁押，接受调查。由于一些被翻出来的罪行涉及齐国，得到消息的齐滑王便派使臣前来参与审讯。苏秦担心自己会被李兑整死（“齐、赵之恶日益，奉阳君尽以为臣罪”），误了疲齐的千秋大业，赶紧让人给燕国送信。燕昭王出面交涉，好话说尽，外加贿赂，才让身陷囹圄的苏秦恢复了自由身。

苏秦成名记（中）：成事艰难，一波三折

苏秦一心想挑起齐、赵交恶，进而达到疲齐的目的，但诸侯争雄的大舞台绝非苏秦独霸。他挂着相印、提着脑袋四处搅浑水的时候，各方诸侯也在按照各自的想法和套路采取了一系列实质行动，让苏秦备感计划赶不上变化。

先说魏国，这些年受到太多的欺凌，魏昭王也琢磨通透了：想从秦国手中收复失地，无异于以卵击石、与虎谋皮，与其自讨苦吃，不如拣更软的柿子捏。经济富庶、区位占优的“五千乘之劲宋”便是摆在魏国眼前的一道大餐！

当然了，垂涎宋国这块膏腴之地的大有人在，魏昭王也没有异想天开地企望吃独食，便派人找到见钱眼开的李兑，提出了合力伐宋的动议。按照孟尝君的建议，魏昭王拍着胸脯向赵国君臣承诺：将魏国的两座城池送给赵惠文王，作为他私人的“自留地”（养邑），还有两座城池送给李兑，作为他儿子的封邑。

在这里，魏昭王特意玩了一个心眼：送给李兑的两座城池当中，其中一座是被秦国抢走的河雍。言外之意，能不能拿到这块地，就看你自己的本事了！直白一点说，魏昭王就是想借助赵国之力把河雍夺回来，因为河雍以及附近的常设浮桥对于魏国维系黄河北岸的统治至关重要。

可李兑再怎么贪婪，也知道自己几斤几两，岂能轻易钻进魏昭王设下的圈套？不过，魏国诚意满满，拿人手短的赵国也不能含糊，当即派兵与魏国联手，去薅宋国的羊毛。

再看秦国这边，前面已经说过，魏冉精心策划了一出“相帝”的闹剧，顺利与齐国结盟，合谋收拾赵国。当时，不仅魏、韩乐见其成，燕昭王也表现出了浓厚的兴趣，甚至已经敲定了出兵日期，可谓万事俱备，只欠东风。

秦、齐合流表面上完全符合燕国促使齐、赵交恶的战略预期，但苏秦敏锐地意识到：事态的发展已经完全脱离了当初预设的轨道，照此下去，不仅燕国崛起遥遥无期，自己这些年来为之呕心沥血、忍辱负重的疲齐之谋也必然会前功尽弃、付之东流。——试想一下，如果赵国被彻底搞残，燕国将完全暴露在两大“加强版”诸侯的面前，自家性命尚且堪忧（没有赵国掣肘，齐国想灭燕就灭燕），又如何能促使相隔甚远的秦、齐两国闹起纷争？

苏秦着眼于长远和全局的洞见，燕昭王一时难以理解：挑起强藩斗强藩，不是咱们多年来梦寐以求的夙愿吗？大功即将告成，你苏秦又出什么幺蛾子？

老话说得好：“愚者暗于成事，智者见于未萌。”很多时候啊，事儿没赶到那个份上，话确实没办法说透，即便能够说透，也未必有人理解。“成大功者，不谋于众”，苏秦决定不再对燕昭王枉费口舌，先设法把秦、齐两国合力伐赵的图谋搅黄了再说。

解铃还须系铃人，要想砸破“相帝”合流的格局，苏秦必须亲自去临淄忽悠齐湣王。苏秦跟刚刚接受“东帝”称号的齐湣王讲：如果断然拒绝秦昭王“相帝”的动议，这是不给秦国面子，肯定于齐国不利。但是，您如今接受了“东帝”的称号，也不见得是什么好事儿。您想啊，如果各方诸侯不围观、不捧场，或者明面上鼓掌，暗地里拆台，只有秦、齐两家自娱自乐，除了转着圈丢人现眼，根本没有什么实际意义。因此，齐国应该采取折中的做法：承认“西帝”，给足秦国面子，但不称“东帝”，也为自己留足余地。

齐湣王原本对于“相帝”就没什么兴趣，只是碍于情面勉强应承下来，听苏秦这么一分析，好像确实是这个理儿，心思不由得浮动起来。紧接着，苏秦又向齐湣王抛出了一个灵魂拷问：“伐赵、伐宋，何为利？”齐湣王几乎是不假思索地脱口而出：“于齐国而言，显然是伐宋更有利嘛！”

既然如此，您跟着秦国瞎折腾啥？苏秦当然不会说得这么直白，但结合前面的分析，给出了自己的建议：主动放弃“东帝”称号，让秦昭王自己出洋相，齐国再因势利导，组织合纵伐秦，并伺机吃掉宋国！如果能将宋国这块膏腴之地据为己有，不仅能捞足油水，还能对毗邻的卫、楚、赵、魏等国构成直接威胁，实现“国重而名尊”，号令全天下的诸侯！

苏秦的一番花言巧语让齐湣王如梦方醒、热血沸腾，他不仅放弃了“东帝”称号，还在苏秦的见证下亲自出面与赵惠文王会盟，共谋合纵伐秦的大计。齐、赵双方约定，由赵国相国李兑出任此次的“从约长”，集结齐、赵、燕、魏、韩五国的兵力，西向征伐虎狼之秦。为了表彰苏秦一语惊醒梦中人的功绩，齐湣王封他为“武安君”，并在名义上官拜齐国相国（没有实权，挂相印而已）。

更令苏秦感到喜出望外的是赵国的反应。苏秦拆秦、齐的台，本意是继续维持三足鼎立的态势，为燕国的疲齐之谋创造条件，但在客观上也让险遭群殴的赵国躲过了一劫。在赵国人看来，苏秦真是不计前嫌、扶危济困的当代义士啊！因此，赵惠文王感动得一塌糊涂，同样封他为“武安君”，让他挂赵国的相印。

集三国的封号、相印于一身（尽管其中两个只有象征意义），堪称

人生巅峰！至于《史记》记载苏秦挂六国相印回乡显摆，还对世情的冷暖大发了一通感慨，说什么“富贵则亲戚畏惧之，贫贱则轻易之”，当是出自后世的杜撰与增饰。

伴随着笑傲天下、风光无限，苏秦当初离开燕国时“以忠信得罪于君”的担忧也在潜移默化之中成了现实。尤其是他出现在齐、赵两国君主会盟的现场，先前信誓旦旦的燕昭王不由得疑窦丛生。

尾生的典故、小妾的委屈言犹在耳，自己为燕国出生入死，却遭到无端的指责与猜忌，此时的苏秦相当寒心。但是，他对于信念矢志不渝，不厌其烦地给燕昭王写信解释，希望君主信守当年“不听众口与造言”的承诺。燕昭王虽然有所疑虑，但毕竟没有真凭实据，加之五国伐秦已是箭在弦上，确实不应该节外生枝，便不再纠缠了。

经过苏秦坚持不懈的一通搅和，魏冉别出心裁搞出来的“相帝”闹剧终于以秦昭王主动放弃“西帝”称号而宣告终结。为了瓦解齐、赵挑起的合纵之势，秦国多少出了一点血，不仅将河雍附近的三座城邑归还给魏国，还将河东的两座城邑还给了赵国。但这并不能让魏、赵两家回心转意——厚礼是要收下的（本来就是我的），秦国也是要收拾的！

话说回来，秦国肉包子打狗不假，但这一次五国合纵伐秦，秦国其实不必过于紧张。后来的事实证明，合纵终究难逃“连鸡”的魔咒，这压根就是一出各怀鬼胎、难成气候的闹剧。

参加此次合纵的五大诸侯按照心眼多少，排序是燕、齐、赵、魏、韩。

燕国自不必说，有苏秦运筹帷幄，心眼比谁都多，积极参与伐秦的背后，藏着疲齐之谋的后手。为了掩盖自己的险恶用心，燕昭王派出的两万大军又是“自食”。

齐国的心眼正是苏秦为齐湣王谋划的“计中计”：以合纵伐秦作为掩护，转移各方诸侯的注意力，为自己吃掉宋国创造契机，并与置身事外的楚国暗中搭上了线。

赵、魏两家的心眼不相上下，既想把秦国打疼，让自己少遭一些罪，也时刻惦记着富得流油的宋国，等待薅羊毛的机会。

排在最末的韩国才是真心实意想对付秦国，谁让它苦大仇深呢！不过，韩国就是这样的实力，只有跟着打的份，没什么话语权。

简单来讲，此次五国伐秦就是一出踩假水、放烟雾的迷魂戏。演戏毕竟是需要演技的，不是所有人都有苏秦这么高的段位，所以真到上场开飙的时候，有一个算一个，全都穿了帮。先是魏、韩两家军队声称在路上遭遇大雨，没有按约定时间到指定位置集结，齐、赵、燕三家索性就按兵不动了。

事实上的“总导演”苏秦相当着急，亲自赶往邯郸，向名义上的“从约长”李兑询问究竟。李兑拍着胸脯保证说：只要魏、韩两家军队一到，赵国将召募上党之兵，共同西征秦国。话说得很动听，但暗藏的意思耐人寻味：合着赵国还要现砌炉灶、征召兵马啊？！至于先前已经派出的军队，当然不是留着吃干饭的，此时正在积极准备讨伐宋国。

赵国心猿意马，齐国同样心不在焉，齐滑王为了尽快讨伐宋国，甚至都准备好与楚襄王会盟了。这一消息传到赵国之后，“从约长”李兑的心中突然产生了一种不详的预感：齐、楚结盟，莫非是要绕开四家盟友，与秦国单独媾和？如果真是这样的话，赵国岂不是会被出卖？于是乎，李兑对于合纵伐秦之事更加消极，时刻紧盯齐、楚两家的动向。

“从约长”最先掉了链子，这出戏还怎么演下去？苏秦赶紧找到齐滑王，请他出面安抚一下李兑和孟尝君，毕竟这场五国伐秦的戏是为齐国吞并宋国做铺垫，如今还没开演就宣告散伙，齐国的伐宋之计恐怕也推行不下去，为今之计，必须先把伐秦真正搞起来，才能牵制住秦国的手脚，让它没办法去救援宋国（“和三晋伐秦，秦必不敢言救宋”）。齐滑王对苏秦向来是言听计从，这一次也不例外，他相当慷慨地做出承诺：灭宋之后，陶邑送给李兑，平陵送给孟尝君。

苏秦自以为得计，没想到竟然弄巧成拙！李兑先前并不清楚，齐、楚会盟的背后其实与秦国无关，而是藏着伐宋的阴谋。等齐湣王放出话来，要把陶邑、平陵拱手奉送，李兑才恍然大悟，原来英雄所见略同啊！

话都说到这个份上了，何必遮遮掩掩呢？既然都想薅宋国的羊毛，那么谁也别耽误谁，少玩虚招，多干实事，直接杀向宋国好了！

转眼之间，齐、赵、魏相继脱下伪装，果断动手，挥师直指宋国。魏国没想到齐国也在打宋国的主意，仗着身强体壮跟自己抢食，故而耿耿于怀，拒绝为伐秦的五国联军开放道路，大家只好在荥阳、成皋一带干耗着。

考虑到伐秦不成，就没办法牵制住秦国，齐湣王不由得大为光火，派使臣前往邯郸，在“从约长”李兑面前告魏国的刁状。具体来讲有三点：

第一，魏国故意阻挠伐秦的五国联军，特别是将齐国军队晾在边邑，长达数月不予理睬。

第二，齐国兴兵讨伐宋国，魏国没有严守中立，也没有关闭边境，还公然出兵搅局，跟齐国抢地盘。

第三，魏国违背先前达成的协议，暗中与秦国媾和。

齐湣王派人去邯郸打小报告，对齐国衔恨已久的魏国相国孟尝君也没有闲着。他一面联合赵国去讨伐宋国，一面也派人北上，与赵国的韩徐为以及燕昭王接洽，密谋合纵伐齐。如此一来，齐国面临的局面就更加复杂化了：首先，五国伐秦的行动名存实亡，赖以伐宋的幌子已经被撕扯得支离破碎。其次，齐国既要对付宋国的抵抗，还要防备赵、魏两家跟自己抢食。再者，在孟尝君的运作之下，魏、赵、燕三家初显合纵伐齐之势，尤其是在积怨甚深的燕国内部，疲齐、伐齐的呼声日益高涨。

各方诸侯出面搅局既使得齐国的伐宋之谋难以为继，也令齐湣王猛然警醒：燕国眼下叫嚣得这么厉害，莫非先前的种种惺惺作态是在给齐国下套？当时正出使魏国的苏秦看在眼里，急在心上，一边代表燕国向齐国表忠心，打消齐湣王的疑虑，一边写信提醒燕昭王，务必控制一下国内的舆论，不要竹筒倒豆子似的把心里话全都暴露出来了（“慎毋令群臣众议攻齐。”）。齐湣王原本是有所警觉的，但被苏秦的障眼法一通糊弄，他的脑子里又成了一团浆糊。

再来看名义上“打旗”的赵国，赵惠文王的思绪同样处于剪不断、理还乱的状态。

相国李兑这边，既惦记着齐国许诺的封邑，又指望赵、魏联手伐宋能够有所斩获，还想与秦国单独媾和，一起去薅魏国的羊毛，说不定秦国一高兴，就把魏昭王许诺给他的河雍送过来了（“以解其怨而取封”）。另一边，力主合纵伐齐的韩徐为正在与孟尝君、燕昭王积极谋划。到底应该采纳谁的建议？赵惠文王颇感头大！

混乱不堪的局面把齐湣王、赵惠文王搞得晕头转向，但苏秦的思路始终非常清晰：疲齐！疲齐！疲齐！

至关重要的事情少不了碎碎念。凡是对疲齐有利的事，都要力争促成；反之，则要设法搅黄！

什么对疲齐有利？当然是怂恿齐国灭掉宋国，引发秦、赵、魏等诸侯不满，让志在复仇的燕国有机可乘。

什么对疲齐不利？首先是孟尝君、韩徐为谋划的合纵伐齐。在齐国没有惹起众怒的情况下贸然合力讨伐，既难免“连鸡”的魔咒，作为小跟班的燕国也捞不到什么油水。其次就是私欲日益膨胀的李兑了，他要是促成赵、秦两国穿上一条裤子，诸侯争雄的格局必将彻底失控。

因此，苏秦先是在大梁对魏昭王游说了一通，让孟尝君、韩徐为谋划的合纵伐齐之谋难以在短期内上马。随后，苏秦又即刻动身前往邯郸，去忽悠贪得无厌的李兑。在苏秦看来，一旦赵、秦两国讲和，无论未来态势如何发展，李兑都不可能拿到他垂涎已久的陶邑。李兑权衡再三，认为苏秦的分析确实很有道理，如果上升到诸侯国层面的交往，先前关于陶邑的私相授受岂不是成了一句空话？于是乎，李兑果断放弃了与秦国媾和的念头。

苏秦忽悠李兑，燕昭王没有二话，但破坏合纵伐齐之谋，燕昭王无法理解。事实上，按照苏秦的设想，疲齐的终极目的就是攻齐，而燕国想要雪耻，绝非点到为止，要搞就得把齐国彻底搞残，让对方丧失反戈一击、秋后算账的能力。直白一点讲，凡是不以破齐为目的的讨伐，即使不是要流氓，也是在拿燕国的前途命运做赌注。怎奈燕昭王只图眼前痛快，不谋长远和全局，又开始怀疑苏秦心怀二志。时也，命也，当苏秦深陷孤独与痛楚依然矢志不渝的时候，“神助攻”韩珉隆重登场！

齐国相国韩珉，前面介绍过了，为齐滑王效力，但与秦昭王、魏冉私交甚厚，属于挟外藩自重的一类角色。

作为韩珉的政治靠山，秦昭王在五国合纵伐秦之初，神经一度异常紧张，不仅取消了“西帝”的称号，还借归还几座城邑拉拢赵、魏两家，分化、瓦解对方阵营。他没有想到，此次合纵竟然会这么水，各怀鬼胎的五国联军很快就不攻自破，不分自解了！秦国不仅做了一回惊弓之鸟，还白白送出去好几座城邑，既失脸面又折财，简直亏到姥姥家了！

以秦国人的性格，吃亏上当不要紧，关键是如何设法赚回来。眼瞅着五国联军各回各家、各找各妈，齐、赵、魏三家处心积虑想薅宋国的羊毛终以惨淡收场，秦国又打起了“事一强以攻众弱”的算盘。鉴于先前“相帝”闹剧的教训，秦国决策层意识到，要想拉拢齐国入伙，只有虚名而没有干货肯定是行不通的，即使行得通，也是走不远的。

于是，秦昭王、魏冉利用韩珉这层关系向齐滑王绘就了一张相当宏伟的蓝图：先看当下，秦国可以鼎力支持齐国吞并宋国；作为交换条件，齐国也应该襄助秦国，夺取魏国在黄河北岸的地盘。接着着眼于未来，秦、齐可以联手夹击赵国，将这个性子硬、心眼多的强藩搞残之后划分各自的势力范围，秦伐魏、韩，齐伐燕、楚，届时“齐、秦虽立百帝，天下孰能禁之”！

听完韩珉这一番慷慨激昂的胡侃，齐湣王不由得热血澎湃，苏秦也看到了借伐宋而疲齐的新契机。在相国韩珉、“荣誉相国”苏秦两位重臣的鼎力支持下，齐湣王派使臣前往咸阳，与秦国达成了互不干涉的协议：你打你的魏国，我打我的宋国，彼此井水不犯河水！

公元前286年，秦国老将司马错挥师东进，一举夺取了魏国在河东的故都安邑。当时，苏秦正出使魏国，隔三岔五地给魏昭王灌迷魂汤，配合秦国的军事行动。秦军一开打，魏昭王就意识到自己上当受骗了，当即下令将苏秦羁押，同时关闭边境，谨防他伺机潜逃。

继先前在赵国遭人举报之后，苏秦再度身陷囹圄。这一次出面营救他的不是疑虑未消的燕昭王，而是依然蒙在鼓里的齐湣王。受齐湣王之托，苏秦的族弟苏厉跑到魏昭王面前忽悠了一通，意思是把苏秦驱逐到齐国去，可以使得秦国对齐国起疑心，势必放缓对魏国的攻势。

魏昭王不知是计，果然照办。苏秦侥幸回到齐国，助力齐湣王按照既定的计划，发起了第三次大举伐宋的军事行动。然而，刚刚将安邑收入囊中的秦国突然玩起了变脸耍赖的把戏，跳出来指责齐国恃强凌弱，还对视秦国为外援的韩珉恶语相向。

秦国为什么会出尔反尔，食言自肥呢？原因很简单：经过一位谋士的提醒，魏冉也对宋国境内的陶邑动了心。

陶邑这个地方，咱们在前面没有详细讲，只说它是富庶而繁荣的大都市，但这并不是很多人对它垂涎三尺的全部原因。陶邑，又称作定陶，位于菏水、济水的交汇之处，相传是上古圣君帝尧的封地。西周施行分封的时候，陶邑是姬姓诸侯曹国的都城。早在公元前487年，宋国便灭掉了曹国，将其故地据为己有。仗着地理位置优越、河运四通八达，陶邑从春秋时期开始便以商业繁盛而闻名，史载“天下之中，诸侯四通，货物所交易”，可以说是富甲大半个中原的一线热门城市，谁会不惦记这块肥肉呢？

魏冉为了一己私利怂恿秦昭王变了脸、赖了账，正一门心思收拾宋国的齐湣王着急了，多年来致力于疲齐之谋的苏秦更着急。苏秦亲自来到咸阳，凭借巧舌如簧的绝世口才，当面忽悠秦国的最高决策层。

当着宣太后、魏冉的面，苏秦毫不顾忌地跟秦昭王讲：韩珉竭力促成伐宋，并非背叛了自己的靠山，而恰恰是在为秦国着想。您琢磨一下，在崤山以东的诸侯之中，齐国已经算是头号强藩了吧？如果它再把“五千乘之劲宋”吞进肚子里，楚、魏两家岂能稳得起，坐得住？楚、魏两家如坐针毡，如临深渊，必然会不惜重金与地盘寻求秦国的庇护。全天下的人都知道，秦、齐联手则魏、楚遭殃，秦、齐交恶则魏、楚获利。齐国即使吃下宋国，也断然不会与秦国为敌，否则难保胜利果实（其他诸侯要来抢），秦国有什么好担忧的呢？

苏秦的分析精准而到位，使得意图夹带私货的魏冉有口难言，秦昭王当即表态：秦国必将信守先前的承诺，齐国尽可放心大胆地追逐自己的梦想！

作为此番纵横捭阖的牺牲品，此时的宋国又是什么状况呢？前面说过，在赵主父运作“三家村”的时候，宋国的实力还是相当可观的，凭借灭滕、伐薛、夺淮北三大战绩，堪称泗上十二诸侯中的“小霸王”，被苏代称为“五千乘之劲宋”。

凭借稍逊一筹的实力创造足以自傲的佳绩，得益于宋国内部的团结。特别是宋康王仿效赵武灵王将君位让给自己的儿子之后，用苏秦的话来说，“下亲其上而守坚”，简直就是铁板一块！不似当年的赵国，北面为臣的公子章想夺位，坐上君位的赵惠文王要保位，业已退位的赵主父则琢磨着“复辟”，父子三人反目成仇，结果惹出一场“沙丘之乱”，让擅长投机钻营的李兑坐收渔人之利。

不过，戮力同心的局面在宋国并没能维系太久。在齐国第二次伐宋之前（以五国伐秦为幌子那一回），“下亲其上而守坚”的局面就已经荡然无存了。具体的过程史料中并没有详细的记载，只知道宋国已深陷权力角逐的旋涡。其中的一位核心人物，便是在“桀宋”的故事中充当帮凶的相国唐鞅。

说唐鞅是一名奸佞宵小之徒，一点儿也没有冤枉他。有史料记载说，唐鞅利用手中的权势肆无忌惮地党同伐异（“蔽于欲权而逐载子”）。宋康王主动退位之后，主政伊始的太子没有治国经验，唐鞅认为有机可乘，便大肆攫取权力和私利，太子不堪其扰，竟然被迫逃亡出境了。太子一走，宋国内部彻底乱套了，史载“诸善太子者，皆有死心”，造成了极其严重的政治分裂。

亲身经历由盛转衰的进程，宋康王到底想了什么、做了什么，史料没有明确记载，咱们不得而知，或许是担心“沙丘之乱”在宋国重演，故而选择冷眼旁观、明哲保身吧。唯一可以令人聊以慰藉的是，宋康王最终杀了唐鞅，但宋国已经日薄西山，一切都无法挽回了。

公元前286年，齐国大军攻破了宋国都城睢阳（今河南商丘），宋康王“自投车上，驰而走”，最终客死魏国。享国八百余载的“五千乘之劲宋”至此烟消云散，荡然无存。

在如愿以偿地吞并了宋国后，齐国的实力与国运达到了空前绝后的巅峰，而苏秦借伐宋以疲齐的宏大谋略也终于迈出了关键性的一步。接下来，就该上演更加精彩纷呈的破齐大戏了！

苏秦成名记（下）：助燕雪耻，英名永存

齐国将“五千乘之劲宋”据为己有之后，普天之下的态势果然不出苏秦先前所料，各方诸侯都对吃独食、不吐渣的齐湣王恨得牙痒痒。

先说赵国，齐湣王曾经信誓旦旦地向李兑许诺，灭宋之后把陶邑送给他作为封邑，但此时压根不再提这一茬，惹得李兑逢人就骂齐湣王是厚颜无耻的卑鄙小人。

再说魏国，与宋国故地近在咫尺，相国又是对齐国衔恨多年的孟尝君，如今与宿敌成了邻居，真是仇人见面，分外眼红。

还有秦国，先前与齐国达成互不干涉的协议，不过是为了专心欺凌魏国而采取的权宜之计，齐国伺机发了一笔横财，无疑挤占了秦国向中原扩张的空间，即便秦昭王不介意，魏冉可还惦记着陶邑那块肥肉呢！

至于燕国，就更不用说了，燕昭王忍辱负重二十多年，还在苦苦等待着报仇雪耻的那一天！

常言道：“得意勿忘形，人狂必生祸。”外部环境异常严峻的同时，齐国内部的状况也不容乐观：志得意满的齐湣王更加固执而傲娇，听不进逆耳之言，甚至肆意滥杀忠良之士。

就拿一位名叫狐援的大臣来说吧，他以殷商亡国的教训为鉴，提醒齐湣王戒骄戒躁、如履薄冰，但齐湣王始终置若罔闻，依然我行我素。

颇感无奈的狐援在宫外大哭了三天，痛呼“先出也，衣絺纻；后出也，满囹圄”，“诅咒”齐国距离灭亡只有一步之遥了。齐湣王怒不可遏，竟以无故哭丧、诽谤朝政、扰乱视听为由，下令将狐援斩首示众。

因言获罪的悲剧并非狐援个例，甚至田氏宗室也未能幸免，很快就搞得“百姓不附”“宗族离心”“大臣不亲”。此时，被空前的胜利冲昏了头脑的齐湣王压根没有意识到一场足以致命的危机正在向齐国步步逼近。

率先向齐国发难的是被齐湣王忽悠得怒不可遏的李兑。因为没能如约获取陶邑，李兑便怂恿赵惠文王出兵，两度在赵、齐边境挑事，想讨个说法。紧接着，宣太后、秦昭王也在魏冉的鼓动之下，代表秦国发出了合纵抗齐的最强音：“有齐无秦，无齐有秦，必伐之，必亡之。”在齐国灭宋国的第二年（公元前285年），秦昭王、赵惠文王举行盟会，共同敲定了合纵伐齐的基本方略，并由赵国相国李兑担任此次伐齐的“从约长”。不久之后，一直在与韩徐为谋划如何对付齐国的孟尝君也力促魏国入了伙，加上唯秦国马首是瞻的韩国，眨眼之间，合纵的力量就凑足了四家。

在各方诸侯携手收拾齐国的问题上，反应显得有些迟钝的，偏偏是对齐国抱有深仇大恨的燕国。燕昭王的态度比较暧昧，在他看来，燕国毕竟是诸侯之中的一支弱旅，以小跟班的身份去讨伐齐国，未必捞得到多少实质性的好处，还要独自承担被齐国反攻倒算的风险。

不过，此时身在临淄的苏秦态度非常坚决：破齐之谋，在此一举，岂能坐失良机？表面上，苏秦要尽人臣之事（他是齐国名义上的相国），帮助齐湣王写信给赵国，暴露强秦“欲以亡韩，吞两周，故以齐饵天下”的狼子野心，分化、瓦解秦、赵同盟。暗地里，苏秦致书燕昭王，力劝他抓住这个“转祸而为福，因败而为功”的契机，积极投身于合纵攻齐的阵营。针对燕昭王担心捞不到什么好处，还可能挨齐国的收拾的忧虑，苏秦还提出了“立三帝以令于天下”的大胆设想。具体来讲，就是秦昭王为“西帝”，赵惠文王为“中帝”，燕昭王为“北帝”，借此提高燕国在诸侯中的政治地位。受此“鸡血”鼓舞，燕昭王不再犹豫，果断投向秦、赵的怀抱，相约收拾引起公愤的齐国。

为了使这次合纵规避“连鸡”的魔咒，作为核心力量的秦、赵两家都做出了比较大的让步：其一，名义上主持此次行动的本应是实力最强的秦国，但秦国主动让给了赵国，由李兑出面担任“从约长”，秦国只派出一名御史前往大梁进行联络协调。其二，为了彰显自己的诚意，秦国还主动给赵、燕两国送去人质，作为担保。其三，五国联军的统帅，秦、赵两家都不出，而由燕国将军乐毅担任，赵、燕还让乐毅挂两国的相印，时有“燕赵共相，二国为一”的说法。

说到乐毅，这位燕国悍将的来头可不小。他的先祖便是魏文侯（魏斯）时期率军剪灭中山的名将乐羊。凭借赫赫战功，乐羊受封于中山国的故都灵寿，但咱们先前也说过，乐羊在阵前喝儿子的肉汤，眼睛都不眨一下，所以魏文侯“赏其功而疑其心”，乐羊去世之后，子孙后代更是日渐没落。随着中山亡而复、复而再亡，乐氏一族也被折腾得够呛，籍贯从魏国到中山，最后又成了赵国。

乐毅的出身仅仅是一介布衣草民，所以关于他早年的经历，各种史料都语焉不详，只是笼统地说他喜好兵法。从古到今，绝大多数男孩子都怀揣着从军梦、英雄梦而成长，这一点儿也不稀奇。

后来，乐毅得到他人的举荐，终于步入了赵国官场。燕国发生“子之之乱”的时候，正是乐毅力主施以援手，并得到赵武灵王的采纳，身为人质的公子职才得以回国，成了燕昭王。“沙丘之乱”以后，乐毅对赵国混乱不堪的政局颇感失望，于是来到魏国谋求安身之所，适逢背负报齐之志的燕昭王广纳天下贤才，乐毅又投奔到燕国落脚。先是存燕之恩，今有善战之名，燕昭王对乐毅既感激又赏识，拜他做了亚卿，身份地位仅次于苏秦。根据史料记载，乐毅还效仿其他诸侯的成功经验，推行了一系列变法措施，助力“慢N拍”的燕国逐步走上了富国强兵的道路。

正是这番人生阅历使乐毅成为燕、赵乃至魏、韩、秦一致认可的联军统帅。话说回来，毕竟五家诸侯的实力、亲疏有别，别看乐毅担着这么大的名头，其实他能直接行使指挥权的只有燕、赵两军而已。

最令人琢磨不透的还是在事实上挑头站台的秦国，此次率秦军出征的将领既不是司马错、向寿之类的老将，也不是先前在伊阙一战成名的白起，而是时年只有三十岁上下的蒙骜，而且他还是个齐国人。宣太后、秦昭王到底唱的哪一出，只有他们自己知道了。

因为关系太复杂，所以这场针对齐国的军事行动一开始有些乱套。身为秦军主将的蒙骜既不听从乐毅这个名义统帅的号令，也不顾及其他几家军队的集结节奏，率先挥师东进拉开战幕，并一举拿下了九座城邑。

秦国凭借实力“抢戏”，其他几家诸侯不能等闲视之，也相继投入了战斗。尤其是乐毅率领的燕、赵联军渡过清河入侵齐国，迅速攻占了地处黄河西岸的重镇灵丘（今山东高唐附近）。

这里需要解释一下，齐国的行政区划与其他诸侯有很大的区别。早在春秋时期，一代贤相管仲推行“定民之居”“伍其鄙”的行政改革，将齐国全境划分为“五属”，并一直延续下来。“五属”的首府便是“五都”，除了都城临淄之外，还有即墨、莒邑（今山东莒县）、高唐和平陆（今山东汶上附近）。乐毅率军攻占的灵丘地处济水以西，与“五都”之一高唐近在咫尺。

高唐一旦有失，会影响很大一片国土，所以齐湣王赶紧调集齐军主力增援，并打算借助济水这道天堑，确保位于济水东面的都城临淄的安全。如此一来，五国联军便赢得了与齐军主力展开决战的契机。

秦国没有给齐湣王调整部署的机会，当即派出一位被称为“尉斯离”的将领（“尉”或许是他的官名），亲率秦、魏、韩三国联军奔袭灵丘，与乐毅率领的燕、赵联军会合，引诱齐军主力在黄河、济水之间的狭长地带决战。

齐湣王倒是想打这一仗，憧憬着一战定乾坤，即使不能赶走来犯之敌，至少也可以把五国联军牵制在济水以西。然而，时任齐军主将的触子认为，齐军坐拥地利优势，理应打持久战、消耗战，过早展开决战，岂不是正中对方速战速胜的下怀？

稍微有些军事常识的人都看得出来，触子的想法是明智的，但自打剪灭宋国以来，齐湣王愈发忘乎所以，自认为老子天下第一，根本听不进不同的意见。他不仅勒令触子率军出战，还放出狠话：“如果抗命不从，就要对你灭族掘祖坟！”（“不战，必刬若类，掘若垄。”）

被逼无奈，触子只好硬着头皮上阵，内心却巴不得齐军一败涂地。在双方激战甚酣之时，心怀不满的触子突然下令后撤，齐军顿时乱作一团，被五国联军追杀得人仰马翻，史称“济西之战”。经过这场声势浩大的战役，齐军主力损失殆尽，主将触子独自驾车逃亡，不知所终，只有副将达子收拢残部渡过济水，组成拱卫临淄的最后一道防线。

燕昭王、苏秦、乐毅一致认为，齐军主力已经在济西之战中惨遭碾压，退到济水东面的残兵败将根本不足为虑。在这种情况下，其他诸侯是否愿意以剩勇追穷寇已经不重要了，乐毅独自率领燕国军队东渡济水，直逼临淄，为燕国的雪耻之志发起最后一击。

济水与临淄之间，只有达子率领的残部驻屯在一个叫秦周的地方（今山东淄博附近）。心急如焚的达子自忖无力对抗强敌，恳请齐湣王以重金犒劳将士，毕竟重赏之下，必有勇夫，或许还能有一线翻盘的契机。齐湣王听说达子要钱，当即大发雷霆，又扔出了一句狠话：“济西惨败，寡人没有追究你们的责任就不错了，打出这么大一场败仗，居然还有脸讨赏！”（“若残竖子之类，恶能给若金。”）

齐滑王一毛不拔，达子心灰意冷，这场最后的阻击战结局可想而知。面对战斗力屈居二流的燕国军队，齐军也毫无招架之力，被揍得七荤八素，达子也殒命于沙场，史称“秦周之战”。

亡国厄运即将降临，齐滑王方才意识到苏秦的间谍身份，下令将他处以车裂之刑。苏秦，这位智勇双全、谋略卓越的纵横名士，在胜利的前夜慷慨赴义，用生命兑现了“快于心而死”的庄严承诺。他无愧于燕国，无愧于燕昭王，更无愧于自己闻名天下的壮志雄心！《孙子兵法》有言：“死间者，为诳事于外，令吾间知之，而传于敌间也。”苏秦耗尽一生的心血演绎了“死间”的精彩绝伦，他的英名永垂于青史！《史记》说苏秦“反间以死，天下共笑之”，实在有失公允。

丧家之犬，终不思悔

秦周之战，齐军一败涂地，乐毅率领的燕国军队攻入临淄，报了燕昭王深藏内心近三十年的血海深仇！

根据《资治通鉴》记载，乐毅破齐之后，采取笼络怀柔的政策：“修整燕军，禁止侵掠，求齐之逸民，显而礼之；宽其赋敛，除其暴令，修其旧政，齐民喜悦。”其他几项不太好说，但“禁止侵掠”这一条显然与《史记》《战国策》的记载不符。我粗略地统计了一下，后两部史料说到这事儿的时候，“尽”的字眼出现了四回：

> “尽取齐之宝藏器。”（《史记·田敬仲完世家》）
> “尽取齐宝财物、祭器输之燕。”（《史记·乐毅列传》）
> “尽取齐宝，烧其宫室宗庙。”（《战国策·燕策一》）
> “珠玉财宝，车甲珍器，尽收入燕。”（《战国策·燕策二》）

当时，燕昭王亲自前往济水，犒赏慰劳前线将士，并满载而归。由此可见，燕国确实是发了一笔横财。

乐毅一战成名，被燕昭王赏赐临淄附近的昌国作为食邑，封“昌国君”，继续率兵扫荡齐国全境。到目前为止，齐国“五都”当中，临淄、高唐已经被燕国据为己有，而要想搞清楚后面发生的战事，必须先了解一下齐长城。

齐长城的修筑历时超过一个世纪，从春秋时期便开始兴建，基本上是沿着当时齐、鲁两国的边界借助山川地势而成。大致的走向是从济水边的平阴向东经过泰沂山脉，最终抵达海滨，延绵达一千二百余里。

齐国（当时还是吕齐）修筑长城，是因为那时鲁国比较强悍，经常跑过来薅羊毛。然而三十年河东，三十年河西，伴随着鲁国的国力日渐式微，曾经修墙阻敌的苦主翻身成了入侵者，不断越过长城蚕食鲁国的地盘。如今，这道长城所处之地不再是齐、鲁边境，而是地处齐国的中心地带，“五都”之一的莒邑便坐落在齐长城的南面。

乐毅率领大获全胜的燕军从临淄出发，“平齐城之不下者”。经过五年征伐，燕军在齐长城以北攻城略地，占领了七十余座大小城邑（包括“五都”之一平陆），一直打到最东面的琅邪。不过，燕军“饮马于淄、渑，定获于琅邪”的辉煌战绩还是要打不小的折扣。齐长城以南的莒邑借助这道屏障得以保全，而在齐长城以北，“五都”之一即墨依然在坚持抵抗，战斗力稍逊一筹的燕军一时难以撼动。

回头来说仓皇逃窜的齐滑王。他最初从临淄溜出来的时候，并没有直接奔向齐长城以南的莒邑，而是逃亡去了卫国。齐滑王惶惶如丧家之犬，不知道齐国为什么会败得这么惨，便问跟随他逃亡的侍臣公玉丹怎么看。公玉丹倒是挺会来事儿，故作惊讶地回答：“您真不知道啊？我还以为您知道呢！齐国落败，没有别的原因，就是因为您实在太贤明了，惹得各方诸侯赤裸裸地嫉妒！”（“天下之王皆不肖，而恶王之贤也。”）

从本质上讲，奸佞宵小之徒得势，问题往往在最高层，毕竟“上有所好，下必甚焉”。即便是落到了近乎亡国的地步，没心没肺的齐滑王仍旧不思悔改，竟对公玉丹之言深以为然，简直是无可救药！

脑残者，无药医。不过齐湣王寄人篱下的日子过得相当滋润，用公玉丹的话说，齐湣王这些日子“容貌充满，颜色发扬”，心宽体胖了不少。不过，卫国这座庙实在太小，自从容留了这尊瘟神之后，来自各方诸侯的压力就从未断过，便打算将齐湣王一行礼送出境，免得惹祸上身。

齐湣王想投奔鲁国，又担心对方的接待规格不够，伤了自己的颜面和尊严，便派一位叫夷维子的大臣去打前站。这位大臣奉命来到鲁国之后，大言不惭地要求鲁国参照迎接天子巡狩之礼安排齐湣王的起居。具体来讲，鲁国君主要把自己的宫室腾出来，供齐湣王下榻，并亲自侍奉他的饮食起居。鲁国人的答复很明确：恕不接待，哪儿凉快哪儿待着去吧！

吃了鲁国人的闭门羹，齐湣王又想借道邹国前往莒邑落脚。恰逢邹国的君主离世，齐湣王打算去吊唁一下，再派大臣夷维子去打前站。此人死性不改，又跑到邹国颐指气使、大放厥词，连灵柩怎么摆、灵堂怎么设都要管，惹得邹国群臣放出狠话：“必若此，吾将伏剑而死。”

亲身体验了各种不愉快的经历之后，齐湣王总算回到了莒邑。齐湣王回到齐国境内，并非他痛改前非、洗心革面，打算卧薪尝胆、东山再起，也不完全是因为他意识到乐毅率领的燕军实力有限、鞭长莫及，从很大程度上来讲，其实是楚国出面力保的结果。

自从楚怀王上当受骗、被秦国基本搞残之后，楚国沉寂了很长一段时间，甚至连五国伐齐这种稳赚不赔的买卖都没有入伙。不过，就在齐国濒临破灭的时候，楚襄王似乎醒过神来，派昭齿（一作淖齿、卓齿）率军进驻了莒邑。一来是为夺取淮河以北的地盘（先前被宋国夺走，如今在齐国手里），二来想扶持齐国的残余势力形成一块缓冲地带，这算盘打得还真是精妙。

对于苦不堪言的齐湣王来说，送上门来的救命稻草简直就是救苦救难的活菩萨，他拜昭齿为相，让一直置身事外的楚国为自己撑腰。不过好景不长，齐滑王与昭齿之间很快就爆发了控制与反控制的激烈冲突。

为了顺利除掉不怎么听话的齐滑王，昭齿煞有介事地编造出新近发生的三件奇闻：天降血雨、地裂涌泉、宫外有诡异的哭声。昭齿据此认定：齐滑王作恶多端，这是来自天、地、人的警告，恶君不除，后患无穷！于是乎，齐滑王被昭齿诛杀于宫庙之中，尸身还被悬挂在庙梁上示众。

崤山以东的头号强藩齐国混到近乎灭亡、国君丧命的悲惨地步，着实令人唏嘘。感慨归感慨，燕昭王一朝雪耻的同时，秦、齐、赵三足鼎立的态势也彻底崩盘。凭借此次合纵伐齐，屈居第三的赵国得以跻身第二（仅次于秦国），实力垫底的燕国大发一笔横财，向来只能做小跟班的魏国也因尽收宋国故地而国力大增。然而，新的问题出现了：如虎添翼、锐不可当的天下第一劲旅秦国，天下谁与争锋？

第六章 谁与争锋

皆大欢喜，唯秦受伤

虎狼之秦锐不可当，这个说法绝非危言耸听，因为秦国很快就对名义上的盟友魏国动手了。要想搞清楚秦国突然变脸的内在动机，咱们还是先来盘点一下，各方诸侯在经历合纵伐齐这场辉煌的胜利之后都有哪些实质性的斩获。

先说燕国。作为此次合纵伐齐的初发起者，燕国的态度最为坚决，表现最为积极，收获也最为可观。济西之战后，乐毅凭借一军之力打败齐军残余于秦周，进而攻破临淄，横扫济水以东、齐长城以北的广大区域，除了最东面的即墨之外，将七十余座城邑收入囊中。

再说魏国。这些年来，魏国的关注点一直是宋国的地盘，通过参与此次合纵伐齐，魏昭王终于如愿以偿，将几乎所有的宋国故地都纳入了自己的管辖范围，并设立了两个大郡——大宋郡、方与郡，进行有效管辖，时有“齐能并宋而不能凝也，故魏夺之”的说法。先前尽失河东于强秦，如今终于找到了买单的人，失贫瘠山地，得膏腴沃野，这笔买卖太划算了！不过在魏国赚得盆满钵满的同时，孟尝君也背上了“篡臣”的骂名，荀子后来把他批得体无完肤，说他“上不忠乎君，下善取誉乎民，不恤公道通义，朋党比周，以环主图私为务”，简直是混账透顶，遗臭万年！

还有赵国，不仅获取了济水以西地区，还藉此调整了内部的权力格局。合秦伐齐一直是金投、韩徐为等亲秦派的政治主张，如今大功告成，他们必然行情见涨，而留存有“沙丘之乱”案底的相国李兑很快就遭到赵惠文王的罢免，从此消弭于政治舞台。

实力最强的秦国并非此次合纵伐齐的主力，而且距离实在太远，想哄抢地盘也不太现实。不过，在魏冉的强烈建议下，秦国还是从魏国的嘴里夺走了陶邑这块肥肉，宣太后将它赏赐给魏冉作为私邑。可以说，魏冉能够达到“私家富重于王室”的地步，基本上得益于陶邑带来的滚滚财源。正如韩非子后来所评价的：“穰侯（指魏冉）越韩魏而东攻齐，五年而秦不益尺土之地，乃成其陶邑之封。”宣太后对娘家人如此私相授受，也促使秦昭王最终下定决心彻底清除外戚势力，这是后话了。

合纵伐齐的五国之中，唯独韩国没有什么斩获，这倒是契合它跑龙套、白忙活的角色定位。

天下难得上演这么一出大戏，机会理应属于每一个怀揣梦想的人，因此，在五大“主演”之外，也不乏伺机蹭戏份、吃白食之流。

譬如楚国在这场大戏即将“杀青”之时突然出兵北上，不仅夺回了淮河以北地区，还为奄奄一息又妄自充大的齐湣王充当“保护伞”。乐毅率领的燕军后来越过了齐长城，却对近在咫尺的莒邑望而却步，驻防于此的楚军无疑立了大功。有史料记载说，昭齿在干掉齐湣王之后“坚守距燕军，数年不下”。

还有毗邻的鲁国，虽说实力羸弱不堪，但这场战事发生在自家门口，自然不甘于做一名旁观者。鲁国的欲望和期望值不高，只拿走了名义上属于孟尝君的薛邑。后来，孟尝君客死魏国，他的后代子孙为其爵位这一有名无实的空头衔闹腾得乌烟瘴气，最终落了个玉石俱焚、绝嗣无后的结局，真是可悲、可怜、可叹。

盘点一圈下来，斩获与实力完全无法匹配的非秦国莫属。因此，秦国最高决策层打算在邻近的魏国身上把应得而未得的损失弥补回来。

鉴于强劲的齐国已经成为过去时，与昔年逐步蚕食的策略不同，秦国这一次决定毕其功于一役，将魏国全境（连同宋国故地）完全据为己有。宣太后、魏冉等人盘算，如果吞并了魏国，不仅能让陶邑这块刚刚获取的“飞地”不再继续“飞”，还能顺势连通函谷关、大梁、睢阳一线，直抵东海之滨，使山东诸侯南北不能相顾，截断他们合纵抗秦的腰脊！

面对如此宏伟的蓝图、美妙的憧憬，秦国丝毫不敢掉以轻心，而必须做好充足、精心的准备。有这么两颗棋子要先行落下：其一，武力威胁韩国入伙，防止它挡在秦、魏之间搞小动作。其二，通过会盟稳住南面的楚国，默许楚襄王出兵攻占韩国的南阳地区（指黄河以北、太行山以南地区），以换取它在秦、魏之间保持中立。宣太后、秦昭王和魏冉一致认定：只要搞定了韩、楚两国，秦国便可放马出去，一举吞并魏国！

等等！是不是还漏了赵国？秦国方面认为，此时赵国正忙于哄抢齐国地盘，根本无暇顾及中原。后来的事实证明，正是由于对赵国的想法百密一疏，秦国两度兴兵、进逼大梁，最终都在百般无奈之下草草收场。

第一次征伐发生在五国伐齐后的第二年（公元前283年），由官居大良造的战神白起挂帅，一举攻占了魏国的安城（今河南原阳附近）。随后，白起率军从安城出发，经林乡、梁囿一带（今河南中牟附近），挥师直逼大梁。

眼瞅着大梁乃至魏国危在旦夕，相国孟尝君认为，单凭咱们一国之力，根本不是虎狼之秦的对手，必须借助赵、燕出面干涉，才有可能化解这场危机。为此，孟尝君亲自前往邯郸，请赵国施以援手。赵惠文王这边呢，果然如秦国先前所料，忙着哄抢齐国的地盘，无暇顾及魏国死活。孟尝君索性要起了无赖，威胁赵惠文王说："如果赵国见死不救，魏国只有合秦伐赵这一条路可走了！您自己看着办吧！"

赵国君臣也意识到，秦国此次大举伐魏，不仅要地、要钱，更是要命啊！"辅车相依，唇亡齿寒"的道理还是懂的，于是，赵惠文王做出承诺，将派出十万人马驰援大梁。

离开赵国之后，孟尝君又前往燕国搬救兵。此时，魏国那边也传来了大梁被重兵围困的消息。孟尝君心急如焚，燕昭王却百般推托说："燕国这两年遭遇天灾，地里没什么收成，不是不肯帮忙，实在是有难处啊！"孟尝君听闻，再度要起了无赖：如果燕国见死不救，魏国只有"折节割地，以国之半与秦"，再召集秦、赵、韩组成四国联军，合力讨伐燕国！您自己看着办吧！

不得不承认，有些时候，撒泼玩赖比掰扯道理管用。听说赵国答应出兵，燕昭王一咬牙、一跺脚，也同意派出八万人马去捧场子。

赵、燕一出兵，秦国方面知道坏事儿了。援兵虽然不算太多，但出其不意、趁其不备的战略契机已经丧失，如果贸然与赵、燕撕破脸皮，这场戏还怎么往下演？因此，心有不甘的秦军只能从大梁撤围。随后，白起又率军在秦、赵边境干了几仗，警告赵国不要多管闲事。

第二次征伐与前一次时隔两年，也就是公元前281年，挂帅的依然是白起。秦国方面认为，先前已经敲了赵国几回，对方理应会长点记性，而燕国肯定也不敢独自强出头，此次出征，志在必得！

别说"当局者"秦国了，就连效力于西周国的"旁观者"苏厉，当时也一口咬定"梁必破，破则周危"，还前去忽悠白起退兵。为了说服白起打道回府，苏厉特意聊起一个名叫养由基的古人。

养由基是春秋时期的楚国人，据说能一箭射穿七层铠甲，还能在百步之外射穿杨柳叶，百步穿杨的典故就是从这儿来的，时人称之为"养一箭”。当时，有人跟养由基讲：“别再仗着自己射术精湛到处冲锋陷阵了，应该急流勇退，做做教练足矣，免得有朝一日气衰力竭，败坏了自己一世的英名。”

苏厉认为，养由基面临的困境，白起完全可以对号入座，与其劳师以远，承担失利败名的风险，不如称病不出、吃吃老本好了。

事实证明，苏厉所言差矣。虽说拥有伊阙之战的辉煌战绩，但白起远未到躺在功劳簿上睡大觉的地步，既然是虎狼之秦，怎么可能白养一个居功自傲的懒汉？再者说，先前又不是没打过败仗，没什么输不起的！

苏厉的一通忽悠虽然没有奏效，但秦国人的算盘也再度落了空。究其根由，依然是在赵国做何反应的问题上，秦国方面又一次想当然了。

魏国是个什么地方？真材实料的四战之地！说是天下之中枢也不为过。得魏、宋之地，便可截断合纵抗秦之腰脊，秦国能想到，赵国当然也能想到。一旦魏国有失，赵国将在东、西两面同时遭受秦国的打击，届时连盟友都够不着！因此，赵、燕再度出手相助，致使秦军这一回连大梁城的影子都没见着。

翻过年头，宣太后、魏冉既窝火又不甘心，决定两面出击：一路秦军继续进攻魏国，主帅白起则亲率另外一路，深入赵国境内去敲闷棍。结果呢，白起铩羽而归，伐魏的军队无功而返，让秦国尝到了一番久违的失败滋味。

秦楚对射，雁死谁手

纵观天下，秦国的实力堪称首屈一指，却始终难逞灭魏之志，这让秦国的最高决策层百思不得其解。上面有疑惑，下面必然会有人站出来解惑，一位没有留下姓名的谋臣就向宣太后、秦昭王形象地解释说：山东诸侯好比一条巨蟒，秦击其头，尾必来救，秦击其尾，头必来援。魏国呢，恰恰又是这条巨蟒的腰身，稍有风吹草动，头、尾都会躁动起来。因此，与其打“腰”惊蛇，不如转而收拾实力不济，并且不太受中原诸侯待见的楚国，则“地可广大，国可富，兵可强，主可尊”。

这位谋臣可谓一语惊醒梦中人，着眼于当下，赵、燕、魏三家借助伐齐而获利，昔日的软柿子纷纷化身为硬骨头，一时咬不动，既然这样，不如先瞅准楚国，练就一副好牙口再说。拿定主意之后，秦国最高决策层迅速重新部署，积极准备向南征伐。

大战一触即发，即将挨揍的楚国是什么状况呢？自从吴起遭遇反攻倒算、变法戛然而止之后，楚国的处境基本上没有太大的起色。其勉强拿得出手的战绩，只有在公元前306年，趁着秦国发生夺嗣内乱的契机，一举吞并了日薄西山的老牌霸主——越国。

前面说过，在除掉吴起之后，昭氏、景氏、屈氏三家公族便完全把持了楚国朝政，将楚国置于暗黑政治的氛围下。话说回来，在腐朽没落的三大公族之中也不乏胸怀忧国之心、抱定强国之志的有识之士，而最具有代表性的人物，自然非著名的“三闾大夫”屈原莫属。

屈原出身于屈氏的旁系远支，自幼家境贫寒，深知底层社会的疾苦。因此，他的政治立场并不守旧，而是一直致力于推行变法。早在楚怀王主政时期，官居左徒的屈原就颁布了一系列法令，包括奖励耕战、选贤任能、约束朋党等。这些被他自誉为“美政”的变法举措虽然给楚国带来了一些新气象，但终究难过守旧贵族这一关。伴随着变法的逐步深入，屈原也饱受谗言的诋毁，被迫黯然去职，远离核心政坛。在楚怀王被秦国玩得团团转的时候，心急如焚却无力回天的屈原创作了千古名篇《离骚》，排解内心的愤懑与幽怨。

楚襄王嗣位之后，屈原的处境更是举步维艰，甚至两度被放逐到荒远之地。无论是顶着“三闾大夫”的虚衔，还是沦为一无是处的流放犯，胸怀一片赤诚的屈原都在为楚国的前途与命运大声疾呼，但固执己见的楚襄王丝毫不以为意。在齐国被五国联军搞残之后，不甘寂寞的楚襄王除了派兵夺取淮北、进驻莒邑之外，竟然不自量力地动起了称雄中原的念头。

或许是一种巧合吧，先前促使秦国弃魏而伐楚的那位谋士，以及眼下为楚襄王剖析天下之势、制定争雄路线图的人，都没有留下准确的名姓。据说，给楚襄王出谋划策的这个人特别擅长使用微弓与细绳射杀结群高飞的大雁，故不妨称之为“弋射者”。

弋射者认为，天下诸侯都是楚国这把弹弓的猎物，但实力有差，价值有别。具体来讲，秦、赵、魏、燕四大强藩是“鶀雁”（小雁），齐、韩、卫、鲁四支弱旅是“青首”（野鸭），邹、费、郯、邳之类的弹丸诸侯则是“罗鸗”（小鸟），其余就不值一提了。根据这样的态势，弋射者主张先射居中的魏国，直捣大梁，进逼陶邑，将魏国（包括宋国故地）收入囊中，进而收拾残存于莒邑、即墨二都的齐国。以此为基础，与赵、燕两大强藩结成同盟，构成“北游目于燕之辽东，而南登望于越之会稽”的合纵之势，将泗上十二诸侯纳入楚国的势力范围。最后，楚国联手山东诸侯伐秦，短期可以夺回汉中之地，长远则能称雄于中原！

听完弋射者一番天花乱坠的描绘，楚襄王跃跃欲试，但他并没有料想到，此时的秦国已经张弓搭箭，瞄准楚国这只浑然不觉的猎物了。

两度伐魏而无功的前车之鉴让秦国最高决策层意识到了稳住赵国的极端重要性。于是，秦昭王出面邀约赵惠文王在一个名叫渑池的地方举行盟会，史称“渑池之会”。这场内涵相当丰富的会盟等到后面隆重推介蔺相如的时候咱们再详细说。对于秦国而言，这次会盟成功“讹诈”了赵国，让赵国不敢轻举妄动，对即将爆发的伐楚战役采取了隔岸观火的态度。

按照宣太后、魏冉最初的谋划，伐楚的最佳路线无疑是从巴、蜀之地顺江而下。如后来苏代跟燕昭王所讲，秦国只要放出口风，声称“蜀地之甲，轻舟浮于汶”“汉中之甲，乘舟出于巴”，便足以令楚国俯首帖耳、手足无措。诚然，经过三十年的苦心经营，巴、蜀既是秦国赖以富强的滚滚财源，更像一把高悬于楚国头顶的达摩克利斯之剑，堪称克楚制胜的绝佳法宝！

公元前280年，老将司马错率领十万大军从汉中正式开拔，经汉水一路向东，一举夺取了商於之地。不过，看似手到擒来、毫无悬念的这场战事很快就让久经沙场、战功赫赫的司马错折戟沉沙了。到底发生了怎么状况？作为最终胜利者的秦国一向讳言败绩，所以现存史料难觅踪迹，咱们只知道，司马错这次败得一塌糊涂，不仅使秦国的如意算盘落空，更导致司马错本人身败名裂，从此消弭于历史记载中。在《史记》当中，秦国的高级幕僚、将领都有传记，唯独缺司马错，这就是100-1=0的残酷现实！

尽管战败过程不详，但可以知道，让司马错的英名一朝尽毁之人是一位名叫庄蹻的楚国将领。这位庄蹻是不是在十多年前起兵谋反、导致“楚分而为三四”的庄蹻，到目前为止尚无确凿的定论。从楚国的实际行动来看，前后同为一人的可能性还是比较大的，如果当年起兵造反的庄蹻没有被“招安”，很难想象四分五裂的楚国还有心思射遍天下诸侯。

不管怎么说吧，这位“世俗所谓善用兵者”确实把经验丰富的司马错收拾得够呛。楚军不仅抵挡住了顺流东侵的秦军，还乘胜收复黔中，随后一路向西，准备在秦国上演一出反攻倒算、黑虎掏心的好戏。

偷鸡不成蚀把米，秦国最高决策层如坐针毡，当即调整部署，一面严令驻扎在巴、蜀的军队据险阻击，一面将白起从秦、赵边境调回来，率领数万大军奔袭楚国的鄢城（今湖北宜城附近）。

鄢城坐落在楚方城与郢都之间，是楚国都城的北面屏障。虽说位于方城的南面，但方城也好，周边的穰、叶、宛等城邑也罢，如今都在秦国的控制中，因此鄢城实际上成了楚国的北大门。再者，鄢、郢之间是楚国最为富庶的地区，一旦落入秦国之手，楚国将永无翻身之日！

听说鄢城告急，楚襄王顿时慌了神。楚军主力此时正在庄蹻的率领下横扫黔中，即便能抽师回援，也是远水难解近渴。万般无奈之下，楚襄王决定搏上一把，将临近的军队几乎都调往鄢城严防死守，等待庄蹻在黔中完全打开局面，或者各方诸侯积极干预，兴许就能化解这场危机。

事实证明，先前秦国严重低估了楚国的抵抗意志，眼下楚襄王也严重低估了白起的军事才能。鉴于手上只有数万人马，素来倡导勇猛为先、谋略次之的白起这一回也跟楚国人玩起了心眼。白起一声令下，数万士兵跳下战马，扔掉兵刃，摇身一变成了工程兵，在鄢城的西北面筑堰挖沟。这是唱的哪出呢？与当年荀瑶攻伐晋阳的套路如出一辙：引水灌城。

配方虽然还是那个配方，但时过境迁人不同，熬出了不同的味道。当初赵无恤能从“城不浸者三版”的晋阳成功逆袭，如今鄢城可就没那么好的运气了，史载“死于城东者数十万”（鄢城东面地势低一些）。

白起以水代兵，顺利拿下鄢城，紧急调防于此的楚军损失殆尽，再无招架抗衡之力。随后，势如破竹的秦军一路向南，攻破二百里之外的郢都，史称“鄢郢之战”。都城落入敌手，楚襄王只好带着一干宗亲、大臣狼狈逃窜，迁都到了陈邑（陈国故都）。

广义上的鄢郢之战其实从公元前279年一直持续到公元前278年。在攻占郢都之后，秦军兵分三路：一路向西攻破夷陵（今湖北宜昌），放火焚烧了楚国先君的陵寝；一路向东横扫竟陵（今湖北天门）和西陵（今湖北新洲）；一路向南直逼洞庭湖一带，将楚国的核心地域翻了个底朝天。同时，秦昭王下令在郢都设立南郡，纳入直接管辖范围，并封白起为“武安君”，以彰显其“能抚养军士，战必克，得百姓安集”的卓越功勋。

在郢都陷落之后，流放途中的屈原对楚国的前途命运深感绝望，痛呼“举世混浊而我独清，众人皆醉而我独醒”，在五月初五这一天抱石自投于汨罗江，以身殉国。

仗虽然打完了，但我们有必要替楚国做一下反思。秦军凭借数万兵马便能取得如此辉煌的胜利，说明楚国从战略到战术都存在足以致命的失误。

从战术上讲，主要有两点：一是倾力收复黔中，忽视了都城的安危，致使鄢城、郢都一带防守空虚；二是集中布防于鄢城，自认为能阻挡很长一阵子，没想到对方根本不按套路出牌、只放水、不对阵，结果吃了大亏。

从战略上讲，白起后来有一段精辟的总结：“是时楚王恃其国大，不恤其政，而群臣相妒以功，谄谀用事，良臣斥疏，百姓心离，城池不修，既无良臣，又无守备”，在遭遇强敌入侵时，“楚人自战其地，咸顾其家，各有散心，莫有斗志”，很多城邑都是不战而降，令指望用首级谋取更高爵位的秦军士兵相当扫兴。

白起的这一总结大体上符合事实。单就国力而言，在天下诸侯之中，楚国的地盘最广（方圆五千里）、物产与资源最丰富（尤其是铁矿）、士兵员额最多（持戟百万），武器也最为精良（得益于冶铁业发达），可以说是要人有人，要粮有粮，要钱有钱。但是，貌似强悍的楚国一旦与秦国这样的强藩对阵，便露出了金玉其外、败絮其中的原形。

个中缘由，正如白起所言，一个奸亲良疏、上下离心、丧失斗志的国家哪里还有什么战斗力可言？自从吴起变法被守旧贵族清算以来，把持大权的公族“好伤贤以为资，厚赋敛诸臣百姓”，一个原本物产丰饶的地方竟然被折腾到“食贵于玉，薪贵于桂”的地步。君主昏庸无能，忠良之士受谗远走，阿谀之徒得志猖狂，此国不败，真是天理难容！

不过，楚国在咎由自取的同时，似乎命不该绝。

白起率数万秦军在楚国横冲直撞，庄蹻那边也是一路高歌，最远打到了地处巴国腹地的枳邑（今重庆涪陵）。当然了，一物降一物，庄蹻先前把司马错收拾得身败名裂，如今也碰上了一道硬茬：蜀郡守张若。

说到张若，这话就长了。司马错灭蜀之后，当时的秦惠王出于稳定局面的考虑，扶持蜀王室为藩属，进行间接统治。从那个时候开始，张若便被派往蜀国出任“国守”。经过三十年的苦心经营，先后有三任蜀侯死于非命，直至公元前285年，秦国才撤蜀侯，改设蜀郡，并由张若出任首任郡守。

三十多年来，无论是做蜀侯之下的“国守”，还是完全独当一面的郡守，张若始终屹立不倒，而其秘诀就是做了三件可大可小的事：迁民、筑城、积富。虽说是可大可小，但张若硬是将这三件事做到了足以惊天的程度。

先说迁民，就是把关中地区的百姓迁过来，既可解决劳动力不足的问题，也能达到逐步同化的目的，这场“异地安置”可不是几十数百家的事，而是达到了万户规模！如此庞大的迁徙，搬家只是一方面，还得让他们安居乐业，尤其是处理好与原住民的关系，否则一言不合就会干仗，麻烦远比收益多。

再说筑城，最为成功，也最具有示范意义的便是仿造都城咸阳的格局，修造了“小咸阳”成都，作为蜀地的首府。建成后的成都分为大城、少城两个部分，城墙高达七丈，周长有十二里。另外，张若还在成都的外围修筑了郫城、临邛两座堡垒，史载“造作下仓，上皆有屋，而置观楼射兰”，充分发挥拱卫的作用。

最后说积富，具体包括奖励农耕、全面推行大亩制，大兴井盐、冶铁、贸易等产业，并结合当地物产设立了司丝织的官署——锦官。成都被称为“锦官城”，当时“锦官”所在的街道位于城南，亦即织锦作坊聚集之地，称作“锦里”，便是从这个时候开始的。

张若治理地方是一把好手，打起仗来也是一位猛人。根据史料记载，张若率领驻军一路向南进取，直抵今天的雅安、凉山一带，将秦国的控制范围拓展到了金沙江流域。

如今，张若率领的巴、蜀劲旅既让奋力向西征伐的庄蹻遭遇了一道铜墙铁壁，也使得楚襄王寄予厚望的黑虎掏心之谋基本上化为泡影，苏代后来还大发了一通“楚得枳而国亡”的感慨。

更为严峻的局面在于，张若并没有在正面与孤军深入的庄蹻过多纠缠（咸阳方面会派兵收拾他），而是顺流直下，轻松夺取了刚刚易主的黔中之地。如此一来，庄蹻回撤楚国的后路就被硬生生地切断了。仓皇迁都、自身难保的楚襄王显然已经顾不上这支孤军，庄蹻就好比一只断了线的风筝，随“风”直到夜郎西去也！

望断天涯，不见故国之影；听尽风雨，不闻故人之声。庄蹻渐行渐远，逆沅水而上，来到今天的贵州境内，先后灭掉了夜郎、且兰两大部落。行到水穷之处，庄蹻率军“椓船于岸而步战”，后来这个地方就被称为“牂柯”，意思是系船用的木桩。

踏过这片贫瘠多山的原始蛮荒之地，庄蹻继续向西，一直打到了滇池，发现这里“肥饶数千里”，足以落脚安家。此后，庄蹻便以滇池为核心，自封“滇王”，创立了滇国，这个政权一直延续到了西汉时期。《史记索隐》里说的“西南外徼，庄蹻首通”，便是指这段因祸而得福的传奇故事。

庄蹻一路误打误撞，最终跑到彩云之南，过上了神仙日子；家底尽空、满盘皆输的楚襄王则在迁都陈邑之后痛定思痛，谋划着东山再起。国破如此，楚襄王不禁想起了一位名叫庄辛的旧臣。

庄辛的生平与阅历不详，但他做过一件让楚襄王颜面尽失又刻骨铭心的事，在《战国策》中有明确的记载。那是在郢都陷落之前，庄辛竟然当面斥责楚襄王，说他“专淫逸侈靡，不顾国政，郢都必危矣”。楚襄王反唇相讥，说他是老糊涂了。庄辛很不服气地表示：您要是不信，就让我前往赵国，“留以观之”。结果呢，庄辛前脚刚走，楚襄王就成了丧家之犬。如今楚襄王方才领悟到逆耳忠言弥足珍贵，于是派使臣前往赵国，把庄辛请回了陈邑。

见到一脸羞愧的楚襄王，庄辛本着“事故过去，便是故事”的理念，并没有纠结于楚襄王先前的过失，而是着眼于未来，提出了自己的看法：“见兔而顾犬，未为晚也；亡羊而补牢，未为迟也。”亡羊补牢的典故便来自于此。如何补救国运与危难呢？庄辛讲了很多，后来也做了很多，归纳起来就是两点：第一，整饬军队；第二，振奋精神。

公元前276年，经过楚襄王、庄辛（封“阳陵君”）整饬的十万楚军，利用秦国将注意力转向魏国的机会，发起绝地反击，一举收复了郢都西面的十五座城邑，从而构筑起抵御秦国的前沿堡垒，多少挽回了一些昔日强藩的颜面。

涅槃重生，猜忌难消

秦、楚两大强藩激烈对射之时，先前险些被五家诸侯合伙踢出局的齐国迎来了一次绝境逢生的契机。

客观地说，齐国的重生之路走得一点儿也不平坦。在燕、魏、赵等诸侯的猛烈攻势之下（尤其是乐毅率领的燕军，胃口最大，揍得最狠），残存的齐军节节败退，七十余座城邑相继落入敌手，只有相互隔绝的两都——莒邑、即墨还在苦撑。就说齐湣王赖以栖身的莒邑吧，先是处于楚军的控制之下，后来连齐湣王自己也惨死于楚军将领昭齿之手。齐国要想重生，谈何容易！

看似几乎无望的事儿，偏偏就赶上各种机缘巧合，成就了一番涅槃重生的奇迹。

咱们先来说一说莒邑这边的情况。齐湣王被昭齿诛杀之后，他的儿子法章虽然幸免于难，但着实吓得够呛，趁乱乔装打扮、潜逃出城，跌跌撞撞地钻进了附近的山沟里栖身。好在昭齿没有斩草除根的念头，公子法章没有饿死山中，而是被一户人家收留，隐姓埋名成了一位庸夫。

此时的公子法章确实落了难，但落难的公子也是公子，纵然衣衫褴褛，也掩盖不住他养尊处优的气质与涵养。这户人家有一位尚未出嫁的女儿，凭借与生俱来的第六感，认定眼前这个来路不明的人绝非等闲之

辈，便时常周济他一些吃穿之物。天长日久，两人暗生情愫，为公子法章清苦的生活增添了一丝趣味与慰藉。

莒邑城里呢，在齐湣王死于非命之后，齐国人不干了。他们心想：齐国国君再不是东西，也轮不到你昭齿一个外人来插手啊，齐国的尊严何在？！于是，大家便相互撺掇，开始聚众闹事。

关于这段揭竿而起的故事，不同史料的记载差异很大。按照《战国策》的说法，齐湣王应该是被昭齿秘密处死的。齐湣王身边有一位名叫王孙贾的侍从，只有十五岁，因为不知道主子去了哪里，只好悻悻地返回自己家中，结果挨了母亲一顿臭骂：“你的职责是侍奉君主，如今竟然连个大活人都找不着，还有脸回来？”

王孙贾被母亲撵出家门之后，打探到了齐湣王遇害的消息，于是跑到街上振臂高呼，要为君主报仇雪恨。话音未落，便有数百人应声而起，跟随王孙贾一道向楚军发难，趁乱将昭齿诛杀。栖身山野的公子法章听到风声之后，赶紧回到莒邑亮明自己的身份，被拥立为新的国君，是为齐襄王。

按照《史记》的说法，昭齿杀掉齐湣王之后，莒邑的军民一点儿反应都没有，他们还在昭齿的率领之下顶住了燕军长达数年的滋扰与侵伐。后来，昭齿率军南撤（具体原因不详，或许与楚国面临秦军讨伐的局势有关），莒邑一夜之间陷入了权力真空。

大臣们经过多方打听，得知公子法章藏匿在附近的山中，便请他返回莒邑主持大局。公子法章担心惹祸上身，一开始断然否认自己的公子身份，后来实在躲不过去，只得半推半就地应承下来，正式就任新的国君。有意思的是，那位与他暗生情愫的女子撞大运成了王后，被称为“君王后”，但她的父亲不喜反怒，认为“女无媒而嫁者，非吾种也，污吾世矣”，发誓终生不与她相见。

莒邑的情况大抵如此，再来看看一直坚持抵抗的即墨。率领军民困守孤城的正是助力齐国涅槃重生的核心人物——田单。

田单虽说是田氏宗亲，但血缘关系相隔太远，被称为“疏属”（远房本家），意思是除了与君主同氏之外，半毛钱的关系都没有！在燕军大举破齐之前，田单是临淄城里的一名市掾，负责维持市场治安。临淄即将陷落的时候，田单也是逃难大军的一员，与族人一道东渡淄水，逃到了安平（今山东淄博附近）。

安平与临淄只隔着一条淄水，燕军随时都有可能渡河杀将过来。族人们惶惶不可终日，田单却显得气定神闲，整天就知道捣鼓那几辆破车。他将突出轮外的车轴端头锯掉，扣上铁箍进行加固，为此还惹来族人一阵阵的不解与嘲笑：命要紧，还是车要紧？真是吃饱了撑的！

等到继续逃难的时候，族人们才对田单的先见之明佩服得五体投地。原来，难民们争相逃亡，但道路的宽度毕竟有限，撞断车轴的事儿时有发生，车轴一断，这辆车就算彻底报废了，只能用自己的两只脚板逃命。经过田单改装之后的车辆却在频繁的交通事故中得以保全，一路狂奔到了即墨。

乐毅率领的燕军紧随而至，虽然暂时没能破城，但即墨大夫也不幸殒命沙场，以身殉国。群龙无首之际，众人想到了足智多谋的田单，既然他先前的鬼主意能让族人们顺利逃亡，如今必然也堪当守城重任。于是，昔日微不足道的田单应局势的需要摇身一变成了即墨军民的统领，为奄奄一息的齐国保存下来一颗复兴的火种。

转眼到了公元前279年，这一年可以说是多事之秋。要说最大的事，当数白起率领数万秦军，把幻想射遍天下诸侯的楚襄王撵得抱头鼠窜。不过，对于在莒邑的齐襄王、在即墨的田单而言，秦国怎么搞残楚国，他们既不关心，也操不了这份闲心，与他们乃至齐国的命运息息相关的是燕国在这一年发生的变故：燕昭王撒手人寰，太子（名不详）嗣位，是为燕惠王。

燕惠王在位时间不长，第七年便死于相国公孙操之手。虽说来也匆匆，去也匆匆，主政期间也谈不上有什么突出的业绩，但他对于燕国命运的影响却极为深远。追根究底，一切源自于他与乐毅的过节。

燕惠王还在做太子的时候，到底与乐毅发生过什么嫌隙，史料中并没有明确记载。不过，坚守即墨的田单嗅觉异常地敏锐，果断利用这一千载难逢的契机，派人前往燕国巧施反间计，在燕惠王面前给乐毅下药。

话说回来，自古拥兵在外者难免会受些“信而见疑，忠而被谤”的窝囊气。早在燕惠王嗣位之前，面对莒邑、即墨久攻不下的情况，乐毅转为采取怀柔政策，不仅撤出了对两座城邑的围困，还向城中百姓承诺，只要肯出来，一律优待，让他们安居乐业（“困者赈之，使即旧业，以镇新民”）。然而三年光阴倏忽而过，乐毅的怀柔政策并没有收到预期的效果，莒邑、即墨仍旧是岿然不动。

于是乎，燕国那边不断有人唧唧歪歪。有大臣认为，乐毅智勇过人，扫荡七十余座城邑如履平地，如今却对莒邑、即墨束手无策，并不是他能力不行，而是他想为拥兵自重创造条件（“欲久仗兵威以服齐人，南面而王”）。燕昭王表面上将说这些话的大臣斩首示众，还打算册封乐毅为“齐王”，但他未必就没有生出猜忌之心，只是忌惮乐毅拥兵在外，不敢强逼而已。

如今换成与乐毅素有旧怨的燕惠王，田单的反间计便有了实现的可能。说辞还是那套说辞，质疑乐毅之所以放莒邑、即墨一马，原因是“欲连兵且留齐，南面而王齐”，并附加了一条至关重要的动机：乐毅谋求自立，关键在于他与新的国君有嫌隙！

对于燕惠王而言，宁可信其有，不可信其无，既然这颗雷早晚都要炸，那么晚炸不如早炸，反正自己新君上任一身轻，何必瞻前顾后、畏首畏尾？于是，燕惠王果断下令，将乐毅就地免职，让他返回都城接受审查，其职务由将军骑劫继任。

乐毅心里很清楚，回去就是一个死，索性拔腿开溜，投奔了自己的老东家——赵国。赵惠文王白捡这么大一个便宜，乐得前仰后合，当即封他为“望诸君”，意思是对他望穿秋水（两个大男人之间，确实有些肉麻）。

事情搞到这个份上，燕惠王顿时慌了神：如果乐毅心怀不满，怂恿赵国讨伐燕国，燕国岂不是惨了？因此，燕惠王抱着试一试的态度，赶紧派人给乐毅送去一封书信，主要想表达两层意思：第一，自己先前是被左右蒙蔽，未能明察秋毫，冤枉了好人，让乐毅受到一些委屈。第二，乐毅误解了自己的本意（寡人考虑到你长年驻外，是想让你回来休息的），不念及先君（燕昭王）的知遇之恩。

燕惠王在表达歉意的同时，字里行间也暗藏机锋，这让乐毅感到不爽。他给燕惠王回了一封信，这便是入选《古文观止》的名篇——《报燕王书》。在信中，乐毅回顾了自己率五国联军破齐的历程，认为自己无愧于先君的殷切嘱托与深情厚谊。他感慨说：“善作者不必善成，善始者不必善终。”既然与燕国缘分已尽，又何必强人所难，非要重演吴王阖闾将伍子胥沉尸钱塘的悲剧呢？

对于燕惠王担心他怂恿赵国与燕国为敌，乐毅在信的最后表态说：“古之君子，交绝不出恶声，忠臣之去也，不洁其名。”声明自己绝不会为了一己之冤置大义于不顾，落下恩将仇报的千古骂名。

光明磊落、忠肝义胆的乐毅，说得到，更做得到！终其一生，乐毅不仅拒绝与燕国兵戎相见，还为赵燕两国交好不辞辛劳地频繁奔走，最终在赵国去世。

乐毅黯然去职之后，燕军上下一时间忿忿不平，接过这个烫手山芋的骑劫明显感觉到自己压不住阵。与庄蹻同属“世俗所谓善用兵者”之列的田单，终于迎来了绝地反击的机会。

为了冲破燕军的封锁，一向不按套路出牌的田单琢磨出了一系列新花样，令人心浮动的燕军应接不暇。

首先是对外、对内打“心理战”。田单要求：城中军民每天吃饭之前，都要在自家院中祭祀先祖。于是，方圆数十里的鸦雀纷纷踩着点来觅食，黑压压的一片，蔚为壮观。城外的燕军一时不明就里，田单便放出话去，说有天神下凡，助我一臂之力。这是对外的“心理战”。

对内呢，田单暗中安排一名士兵假装抽风，声称天神附体，以“代言人”的身份发号施令，田单也故意言听计从。过了一段时间，天神附体的士兵再次“代言”说：“别的我倒不担心，就怕出两件事儿，一是燕军割掉齐军俘虏的鼻子，将其驱赶到阵前交战，二是燕军挖掘城外的坟茔，侮辱城中军民的先祖。”这话传出去之后，燕军信以为真，一律照办，结果搞得即墨城里的军民同仇敌忾、纷纷请战，要让燕军血债血偿、尸债尸偿，这是借助于外力的对内“心理战”。

其次是巧施“示之寡”的“障眼法”。士气可堪大用，绝地反击的大战在即，田单为了迷惑燕军，故意安排老弱妇孺到城墙上防守，精锐则埋伏于城中，并派使者与燕军接洽投降事宜。为了能让燕军深信不疑，田单还请城中富豪出面，重金贿赂燕军将领，表示即墨即将投降，请燕军务必对自家老小网开一面。燕军这下可高兴坏了，心想骑劫真是一员福将，屁股还没坐热乎，前任乐毅几年都啃不下来的即墨竟然自己送上门来了！

最后是精彩纷呈的高潮——“火牛阵”。田单让军民把自家的耕牛集中到一起，总共有一千余头之多，进行统一装扮：牛身披着红绸，再画上五彩蛟龙的图纹，牛角绑着锋利的尖刀，牛尾拴着浸满油脂的芦苇。一切准备就绪之后，田单命人在城墙上凿了几十个洞口，趁着夜色将这些色彩斑斓的耕牛赶到城外，点燃尾巴上的芦苇。上千头耕牛受了惊，如潮水一般涌向燕军的阵地。

燕军原本是准备受降的，精神上难免有些懈怠，此时又是睡眼惺忪，只见火光四处游动，根本来不及看清是些什么东西，就纷纷被火牛撞倒，尖刀刺穿。燕军士兵一阵鬼哭狼嚎，等到缓过神来的时候，跟在“火牛阵”后面的五千精兵也杀到了眼前。城中百姓拿出自家的铜器，鼓足劲头猛敲狂喊，声威震天动地。燕军哪里见过这样的阵势，真以为是天兵下凡，顿时溃散逃窜。田单率军乘胜追击，席卷齐国故地，大小城邑纷纷归服。燕军损失惨重，节节败退，主将骑劫也殒命沙场，齐国涅槃重生已是大势所趋。

经过一番艰苦卓绝的鏖战，田单率军收复了绝大部分失地，接下来要做的便是迎接身在莒邑的齐襄王返回都城临淄了。

齐襄王这个人确实有点意思，最明显的性格特征是怕死。先前齐湣王遇害，他撒腿狂奔躲进了山里，后来众臣拥立他成为新的国君，但齐襄王觉得莒邑不太安全，又躲回山中做起了闲云野鹤。山道险阻，又不能让齐襄王自己走出来，毕竟劳神费力事小，颜面礼法事大，田单只好命人临时修建了一条栈道，方才把齐襄王接下山来，一路护送前往临淄。

齐国艰难重生，田单居功至伟，被齐襄王封为“安平君”，并官拜相国之职。然而从古到今，功高震主的人日子往往不好过，鸟尽弓藏、过河拆桥都是稀松平常的事儿。

当时有传言说，田单大败燕军之后曾经犹豫过是否承认齐襄王的合法性，大家都以为他要利用宗亲的身份自立。虽说只是捕风捉影，并没有真凭实据，但齐襄王难免心存芥蒂。再者，田单复国有功，具有近乎崇高的威信，但他似乎并不怎么会做官。就拿一件小事来说吧，田单在去安平的路上，遇到一位因冻僵而无法行走的老者，他二话不说，便将自己身上的裘衣脱下来给老者取暖。平日里，田单高居百官之首，却始终平易近人，没摆过什么架子。

在齐襄王看来，做官做得没个官样，要么是不会做，要么就是另有所图。虽说田单过去只是小吏，但怎么看也不像是不会做官的人，可他

如今都官拜相国了，除了篡位自立，还能图什么呢?

齐襄王相当不高兴，断定田单包藏祸心，如果不尽快把他解决掉，将来恐怕后悔莫及。根据《战国策》显然是杜撰增饰的记载，齐襄王一个人在荒郊野外自言自语，咬牙切齿地表示要把田单怎么着，结果赶了巧，被一个岩下采珠的人偷听了去。

这位采珠者向齐襄王提议说：与其生闷气、起杀心，不如顺水推舟，将田单笼络百姓之举变成国君治吏有方。具体来讲，可以下达一道诏令褒奖田单，让齐国的百姓知道，田单所做的一切都是遵照国君的要求行事，没有国君“忧民之饥”“忧民之寒”“忧劳百姓”，何来田单的爱民如子之举?

这番话的本意是替田单化解信任危机，虽说未必出自所谓的采珠者之口，但应该代表了一部分人的声音。另外还有一部分人，尤其是齐襄王的近侍宠臣，则是处心积虑地诋毁田单。他们不敢直接找田单的麻烦，便拿田单举荐的贤士貂勃做文章。

作为扳倒田单的一颗棋子，蒙在鼓里的貂勃先是被派往楚国出使，随后又莫名其妙地背上了迟滞不返的罪名。借着这个由头，宠臣们给田单开列了一堆罪状，说什么“欲为不善，内牧百姓，循抚其心，振穷补不足，布德于民，外怀戎翟，礼天下之贤士，阴结诸侯之雄俊豪英”。一言以蔽之：篡位自立之心昭然若揭!

齐襄王当面质问田单，因为缺乏确凿的证据，只是口头上警告他好自为之。貂勃回来之后为田单打抱不平，历数他的拳拳报国之心、赫赫复国之功，感叹他如今落到饱受质疑、猜忌的地步，着实令人寒心，长此以往，齐国危矣！最终，齐襄王处死了唧唧歪歪的宠臣，算是给田单一个交代。

客观来讲，齐襄王没有对田单动手，并非出于对他信任，而是考虑到艰难重生的齐国太脆弱，确实经不起自毁长城的风浪。对内，齐国不能缺少田单这根定海神针；对外，齐国也迫切需要楚国的支持。先前貂勃出使楚国，归期延误了几日，就是因为与楚襄王交谈甚欢。如果贸然对田单、貂勃采取行动，势必会开罪于楚国。

作为貂勃出使的回访，楚襄王也派出使团来到临淄，与齐襄王共叙两国的友谊。这事儿细究起来，其实挺尴尬的。貂勃先前代表齐国向楚国致谢，理由是齐国濒临灭绝之际楚国出手相助，保住了齐国赖以重生的一颗火种。不过，后来发生的事情大家都知道，齐滑王死于楚将昭齿之手，昭齿又死于齐国军民之手，双方一度闹得很不愉快。恩怨情仇交织在一起，使得这场会面的气氛异常微妙。

当时，齐襄王在临淄的梧宫宴请楚国使臣，使臣没话找话地感慨说："这里的梧桐树可真是高大啊！"齐襄王听闻，洋洋得意地吹嘘道："江海之鱼吞舟，大国之树必巨。"暗讽地处蛮荒的楚国人少见多怪。楚国使臣毫不示弱，当众揭起了齐国的伤疤：说什么泱泱大国，竟被燕国这样的弱旅撵得到处跑，纵然是古木参天，又有什么用处？

齐襄王被怼得面红耳赤、哑口无言，还是貂勃站出来解围，回敬楚国使臣道："这些梧桐树生得高大，是因为年头很长。具体是哪一年，在下也不清楚，只知道当年楚平王无道，杀了伍子胥的家眷，后来伍子胥亲率吴军前来复仇，攻破郢都、掘坟鞭尸，早在那个时候，这些梧桐树就可以砍下来做房梁了！"

借着沙沙作响的梧桐树，双方一番唇枪舌剑，你不给我面子，我也让你丢份儿，谁也没占到谁的便宜，算是打了个平手。事实上，齐、楚两个泱泱大国算是同病相怜，能够苟活下来，已是天神眷顾，如今互揭伤疤、互撕脸皮，谁也不顾及谁的颜面，只是过一过嘴瘾而已。

话说回来，无论齐襄王、楚襄王心中有多么不甘，如今要面对实力和脾气见涨的秦国，这对难兄难弟只能选择抱团取暖、自求多福，而在齐、楚之外，谁又能为山东诸侯站好最后一道拒秦的岗哨呢？

贤臣悍将，相得益彰

纵观天下诸侯，有赚有赔，命运无常，充当拒秦最后一道岗哨的，恐怕就只有赵国了。

孔子云："岁寒，然后知松柏之后凋也。"俗话也说："沧海横流，方显英雄本色！"赵国能在万马齐喑的时代脱颖而出，完全得益于自身的优越条件。归纳起来讲有两点：

第一，胡服骑射，实力倍增。

自从赵武灵王推行军事变革以来，赵国这些年仗没少打，战斗力是越打越强。当时有人感慨说，赵国"带甲百万，尝抑强齐四十余年而秦不能得所欲"，虽然略显夸张，但赵国能与秦、齐这样的传统强藩构成三足鼎立之势，足以证明其军事实力绝不可小觑。

第二，内部稳定，政治清明。

咱们有必要详细地说一说这一点。"沙丘之乱"以后，赵国一度陷入权臣专权的黯淡时期，所幸持续的时间不长，大概十年多一点吧。借助合纵伐齐的机会，赵惠文王夺了相国李兑的权，让他彻底靠边儿站，积极倡导合纵的金投、韩徐为后来也被国君"冷处理"，逐渐淡出了政治舞台。

在老一代权臣失势之后，一批享誉千古的贤臣悍将相继成为赵惠文王争雄于诸侯的左膀右臂。时间居前一些的，有蒙冤投赵、官拜相国的乐毅，以及跻身“战国四公子”之列的平原君赵胜。

说到平原君，史载其“宾客盖至者数千人”，足与孟尝君媲美。不过，看似济济一堂的热闹场面，却遭遇过一次不小的危机：在短短一年多的时间里，一半多食客相继告辞，另投他处去也！

平原君丈二摸不着头脑：我平日里待你们不薄啊，怎么就跟商量好似的，纷纷弃我而去呢？一位暂未离开的食客向他透露，问题出在一年多前发生的事情上。当时，平原君的一位宠妾在楼上赏景，无意中看到自家院外有一个瘸子在井边打水，觉得他的样子很滑稽，不禁哈哈大笑起来。瘸子是平原君的邻居，虽说只是一介布衣，但尊严与贵贱无关，第二天便找上门来，想讨一个说法。

瘸子跟平原君讲：“众人来投奔您，是听说您重贤士而轻美色。您的宠妾对我无礼，您打算怎么处治她？”平原君替宠妾道了歉，但瘸子不依不饶，非要取那位宠妾的项上人头不可。平原君认为瘸子太过分，三言两语就把他打发走了。

事儿就是这么个事儿，放在今天，也是以说服教育为主，错不及罪，遑论处死？但是，在那个号称“礼贤下士”的时代，食客们难免上纲上线地去理解，认定平原君是伪君子、两面人，重美色而轻贤士，所以纷纷离去。平原君恍然大悟，随即砍下那位宠妾的人头，亲自登门向隔壁的瘸子谢罪。先前弃他而去的食客听说之后，方才陆续回到平原君的府中。

为了笼络食客而不惜宠妾之命，以现代的视角来看着实过分，而平原君做的另一件过分的事，是他仗着宗亲贵族的身份，竟然拒绝向官府缴纳租税。过去原本没人敢过问，但自打换了一任田部吏（税务官员）之后，上门讨税的事儿便时有发生。在屡次催缴无果之后，这位新上任的田部吏动起了真格，导致平原君府上的九名差使被官府依律处死。

胆敢在太岁头上动土，真是活得不耐烦了！平原君大为光火，当即找到这名田部吏兴师问罪，非要置他于死地不可！出乎平原君意料的是，这名田部吏并未跪地求饶，而是义正词严地跟他讲起了道理：“正因为您贵为赵国的公子，所以我更不能徇私枉法、纵容您逃税，否则谁还会遵从君主的法令？法令不行，国必衰颓，成为诸侯争相抢食的一块肥肉。国之不存，您又如何坐享眼前的荣华富贵？”

朴素而不简单的道理让平原君佩服得五体投地，认定眼前这个铁面无私、不卑不亢的小吏绝对是不可多得的贤才。因此，平原君不仅打消了找他麻烦的念头，还将他举荐给赵惠文王，负责掌管全国赋税，史载“民富而府库实”。后来，这位昔日的小吏又被调往军队任职，率领兵马扫荡齐国在济水西面的残余势力，并逐渐崭露头角，以治军严谨而著称，成为赵国乃至战国历史上的一员悍将。

这位刚正不阿、不畏权势的小吏便是后来大名鼎鼎的将军，跻身“东方六国八名将”之一的赵奢。

与赵奢一样借助合纵伐齐大显身手、博得英名的悍将，还有家喻户晓的廉颇。他不仅是“东方六国八名将”之一，还与白起、王翦、李牧一道，享有“战国四大名将”的盛誉（出自《千字文》），史载其“以勇气闻于诸侯”，凭借赫赫战功，官拜上卿之职。

说到廉颇，除了辛弃疾那句“廉颇老矣，尚能饭否”的慨然长叹之外，估计大家还会联想到一位名垂青史的贤臣——蔺相如。

蔺相如的出身既贫寒又卑贱，当他还在缪贤（时任“宦者令”）府上做食客的时候，说他会名垂青史，估计谁也不会相信。身为主子的缪贤发现蔺相如是一名贤才，完全出自一次偶然的小意外。

当时，缪贤犯了点儿错，被国君责罚，便动起了投奔燕国的念头。蔺相如问他：“天下这么多诸侯，为什么要选择燕国？”缪贤解释说，自己有一次陪同君主去边境参加会盟，燕国国君待他不错，还拉着他的手，说了一番相见恨晚的话，也算是有些交情了。蔺相如分析道："燕国国君主动向您示好，并非视您为知己，而是在赵强燕弱的处境之下，百般巴结赵国的大臣而已，您别太自作多情了！如今，您要是畏罪逃往燕国的话，最有可能的结局便是被燕国绑着送回来。相比于开罪赵国，您那点逢场作戏的交情能顶什么用？"

蔺相如入情入理的分析令缪贤醍醐灌顶，他不仅打消了逃亡的念头，还采纳了蔺相如的建议，主动跑到国君面前领罪，果然得到了赵惠文王的宽宥。

不久之后，赵国便遭遇了一桩麻烦事：秦昭王听说赵国有一块精美无瑕的和氏璧，便死皮赖脸地派使臣前来讨要，还答应用十五座城邑作为交换。秦国人什么品行，赵国人太清楚了，这绝对是一桩稳赔不赚的买卖。然而，赵国的实力毕竟不如秦国，因为一块和氏璧而搞得大动干戈，自己终归是要吃亏的。

两面为难之际，缪贤向赵惠文王举荐了蔺相如，并拍着胸脯保证，凭借蔺相如的智谋，必然能化险为夷！蔺相如见到赵惠文王之后，当即亮明了自己的观点：这笔买卖，不想做也得做，因为秦强赵弱是不争的事实，赵国根本不具备拒绝的资本。不过，想凭借一块和氏璧来换取十五座城邑，咱们也别抱太大的希望。蔺相如表示，自己甘愿以身涉险，替君王分忧，并当场做出了庄严的承诺："城入赵而璧留秦；城不入，臣请完璧归赵。"

怀揣着沉甸甸的责任（和氏璧倒是很轻），蔺相如来到了咸阳。秦昭王从蔺相如的手中接过和氏璧，一番啧啧称奇之后，又递给在场的大臣、美人传阅，绝口不提交割城邑这档子事儿。秦国人想玩赖，完全在蔺相如的意料之中，他赶紧上前一步，声称这块和氏璧有点小瑕疵，自己可以指给大家看。将和氏璧诓回手中之后，蔺相如以迅雷不及掩耳之势，将它举在自己的额头前，并面朝一根堂柱，怒气冲冲地责问道：

“堂堂万乘之国，想玩赖是不是？！既然秦国没有诚意，那我今天只有拿自己的脑袋作陪，与和氏璧一起撞碎在堂柱上好了，省得您总是惦记着吃白食！”

秦昭王急了眼，赶紧下令把地图拿来画圈，扬臂一挥，从哪儿到哪儿，十五座城邑都归你们赵国。糊弄三岁孩子的把戏，蔺相如当然不会上当，但又不便当面拆穿，于是顺势提出一个请求：“先前赵国国君送和氏璧出境，特意斋戒了五天，你们秦国迎和氏璧入境，国君是不是也应该表示一下虔诚之意？仿效赵国，也斋戒五天好了。届时以地换璧，绝无二话！如果不肯答应，我立即血溅朝堂！”

秦昭王心里很清楚，此时根本没办法硬抢，毕竟横的最怕不要命的。和氏璧捏在人家的手里，说扔就扔，命都能豁出去，你还能把他怎么着？不过仔细寻思一下，虽说蔺相如豁得出性命，但他一时也逃不出咸阳城，玩不出什么花样，于是勉为其难地应承了下来。

秦昭王没有想到，蔺相如正是利用这五天的斋戒期，让随从怀揣和氏璧，偷偷离开咸阳城，走小路平安回到了邯郸，而他自己则留下来跟秦国这些老赖周旋。

转眼到了约定的交换日期，两手空空的蔺相如向秦昭王表示：“和氏璧已经完好无损地回到赵国了。秦国如果想做成这笔交易，不妨先割让十五座城邑，赵国再把和氏璧送过来。赵国人一向实诚，从不玩赖，也不敢跟强悍的秦国玩赖。您要是迁怒于我，我也没话说，请命人把鼎镬架好，我自己往里面跳，不劳您费心！”

事已至此，秦昭王被怼得哑口无言，只好将蔺相如礼送出境。回到赵国之后，蔺相如凭借完璧归赵的卓越功勋官拜上大夫之职，成为深受赵惠文王器重的高级幕僚。

蔺相如大显身手，除了这出完璧归赵的精彩表演，还有前面提到过的渑池之会。关于这次盟会的背景，想必您还记得，秦国为了集中精力收拾楚国，避免重蹈两度伐魏、徒劳无功的覆辙，便以会盟为由，设法稳住赵国。

接到邀约的赵惠文王原本不愿去，担心自己会像可怜的楚怀王一样，最后落一个羊入虎口、客死异乡、为天下笑的悲惨结局。廉颇、蔺相如依然坚定地认为：秦强而赵弱，这是不争的事实，赵国根本不具备拒绝的资本。去归去，但如何才能化解这场危机，可以好好商量一下。

廉颇率先提议："调赵军主力在秦、赵边境陈兵待命，如果国君一个月不归，便拥立太子上位，主持拒秦的大局。"蔺相如的意见很简单，就四个字："我陪您去！"言外之意，先前他能完璧归赵，如今也能完"君"归赵，大家尽可把心放进肚子里好了！

前面说过，秦国提议搞渑池之会，本意是想讹诈赵国，让他不敢轻举妄动，为自己搞残楚国创造稳定的外部环境。因此，这场盟会的气氛一点儿也不轻松。酒过三巡之后，秦昭王盛情邀请赵惠文王演奏一曲助助兴。赵惠文王不便推辞，勉为其难地弹了一曲，秦昭王扭头就让史官务必记上一笔，以此恶心赵国。

蔺相如以其人之道还治其人之身，跪请秦王也出个节目，大家娱乐一下。秦昭王当然不答应，蔺相如顿时怒目而视，放出狠话说："要么乖乖地演奏，要么我在您面前拔剑自刎！至于会不会误伤到您，咱们离得这么近，我可不敢打包票。"被逼无奈之下，一脸黑线的秦昭王当场演奏了一曲，蔺相如扭头也让史官务必记上一笔，算是打了个平手。

与会的秦国大臣不甘示弱，提出让赵国送十五座城邑给秦国国君贺寿。蔺相如反唇相讥道："真是巧了，赵国国君今年也过寿。咱们赵国人不贪心，请秦国奉送一座咸阳城好了。"双方唇枪舌剑，你来我往，谁也没占到谁的便宜。

对于秦国而言，渑池之会达到了预期的"讹诈"目的。神经异常紧张的赵国陈兵于秦、赵边境，对秦国后来的伐楚行动采取了隔岸观火的态度。对于赵国而言，虽然没有察觉秦国的险恶用心，但面子上并没有居于下风。蔺相如更是凭借完“君”归赵之功，官拜上卿之职。

蔺相如得到“火箭提拔”，让多年来兢兢业业的廉颇颇为不满。廉颇认为：蔺相如只是食客出身，要背景没背景，要战功没战功，全凭一副伶牙俐齿，凭什么位居我廉颇之上？正所谓没有对比就没有伤害，嫉妒往往是冲动的前奏。廉颇越琢磨越憋屈，便四处放出话去，要当面羞辱一下蔺相如。

听到风声之后，蔺相如索性托病在家，闭门不出。实在不得已要出门，但凡看到廉颇，也要刻意绕道避开。府上的食客们自觉颜面无光，纷纷前来请辞，表示实在丢不起这个人。蔺相如笑着解释说：“我连秦国国君都敢惹，会忌惮一个廉颇吗？我不跟他计较，完全是出于公心啊！你们想想，秦国现在不敢招惹赵国，不就是因为文有我蔺相如，武有他廉颇吗？如果赵国的文臣武将发生内讧，岂不是令亲者痛、仇者快，让虎视眈眈的秦国有可乘之机？”

这段话传到廉颇的耳朵里，廉颇羞愧难当，为蔺相如“先国家之急而后私仇”的凛然大义深深折服，随即赤裸上身，背负荆枝，登门向蔺相如请罪，成就了一段“将相和”的佳话。

最后的哨兵

给一枝独秀的赵国点过赞、鼓完劲之后，咱们再来说一说惨淡的现实。尽管贤臣悍将灿如繁星，但作为山东六国抵御强秦的最后一道屏障，赵国想要站好这道岗哨，其实一点儿也不轻松。

此时的秦国在尽取楚国的富庶之地以后，又将进攻的矛头转向了饱受欺凌的苦主——魏国。可以揣测，秦国断绝合纵腰脊之心终究是不会死的!

在楚襄王收拢残众、收复黔中的那一年（公元前276年），白起再度率军东侵魏国，夺取了两座城邑。转眼到了第二年，魏冉更是亲自挂帅出征，围攻魏国都城大梁。眼瞅着秦国把魏国往死里整，没等赵、燕两家表明态度、采取行动，同样被强秦压得喘不过气的韩国便率先响应了魏国的求援，派一位名叫暴鸢的将军率领数万兵马前去助阵。

说到暴鸢，在二十五年前（公元前301年），孟尝君主持齐、魏、韩三家联手征伐楚方城的时候，他便已是韩军主帅，在韩国算得上骁勇老将了。然而，在秦军的强大攻势面前，暴鸢率领的这支弱旅既是杯水车薪，更像飞蛾扑火。经过数次鏖战，四万韩军被秦军斩首，暴鸢自己也被对方一路撵到开封。魏国无援可恃，又不是秦军的对手，只好割地求和，勉强换得一时的安宁。

暴鸢一败涂地，促使韩国的外交策略发生逆转，果断投入了秦国的怀抱。如此一来，魏安釐王（魏昭王之子）坐不住了：一旦秦、韩组成连横，哪里还有魏国的活路？虽说惹不起张牙舞爪、皮糙肉厚的秦国，但以魏国的实力，收拾乳臭未干、弱不禁风的韩国还是绰绰有余的。

公元前273年，魏国拉上赵国一道，出兵直逼毗邻韩国都城新郑的华阳（今河南新郑附近）。俗话说“打蛇打七寸”，华阳这个地方告急，韩国肯定会跳脚。如果华阳落入敌手，韩釐王只能步楚襄王的后尘，打起铺盖卷搬家，但楚国方圆五千里，有足够的战略纵深，不愁没地方躲，反观韩国巴掌大一块地盘，四周强邻环伺，能跑哪儿去？

韩釐王果然心急如焚，不断派使臣前往咸阳求援。然而，使臣派出一批又一批，车盖充斥一路，秦国始终按兵不动。值此千钧一发之际，一位名叫田苓（一说陈筮）的人出马了。

田苓的生平与事迹不详，应该多少有些名望，当时正在家中养病，受国君、相国之托，抱病赶往咸阳游说救韩国于危难。令人暗生疑窦的是，不知道是后世的史官偷懒，把两件事当成一件事来说，还是后人充分吸取了前人的经验和智慧，总之，田苓此番搬救兵的说辞与套路居然与当年张翠奉韩襄王之命前往秦国求援时的如出一辙：要么秦国出兵增援，要么韩国临阵倒戈！

没过几天，秦国最高决策层果然做出了反应：魏冉、白起一道出马，率军驰援华阳。最终秦军将魏、赵联军收拾得呜呼哀哉，史称“华阳之战”。在这次规模宏大的战役中，魏军损失最为惨重，被斩首了十三万，主将孟卯（一作芒卯）狼狈逃窜。应邀出战的赵军也在主将贾偃的率领之下一路溃败，从黄河北渡的时候，一战就报销了两万人。

虽说成功解除了韩国的燃眉之急，但魏冉认为，秦国这一次兴师动众如果只是击溃魏、赵联军，未免太不值当了，于是又乘胜进逼大梁。——我严重怀疑，这应该是秦国出兵之前就预先策划好的。

临时起意也好，早有预谋也罢，气势汹汹的秦军终究杀到了大梁城下。魏安釐王没时间懊悔撞墙，得赶紧琢磨出一个万全的办法，先化解眼下的亡国危机再说。

单就实力而言，魏国确实被秦国甩出好几条街，与赵国联手都打不赢，更何况眼下还是一对一单挑。不过，瘦猴对付壮汉，也有自己的招数，一是割地求饶，二是广拉外援。眼瞅着大梁危在旦夕，魏安釐王决定把这两招都用上，只是一虚一实而已。

先说虚的，魏安釐王派一位名叫须贾的大臣前去忽悠魏冉。出乎魏冉的意料，须贾不是来求饶的，而是来“要挟”的。须贾跟魏冉讲：魏国如今不堪秦国之扰，非但没有割地求和的打算，还在召集四处的精兵固守大梁，初步估算一下，至少有三十万之众，凭借坚固的城防，即使是商汤、周武再世，恐怕也束手无策吧（“以卅万之众，守七仞之城，臣以为汤、武复生，弗易攻也。”）。如果秦军久攻不下，必然会疲惫不堪，等赵、楚等诸侯的援军一到，岂不是等着挨揍？届时，秦军非但无法攻取大梁，您的那座陶邑恐怕也会不保。所以依在下之见，与其偷鸡不成蚀把米，不如好好坐下来，大家冷静地谈一谈。

魏冉不知道，所谓赵、楚援军指日可待，其实是须贾在虚张声势。不过，须贾关于陶邑恐怕有失的论调戳中了魏冉的软肋。对于魏冉而言，公归公，私归私，向来只有假公济私的图谋，没有私人为公家买单的道理。权衡再三，魏冉采纳了须贾的动议，答应就割地退兵的事宜做进一步的磋商。魏安釐王喜不自胜，另派将军段干崇前去接洽，最终敲定割让南阳地区。

以土地换和平的做法在魏国内部曾遭到过质疑。有大臣直言不讳地表示：“以地事秦，譬犹抱薪而救火”“王之地有尽，而秦之求无穷”。秦国的欲望就是一个无底洞，即便把整个魏国填进去也于事无补。魏安釐王当然明白这个道理，但现实很残酷，差距很明显，放眼天

下，齐、楚残败，赵国先前挨过一闷棍，此时也选择不吱声，孤立无援的魏国又能有什么办法呢?

魏国频繁挨秦国的揍，为什么身为“哨兵”的赵国表现得如此不尽人意呢？原因很简单：在赵国君臣的潜在意识和外在观念中，根本就没有“抗秦砥柱”的自我身份认知，恃强凌弱薅羊毛才是赵国这些年乐此不疲的行事法则。

在齐国涅槃重生之前，赵国主要在济水以西哄抢地盘，赵奢、廉颇两位悍将便是在这里完成功名的原始积累的。后来，赵国更是四面出击，不仅蚕食齐、魏、卫等近邻的地盘，还镇压叛乱的东胡，扩地达千余里。

根据史料记载，魏冉接受魏国的条件而退兵之后，赵惠文王还派人找上门来，撺掇他一起去征伐齐国。齐襄王听说这个消息之后，惶恐不安地派使臣前往赵国求情，又送人质又割地，赵惠文王才改了主意，派人去跟魏冉讲：“齐国挺可怜的，咱们还是别揍它吧。”

赵国把魏冉当猴耍，不仅魏冉自觉脸上无光，宣太后、秦昭王也是相当恼火，当即派一位公子前往赵国讨说法，放出狠话：“四万秦军即日启程，要么按计划征伐齐国，要么就地收拾赵国，你们自己看着办吧！”

面对秦国的威逼，赵国这边还没商量出个对策呢，齐襄王那边就坐不住了，赶紧派苏代去游说魏冉。靠口才吃饭的苏代好赖话说了一箩筐，归纳起来讲其实就一句话：合赵伐齐于秦不利，先前的五国合纵伐齐便是最好的证明！听完苏代的精辟分析，秦国最高决策层终于不再揪住此事不放了。

实事求是地说，秦国对赵国食言爽约之事不了了之，苏代发挥的作用并不大。再往前追溯，秦国接受魏国以土地换和平的方案，须贾发挥的作用也有夸大之嫌。对这两桩事情的处理方式显然不符合秦国一向的风格，背后其实有一个至关重要的干扰因子——义渠。

毫不夸张地说，义渠作为实力最为强劲的西戎部落，即使不是秦国的心腹大患，至少也是后顾之忧。谁也无法意料，这个生命力极其顽强的对手会在什么时候冒出来捅一刀。在公孙衍主持五国伐秦的时候，义渠这个“编外盟友”就给秦国造成了不小的伤害。公元前315年，秦军大举扫荡，接连夺取了义渠的二十五座城邑，才让它暂且消停下来。可好景不长，在秦武王死于非命、秦国陷入夺嗣之争以后，偏安一隅的义渠又出来找麻烦了。

根据《后汉书》的记载，宣太后拥立秦昭王的时候，除了赵国军队在咸阳城下集结待命之外，义渠也跑来插上一脚。不仅仅是凑一回热闹，正当青春年华的义渠国君竟然还跟风韵犹存的宣太后勾搭上了，这对秘而不宣的“露水夫妻”后来养育了两个儿子。如果此事属实，真可以算是秦国历史上的头号丑闻了。

在华阳之战前后，义渠又出来惹是生非，具体过程不详，只知道把秦国弄得异常紧张。秦昭王后来对一位大臣回忆说：“义渠之事急，寡人日自请太后。”堂堂的一国之君，每天都要跑到宣太后那里请旨讨主意，说明当时的形势确实很严峻。

转眼到了公元前272年，事态总算有了明显的转机。秦国如何解决义渠这个后顾之忧，现存史料没有详细的记载，只留下一句令人浮想联翩的话：“宣太后诱杀义渠王于甘泉宫。”“甘泉宫”是宣太后的寝宫，这里突出一个“诱”字，再结合两人先前的绯闻，内涵就太丰富了。义渠国君死于非命之后，秦国大举兴兵，讨伐群龙无首的义渠残余，这个存在了八百余年的西戎劲旅至此彻底消弭于历史大舞台上。

随着义渠灰飞烟灭，秦国终于不再有后顾之忧，重新将目光转向了中原。此时，赵国公然违背先前的表态（放齐国一马），由蔺相如率兵突入齐国境内抢地盘。一位被称为“客卿造”（姓氏不详）的谋士向魏冉提议：“赵国出尔反尔，收拾齐国，咱们秦国可不能落于人后啊！眼下最应该采取的行动便是基于您的封邑——陶邑搞扩张，再造一个万乘之国，您的身价可就不可限量了！”（“长小国，率以朝天子，天下必听。”）

客卿造的一席话把魏冉忽悠得热血沸腾，恨不得立马率兵杀到齐国的地盘上去。但出于稳妥考虑，客卿造又建议说，应该先派人前往燕国，游说燕国的相国公孙操跟咱们打一场配合。当时，公孙操刚刚干掉了燕惠王，另立一位公子（名不详）嗣位，是为燕武成王。视燕国为自家后院的赵国对此相当恼火，正在谋划联合各方诸侯进行武装干涉。客卿造认为，秦国不必掺和燕国的纷争，但可以以“报惠王之耻，成昭王之功，除万世之害”作为诱饵，怂恿公孙操挥师南下进攻齐国，转移齐国的注意力，赵国此时又紧盯着燕国，咱们伺机抢占地盘，岂不是十拿九稳，手到擒来？魏冉依计而行，果然将毗邻陶邑的刚、寿两座城邑收入囊中。

然而形势多变，世事无常，魏冉刚做完这桩趁火打劫的买卖，秦、赵两大强藩之间便爆发了一场异常激烈的冲突。

究其根由，倒也不复杂，依然是赵国拿秦国当猴耍。一开始，赵国想把两国的边界调整一下，免得犬牙交错地容易起误会，便主动提出交换城邑的动议，以三换三，公平合理，还把一位公子送到咸阳作为人质，以示诚意。然而，秦国刚刚应承下来，赵国便突然改变主意，不想换了。秦国当然不肯罢休，心想你赵国是不是耍猴耍上瘾了？于是秦国派出使臣前往邯郸，找赵惠文王问个究竟。赵惠文王则百般推托说：“这是一些大臣自作主张搞出的乌龙，寡人一概不知。”使臣悻悻而归，秦昭王恼怒至极，当即派出数万秦军找对方武装“评理”，经韩国上党进抵至阏与（今山西和顺）一带。

眼瞅着大兵压境，赵惠文王才意识到这一回玩得有点儿过火，便找一干文臣武将前来商议对敌之策。蔺相如当时领兵在外（抢齐国的地盘去了），而久经沙场的廉颇、乐乘（乐毅族人）一致认为：阏与距离赵国腹地太远，路又不好走，值不得咱们劳师动众前去拼命，秦国要拿，就让它拿去好了。

赵惠文王不甘心，又询问赵奢意见。赵奢先前确实带过兵，打得也还不错，但他主要的差事还是管钱袋子，难得遇到一次杀敌立功的机会，岂能轻易放过？因此，赵奢的态度非常明确："战与不战，关乎赵国的尊严，与难易无关。要说打硬仗，我赵奢只认准一条原则：狭路相逢勇者胜！"赵惠文王想要的就是这句话，便派遣赵奢率军驰援阏与。

客观地讲，赵奢能拿到此次出师的领兵权，很大程度上靠的是吹牛皮，但其"东方六国八名将"的名号绝非浪得虚名，大军开拔之后，先前在嘴上放空炮的赵奢便打起了瞒天过海的"心理战"。

刚出邯郸城三十里，赵奢便号令全军："只管执行命令，谁的话多就灭谁！"（"有以军事谏者死。"）紧接着，赵奢又发布了一道军令：停止前进，原地待命。很多人感到不解：既然阏与危在旦夕，援军理应快马加鞭，怎么反倒停下来了呢？不过，大家碍于有令在先并不敢吭声，唯独有一个人不信邪，跑到赵奢面前争辩。赵奢二话不说，将此人斩首示众，以儆效尤。

驻留了差不多一个月，赵奢依然没有动身的迹象。秦军方面派人前来侦察，想看看赵奢的葫芦里到底藏着什么虎狼药。结果不看不知道，一看吓一跳：赵奢率领的援军非但没有往前走，还在就地修筑防御工事，这是打算常驻啊！

接到这一情报之后，秦军主将胡阳不禁喜出望外。他哪里想到，赵奢在骗过秦国的伪装侦察之后，突然下令全军紧急开拔，只用了两天一夜，便进抵阏与外围（与阏与相距五十里）。有一位名叫许历的军士冒着被处死的风险，向赵奢提出抢先占领北面山头的谏议。赵奢依计而行，对秦军构成了俯冲之势，出其不意地将秦军打了个措手不及，成功解除了阏与的危机，史称“阏与之战”。

为了表彰赵奢在阏与之战中的卓越功勋，赵惠文王封他为“马服君”，寓意足以服马（马为兵之首），官职、地位与廉颇、蔺相如相当。至于冒险献计的许历，并没有因“以军事谏”而受责罚，反而凭借战功晋升国尉之职。四百多年后，“建安七子”之一的王粲在一首《从军诗》中特别提到了这场令秦国铩羽而归的阏与之战，盛赞“许历为完士，一言犹败秦”。（许历受过“完而不髡”的所谓“耐刑”，也就是削去鬓须而不剃发，所以被称为“完士”。）

赵、秦两国在阏与打得热火朝天的时候，魏国也派出精锐进驻安邑，牵制秦军的行动。秦军惨败于阏与之后，转而讨伐魏国，非但没能占到便宜，还被廉颇率领的赵国援军一顿痛扁，死伤惨重。

转眼到了第二年，不肯善罢甘休的秦军卷土重来，攻占了魏国的怀邑（今河南武陟附近）。这一次，不仅赵国施以援手，连齐、楚两个“身残志坚”的诸侯也加入助阵行列，合力逼迫秦国黯然退兵，在很大程度上遏制了秦国意图鲸吞山东的锐利锋芒。

内固威权，远交近攻

阏与之战，赵、魏联手让秦国体验了一番苦痛的滋味，秦昭王陷入深深的迷茫之中。

先说他自己吧，身为一国之君，已过天命之年，名义上当了家，事实上却做不了主，大事小情还得找年逾古稀的宣太后拿主意。譬如对付义渠这件事儿，秦昭王亲口承认，每天都要去宣太后那里请示汇报。宣太后之外，还有魏冉、芈戎一干外戚把持着朝政，泾阳君公子芾、高陵君公子悝利用权势、封邑大肆敛财，俨然成为榨取秦国精血的庞大特权集团，时有“私家富重于王室”的说法。

再说争雄于天下，昔日的秦国何等风光，百姓怯于私斗，士卒勇于公战，尽收巴蜀、河东、鄢郢、陶邑，令山东诸侯无不胆寒，但在经过这一系列的原始积累之后，只注重短期战术目标而缺乏长远战略谋划的弱点使得秦国逐渐陷入举步维艰的泥潭。

纵观天下，貌似已经无处下手了：

伐赵国，强与强拼，胜负难料，反倒有可能让他人坐收渔翁之利。

伐魏国，惹得各方诸侯群起而攻之，秦国实在承受不起。

伐齐国，中间隔着赵、魏、韩，确实是鞭长莫及。

伐楚国，已经抢了人家的富庶首善之区，再穷追猛打意义不大。

伐燕国，隔着赵国、无路可通不说，关键是没什么油水。

伐韩国，一颗芝麻能榨出多少油水？更何况韩国与秦国近在咫尺，其听话的时候多，犯浑的时候少，总体上表现不错，一时找不出像样的理由去收拾它。

数过来数过去，其实就仨字儿：没得打！

因此，秦国这些年来只能想一出是一出，处境相当被动。

俗话说得好：“当局者迷，旁观者清。”从局外人的角度来看，秦国的实力足以令天下诸侯望尘莫及，但也暗藏着一系列关乎国运的内忧外患。深处迷茫之中的秦昭王迫切地需要公孙鞅那样的贤才为他指点迷津，为秦国谋划出路。

秦昭王没有想到，自己苦苦寻觅的那个人其实早在一年多前就来到了咸阳。或许是“天降大任于斯人”吧，此人投奔秦国之前经历了种种磨难，还险些惨死于他人之手。他选择投靠秦国，既是为秦昭王谋划兼并天下之策，也是想有朝一日复仇雪耻。

此人名叫范雎，魏国人，出身贫贱，曾经游历于各方诸侯，但并不怎么受人待见。后来，范雎决定留在自己的故国效力，但囊中羞涩，难辟直达最高层的门路，只得退而求其次，到大臣须贾的府上做了一名食客。

在时兴“养士”的战国时期，食客是一个庞大的群体，像乐羊、公孙鞅、蔺相如，还有后来的毛遂、李斯，都有寄人篱下做食客的经历，并藉此崭露头角。不过，像范雎这样差点儿丢掉自己性命的食客，在现存史料的记录中并不多见。

范雎险些丧命，源自一场无妄之灾。当时，范雎跟随须贾出使齐国，齐襄王跟他私下聊了几句，觉得范雎这个人挺有才学，欣然赏赐了一些美酒和黄铜。范雎心里很清楚，私自接受对方国君的馈赠不合外交礼制，便赶紧向须贾如实禀告。须贾顿时大为光火，不单是为范雎有违礼节，还因为怀疑他跟齐襄王讲了不该讲的话，否则岂能得到如此丰厚的馈赠？然而，毕竟身在齐国的地盘上，须贾不好处理，只是责令范睢将黄铜如数退还，便不再过问此事。

范睢不做亏心事，不怕鬼叫门，真的以为这事儿就算是过去了。然而，须贾刚回到大梁，便将对范睢的怀疑报告给了时任相国的魏齐。魏齐跟须贾一样，也是一个听风就是雨的人，根本不问青红皂白，便将范睢处以笞刑，直打得他肋骨断裂、满地找牙。范睢有口难辩，只好躺在地上装死（或许真是被打晕了）。魏齐命人将奄奄一息的范睢裹到竹席子里扔进茅房，让醉醺醺的宾客们轮番往他身上撒尿，以儆效尤。

勉强缓过神来之后，范睢哀求身边的看守放自己一条生路，日后定有重谢。看守见他实在可怜，便去向魏齐请示，是不是可以将“尸体”拖出去扔掉。魏齐喝得酩酊大醉，话都没听清便顺口答应了，范睢这才侥幸得脱，逃到一位名叫郑安平的好友家中藏匿起来，并化名张禄掩人耳目。

魏齐酒醒之后，发现范睢活不见人、死不见尸，感觉不太对劲，又派人四处搜检。郑安平担心范睢的身份暴露，恰巧听闻秦国使臣来到了大梁，便假扮成一名差役，接近这位名叫王稽的使臣，向他举荐了范睢。当天夜里，王稽见到了范睢，这场“面试”相当成功，王稽决定偷偷带着这位不可多得的贤才返回秦国。

进入秦国境内之后，他们偶遇外出巡察的魏冉。范睢早就听说此人独专大权，向来不怎么待见客卿，必然不会接纳自己入秦游说，便一直藏匿在车中不肯现身。魏冉跟王稽寒暄了一阵，便赶路去了，但没过多久，魏冉竟杀了一个回马枪，将王稽的车队仔细搜检了一番，说是怕他带一些不着调的谋士回来捣乱。但并没有发现范睢，原来，范睢知道魏冉这个人疑心重，反射弧也长，还带有一点“强迫症”，肯定会倒回来搜检一番才肯放心，所以没走出多远，范睢便下车躲了起来，致使魏冉扑个空。

范雎有惊无险地来到咸阳，但王稽的举荐一直没有得到回音。这倒不能怪人家秦昭王不能礼贤下士，而是他当时忙着收拾义渠，事务繁多，分身乏术，精神上高度紧张，一时顾不上。范雎苦等了一年多，直到义渠国君被诱杀于甘泉宫之后，深处于迷茫之中的秦昭王才与前来指点迷津的范雎第一次谋面。

后来的事实证明：秦昭王、范雎的这次见面，与当年秦孝公召见公孙鞅一样，堪称改变秦国乃至全天下历史走向的关键性转折点！

通过频繁的会面与不断的实践，范雎为秦昭王谋划出了一系列影响深远的策略。归纳起来讲，可以分成内政、外交两个大的方面。

先说内政。

范雎提出了“赏必加于有功，刑必断于有罪”的主张，强调秦国的当务之急是整饬吏治，做到赏罚分明。这话听起来没错，但难免令人心生疑虑。依律行赏罚，不正是公孙鞅当年推行变法的核心举措吗？尽管公孙鞅后来遭到了反攻倒算，但秦国历代国君都没有更易变法的要旨，二十等爵位的制度也在征伐诸侯的过程中大显神威。既然如此，范雎为何老调重弹？

搬出这些陈词滥调作为施政主张，范雎其实是另有所指。当着秦昭王的面，范雎曾经大发慨叹：“闻秦之有太后、穰侯、泾阳、华阳、高陵，不闻其有王。”直接戳中秦昭王当得了家、做不了主的软肋。因此其借整饬吏治之名，提出了加强王权的主张。

客观来讲，秦昭王形同虚设的处境并非范雎道听途说、夸大其辞，而是不容回避与否认的残酷现实。主要体现在以下三点：

第一，正如范雎所说，“太后擅行不顾，穰侯出使不报，华阳、泾阳等击断无讳，高陵进退不请”，太后一党为所欲为，根本不把秦昭王放在眼里，全无上下尊卑之序。

第二，穰侯魏冉、华阳君芈戎、泾阳君公子芾、高陵君公子悝，这

“四贵”仗着宣太后的眷顾与支持，不仅获封富庶之地（特别是魏冉的陶邑），还利用权势和影响力大肆敛财，说他们“私家富重于王室”，一点儿也不夸张。

第三，以丞相魏冉为代表，太后一党肆意利用公权谋私利，譬如调动秦国大军讨伐齐国的刚、寿，为自己扩张封邑。用范雎的话来讲，这些专权者“战胜攻取，利尽归于陶；国之币帛，竭入太后之家；境内之利，分移华阳”。一言以蔽之，这是赤裸裸的“竭国而自安”。

“四贵”大行其道，结果必然是秦昭王成了摆设，即便手上有些权力，也被这伙人瓜分走了大半。范雎举了形象的例子说：一百个人驮着水瓢，还不如一个人拿着跑得快。治国也是如此，掌权拿主意的人多了，顾及各自的利益，配置各自的党羽，势必会滋生出祸端。没事儿的时候，大家其乐融融，一旦有个风吹草动，能溜的早溜了，国君就会成为众叛亲离、孤苦伶仃的那一个。长此以往，秦国还会是嬴氏的天下吗？

秦昭王的处境异常凶险，但范雎的办法很简单：“内固其威而外重其权。”集大权于国君一身，不能再任由宣太后、“四贵”越俎代庖了！

再说外交。

范雎认为，如今秦国陷入收拾哪一家都得不偿失的艰难境地，根源就在于魏冉“为国谋不忠，而大王之计有所失”。如何纠偏？范雎的思路是四个字：远交近攻。

直白一点讲，就是以后不要再劳神费力地打“伸手仗”，而应该排除一切干扰，一口接一口地吃下“嘴边食”。这种逐步蚕食的方式，最明显的优势在于：“得寸则王之寸，得尺亦王之尺。”军队打到哪里，国君的有效治理就能到达哪里，不会再让魏冉之流通过霸占飞地损公肥私了。

谁是秦国的“嘴边食”呢？想必大家心知肚明，一个是韩国，还有一个是魏国。

先看韩国这边。拜当年灭郑“壮举”所赐，韩国的地盘比较奇葩，大致分成两大块：一块位于黄河以南的中原地区，这里也是韩国的核心区域，是郑国故地；另一块则位于黄河以北的上党地区，是韩国故地。无论哪一块，都把秦国东向侵伐的道路堵得死死的。因此，秦国过去争雄于中原总是需要利用连横策略，将韩国拉入自己的阵营，否则连门都出不了。

范雎认为，韩国对于秦国而言就好比木中之蠹、心腹之患，理应是逐步蚕食的优先选择。至于具体的打法，范雎提议：利用韩国地盘分为两块的特点，出兵夺取荥阳和太行山南段，彻底切断其南北之地间的联系，伺机吃掉上党，秦国便可面朝中原了！

再看魏国这边。在秦国人的眼里，魏国人一直是反复无常的骑墙分子。不过平心而论，衰微之后的魏国与春秋时期的郑国一样，“牺牲玉帛，待于二竟，以待强者，而庇民焉”便是它业已注定的宿命，合纵也好，连横也罢，往往是其两害相权取其轻的无奈选择。基于这样的状况，范雎提出了先礼后兵的三步法：先是卑辞重币，给脸又给钱；如果行不通，就牺牲一些地盘来拉拢；魏国要是还敢端着架子装大瓣蒜，咱们也别客气，直接揍到它心服口服为止！

伐韩、收魏是基于远交近攻战略的首选，而具体到战术层面，范雎总结过往的经验和教训，提出了一系列全新的见解。他认为，秦国先前屡次伐魏都不能如愿以偿，不是实力有所不逮，而是因为战术除了问题。什么问题呢？过于计较一城一地的得失，忽略了消灭对方的有生力量才是征伐的目的所在。不光是征伐魏国，秦国过去征战诸侯，往往是克一地便逐其民，迁罪人居之，根本不在意对方的力量是否被摧毁，拿到城邑之后便鸣金收兵、万事大吉，结果是夺而复失、失而复得，搞成了你来我往的拉锯战。尤其是一些扼守山川天险的战略要地，譬如曲沃、焦邑、皮氏、蒲阪等，都是数易其手，屡屡回到原点再行征伐，做了太多的无用功。

虽说二十等爵位的制度以首级论功，确实促进了秦军在多场战役中斩获颇丰，但范雎认为，以秦国的体量和实力来看，毙敌的力度还远远不够。秦国乃万乘之国，坐拥百万大军，一仗斩首几万算什么？更何况还不乏拿平民百姓来充数的！因此，范雎提出了“毋独攻其地，而攻其人”的主张，只要能消灭对方的有生力量，就不必纠结于是否能夺取一两座城邑。

咱们千万不能小看这一战术指导原则的变化，后来的长平之战，白起秉持“攻其人”的作战宗旨，一次就坑杀了四十万俘虏，致使赵国元气大伤，再也无力与秦国抗衡。

对于一方诸侯而言，弥补经济上的损失不易，弥补人的损失更难，需要足够长的和平时期进行休养生息，而这在秦国咄咄逼人的频繁征伐之下，几乎是不可能实现的。单从这一点来讲，秦国以一国之力横扫六国已经是胜券在握了！

秦昭扬眉，范雎复仇

范雎从内到外、从战略到战术的一整套谋划着实令秦昭王醍醐灌顶、耳目一新，但要将这些主张落到实处，绝非一朝一夕之功。

就拿公孙鞅当年推行变法来说吧，秦孝公边试点，边考察，还分成两步来实施。现如今，范雎将变革矛头直指手握重权的宣太后、魏冉一伙，秦昭王再怎么迫不及待，也不得不如履薄冰、从长计议。

外斗拼的是实力，内斗往往拼耐力，秦昭王、范雎深知此理。君臣二人同心协力，花了四年多时间，逐渐积小胜为大胜，最终向以宣太后、魏冉为首的特权集团发起了最后的反击。公元前266年，秦昭王打着让宣太后颐养天年的幌子，将她行使了四十一年的临朝主政大权彻底剥夺。与此同时，穰侯魏冉、华阳君芈戎、泾阳君公子芾、高陵君公子悝都被罢了官，丞相之职理所当然地由范雎继任。

对于叱咤风云数十年的宣太后而言，权力就如同她的生命，没有了权力，便生无可恋。次年，一代巾帼政治家——“第一太后”宣太后便在深宫之中郁郁而终了。

根据史料记载，宣太后临终的时候曾经打算让一位名叫魏余的男宠给自己殉葬，幻想着在黄泉之下继续快活。魏余生得相当俊俏，曾经深得宣太后的宠幸，但此人名声很臭，时人戏称他为“魏丑夫”，故意反着起绰号恶心他。

听说自己要陪着风烛残年的老情人共赴黄泉，魏余吓得魂飞魄散，找到一位名叫庸芮的大臣给自己出主意。话说回来，魏余的名声再臭，终究没做过什么出格的事儿，殉葬更是无辜。因此，庸芮答应帮他这个忙，便求见于宣太后，拐弯抹角地开始忽悠。

庸芮只字不提魏余的事儿，而是先问宣太后："一个人死了之后，是否还能知晓人间之事？"宣太后老归老，但一点儿也不糊涂，回答说："人死如灯灭，当然什么都不知道了。"庸芮笑了笑说："既然如此，您为何非要将魏余置于死地呢？如果死人知活人之事，恐怕先君早就对您恨之入骨了吧！您难道还要把情夫带到地下，与先君团聚不成？"宣太后听了庸芮这一番话面红耳赤，羞愧难当，便打消了让魏余殉葬的念头。

魏余侥幸逃过一劫，魏冉、芈戎等人可就没这么好的运气了。先前被罢官的时候，秦昭王严令魏冉、芈戎回自己的封邑待着，不准他们在咸阳抛头露面，但这哥俩仗着宣太后在背后撑腰，一直赖着不肯走。宣太后一断气，魏冉、芈戎顿时没了倚靠，只好乖乖地卷起铺盖走人。

秦昭王对两位舅父还算是仁至义尽，吩咐沿途各地提供车马，帮助他们搬家。华阳君芈戎终究没有回到封邑，死在了半道上。穰侯魏冉呢，虽说落了难，但排场依然大得没边，随行的车马竟有千乘之多，史载"宝器珍怪多于王室"，浩浩荡荡地直奔陶邑而去。最终，魏冉病死于陶邑，但这份家业也没有传到他儿子手里，而是被秦昭王果断收回、设郡管辖了。

至于同属"四贵"的泾阳君公子芾、高陵君公子悝毕竟是秦昭王的亲兄弟，加之他们专横跋扈的程度远远不及魏冉、芈戎，算作从犯，得到了从轻发落。秦昭王免了他们的官，撤销了他们的封邑，但允许他们居住在咸阳，这当然也是出于方便监视与控制的考虑，防止别有用心之徒节外生枝。

打击外戚势力、巩固君权的同时，秦昭王、范雎也按照远交近攻的既定战略，部署了对魏、韩两支弱旅的军事行动。

范雎官拜丞相之后不久，白起率军讨伐魏国，夺取了地处黄河北岸的战略要地邢丘（今河南温县附近），从而威逼魏国屈服于秦国，达到了“邢丘拔而魏请附”的战略目的。在随后的几年里，秦国不断征伐韩国的蜂腰部位，旨在“北断太行之道”。公元前264年，韩国遭遇一场惨败，五万士兵被白起率领的秦军斩首，被迫割让南阳（指黄河以北、太行山以南）求和。

按照秦国往常的风格，一场仗打到对方割地求饶的地步也就差不多了。不过，今时不同往日，秦昭王、范雎显然没有叫停的意思。范雎认为，拱手送上门来的地盘，咱们不要白不要，但接下来的仗，也不能说停就停。具体来讲，原因有二：第一，秦国此次出兵，终极目标是控制上党，只拿到南阳地区，尚不足以“北断太行之道”。第二，时任韩国相国的张平（西汉开国元勋张良的父亲）是一个坚定的合纵派、仇秦派，如果不能把他轰下台，势必后患无穷。

于是，白起率秦军接收了南阳一带之后再度兴师讨伐韩国，并在公元前262年占领野王（今河南沁阳），彻底断绝了韩国南、北两块地盘之间的联系。紧接着，白起又率领秦军兵逼荥阳，威胁韩国都城新郑，并向韩桓惠王（韩釐王之子）发出最后通牒：要么割让上党，要么等着挨揍，南、北两地，只能选其一！面对咄咄逼人的秦国，韩桓惠王只能委曲求全，被迫答应了秦国的要求，将彻底断线的上党地区拱手奉送。

交代完魏、韩两家的凄惨遭遇之后，回头来看看同样遭到秦国武力要挟的赵国。在秦昭王整肃宣太后一党的那一年（公元前266年），赵国也发生了人事上的变故：赵惠文王去世，太子丹嗣位，是为赵孝成王。因为新君年少，由堪称“第二太后”的赵威后临朝主政。

利用主幼国疑的契机，秦国在第二年兴师讨伐赵国，夺取了三座城邑。考虑到独自抗秦会吃亏（尤其是正值新老交替的敏感时期），赵国赶紧派出使臣前往齐国求援。按理说，齐国先前没少挨赵国收拾，此时完全可以隔岸观火、幸灾乐祸，但齐国君臣秉持“赵国顶不住，大家就都有麻烦”的理念，从大局出发，答应帮衬赵国一把。答应归答应，鉴于赵国翻脸比翻书快的“前科”，并着眼于长远打算，齐国顺势提出了一个要求：将赵孝成王的弟弟长安君（名不详）送来临淄充当人质。

长安君是赵威后的小儿子，平日里深得母亲的宠爱和关照。听说齐国点名要他去做人质，赵威后不禁大为光火，任凭大臣们怎么劝，就是咬死了不同意。实在听得厌烦了，赵威后索性放出一句狠话：“谁胆敢再提及此事，我非吐他一脸唾沫不可！”群臣心急如焚，都不敢轻易去踩这颗雷，但有一位名叫触龙的大臣不信邪，坚持要面见太后陈情。

赵威后坐等触龙前来讨骂找收拾，但触龙一开口，先是扯了一阵嘘寒问暖的闲篇，接着又支支吾吾地表示，想给自己的小儿子谋个侍卫的差事。赵威后听了半天，说的不是长安君做人质的事儿，原本阴沉的脸色和缓了许多，不禁大发感慨道：“想不到啊！你这个堂堂七尺之汉，也有爱子心切的儿女情长！”

触龙笑着回答：“若论爱子之心，我这个男儿恐怕要甚于妇人吧。”

赵威后有些不服气，觉得应该是妇人更胜一筹才对。女子本弱，为母则刚，你一个大男人没有经历过分娩之痛，哪里体会得到母子情深？

触龙摇了摇头，回敬赵威后道：“根据老臣观察，事实未必如此。就说太后您吧，对女儿燕后（名不详，出嫁至燕国为后）的偏爱就胜过小儿子长安君。”

赵威后一听，更加不服气了：“偏爱女儿还是儿子，难道我自己不知道吗？”

触龙这才语重心长地解释道：“为人父母者，对子女的怜爱在于用心为他们的将来做打算。想当年你送女儿出嫁燕国的时候，心中必然万般不舍，故而潸然泪下。但从此以后，您每次向神灵祷告，都要许下不让她回来的愿望。您难道不思念她吗？当然不是！您是希望她能在他国立足，让她的子孙世代为君，这就是在为她的将来打算。纵观天下诸侯，宗室子孙往往是‘位尊而无功，奉厚而无劳’，尽享荣华，一无是处。您能为女儿的将来打算，却阻挠儿子出质作保、为国建功，只是让他养尊处优，坐享膏腴之地与丰厚赏赐，万一赵国有什么变故，他又当何以立足？如此做法，岂是偏爱之举？”

触龙寥寥数语让赵威后如梦初醒，当即将长安君送往临淄。忌惮赵、齐联合的秦国果然没有再找赵国的麻烦，一场危机成功化解。

回头再来说秦国，范雎卓越不凡的谋略既助力了秦昭王扬眉吐气、树立威权，也让秦国在中原诸侯面前大显身手。与此同时，范雎为自己复仇雪耻的机会也悄然而至了。

前面说过“邢丘拔而魏请附”，白起把魏国人揍得跪地求饶，而奉魏安釐王之命出使咸阳拜码头的大臣便是范雎当年的主子加上司须贾。有个情况需要跟大家交代一下：范雎当年落难逃亡的时候，曾化名“张禄”掩人耳目，后来投奔到秦国，直至官拜丞相，依然用的是“张禄”这个名字，须贾并不清楚所谓的“张丞相”是何许人也。

为了跟这位旧相识碰面，范雎很是费了一番心思，装扮成衣衫褴褛、落魄不堪的模样，前往驿馆求见须贾。须贾以为范雎早就被魏齐弄死了，没想到还能在异国他乡见到活人，不禁大吃一惊，感叹他的命真大。时过境迁，须贾似乎忘却了曾经发生过的种种不愉快，饱含关切地问范雎是不是到秦国来推销自己的。范雎摇了摇头说：“我当初得罪了相国，辗转流亡在此，哪里还敢四处招摇呢！”须贾又追问他现在靠什么谋生。范雎苦着脸回答道：“给人家做点杂役粗使之类的伙计，勉强糊口而已。”

看到范雎这副穷酸相，须贾不由得动了恻隐之心，不仅留他吃了一顿便饭，还送了一身御寒的衣物。两人一边吃饭，一边闲扯，聊到了秦国丞相张禄。须贾说，他早就听闻此人深得国君器重，盛传“天下之事皆决于相君”，想登门拜访一下，却苦于没有引见的门路。范雎则笑说：“还真是巧了，我家主人跟丞相交情匪浅，引见之事根本不必劳烦主子，我范雎就能带你去！”

须贾一脸狐疑，以为范雎喝多了说醉话，便推托说自己的马有病、车要修，没有驷马大车，身为使臣没办法出门。范雎拍着胸脯说：“这事儿好办，我找我家主子借一辆来！”没过多久，范雎便亲自驾着一辆驷马大车如约而至，接上须贾直奔相府。

来到相府之后，范雎没找人通禀，但也没人拦住他们问话，相府的人老远瞧见他们，还纷纷往远处躲闪。须贾一脸疑惑，却又不便发问。来到舍门前，范雎跳下马车，请须贾留在原地稍候片刻，自己进去通报一声。

须贾牵着马伫立良久，不见里面有丝毫动静，便找到守门的问道：“那个范雎怎么还没出来？”守门人回答说从来没听过这个名字。须贾告诉他：“就是刚才进去的那个人啊！”守门人恍然大悟，随即诚惶诚恐地告诉须贾：“那可是我们的张丞相啊！”此言一出，如同五雷轰顶，须贾吓得呆若木鸡，许久才缓过神来，赶紧脱掉上衣、光着膀子跪倒在地，接着在门人的带领下进去请罪。

范雎端坐正堂之上，还召来众多侍从，共同围观须贾来给自己叩头谢罪。须贾声泪俱下地向范雎自请死罪，表示自己万万没有想到，范雎有朝一日能升至青云之上。他当场立誓说，再也不敢读天下之书、参与天下之事了，到底是领受汤镬之刑，还是流放至荒远之地，他都绝无二话，任凭范雎发落。

须贾认为，自己犯下的罪行实在太多，即便是扯下所有的头发来挨个数，恐怕也不够用。范雎笑了笑，坦言没那么夸张，也就三条而已：

第一，须贾当年怀疑范雎有异心，未经证实便向相国告发。

第二，相国魏齐把范雎往死里整，在场的须贾并没有求情制止。

第三，范雎被扔进茅房之后，往他身上撒尿的人当中，就有一个是须贾。

数落了须贾一通之后，范雎稍稍平复一下心情，接着又跟他讲："我今天不会杀你，不是你不该杀，而是你先前见我落魄潦倒，不仅请我吃饭，还送我衣物御寒，多少念一些旧情，所以我决定放你一条生路！"

秦昭王也听说了范雎与须贾的恩怨，特意下令不接受须贾求见，让魏国另外派人来。须贾将无功而返，特来向范雎辞行。范雎正设宴款待诸国使臣，让须贾也入了席，但安排他坐在了堂下。众人在堂上享用美味佳肴的时候，须贾的案桌上却摆着一盆草豆掺杂的饲料。范雎还特意安排了两个犯人站在须贾的左右，像喂马一样逼着他吃。受此奇耻大辱，须贾深感无地自容，却大气都不敢喘一声。最后，范雎放下狠话说："冤有头，债有主，你回去告诉魏国国君速将魏齐的人头送来，否则大梁就等着被秦军屠城吧！"

回到魏国之后，须贾将这段难以置信又惊恐万分的经历一五一十地告诉了魏齐。魏齐意识到自己虽然是宗亲身份，又官拜相国之职，但眼下被秦国丞相范雎"点杀"，魏国国君纵有十个胆子，恐怕也不敢违拗半分。为了不让魏安釐王为难，同时也是力求自保，魏齐决定亡命天涯，拔腿跑到赵国，寄身于平原君的门下。

秦昭王听说魏齐跑了，决定替范雎主持一下公道，彻底了结这场恩怨。于是，秦昭王派人给平原君送信，表示愿意与他结为布衣之交，盛邀他到咸阳一叙。平原君不明就里，又担心引发秦、赵两国之间的纷争，不敢断然拒绝，只好硬着头皮走一趟。结果呢，果然是羊入虎口，当即被秦昭王扣押，要挟他派人回去报信，把魏齐的人头送来，否则就待在咸阳别回去了。

平原君不肯就范，谎称魏齐已经离开赵国，并义正词严地表明了自己的态度：无论会付出怎样的代价，都绝不可能出卖投靠自己的人！秦昭王懒得跟他废话，随即派使臣前往邯郸，让赵国君臣赶紧拿个主意，如果不交出魏齐的人头，不但平原君回不来，秦国还要兴兵讨伐赵国。

为了区区一个魏齐，魏安釐王都不敢开罪于秦国，跟这事儿没有半毛钱关系的赵国又怎么可能替魏齐背黑锅？因此，临朝主政的赵威后当即下令派兵去平原君的府上，把魏齐揪出来送往秦国。魏齐命大，竟然侥幸得脱，找到时任相国的虞信寻求帮助。

虞信心里也清楚，自己着实没办法替魏齐说情，索性扔下相印，带着魏齐一路逃回魏国，想请跻身“战国四公子”之列的信陵君出面，帮助他们逃往楚国落脚。

信陵君名叫魏无忌，既是魏安釐王的异母弟，也是平原君的小舅子。虽说他也是礼贤下士、广招门客的公子哥，但向来胆小怕事，担心惹祸上身，一直躲着虞信、魏齐两人不露面，还故意跟自己的门客讲：“虞信是何许人也，我不认识啊！”

有一位名叫侯嬴的门客见信陵君如此不近人情，不禁当着主子的面大发感慨说：“人固未易知，知人亦未易也。”这话到底是什么意思？侯嬴解释说：“赵国国君当年与虞信谋面的时候，头一回便馈赠了厚礼，再一回则拜他为上卿，等到第三回，直接拜相国、封万户侯了！这样一位贤才为了区区一个魏齐，愿意舍相印、弃封邑，跟他一道亡命天涯，如今投靠到您的门下，您还明知故问虞信是何许人也，这不是人不易知、知人不易吗？”

信陵君被侯嬴怼得羞愧难当，亲自前去迎接虞信和魏齐。然而，魏齐先前听说信陵君无意出手相助，已经在痛骂了他一顿之后拔剑自刎了。

信陵君这边悔恨不已，赵国那边却是喜出望外，赶紧派人来取魏齐

的人头，乖乖送到咸阳换回了平原君。为友人而“裸辞”的虞信此时暂且栖身于大梁。魏齐在绝望中自尽，使得虞信一度郁郁寡欢，看破了人情冷暖，于是不再过问世事，潜心于著书立说，史载其“上采《春秋》，下观近世”，成书八篇以“刺讥国家得失”，后世称之为《虞氏春秋》。后来，虞信应赵国盛情邀请，又回到邯郸继续效力。

可以说，范雎的一场漂亮复仇改变了太多人的命运。至于此番精彩纷呈的复仇雪耻到底是恶人自有恶人磨，还是睚眦必报太过火，只能说是仁者见仁、智者见智了。

范雎的个人恩怨业已了结，诸侯的纷争之势却日趋激烈。短暂的平静之后，一场惊天动地的人间惨剧即将上演！

第七章 大局已定

见招拆招，秦赵单挑

远交近攻战略的运用促使秦国在对外兼并的历程中有了明确而清晰的方向。通过讨伐家门口的韩、魏两国，这一全新的战略彰显出了极其强悍的威慑力。“北断太行之道”让韩国这个头号苦主近乎绝望，只得将黄河北岸的上党地区拱手奉送，通过丢车保帅来确保核心区域的安全。

虽说天下大势、浩浩汤汤，但这世上向来不缺乏“知其不可而为之”的逆势而上者。就拿上党来说吧，韩桓惠王已经答应割让给秦国，也派人前往上党郡办理交接，但时任太守靳黈态度相当坚决，拒绝执行交割土地的命令。

靳太守认为，自己既然是一方长官，理应抱定守土有责、人在城在之志，除非战死沙场，否则绝无拱手送人之理。韩桓惠王为他的拳拳报国之心感动，但感动归感动，真要惹恼了秦国，那可不是闹着玩的。因此，韩桓惠王只能忍痛割爱，将靳太守就地免职，安排一位名叫冯亭的人继任太守，尽快完成交割手续。

冯亭是上党本地人，先前的事迹不详。他的后代子孙里面出过一位与“飞将军”李广齐名的悍将——冯唐，唐朝诗人王勃有句感叹人生命运多舛的名言，即“冯唐易老，李广难封”。但冯亭本人并没有什么名气，如果没被派到上党来“善后”，必将完全湮没在历史的长河中。

韩桓惠王没有想到，自己竟然会陷入一场“用人不察”的旋涡：前任太守脖子硬，临危受命的冯亭脖子更硬，而且心眼也更多！新官上任，冯亭就忙着部署防御，只字不提交割地盘的使命，上面和秦国方面逼得急了，他就找各种理由搪塞，一拖就是个把月。

客观地说，无论是韩桓惠王、冯亭，还是秦昭王、范雎，都不希望上党的事情拖得太久。除了冯亭以外，都希望尽快完成土地的交割，了结这笔账，大家皆轻松。冯亭呢，他的心里很清楚，仅凭上党一郡之力，根本不可能逃过秦国的魔掌。他在上党奋力苦撑，是指望天下局势发生变化，能有几个诸侯站出来为韩国撑腰，逼迫秦国人知难而退。然而，一个月的光阴倏忽而过，天下依旧一片寂然。

失望之余，冯亭近乎绝望，不得不直面残酷的现实：上党终究难保。既然保不住，与其拱手让给秦国，倒不如白白送给赵国。各方诸侯不是选择不吭声吗，咱们就逼着他们吭声，一旦挑起赵、秦两大强藩直接对抗，不仅能使韩国得以保全，说不定还有意外的收获呢！

平心而论，冯亭的算盘打得相当精准。自从强悍的齐国被羸弱的燕国处心积虑地搞残之后，三足鼎立的态势就变成了两强抗争。赵国凭借胡服骑射、贤臣猛将，一时勇冠山东诸侯，军事实力（无论是军队规模还是战斗力）与秦国可谓不相上下。但就总体实力而言，赵国依然存在三大明显的劣势：

第一，临朝主政的赵威后此时已经去世，亲政的赵孝成王显然太年轻。且不说他专好男宠这事儿，单就谋略与魄力而言，也远不及曾经的赵武灵王、赵惠文王，完全无法与老辣的秦昭王、范雎斗智斗勇。

第二，曾经风光无限的一代贤臣蔺相如此时重病在身，悍将赵奢也在不久前去世。为赵孝成王出谋划策的只有平原君赵胜、平阳君赵豹等宗亲，武将则只有廉颇独撑门面，初显人才凋零的境况。

第三，赵国并未做好与秦国全面交恶甚至交战的准备，这也是最关键的一点。韩国被秦国强摁在地上摩擦的时候，赵国正忙着薅燕国的羊毛，甚至不惜割让三座城邑，将齐国的田单“借调”过来主持伐燕大计，惹得当时还未离世的赵奢在平原君面前大发一通牢骚。简单来讲，赵国的战略重心不在秦国，更不在韩国的上党。

反观秦国，军事实力咱们就不啰嗦了，这里说一说后勤保障能力。得益于推行多年的奖励耕战政策，如今的秦国“牛耕积谷，水漕通粮”，“死士皆列之于上地，令严政行”。当时，儒学名家荀子前往秦国游说，虽然他秉持“法先王，隆礼义，谨乎臣子，而致贵其上”的理念，没有得到秦昭王的肯定，最终黯然离去，但此行的收获确实不小。临行之际，范雎特意问荀子对秦国的直观印象如何，荀子给出了这样的回答：一是区位优势明显，自然资源丰富，此所谓“形胜”；二是民风古朴，不尚奢靡，百姓服从管束，此所谓“古之民”；三是地方官吏恪尽职守，节俭守信，说话做事不草率，此所谓“古之吏”；四是咸阳的高官们都过着两点一线（从家门到衙门）的生活，坦荡无私，廉洁奉公，不拉帮结派，此所谓“古之士大夫”；五是朝堂上有事必结，从不留下尾巴，此所谓“古之朝”。总而言之，秦国达到了治国的最高境界，其跨越四代君主的强盛绝非偶然。

肯定秦国各方面成就的同时，荀子也提出了一些异议，认为秦国要想实现“王天下”的终极目标，目前最缺乏的就是“施仁政”。当然了，这是荀子推销其学说的手段，但也道出了一个不容忽视的事实：秦国“威动海内，强殆中国，然而忧患不可胜校也，諰諰然常恐天下之一合而轧己也”。以秦国目前的实力，根本不担心与任何一方诸侯单挑，就怕各方诸侯联合起来对付它一家。结合过往的历史分析，秦国征伐天下的基本规律是：破合纵，秦必胜；破不了，则只有等着挨收拾。

介绍完秦、赵两方的实力和态势之后，咱们再来看一看赵国如何应对冯亭踢过来的皮球。平阳君认为：冯亭拱手奉送给赵国的上党不仅是烫手山芋，更是无妄之灾，断不可中了冯亭将祸水外引的圈套！然而，赵孝成王与平原君的想法与其完全相反：送到嘴边的肉，不要白不要！咱们先前对付秦国，又把田单“借调”过来讨伐燕国，“发百万之军而攻，逾年历岁未得一城”，攻城夺地实在是太难了！如今轻轻松松就能收获上党十七座大小城邑，何乐而不为？

君臣二人的这番说辞令人难免心存疑虑：赵孝成王毕竟是初出茅庐，不知江湖险恶也就算了，平原君久经风霜，难道真的看不出冯亭无力自保、拉人垫背的图谋？事实上，顺势而为也好，心存侥幸也罢，平原君认为赵国完全有能力赌上这一局。他满满的信心主要源自两点：一是有悍将廉颇，二是可以与楚、魏联手抗秦。

平原君的如意算盘是这样打的：先由廉颇率军进驻上党，顶住秦国的攻势，为赵、楚、魏的合纵争取时间。一旦三国达成协议联手抗秦，惧怕以一敌多的秦国必然会选择退兵。届时，赵国便可顺理成章地将上党收入囊中了。

按照这一谋划，平原君亲自前往上党接收地盘，并代表赵孝成王大行封赏：主动献地的冯亭受封“华阳君”，食邑万户；县令一级的官员食邑千户，世代为侯；当地军民一律升爵三级，凡是能聚集起来保卫家园的，还有额外的丰厚奖赏。与此同时，廉颇率领赵军主力进驻长平，赵国对楚、魏两国展开的外交活动也在紧锣密鼓地进行。

秦国劳神费力地征伐天下，岂能让赵国轻而易举地摘桃子？眼瞅着上党瞬间易主，秦昭王、范雎当然不肯善罢甘休，于公元前262年命“左庶长”王龁率兵前去硬抢。

部署军事行动的同时，范雎敏锐地意识到：秦国打赵国不会有什么悬念，唯一的隐患是赵国搞合纵，拉上一干围观诸侯玩多打一，那样一来，秦国的麻烦可就大了。为了将赵国合纵抗秦的图谋扼杀于摇篮之中，范雎采取了多管齐下的办法。

当时有不少四处游说的谋士纷纷来到赵国鼓吹合纵抗秦，搞得秦昭王的神经异常紧张。范雎认定，这些谋士不过是想伺机致富显名而已，根本不足为虑。他给秦昭王打了一个比方：“您的宫里豢养着不少犬只，它们有卧的，有立的，有跑来跑去的，有停在原地的，彼此相安无事，但只要扔一块骨头过去，它们就会凶相毕露，疯抢起来。那些谋士也是如此，本就贪图名利，如今虽众口一词，但只要有了好处，岂能不起纷争？”

接下来，范雎派人携重金、美女前往赵国招贤纳士，搅乱其合纵之谋，果然达到了“天下之士，大相与斗”的预期效果。

对付赵国潜在的盟友楚国和魏国，范雎则因地施策，采用不同的路数，让它们彻底打消了合纵的念头。

先说楚国，范雎的办法简单而粗暴：先出手痛扁一顿，逼迫对方割让了郢都以东的夏州地区，致使楚国的实力进一步削弱。莫名其妙挨上一闷棍之后，楚国果然变得老实了许多，表示无意介入秦、赵之争，转而去找鲁国这只软柿子弥补损失，一举夺取了薛邑。

再说魏国，此时名义上还是秦国的盟友，无端揍它一顿，显然不太合适。因此，范雎便拿控制在韩国手中的垣雍（今河南原阳附近）做文章，向魏安釐王承诺说：只要秦国拿下上党，就会责令韩国将垣雍割让给魏国。范雎有足够的自信魏安釐王会咬钩，因为垣雍对于魏国而言实在太重要了。早在秦国拉拢魏国、收拾韩国的时候，便有大臣向魏安釐王提出了自己的深深忧虑：“秦有郑地，得垣雍，决荥泽而水大梁，大梁必亡。”也就是说，秦国如果从垣雍这个地方将黄河决口，整个大梁城都得喂鱼！后来秦国灭魏国，采取的便是这个办法。因此，尽管有大臣预感到秦国人只是用垣雍作为诱饵稳住魏国而已，将来一定会玩赖，魏安釐王得到范雎言之凿凿的承诺之后，依然选择赌上一回，相当爽快地答应严守中立、置身事外。

范雎见招拆招，将赵国逼到了与秦国一对一单挑的死地。眼瞅着无外援可恃，骑虎难下、欲罢不能的平原君只得硬着头皮直面现实，倾尽全力打赢这一仗。如此一来，所有的压力都集中到了驻守长平的悍将廉颇身上。

廉颇不愧为独撑赵国门面的一员悍将，面对敌强我弱的态势，他并没有选择与急于求战的秦军硬碰硬，而是采取了坚壁固垒的战术，利用地利优势打一场持久战、消耗战，耐心地等待严峻局势产生一线转机。当时，秦、赵两大强藩集结了近百万大军隔着丹水对峙，史载“南北五十许里，东西二十余里”。毫不夸张地说，这既是战国时期规模最大的一场战役，也是关乎秦、赵国运和历史走向的巅峰对决！

面对坚守不出又以射术见长的赵军，秦军虽然在战役初期小有斩获，譬如攻破了赵军部署在西面的堡垒，但并没有从根本上撼动对方的防御部署。

秦军攻而不破，赵军防而不击，双方就这么一直僵持着，不仅消耗了两军将士的斗志，更是在消耗两国的家底。秦昭王在战后坦承，这场战役把秦国搞得“国虚民饥”。连秦国都陷入难以为继的窘境，赵国又能好到哪儿去呢？此时，一位名叫楼昌的大臣向赵孝成王提出了与秦国媾和的动议，认为再这么无休止地消耗下去，非把实力稍逊一筹的赵国拖垮不可。当年带着魏齐逃亡的虞信此时已经回到了赵国，他则主张派人去联络齐、楚、魏等诸侯，能达成合纵抗秦的协议当然最好，即使无功而返，也能在一定程度上迷惑秦国，增加媾和的筹码。

虞信的策略是比较稳妥的，但赵孝成王认为是在空兜圈子、做无用功：齐、楚、魏如果支持合纵，赵国岂会落到今天这步田地？既然早晚都要谈和，晚谈不如早谈，少消耗一天是一天！因此，赵孝成王一边派出使臣前往咸阳，接洽和谈事宜，一边派人去联络齐、燕等国寻求外援，来了个“双管齐下”。

然而，在秦、赵一对一单挑的背景下，媾和不过是赵国的一厢情愿，秦国可不想前功尽弃。范雎果断抓住这一契机，将赵国派使臣前来和谈的消息广而告之。齐、燕等诸侯听闻，担心自己被赵国出卖，索性只放空炮不出兵，静观时变。实在被赵国催得紧，齐国提出先拨付军粮的条件，毕竟兵马未动、粮草先行，也算是合情合理。赵国这下可就尴尬了：我要是有粮食吃，还用得着请你帮忙？因为互存猜忌之心（齐国怕被赵国出卖，赵国怕齐国拿了粮食又玩赖），双方一度闹得很不愉快。因此，尽管有大臣认为不应坐视赵国被秦国攻伐，使齐国失去一道屏障，嗣位不久的齐王建（齐襄王之子）始终不为所动，决定继续作壁上观。

媾和不成，外援无望，奋力苦撑的赵国还有几分胜算？

长平悲歌

前方僵持不下，后勤补给渐显乏力，各方诸侯又选择按兵不动，赵孝成王、平原君只能完全寄希望于赵国军队顽强的战斗力。为了尽快结束这场耗不起的战役，邯郸方面不断向廉颇发号施令，要求他冲出堡垒，与秦军展开决战，是死是活，赶紧做个了断。廉颇却始终坚持主动出击等于自杀的观点，秉持“将在外，君令有所不受”的理念，拒绝执行出战命令。

廉颇率赵军主力驻守长平，搞坚壁清野，一度令秦军主将王龁无计可施。为了破解这一困局，范雎敏锐而毒辣地以赵国君臣矛盾为突破口，巧施反间，成功摧毁了赵国妄图取胜的最后一线希望。

根据史料记载，范雎派人前往邯郸，暗中制造舆论：秦国人谁也不怕，单怕赵奢的儿子赵括。赵孝成王听信了传言，决定临阵换将。仔细想来，这个有些莫名其妙的传闻恐怕并不足以让赵国的最高决策层犯下兵家大忌，行自毁长城之举。范雎采取的，恐怕是先前田单对燕惠王实施离间计那个套路。

还记得吗？先前田单派人前往燕国大造舆论，基本的逻辑就是乐毅故意不夺取莒邑、即墨，为自己占地称王制造借口。这个逻辑似乎也适用于如今拥重兵在外的廉颇：放在近在咫尺的秦军不打，想必是另有所图吧！

虽说是捕风捉影，但造谣者只求被赵国高层听到，不必列举过硬的证据。只要能诱发赵孝成王、平原君对廉颇的猜忌，这招离间计就算成了七八分。剩下的二三分，就让赵孝成王、平原君他们自己去“脑补”好了。“脑补”出完整的逻辑链，赵孝成王、平原君势必会采取必要的防备动作，即果断换人，避免在不远的将来养虎为患。

换下久经沙场的廉颇，谁又能堪当此大任呢？赵孝成王、平原君想到了与廉颇齐名的赵奢。虽说赵奢业已不在人世，但他有一个儿子名叫赵括，早已声名远扬。据说，赵括在父亲的熏陶之下自幼熟读兵法，不时与父亲切磋推演，二人常常难分伯仲。不过，患病在身的蔺相如对赵括这个“将门虎子”并没有什么好印象。他强撑病体求见国君，认为想用赵括取代廉颇来赢得胜利无异于胶柱鼓瑟。原因很简单：赵括只会死读兵书，根本不懂得临机应变之道！

出乎所有人的意料，同样不看好赵括的还有他的母亲。这位老太太跟赵孝成王讲，她只是一个妇道人家，不懂得什么军事，反对赵括为将，主要是基于两点考虑：

第一，赵奢在世的时候，对这个儿子已经下了定论，认为他言及兵事过于轻松惬意，殊不知兵马一动，便关系到国家存亡与将士生死，所以“若必将之，破赵军者，必括也”。

第二，她观察到，昔日的赵奢爱兵如子，不管得到什么赏赐，都会悉数分发给僚属，而且“受命之日不问家事”，一心一意谋打赢，如今的赵括呢，僚属都不敢抬头看他，他得到赏赐全部藏到家里，还四处查访田宅、置办家业，这样的将领岂能带兵打胜仗？

遗憾的是，各种反对意见均不奏效，赵孝成王、平原君依然坚持让赵括取代廉颇，为这场旷日持久的战事画上一个句号，至于结束得圆满与否，无关紧要了。

新官上任的赵括坚决执行上峰指令，率领赵军主力发起反击。与此同时，秦昭王、范雎也在暗中换将，安排战功赫赫的白起秘密前往长平前线接替王龁指挥，并严令全军保守这一绝密军情，但凡有泄露者，一律斩首示众。于是乎，初来乍到的赵括既不知己，更不知彼，照着兵书谋打赢，用收拾王龁的办法，与事实上的对手白起过招。

面对赵军全线出击的猛烈攻势，白起果断采取正面牵制与后方袭扰相结合的灵活战术。正面，秦军佯装败退，引诱对方追击，将战线（也是补给线）不断拉长，从而给秦军潜入后方袭扰创造机会。后方，两万五千人的秦军堵住了赵括的退路，另有五千精锐闯入赵军在长平附近的堡垒，截断了赵军的前后联络。赵括孤军深入，被正面的秦军死死拖住，既无后援又无粮草，只得就地修筑防御工事，固守待援。

获悉白起不辱使命，成功引出了赵括，秦昭王决定发起最后一击。为了打赢这一仗，秦昭王不仅亲自东渡黄河督战，还向全境下达了总动员令，征召年满十五岁的青壮年开赴疆场，堵截赵军的后援和粮草，要将对方彻底困死在长平！

转眼过去了一个多月，没有援军和后勤补给的赵国大军濒临崩溃，甚至开始在暗地里残杀相食。赵括束手无策，只得不断组织力量突围，但三番五次强攻，都没有办法冲破秦军布下的铜墙铁壁和天罗地网。最终，赵括殒命沙场，四十万赵国大军群龙无首，成了秦国人的俘虏，这场历经三个年头的"长平之战"以秦国完全胜利、赵国彻底失败落下了帷幕。

战场上的硝烟逐渐散去，但赵国的悲剧才刚刚开始。遵照范雎"攻人"的理念，白起以"赵卒反覆，非尽杀之，恐为乱"为由，将赵国四十万降卒悉数坑杀，并"收头颅筑台于垒中，因山为台，嵬嵬桀起"，只留下年纪偏小的二百四十名士兵，将他们释放回赵国，用这些鲜活的"证据"彻底摧毁赵国人的抵抗意志！可以说，长平之战既是白起的巅峰战绩，更是他戎马一生挥之不去的残暴污点，一将功成万骨枯，始信乎哉！

赵国凭借一己之力与强秦抗衡，但在经历这场决定国运与历史走向的巅峰对决之后，非但没有拿到梦寐以求的上党，反倒一败涂地，元气大伤，陷入“死者不得收，伤者不得疗，涕泣相哀，戮力同忧”的凄惨境地。

痛定思痛，赵国君臣不得不直面异常残酷的现实，答应以割让六座城邑为代价，向秦国认怂求饶，同时“卑辞重币，四面出嫁，结亲燕、魏，连好齐、楚，积虑并心，备秦为务”，权当是亡羊补牢的无奈之举了。然而，凭借长平之战的赫赫威势，秦国根本不搭理赵国的哀求，打算进一步扩大战果。一方面，秦国逼迫韩国割让了垣雍，但没有履行先前的承诺将其送给魏国，而是揣进了自己的腰包；另一方面，秦军兵分两路深入赵国境内，继续攻城略地。

话说回来，秦国为了夺取上党几乎倾尽全力，长平之战对其造成的创伤也不轻。根据《吕氏春秋》记载，秦国在长平之战中大获全胜，但这些年与硬骨头的赵国交手，也消耗得民疲粮乏。特别是在双方陷入僵持、难解难分的时候，天灾战祸交织在一起，致使秦国遭遇了一场严重的饥荒。范雎当时就提出动议，要百姓以菜代粮，并开放国君专享的园林五苑来赈济灾民。然而饥荒太重，即便采取了这些临时性措施，也难以从根本上扭转局面。秦昭王被逼无奈，不惜自毁爱民如子的形象，自欺欺人地搪塞说：“秦国之法，历来是有功者受赏，有罪者受罚，如果无差别地赈济饥民，势必乱了章法，坏了规矩。”（“夫使民有功与无功俱赏者，此乱之道也。”）

赵国恳请苏代前往秦国游说和解，由于双方都撑不下去的现实状况，这次游说很快就收到了实效。苏代来到咸阳之后，并没有贸然求见秦昭王替赵国讨饶，而是先去忽悠刚晋升为侯爵的范雎。

苏代跟范雎讲："以秦国目前的实力，剪灭赵国不在话下，但这对您本人而言，显然是弊大于利啊！您寻思寻思，伊阙之战、鄢郢之战、长平之战，都是人家白起的功劳吧？如果眼下再灭掉赵国，秦国君主得以坐拥天下，白起岂不是会跻身三公之列，压过您一头了？与其替他人飞黄腾达铺路架桥，倒不如为自己安身立命做一些打算！为今之计，应当先踩住武力征伐的刹车，再运用外交手段威逼赵、韩两家割地求和，方能彰显您这位丞相的功勋啊！"

苏代这一番换位思考让范雎深以为然，当即向秦昭王提出停战休整，以达到不战而屈人之兵的效果。对于秦昭王而言，终极目的就是拿地，既然能靠嘴拿，又何必动手？于是同意了范雎的请求。应秦国要求，赵孝成王亲自前往咸阳朝觐了秦昭王，并承诺割让六座城邑，与秦国重修同出一脉之亲情旧谊（两国宗室同为嬴姓赵氏）。

范雎凭借先前的远交近攻之谋、如今的休兵夺地之策，得到了应城（今河南鲁山附近）作为自己的封邑，所以也被称为"应侯"。

窃符救赵记（上）：公子的人脉

秦、赵两国正式达成和解是在长平之战后的第二年，也就是公元前259年。虽说赵孝成王的咸阳之行相当顺利，但在他返回邯郸之后，以六座城邑换和平的协议在赵国内部引起了轩然大波。大臣们的意见分成了泾渭分明的两派：

一方是“温和派”，也可以说是“亲秦派”，当然在持异议者看来就是“投降派”，代表人物包括出面与秦国和谈的赵郝，还有一向亲近秦国的老臣楼缓。他们主张履行承诺，尽快完成六座城邑的交割手续，换取赵国的安宁。

一方是“强硬派”，也可以说是“仇秦派”，代表人物是虞信。他认为，秦国选择休战退兵，既不是由于贪图区区六座城邑，更不是因为对赵国动了怜悯之心，而是因其力有所不能及。秦国倾尽全力都未能夺取的地盘，咱们还拱手奉送，这不是给秦国加油鼓劲，让它日后常来吗？如果秦国明年“如约而至”，赵国又割哪块肉？明年割了，后年呢？赵国的土地毕竟有限，而秦国的贪欲终究无穷，日复一日，年复一日，哪里还有赵国的立锥之地！

听了虞信的一番分析，赵孝成王转而质问出面和谈的赵郝：“今年割让了这六座城邑，你是否能保证秦国明年不会来攻打赵国？”赵郝登时就被问蒙了：秦国打不打赵国，我怎么说得准？秦国国君要是能听我指挥，咱们还用得着割地求饶？

想可以这么想，但话千万不能这么说，赵郝索性把皮球踢给了赵孝成王："秦国将来会不会讨伐赵国，主动权其实在掌握在您的手里！如今我出面化解危机，与秦国重修旧好，但您要是惹恼了秦国，对方兴师问罪，我肯定就背不了这个锅了！"

此言既出，以虞信为代表的"强硬派"就胜券在握了。虞信一针见血地指出：如果割让六座城邑，换不来秦国不再攻伐的承诺，咱们何苦做这笔亏本买卖?!

就在邯郸吵成一锅粥的时候，继赵郝之后出使咸阳的楼缓回来了。他历来主张合秦，如果一开始就表态赞成割地，会被认为是出卖赵国讨好秦国，结果适得其反，因此他一直支支吾吾地不愿意表态。实在被赵孝成王逼急了，楼缓只好勉为其难地道出自己的想法：割让六座城邑给秦国，不光是为了让秦国不再讨伐赵国，更重要的意义在于打消各方诸侯浑水摸鱼的念头。一旦秦、赵两国交好，对赵国虎视眈眈的齐、燕、魏、楚等诸侯便不敢造次了。

楼缓的这一想法同样遭到了虞信丝毫不留情面的反驳。虞信跟赵孝成王讲：通过割地向秦国媾和，非但不能让各方诸侯不敢轻举妄动，反倒会让他们心存疑虑，误认为赵国会紧随秦国的步伐征战天下。另一方面，赵国此举也是在示弱于天下，告诉他们这里人傻、钱多、速来，赵国势必永无宁日！与其拿六个肉包子打狗，倒不如痛痛快快地送给齐国，拉上齐国一起对付秦国，赵国便可以"失之于齐而取偿于秦"，咱们至少不会亏本啊！

从虞信的执意坚持之中，赵孝成王逐渐悟出了一个道理：赵国的安危不能寄希望于区区六座城邑，只有合纵抗秦，才是眼下唯一的出路。更何况赵国在长平惨败之后，通过"卑辞重币，四面出嫁"，与齐、燕、魏、楚等诸侯改善了关系，也为各方合纵抗秦奠定了一些基础。于是赵孝成王终于下定了决心，撕毁先前达成的割地协议，利用全国上下一致仇秦的豪迈之志，与秦国抗争到底！

得知战败的一方反悔玩赖，秦昭王真是气不打一处来，心想赵国果然是耍赖耍成了精，非对它施以颜色、饱以老拳不可！于是，秦昭王下令整兵备战，准备派兵直逼赵国都城邯郸，并打算让白起继续挂帅出征。

秦昭王、范雎拿定主意要收拾赵国，没想到秦国内部最先掉了链子：白起推托自己有病，不愿意领命。

白起说他有病，倒不完全是虚妄之词，他身体没什么大碍，但心里堵得慌。到底是怎么回事呢？不必追溯得太远，就是先前的长平之战闹的。当时，白起率军在前线鏖战，趁着所向披靡的势头四处攻城略地，打得那叫一个痛快，没想到竟被心怀叵测的范雎踩了一脚刹车，白起对此一直耿耿于怀。这股子怨恨尚未完全消散，又听说要继续开战，白起的心里顿时炸了毛：说不打是你，说打也是你，外行指挥内行，成心玩我是不是？既然已经吃过一次亏，上过一次当，又岂能往一个坑里跳两回？因此，无论秦昭王怎么规劝，白起就是咬死两个字：不去！

撇开赌气这层因素不谈，单从形势来分析，白起也不赞成在这个时候与赵国大动干戈。他认为，赵国在长平之战以后痛定思痛，对内“耕田疾作，以生其财”，对外“卑辞重币，四面出嫁”，已成不可攻伐之势。反观秦国呢，虽说取得了长平之战的辉煌胜利，但“卒死者过半，国内空”，国力上的消耗不可小觑，需要一定时间进行休整喘息，不能一波未平一波又起，秦国再强大，也经不起这样的折腾。

秦昭王拿白起实在没办法，只好退而求其次，安排“五大夫”王陵出任主将，率领数十万大军挥师东向，直逼邯郸。时任河东郡守的王稽则驻扎在汾城（今山西襄汾附近），负责为东征大军筹措和输运粮饷。

面对秦国大兵压境，赵孝成王一面部署邯郸地区的防御，一面责成平原君尽快联络各方诸侯增援，合力对抗来势汹汹的虎狼之师。平原君的心里很清楚，尽管“诸侯怨秦之日久”，但真正指望得上的恐怕只有魏国和楚国了。

魏国名义上是秦国的小弟，但魏安釐王对带头大哥的不满与日俱增。远的不说，先前秦国人信誓旦旦，垣雍拿下来后要送给魏国，结果呢，他们倒是把垣雍从韩国手里抢出来了，却揣进了自己的腰包，把魏国耍得团团转，竟毫无半点愧色，仿佛一切都是理所应当的，还讲不讲天理？再者说，信陵君魏无忌还是平原君赵胜的小舅子呢，不看僧面看佛面，总不能置自家姐姐的安危于不顾吧？

考虑到这些因素，平原君只是写了几封家书，恳请信陵君出手相助。他的主要精力还是放在游说楚国出兵上。

楚国这边，正如先前分析的那样，被鄢郢之战收拾得太惨，彻底被秦国人打怕了。因此，在长平之战前，秦国军队不过是夺取夏州一地，就把新嗣位的楚考烈王（楚襄王之子）吓得乖乖地做起了围观群众。如今邯郸有难，楚国是否愿意冒着与秦国交恶的危险，毅然选择挺身而出呢？平原君对此并没有十足的把握。但为今之计，他愿意赌上一把，因为在楚国令人厌恶的腐朽政界之外，还有一位能让他看到一丝希望的义士——跻身“战国四公子”之列的春申君黄歇。

说到春申君，他在声名远扬的“战国四公子”之中，算得上“另类”了。其他三位都是出身宗室的正牌公子哥，唯独这位春申君出身寒微，完全是凭借“游学博闻”才得到了楚襄王的器重与赏识。华阳之战时，黄歇奉命出使秦国，不仅打消了秦昭王继续南下伐楚的念头，还与秦国达成和解协议，解除了楚国又要挨收拾的危机。后来，黄歇以“左徒”身份陪同楚太子元（一说太子完）在咸阳充当人质，历时近十年之久。

楚襄王重病在身、行将就木的时候，太子元被困在咸阳回不去。黄歇心急如焚，亲自去游说范雎，要求将太子元送回楚国嗣位，否则楚国那边另立新君，势必会与秦国交恶。范雎被说动了，去找秦昭王请示，没想到秦昭王是个人精，根本不中圈套，只同意让太子元的师傅先行回国探望，根据楚国君主的病情再从长计议。黄歇知道这事儿耽误不得，索性冒着生命危险安排太子元假扮成侍从，跟随太子傅回国，自己则留在咸阳妥为周旋，尽量拖延时间。

太子元离开之后，黄歇对外宣称太子染病卧床，要闭门谢客。估摸着太子元一行走远了，黄歇才跑到秦昭王面前自领死罪。秦昭王大为光火，打算取黄歇的小命，还是范雎出面求情，认为事已至此，不必为难一位忠君之臣，“不如无罪而归之，以亲楚”。黄歇回到楚国之后，顺利继承君位的太子元（即楚考烈王）拜他为令尹，封为春申君，并以淮北十二县作为他的食邑。从此，黄歇就以忠君之德、贤能之才享誉天下。

为了拉楚国入伙，共同对付秦国，平原君说服赵孝成王，将灵丘送给春申君作为封邑。春申君拿人钱财，替人消灾，果然说服了楚考烈王在危急关头帮衬赵国一把。不过，楚国与赵国并不接壤，要想出兵增援邯郸，必须从齐国或者魏国借道。齐、魏两家呢，此时不仅没对赵国施以援手，竟然还趁火打劫，闯入赵国境内攻城略地，忙得不亦乐乎。楚考烈王见状，不禁打起了退堂鼓，一直按兵不动。

面对如此混乱的局面，楚国的春申君没办法，魏国的信陵君也颇感无奈，他唯一能做的，就是不断规劝魏安釐王不要逼赵国太甚，否则秦、赵一旦握手言和，赵国势必会秋后算账。

或许是信陵君的威胁发挥了作用，魏安釐王下令魏军在荡阴（今河南汤阴）一带观望待命，接着又派将军辛垣衍秘密出使邯郸，游说赵孝成王、平原君与秦国媾和。辛垣衍认为，秦国围攻邯郸一直不肯收手，并非贪图赵国的土地，而是谋求“王天下”。因此，如果赵国带个头，率先尊奉秦国君主为“帝”，那么都城之围立等可解。

辛垣衍的分析貌似有道理，赵国君臣动了心，却又犹豫不决。值此紧要关头，一位名叫鲁仲连的谋士前来答疑解惑了。

鲁仲连是齐国人，擅长构思宏伟卓异的谋略，但始终无意于仕途，只以游说四方作为毕生最大的追求。他此时正客游赵国，赶上了这场辩论，一举成名，这就是入选《古文观止》的著名桥段——“鲁仲连义不帝秦”。

鲁仲连认为，秦国背弃礼义，崇尚暴力，“权使其士，虏使其民”，如果尊奉这样的国君为帝，天下人能不能存活我不知道，反正我鲁仲连是要跳海自尽的！

当着辛垣衍的面，鲁仲连又直言不讳地表示：各方诸侯（尤其是魏国）对此持观望甚至默许的态度，是因为他们还没有意识到秦国称帝的危害。试想一下，如果秦国借称帝而号令天下，必然是顺我者昌、逆我者亡，到那时，不仅亲秦派大臣会在各诸侯国大行其道，连各国君主的后宫之中也会充斥着秦国安插进来的妒妇谗妾。如此一来，魏国君主又如何晏然自处呢？将军您又如何深得宠信呢？

最终，鲁仲连的一番义正词严让辛垣衍甘拜下风，坦承自己智谋不及，通过尊奉秦昭王为帝而谋求和解的动议也就此胎死腹中了。

窃符救赵记（下）：门客的口才

长平之战的悲号尚有余音，秦、赵两国战端再起。赵国上下凭借顽强的毅力苦撑危局，誓与邯郸共存亡，习惯了所向披靡、摧枯拉朽的虎狼之秦在邯郸城下却僵持了三个年头，处境也相当艰难。

尽管长平之战的惨败恍如昨日，但赵国这些年来痛定思痛，史载“得耕稼以益蓄积，养孤长幼以益其众，缮治兵甲以益其强，增城浚池以益其固”，以超常的意志抚平创伤，整体实力日渐恢复。凭借众志成城的仇秦士气以及固若金汤的防御工事，赵国守军顶住了秦军一波接一波的猛烈攻势。秦国屡次增兵，非但没能扭转战局，反倒死伤惨重，秦昭王恼羞成怒，决定撤下王陵，让擅长打硬仗的白起顶上去。

前面说过，秦昭王谋划伐赵的时候原本是打算由白起挂帅的，但白起推托有病，拒绝领命。转眼已经过去了两三年的光景，虽说时过境迁，但白起心里的疙瘩似乎一直没能解开，依然不愿意给秦昭王这个面子。

范雎心急如焚，亲自登门规劝白起，刻意激将他说：“你当年率数万之众，横扫拥兵百万的楚国，夺鄢、郢，焚宗庙，令‘楚人震恐，东徙而不敢西向’！还有先前的伊阙之战，你率军斩首二十四万之众，大显神威，‘韩、魏以故至今称东藩’！现如今，赵国经历长平一战的惨败，虚弱不堪，已成强弩之末，咱们以数倍于敌的绝对优势出战，你怎么反而怂了呢？”

白起直言不讳地讲道：“我既不是跟君主置气，更不是担心有损自己的名声，而是根本就不赞成打这一仗！”

白起继续分析说：“秦军能在鄢郢之战、伊阙之战中大获全胜，最关键的一点，不是咱们有多强大，而是对手太不争气！就说楚国吧，国君昏庸无能，臣属阿谀谄媚，百姓离心离德，城防荒废不整，结果战端一开，便陷入‘各有散心，莫有斗志’的局面，岂能不败？伊阙那场仗也是如此，韩、魏两家都想保存自己的实力，让对方出去拼命，被各个击破也就在情理之中了。再看眼下与赵相争，长平之战的胜利是必然的（秦国的总体实力强于赵国），但偶然的因素还是发挥了关键性作用（诸侯隔岸观火，赵国临阵换将）。当时正是秦国‘乘其振惧而灭之’的大好时机，结果你们一脚刹车踩下去，错失了良机，让赵国得以喘息休整。如今，赵国上下戮力同心，又四处交结诸侯，合纵抗秦，咱们劳师以远，必定无功而返，我可不愿意背上这口锅！”

白起的一番气话当中不乏对局势悄然生变的深邃洞察，只可惜秦昭王偏偏不信这个邪，执意一条道走到黑。在他看来，没有张屠夫，未必就得吃带毛的猪，王陵不行，白起不肯，那就让王龁上去盘吧，无论付出多大的代价，都要把邯郸搞定！

回到坚持抵抗的邯郸一方，眼下的状况其实相当不容乐观。秦、赵两国的实力差距是明摆着的，如果一直这么消耗下去，赵国必然会被巨大的压力挤爆，彻底崩溃。为今之计，除了尽快争取到外部支援，赵国已经没有其他的办法了。平原君决定亲自前往楚国游说拯救赵国于水火。

平原君召募、遴选门客作为随从的时候，发生了一桩流传至今的趣闻。平原君最初敲定了二十人的名额，但按照有勇有谋、文武兼备的基本条件考察一番之后，只挑出来十九位。多少有点“强迫症”的平原君

一筹莫展，这时，一位名叫毛遂的门客站了出来，说自己完全符合遴选标准。这就是著名的“毛遂自荐”。

今天咱们说起毛遂，可谓家喻户晓，妇孺皆知，但当时平原君见到这个人的时候，竟然一点印象都没有。这倒不是平原君薄情寡恩，而是他府上豢养的食客太多，毛遂吃了三年的闲饭，并没有什么突出的表现，平原君记不住他也很正常。从这个角度来看，连吃三年闲饭，说明此人没什么才干，难怪平原君不无轻蔑地跟毛遂讲，“贤士之处世也，譬若锥之处囊中，其末立见”，你在这里住了三年，但“左右未有所称诵”，我甚至都不知道你的存在，你还是别逞强了吧！毛遂则解释说：“我不是没能耐，而是一直没有合适的机会显露啊！”（“使遂早得处囊中，乃颖脱而出。”）

平原君见此人自信满满、能说会道，姑且信他一回，带上毛遂一块儿前往楚国。他没有料到，三年来不显山、不露水的毛遂竟然在这次关系赵国生死存亡的出使中发挥了至关重要的作用。

来到楚国之后，平原君在春申君的引荐下见到了楚考烈王。然而，任凭平原君怎么摆道理、谈利害，楚考烈王终究是油盐不进，坚决不肯介入秦、赵之争。这场会见从早晨一直持续到中午，依然没有什么结果，在外面等候的毛遂急了眼，“按剑历阶”怒闯进来，对着平原君大放厥词：“三言两语就能掰扯清楚的事儿，您耽搁了大半天，到底是什么情况？！”

平原君尚未答话，楚考烈王大为惊骇，抢先问道：“这小子谁啊？说话怎么这么冲？”平原君显得有些无奈，回答说这是自己带来的随从。楚考烈王听得此言，当即炸了毛：区区一个随从，胆敢这么跟主子说话，还反了不成？赶紧滚下去！

毛遂非但没有往外滚，反倒是紧握住剑柄，怒气冲冲地走到楚考烈王的面前，义正词严地回怼道：“您呵斥动怒，不就是仗着楚国人多势众吗？眼下咱们相隔不过十来步，您的性命已经在我手里握着了，人多势众有个屁用！您以为合纵抗秦是为了赵国吗？非也！楚国坐拥‘地方五千里，持戟百万’的‘霸王之资’，却被白起小儿以数万之众揍得抱头鼠窜，都城都没能保住，祖先也受到凌辱！赵国国君替您感到羞耻，这才派我家主子前来，与您共谋复仇雪耻的大计。您非但不领情，还大耍威风，是何道理？”

楚考烈王挨了毛遂的一顿炮轰之后，才与平原君讨论起合纵抗秦的利害得失。

毛遂的这番话或许不太中听，但句句切中要害。楚怀王客死咸阳、鄢郢惨遭血洗、夷陵被付之一炬，毛遂说这是楚国的“百世之怨”，一点儿也不夸张。就拿楚考烈王本人来说吧，咱们在前面介绍过，如果当初没有春申君临机应变，豁出性命玩一出瞒天过海，他恐怕还在咸阳做人质！要说仇秦之志，楚国理应比赵国更强烈才对。撇开情感方面的因素不谈，单说眼下的形势，如果放任秦国将赵国彻底搞残，山东诸侯将完全丧失最后一道屏障，楚国又怎么可能独善其身？因此，楚考烈王权衡再三，终于决定帮衬赵国一把，并当场与平原君歃血为盟。

楚国之行不辱使命，平原君不由得对毛遂刮目相看，盛赞他“以三寸之舌，强于百万之师”，尊奉他为上等宾客。

楚考烈王与平原君达成合纵协议之后，当即派出将军景阳率兵北上增援，然而新的问题又来了：任凭信陵君怎么劝谏，魏安釐王始终下不了合纵抗秦的最后决心，不仅十万魏军在将军晋鄙的率领下滞留于荡阴，魏国还一直不愿意向景阳率领的楚国援军借道。

原以为拉魏国入伙十拿九稳，没想到紧要关头又出了幺蛾子，平原君心急如焚，一边派出使臣前往大梁游说，一边写信质问信陵君，是不是打算眼睁睁地看着自家的姐姐殉难。事实上，担心惹祸上身的魏安釐王一直犹豫不决，信陵君的心里也相当焦急。一边是死不开窍的亲哥

（信陵君是魏安釐王的弟弟），一边是命悬一线的亲姐，信陵君两面为难，无计可施，只能召集家臣、门客，勉强凑出了百余乘车，决定亲自赶赴赵国增援。信陵君认为，虽说这点人马无异于杯水车薪、飞蛾扑火，但也算是略尽自己的绵薄之力了，即使殒命疆场，也无怨无悔了！

一行人即将走出城门的时候，信陵君碰到了一位名叫侯嬴的门客。此人出身贫贱、年逾古稀，但才学出众、名声在外，当初信陵君费了很大的劲，谦卑恭顺到了极致，才换得侯嬴的信任与忠心。不过，侯嬴这个人向来自视清高，虽然贵为信陵君府上的上等宾客，但不愿寄人篱下、无功受禄，一直干着值守城门的营生。

得知信陵君出门的目的后，侯嬴脸上没有任何异样的表情，淡然无味地寒暄了一句：“您好自为之吧，我就不跟着凑热闹了。”（“公子勉之矣，老臣不能从。”）信陵君出城之后，越琢磨越不对劲：侯嬴平日里不是这样的啊，如此不尽人情，到底是什么意思？

秉持不搞清楚原委不肯罢休的理念，信陵君折返回来，没想到仍在值守城门的侯嬴笑脸相迎道：“我就知道您肯定会回来！”见信陵君满面疑云，侯嬴进一步解释说：“荡阴那里驻屯着十万大军，您不去用，偏要拿自己的脑袋撞墙，既是螳臂当车，又于事无补，这何苦呢？”

听得此言，满面疑云的信陵君变成了一脸委屈：“我要是能调动荡阴的十万大军，又何必以卵击石，自己跑去送死？”侯嬴笑着说：“你要是能按照我说的去做，便可如愿以偿！”

侯嬴的办法，相信大家都不陌生，就是请魏安釐王身边一位被称为如姬的宠妾帮忙，把调兵用的虎符窃取出来。这个如姬重情重义，不比当年楚国的郑袖，她既不缺钱也不贪财，但一直有一个心愿未了：她的杀父仇人依然苟活于世。如果信陵君能出面帮她报了这个血海深仇，如姬必然会义不容辞地前去“窃符”。

信陵君依计而行，如姬果然帮他偷出了虎符。拿上虎符，心急火燎的信陵君准备策马狂奔前往荡阴调兵，却又被侯嬴拦了下来。侯嬴认为，晋鄙这个人不太好对付，如果只有虎符而没有君令，他难免会生疑。再者说，“将在外，君令有所不受”，他要是不肯就范，坚持要派人回来请示国君，你拿他有什么办法？

力求稳妥，侯嬴还向信陵君推荐了一位名叫朱亥的勇士。朱亥有胆有勇，平日里以屠宰牲畜为生，与侯嬴交情甚厚，正堪当此大任。至于侯嬴自己，深知作为“窃符”主谋，已是犯下了死罪，他估摸着信陵君已经抵达荡阴，便面向北方举剑自刎，表明自己的赤胆忠心。

信陵君来到荡阴之后，不出侯嬴所料，将军晋鄙虽然核验了虎符，依然疑窦丛生。晋鄙毕竟是久经沙场的老将，什么场面没经历过？眼前的这一出让他预感到事情并不简单：出动十万大军又不是小孩儿过家家，仅凭一人一嘴带一虎符，就要挥师北上增援邯郸，连几句话的诏令都舍不得写，这不符合国君的风格啊。

眼瞅着晋鄙不肯就范，站在一旁的朱亥当机立断，奋力举起一根重达四十斤的铁椎，将晋鄙砸得脑浆四溢。随后，信陵君下达了第一道军令：父子同在军中的，父亲回去；兄弟同在军中的，长兄回去；独生子在军中的，自己回去。

经过一番选拔与整训，十万大军变成了八万精锐，在信陵君的率领下驰援邯郸。景阳率领的楚国援军也日夜兼程，赶来与信陵君会合。

与此同时，邯郸军民在秦军的重兵围困下已经到了“炊骨易子而食”的地步。邯郸城危在旦夕，平原君不惜舍尽家财犒赏军民，还让自己的妻妾走出家门，替将士们缝补、浆洗衣物，誓与邯郸城共存亡！正是邯郸军民的顽强阻击，为赵、楚、魏联军在邯郸外围和汾城的反击争取到了极其宝贵的时间。

对于久战无功的秦军主将王龁而言，局势愈加不容乐观。劳师以远的秦军不仅要对付诸侯联军在邯郸一带的里应外合，还得腾出精力顾及汾城的安危。汾城一旦有失，不仅数十万大军的粮道会被切断，搞不好连退路都没了，到那时，四十万赵军降卒惨遭坑杀的悲剧很有可能在自己身上重演。

考虑到这个极其危险的后果，正在邯郸外围架梯攻城的王龁再也无心应战，结果被三国联军揍得呜呼哀哉，仓皇败退到了汾城。勉强站稳脚跟之后，王龁派出一部兵马突袭魏国的宁邑（今河南修武），打算切断魏国援军的后路。

魏安釐王原本已经接受了合纵抗秦的既成事实，但秦军搞这么一手，他又被吓住了，不由得动起了单独与秦国媾和的念头。虞信早就知道魏安釐王这个人是被秦国打怕了的，关键时刻根本靠不住，所以亲自前往大梁游说（同时也是盯梢），让他务必耐住性子等一等，假以时日，三国联军一定能把秦军揍得找不着北，到时候他们怎么吃进去，就得怎么吐出来！

事实证明，虞信并没有在魏安釐王面前放空炮。虽然宁邑一时得手，但王龁率领的秦军主力一路溃退，并在西渡汾水的时候突遭魏、楚联军袭击，损失两万多人马。三国联军乘胜攻陷汾城，逼着秦军从宁邑黯然退兵。至公元前257年，历经三个年头的邯郸保卫战以秦国败退汾西、赵国转危为安宣告终结。继五国伐秦之后，山东诸侯总算又迎来了一场合纵抗秦的辉煌胜利！

成王败寇，物盛必衰

人创造历史的同时，历史也在改变人的命运。

平原君、信陵君、春申君这三位义薄云天的公子，既促成了邯郸保卫战的辉煌胜利，也挫败了秦昭王灭赵以图天下的野心，使诸侯争雄的格局得以延续，三位公子也因为邯郸保卫战的辉煌胜利而威震诸侯、留名青史。

当时，荀子恰好游历于赵国，亲身体验了邯郸保卫战的艰辛历程。对于舍身赴国难的平原君、矫令成大义的信陵君，荀子丝毫不吝溢美之词。他盛赞道：平原君“解国之大患，除国之大害”，是当之无愧的“辅臣”；信陵君“安国之危，除君之辱，功伐足以成国之大利”，也堪当“拂臣”（“拂”的意思是匡正）之谓。这两位公子都是社稷之臣、国君之宝！

值得一提的，还有楚国援军主将景阳。根据史料记载，景阳这个人不仅嗜酒如命，还特别没有酒德，时常酒后乱性，“被发而御于妇人”，这样的品行确实令人不敢恭维。除了是个十足的酒色之徒以外，景阳统兵打仗的能力也曾经受到过一些人的质疑。

在得知楚考烈王打算派景阳率兵增援的时候，前往楚国接洽的使臣嗤之以鼻。这位使臣还给春申君讲了一个惊弓之鸟的故事，认为景阳是

秦军的手下败将，已经被揍成了“飞徐而鸣悲”的离群伤雁，恐怕难当合纵抗秦的重任（“尝为秦孽，不可为拒秦之将也。”）。

然而，正是这只不被赵国使臣看好的“惊弓之鸟”，竟然借助邯郸保卫战一鸣惊人、威震天下诸侯。战后，景阳不仅得到了赵孝成王的尊崇，还在邯郸与荀子一起高谈阔论，共同切磋兵法。景阳认为：“兵之所贵者，势利也；所行者，变诈也。”“孙、吴用之，无敌于天下。”真不知道那位讥笑景阳“飞徐而鸣悲”的使臣是否会像平原君对毛遂表达歉意那样，坦承自己当初眼拙，从今往后“不敢复相士”。

说完战胜一方，再来说战败的秦国，其印证了一句俗话：“出来混，迟早要还的！”

最先倒霉的人是一代战神白起。自从长平之战被秦昭王、范雎踩了一脚刹车，白起终究迈不过去这道坎，一直耿耿于怀，甚至屡屡跟秦昭王、范雎置气，任凭对方说破大天，也不肯挂帅出征。

秦昭王相当恼火，但恼火归恼火，考虑到白起这些年来不辞辛劳，为秦国立下了汗马功劳，并不打算跟他计较。再者说，白起前后好几回都表明了自己的态度，认定讨伐邯郸不可能得手。这场战役的结果充分证明白起的判断是正确的，秦昭王的脸上多少有些挂不住，更不好意思找白起的麻烦了。

平心而论，白起打仗没得说，堪当“战国四大名将”之首，但其处理人际关系的情商并不高。秦军惨败而归之后，秦国从国君到文臣、武将，有一个算一个，都哭丧着脸，一副苦大仇深的模样，唯独白起喜形于色。他自己在家偷着乐也就算了，竟然还自鸣得意地跑到秦昭王面前哪壶不开提哪壶：“不听老人言，如今傻了吧？”（“不听臣计，今何如矣？”）

且不论贤明与昏庸，试问哪一位国君受得了这番阴阳怪气的讥讽？于是乎，自觉颜面无光的秦昭王便与自恃有理的白起杠上了。白起表示：我有言在先，但您不听劝，一意孤行，败了活该。秦军败得越惨，越能佐证我的先见之明。秦昭王则认为：要不是你小子怄气拆台，秦军怎么可能打不赢？你为了一己私利而罔顾大局，还有脸得瑟？秦军败得越惨，你的罪责就越是不可饶恕！

三言两语之后，活扣被掰扯成了死结，既然谁也说服不了谁，就让权力来昭示真理吧。秦昭王以国君身份责令白起立即出来领兵，为秦国扳回一局。白起依然是一副死皮白赖的嘴脸：我还病着呢，不方便出门。秦昭王怒火中烧，当即下达诏令，将白起就地免职、一撸到底，让他以普通军士的身份即刻前往驻屯在阴密（今甘肃灵台附近）的军队报到。白起自恃战功显赫，再次以卧病在床为由，拖了整整三个月。秦昭王的忍耐达到极致，终于彻底爆发了：到底是你听寡人的，还是寡人听你的？不肯挪窝是吧？寡人派人帮你挪！

俗话说："墙倒众人推，鼓破万人捶。"白起被架着离开咸阳的时候，铺天盖地的攻讦、诋毁席卷而来。大臣们举报，白起离开都城的时候，脸上露出一副不服气的神情，嘴里喋喋不休、怨声不断。众口一词的指责让秦昭王猛然意识到一个问题：像白起这样的战神，如果不能为秦国所用，势必会成为秦国的心腹大患，绝不能让他落入其他诸侯之手！

因此，白起刚刚走出数里之遥，秦昭王派出的使者便马不停蹄地把他撵上了。使者奉命追赶白起，不是恳请他回去，而是赐剑一把，令其自裁。白起接过这支剑，不禁仰天大呼道："我白起到底犯了罪，竟落到这个下场！"驻足沉思良久之后，白起又垂首哀叹道："我固当死。长平之战，赵卒降者数十万人，我诈而尽阬之，是足以死。"言毕，白起举剑自刎，结束了自己无比辉煌却有失残暴的一生。

白起被赐死于贬谪途中之后，襄助秦昭王开创伟业的一代名相范雎也走上了"偿还欠账"的霉运。

毋庸置疑，范雎入秦十余年，凭借一套内收王权、外攻近邻的组合拳，倾力襄助秦昭王称雄于天下，立下了汗马功劳，创下了卓著功勋。然而功不掩过，范雎在这个过程中犯下的严重失误也是不容回避的。

就拿长平之战来说吧，白起兵分两路，乘胜出击，继续扩大战果，不仅将整个上党收入囊中，还挥师向北打到赵国的太原郡。此时，损失异常惨重的赵国举国悲鸣，招架乏力，正是直捣邯郸、毕其功于一役的大好时机。然而，范雎担心自己被白起抢了风头和饭碗，忽悠秦昭王紧急叫停，客观上使得濒临覆灭的赵国得以喘息。还有邯郸保卫战，从本质上讲，正是范雎先前“放虎归山”的后遗症。范雎还在识人用人方面徇了私情，没想到这场异常惨烈的战役会将其暴露出来，也让他自己栽了大跟头。

徇私情的事儿说来话长，可以追溯到范雎在秦国发迹之初。咱们知道，遭受无妄之灾的范雎得以侥幸存活，并得到秦昭王器重，有两个人功不可没：一个是帮他藏匿的好友郑安平，一个是带他来到咸阳的秦国使臣王稽。

范雎成了秦昭王跟前的红人，一直惦记着复仇，将须贾、魏齐收拾得惨不忍睹。睚眦必报这事儿做得很漂亮，但在知恩图报方面却始终没有什么动作。在范雎扳倒魏冉、官拜丞相之后，王稽便拐弯抹角地提醒他说：“天下之事，有三件不可预知、三件无可奈何。具体来讲，国君、范雎、王稽撒手人寰，都不可预知。国君离世，范雎会因为王稽不受重用而感到遗憾，这是一无奈何；范雎离世，会因为此生未能报答王稽的恩情而感到遗憾，这是二无奈何；王稽离世，范雎会因为没能及时举荐他而感到遗憾，这是三无可奈何。”言外之意，虽说大恩不言谢，但你把恩人晾在一边，坐等三不可预知、三无可奈何，是不是不太合适？

听完王稽的一席话，范雎陷入了沉思。扪心自问，他范雎绝不是忘恩负义之人，但无论是冒着性命危险收留他的郑安平，还是带他来到咸阳并引荐给国君的王稽，他们到底有多大的能耐，别人或许不清楚，范雎的心里岂能不明白？然而人生在世，不能不讲一个“情”字，如果没有郑安平、王稽，他范雎早就被魏齐、须贾整成孤魂野鬼了，哪里还能有今日的荣华富贵？知恩不报，别人会怎么看，范雎还怎么在江湖上混？

权衡再三，范雎终究没能翻过恩情这座大山。他并没有意识到，如果其举荐之人难堪其任，非但不是报恩，从长远来看，反倒是坑害恩主，成为恩将仇报了！

最先出现问题的是郑安平。他在范雎的鼎力举荐下成了军队里的一名副将。在邯郸保卫战的最后关头，秦昭王用王龁换下王陵，范雎也安排郑安平跟了上去，指望他蹭一点战功回来，以便升官晋爵。没想到弄巧成拙，王龁一败涂地的同时，陷入重围的郑安平竟然带着两万人马投降了赵国。

消息传回咸阳，范雎如坐针毡，按照秦国律法，被举荐者犯罪，举荐者要按同罪论处。郑安平还真能给范雎长脸，不犯则已，一犯就是收三族（父、母、妻）的叛国重罪，范雎岂能不急眼？急归急，时光毕竟不能倒流，悔不当初的范雎只好跑到秦昭王面前领罪。考虑到范雎功勋卓著，在郑安平临阵倒戈这件事上也的确很无辜，秦昭王决定网开一面，还严令禁止议论此事，否则按同罪论处。

出乎范雎的意料，郑安平这件事刚有惊无险地过去，另一位恩主——王稽那边又捅了篓子。先前在范雎的举荐之下，王稽出任河东郡守，秦昭王还特意开了一道后门，特批他三年不必上计。邯郸保卫战时，王稽奉命驻守汾城，结果被诸侯联军攻破了。

按理说，这事儿原本算不上什么罪状，毕竟胜败乃兵家常事，真要承担罪责，也是主将王龁占大头。然而，有人站出来告发说，王稽当时

竟与诸侯联军暗中接洽，似有叛国投敌的嫌疑。这性质可就不一样了。

秉持有案必查的理念，秦昭王下令将王稽停职听候调查。好在王稽与郑安平不同，他最后并没有投降。至于他是否与诸侯联军有过接触，如果有接触，谈的是什么内容，会不会是像晋阳保卫战时的张孟谈一样，向对方巧施离间呢？这些问题一时难以查到“实锤”（总不能派人去问赵、魏、楚三家吧），因此尽管告发者言之凿凿，也只能暂且搁置下来。

对于范雎而言，王稽的案子久拖不决，远比一锤定音（哪怕定成冤假错案）麻烦得多，他还得提心吊胆地苦熬时日。其间，新的麻烦接踵而至：就在诸侯联军乘胜反击的时候，韩国也掺和进来，抢走了范雎的封邑应城。秦昭王多少有些嘴欠，也不说另外给人家封一个，而是追问范雎是否伤心。这话让范雎怎么接？要说伤心吧，别人会觉得你太小家子气，做着这么大的官，还在乎那一亩三分地；要说不伤心吧，貌似也不妥，多少人欲求食邑而不得，你这么轻描淡写，想糊弄谁呢？

事发突然，范雎来不及深思熟虑，只能凭着自己的经验和直觉应对，先是说自己并不伤心，接着又用一个不太妥当的故事来诠释，结果把自己绕进去了。

范雎给秦昭王讲的故事是这样的：有一个人非常疼爱自己的儿子，有一天儿子死了，他却跟没事儿人一样。旁人对此感到疑惑，就问他怎么一点儿都不伤心。此人回答说：“我过去没有这个儿子的时候，并不觉得难过，如今儿子从无到有，又从有到无，一切回到从前而已，伤心什么呢？”

从编造的故事言及自身，范雎表示：我过去就是一介草民，无忧无虑，如今失去封邑，不过是回到从前的状态，有什么值得伤心的呢？

范雎这番话让异常敏感的秦昭王意识到：这小子肯定是在演戏！事后，秦昭王在将军蒙骜的面前抱怨说：“一座城池被围困，寡人都寝食难安，他范雎丢了封邑，竟然毫不在意，这事儿怎么寻思，都不科学啊！”蒙骜没有当场表态，打算先找范雎问个究竟再说。

见到范雎之后，蒙骜完全不按套路出牌，抬手就要举剑自刎。范雎不由得大吃一惊：“你今天哪根筋搭错了，跑到我这里寻死觅活的？”

蒙骜解释说：“国君拜您为师，天下无人不知，无人不晓。如今区区一个韩国就敢骑在太岁头上要横，抢了您的封邑，在下身为秦国的将军，还有什么脸面苟活于世，受天下人的耻笑。”

听话听音，范雎猛然意识到，自己先前应付秦昭王的那番话肯定出了问题。于是，当着蒙骜的面，范雎赶紧进行补救，将收复应城的重任托付给了蒙骜。蒙骜将范雎的反应如实回报给秦昭王，结果却适得其反，秦昭王更加坚信范雎先前是在演戏，而且演技相当拙劣，如今果然露出了马脚！

这场因扯闲而引发的信任危机使得范雎的日子愈发难过。就在他焦头烂额，不知如何是好的时候，一位名叫蔡泽的谋士来到了咸阳。蔡泽是燕国人，这些年游历各方诸侯，一直不受待见，听说范雎受到郑安平、王稽等人的牵连一度愁眉莫展，便抱着试一试的态度前往秦国忽悠。

蔡泽给范雎讲的道理很简单，用一句俗话来讲，就是时实务者为俊杰。但凡明智之人，理应懂得审时度势，因时而动，顺势而为，才能建立功勋，保得万全。以公孙鞅、吴起、文种等人为例，他们顺应时势的需要，为各自的国君立下了不朽功勋，但问题往往出在功成名就之后，知发而不知隐，知进而不知退，最终都落了一个惨死的下场，这个教训太深刻了！

听完蔡泽这番分析，范雎吓得脊背发凉，正所谓“日中则移，月满则亏”，如果贪恋权势，忽视物盛必衰的规律，早晚都得遭殃。于是范雎决定急流勇退，给自己留一条后路，先是称病不出，接着托病辞官，并不遗余力地向秦昭王举荐蔡泽。

两年之后，也就是公元前255年，王稽的案子终于尘埃落定，被判处“弃市”的极刑。范雎的另外一位恩人郑安平也在这一年郁郁而终，赵孝成王当即收回了先前赏赐给他的封邑。由此可见，叛变投敌者无论走到哪里，都不会得到信任、受到尊重。

这一年，曾经风光无限的范雎也走到了自己人生的终点。主流史料记载范雎是病死的。但是，在二十世纪七十年代，湖北省云梦县的睡虎地出土了一批竹简，其中有一条记录写道：“五十二年，王稽、张禄死。”张禄正是范雎入秦使用的化名，这令人不由得怀疑，范雎是受到王稽的株连一道被秦昭王下令处死的。孰是孰非，成了战国历史上的一桩悬案。

很多时候，盖棺未必意味着定论。一直到差不多二十年之后，李斯才在著名的《谏逐客书》中对范雎的卓越功勋给予了几句公正的评价：“废穰侯，逐华阳，强公室，杜私门，蚕食诸侯，使秦成帝业。”范雎从一个险些惨死厕中的凡夫俗子到威震山东、如日中天的大秦丞相，人生已经足够精彩了，那些功过是非不过是随风而逝的一缕烟云罢了。此生无悔，亦复何言！

人生苦短，奇货可居

邯郸惨败不仅使得白起、范雎的锦绣人生遭遇断崖，也让秦昭王意识到：虽然长平之战报销了赵国四十万大军，但对方依旧是一块难啃的骨头！这个赵国啊，从晋阳城悬釜而炊、易子而食算起，君臣子民的骨子里始终有一股宁死不服输的狠劲儿。现实如此，多想无益，还不如干一点契合于实际的事儿吧。既然啃不动这块硬骨头，咱们就按照远交近攻的既定战略，继续拣软柿子捏好了。

秦国这边风向突变，堵在家门口的韩国必然首当其冲。在范雎丧命的前一年，也就是公元前256年，三国联军刚刚偃旗息鼓，秦军便向胆敢冒出来收复失地的韩国大打出手，一举夺取了崧高山（即嵩山）南麓的阳城、负黍两座城邑（均在今河南登封附近），斩首达四万之众。

遭到秦国反攻倒算的除了自不量力的韩国之外，还有先前也参与合纵反击的西周国。西周国毕竟只是周天子脚下的城邦诸侯，根本没有能力硬顶。西周文公见势不妙，亲自跑到咸阳请罪，尽献其土地、人口，成了秦国的臣民。

没过多久，洛阳城里的周天子（周赧王）忧愤而终。秦国拒绝拥立新的天子，而是“取九鼎宝器”，标志着历时近八百年的周王朝到站下车了。王室只剩下东周靖公（一作东周文君）一脉，在距离洛阳四十里

开外的巩邑苟延残喘，随时都有可能被秦国吞并。

韩国、西周国遭到报复的时候，赵国作为山东诸侯抗秦的最后一道屏障，并没有选择置身事外。赵孝成王一面派出乐乘、庆舍两位将领率兵讨伐霸占太原郡的秦军，一面派出使臣前往各方诸侯，接洽合纵抗秦事宜。然而，这次虽是打着“勤王”的旗号搞合纵，各方诸侯的态度依然消极，有的明说不想管闲事，也有的碍于情面，只是两手一摊，做出一副爱莫能助的姿态，意思是自己很忙，实在顾不过来。

声称不想管这些闲事的是齐国。虽曾为一等强藩，但被燕国带头搞残之后，齐国的胆略与豪气已经消耗殆尽。当年在莒邑幸免一难、隐姓埋名藏匿深山的公子法章得田单之力艰难复国，在位十九年而亡，由年幼的太子建嗣位，事实上是他的生母君王后临朝主政。这位君王后便是公子法章落难时勾搭上的那位平民女子，她的执政思路很简单：过自己的小日子，咱谁也不得罪，尤其是不能招惹秦国（“事秦谨，与诸侯信”）。

涅槃重生的齐国是什么境况，现存史料没有系统而全面的记载，但我们可以通过一次对话略窥探端倪。这段对话发生在临朝主政的赵威后与齐国使臣之间。刚一见面，赵威后便连珠炮似的问了三个问题：“齐国今年的收成如何？百姓是否安乐？国君是否无恙？”

齐国使臣见问，不由得犯起了嘀咕：瞧您这话问的，懂不懂礼数啊，怎么能先卑后尊呢？赵威后正色教训他道：“如果没有收成，百姓靠什么生息繁衍？没有百姓的生息繁衍，国君何以得存？空谈什么尊卑之序，岂能舍本而逐末？”

将齐国使臣怼得哑口无言之后，赵威后又问及几个人的近况，一个叫钟离子，一个叫叶阳子，还有一个是北宫家的女儿婴儿子。齐国使臣顿时蒙了圈儿，实在想不起这几个人到底是何方神圣，连赵国的太后都知道，偏偏在齐国未曾听闻。

赵威后见齐国使臣默然无语，不禁大发感慨道：“钟离子关爱百姓，使他们衣食无忧，是‘助王养其民’；叶阳子怜恤鳏寡，赈济贫苦，是‘助王息其民’；婴儿子奉养双亲，至今未嫁，是‘率民而出于孝情’。他们做了这么大的贡献，竟然没有得到任何褒奖和委任，反倒是那些‘上不臣于王，下不治其家，中不索交诸侯’之流大行其道，这不是引导齐国上下慵懒无为吗？”

赵威后的这番话或许有失偏激，但客观来讲，无论是齐襄王主政，还是齐王建嗣位、君王后用事，现如今的齐国不再是志在天下的诸侯，倒像是一个安分守己的闺中女子，大门不出，二门不迈，但有今日食，断无明日忧，充耳不闻窗外事，闲谈不论是与非。

话说回来，齐国人没了追求，并不意味着“合众弱以攻一强”的战略就真的难以为继，先前赵、楚、魏三家联手，不是照样让秦国人吃了瘪吗？然而，无论是先前成功联手的楚、魏两家，还是潜在的传统盟友燕国，都不约而同地向赵国派来的使臣表示，自己确实无暇外顾、爱莫能助。

先说魏国，信陵君“窃符”之举，让魏国在不情愿、不经意的情况下撞大运似的做了一回战胜国。将秦国人撵回汾水西面之后，魏安釐王顿时来了胃口，下令魏军调头向东，一举夺取了秦国鞭长莫及的飞地——陶邑。随后，魏国乘势讨伐毗邻的卫国，在公元前253年将卫怀君囚杀。尽管魏安釐王扶立自己的女婿为卫国国君（卫元君），但正如蜀归秦、越归楚一样，素有“人才培养基地”美誉的卫国俨然魏国的藩属之地。

尽收陶邑和卫国之地以后，魏安釐王胆识愈壮，又打起了并吞所有宋国故地的主意。魏国的东征大军一直打到齐国的“五都”之一平陆，并在睢阳（宋国故都）将跑过来蹭地盘的楚国军队一顿痛扁。此时的魏国正处于“兵四布于天下，威行于冠带之国”的辉煌时刻，哪里有闲工

夫管周天子和韩国的破事儿？

再说楚国，合纵抗秦的诱惑力显然抵不过它这些年对鲁国的垂涎。早在长平激战甚酣之时，楚国不仅严守局外中立，坚决不掺和、不围观，还伺机夺取了鲁国抢到的薛邑。邯郸保卫战之后，作为战胜一方的楚国也借势发威，在公元前255年剪灭了素有“周礼尽在鲁”美誉的鲁国。

或许是觉得吞并羸弱不堪的鲁国实在算不上什么能耐，楚考烈王又命令大军继续北上，讨伐自认为不招灾、不惹祸的齐国。史载“当是时，楚复强”，楚国挥师直抵泰山南麓，夺取了齐国多座城邑。仗打得无比欢快，楚国哪里舍得就此收手？

至于燕国，看似实力不济、出镜率不高，但这些年“趁齐病、要齐命”的勇猛劲头丝毫不减。此时，燕国已经出兵夺取了地处黄河南岸的聊城（今山东聊城），打算一鼓作气，继续扩大战果。有意思的是，燕军将领跟先前的乐毅一个命，自己在前线提着脑袋拼命，却被别有用心之徒抄了后路，各种攻讦、诋毁铺天盖地地席卷而来。乐毅当年怕丢掉小命，屁股一拍跑去了赵国，如今这位将领也怕掉脑袋，索性赖在聊城不走了。齐国人气得够呛，调集兵力强攻了一年多，却始终打不下来。后来，趁着燕、赵交恶开战的机会，那位“义不帝秦”的谋士鲁仲连出面劝降，方才和平解决了争端。

回到眼前，魏、楚、燕三家忙着揍人，齐国忙着挨揍，谁也没心思搭理积极谋划合纵抗秦的赵国。眼瞅着赵国独木难支，秦国兼并天下诸侯的野心再度膨胀起来。特别是在最后一任周天子驾崩之后，周王朝不复存在，诸侯为臣的法理基础也就荡然无存。换句话说，普天之下在一夜之间成为“无主地”，谁有能耐抢到手，地盘就名正言顺地归于谁了。

为了适应这种全新的争雄模式，秦昭王将着力点放在了快速提升军事实力上面。公元前254年，秦国开始推行“吏推从军”制度，也就是挑选小吏充实到军队中，既扩大了兵源，又能提高军队的文化水平。同年，秦国军队夺取了魏国在河东的防御要塞虞城，对韩、魏两国构成更加紧迫的威胁，迫使“韩王入朝，魏委国听令”，将这两家“东藩”牢牢地绑在秦国的战车上。

转眼到了第二年，也就是公元前253年，雄心勃勃的秦昭王打破旧例，前往旧都雍邑举行郊祭仪式，史载其“欲行天子之礼”，王天下、成帝业的意图昭然若揭。

五国合纵搞残了齐国，鄢郢之战搞残了楚国，长平之战搞残了赵国，放眼天下，秦国已成一家独大之势。长远来看，此时的魏、楚、燕恃强凌弱，不辞辛劳地日夜忙碌，不过是为将来的赢家清障除险而已。

此时此刻，秦国距离问鼎天下的终极目标到底还有多远？秦昭王说不好，但他越来越强烈地感觉到，自己波澜壮阔的一生即将走向谢幕的那一刻。作为秦国在位时间最长的国君，秦昭王十九岁嗣位，六十岁方才真正当家作主，如今已是年逾古稀。尽管头四十年身处宣太后的阴影之下，主政的十余年也失误不断，但秦昭王确实为秦国一统江山奠定了坚实的基础，其功勋之卓著为秦国历代国君所不及。

公元前251年，七十五岁的秦昭王在咸阳溘然长逝。从秦献公算起，经秦孝公、秦惠王、秦武王，秦国对抗山东诸侯的艰辛历程终于在秦昭王向下一代交棒的时刻取得了决定性的胜利，完美收官不过是时间问题。这一点已经成为毋庸置疑的历史公论。

莫叹此生何其短，伟业自有后来人！秦昭王去世之后，太子柱嗣位，是为秦孝文王。按照立长立嫡的一般规则，太子柱是秦昭王次子，原本是没有机会继承君位的。然而，秦昭王这辈子活得太值，其长子（也是前任太子）竟然没能熬过自己的亲爹，早在十多年前就去世了。秦孝文王虽说白捡了一个便宜，但此时已经过了天命之年，实在是无福消受。——他服丧守孝一年期满，正式举行嗣位典礼仅三天就一命呜呼了。

只做了三天正式国君的秦孝文王到底是怎么死的？针对这个问题，历来众说纷纭，大致有累死、乐死、毒死三种说法。

累死之说蕴涵着两层含义：一是说秦孝文王还在做太子的时候，除了尽享床笫之欢以外，基本上没干过什么正事儿，竟然造了二十多个儿子（女儿的数量不详），这得耗费多少精气神啊！二是说秦孝文王养尊处优过了一辈子，五十出头的人了，突然之间被推向前台，政务繁杂，日理万机，既烧脑又费神，实在是承受不起！

乐死大致与累死的第二层含义类似，苦熬几十年，一夜得正果，兴奋、操劳过度，难免乐极生悲。

毒死之说，嫌疑的矛头指向了大搞政治投机的吕不韦，说其为了让自己一手扶持起来的“奇货”公子楚尽快接班，不惜痛下杀手。细论起来，这样的说法根本经不起推敲，纯属好事者杜撰附会之言。

说起这段“奇货可居”的典故，相信大家都不会陌生。公子楚（本名异人）从呱呱坠地的那一刻起，就是一只无人问津、自生自灭的“垃圾股”。在秦孝文王的二十多个儿子当中，庶出的公子楚既没有年龄优势，生母夏姬也不受宠，完全是秦孝文王心血来潮搞出的“孽种”，多他一个嫌碍眼，少他一个无所谓。因此，公子楚长大之后，连留在咸阳吃闲饭的资格都没有，很早就被送出去充当人质了。更令人揪心的是，公子楚要去的地方偏偏是秦国最大的仇敌赵国，他得到的所谓父爱，大抵就是如此吧！

秦、赵交恶甚至大打出手的时候，充当人质的公子楚面临的处境可想而知。史料记载，他在邯郸“车乘进用不饶，居处困，不得意”，就差被撵到街上要饭去了。就在身处人生最低谷的时候，公子楚偶然结识了一位名叫吕不韦的商界巨了。

吕不韦是卫国人，多年来游走于各地行商，凭借卓越的经营头脑积累下巨额的财富。然而，在那个重农抑商的时代，吕不韦的买卖做得再好、再大，到头来最多就跟白圭、郭纵等人一起，在《史记·货殖列传》里勉强露一下脸，占个三言两语而已。幸运的是，他在邯郸结识了郁郁不得志的公子楚。在这个财大气粗、慧眼独具的商界巨子看来，公子楚这只股票一点儿也不垃圾，而是奇货可居，正是抄底待涨的绝佳选择！

以公子楚目前的处境，抄底买进容易，但如何操盘运作才能实现高价甩出呢？吕不韦的办法是：让公子楚成为太子柱（即后来的秦孝文王）的嫡嗣子。这听起来像是天方夜谭、痴人说梦，但商业投资讲的是创意，政治投机也是如此，没有做不到，只有想不到，只要想得到，你就有了先机和胜算！

乍眼一瞧，太子柱的儿子确实很多，密密麻麻一大堆，但他的正妻华阳夫人偏偏膝下无子。如果公子楚能攀上这根高枝，以庶充嫡、野鸡变凤凰并非没有可能！

华阳夫人远在千里之外的咸阳，怎么才能让她欣然接纳乏善可陈的公子楚为“养子”呢？简单来讲，就是肯花钱、飙演技。咱们具体分一下类，无外乎钱、名、情三个字。钱不是问题，除了财富一无是处的吕不韦，最不缺的就是这玩意儿。他用钱一方面买通华阳夫人的姐姐，另一方面也充作公子楚招宾客、造名声之用。钱、名俱备，情字就更简单了，编几句瞎话而已。坊间盛传，远在邯郸的公子楚对父亲、嫡母朝思暮想，特别是念及自己不能在膝前尽孝，往往是悲从心来，泪流满面。

收下吕不韦亲自送来的厚礼后，华阳夫人的姐姐欣然答应去充当说客。道理不必多讲，“以色事人者，色衰而爱弛”，自古子以母贵、母以子荣，如今华阳夫人孑然一身，莫非还能吃一辈子的青春饭？与其到头来竹篮打水一场空，倒不如趁着自己还受宠，选一名贤孝之子收作嫡嗣，以成万世之利。华阳夫人深以为然，又听别人时常念叨远在邯郸的公子楚贤孝两全，“结诸侯宾客遍天下”“日夜泣思太子及夫人”，这不正是延续尊崇的最佳人选吗？

在吕不韦的这一番运作下，原本前途渺茫的公子楚摇身一变成了炙手可热的香饽饽，史载“名誉益盛于诸侯”。

后来，秦、赵两国激烈交锋，打完长平之战，又打邯郸保卫战，充当人质的公子楚一度性命堪忧。据说，吕不韦慷慨解囊，资助公子楚买通了看守，公子楚只身逃出邯郸，跟随秦国军队返回咸阳。赵国人发现公子楚逃跑了，准备拿他的夫人和儿子嬴政问罪处死。千钧一发之际，这位出身于赵国豪门的夫人带着儿子躲回了娘家，后来也平安回到了秦国。

也有记载说，赵国或许是出于外交上的道义，又许是不想把事情做得太绝，所以在秦昭王去世之后，主动将公子楚一家送回了秦国。

您或许会问：公子楚的夫人到底是不是吕不韦的姬妾？这位“自匿有身”的姬妾所生的儿子嬴政到底是不是吕不韦的血脉？我认为这样的桥段既低估了公子楚的智商，也不符合风险最小、收益最大的投机原则，当是别有用心之流的杜撰栽赃，根本不值一驳。

福浅命薄的秦孝文王去世之后，太子楚顺利嗣位，是为秦庄襄王。以商业思维大搞政治投机的吕不韦藉此一朝得道，不仅官拜丞相，还获得蓝田十二县作为食邑，封文信侯。

合纵有回光，返照公子身

秦庄襄王嗣位以后，秦国政局渐趋稳定，便又开始朝着“王天下”的目标阔步前行。

公元前249年，将军蒙骜率领秦军讨伐韩国，夺取了地处黄河南岸的成皋、荥阳，顺道吞并了周王室硕果仅存的城邦诸侯——东周国，并进抵魏国边境。眼瞅着韩国失地、东周亡国，魏国的神经绷得相当紧：先前在河东与秦国隔着黄河相抗，魏国已经吃了不小的苦头；如今在中原地区，与虎狼之秦近在咫尺，这往后的日子还怎么过？

魏安釐王在焦头烂额的时候，突然想到了自己的弟弟信陵君，便频繁派人请他回来主持大局。当年冒险“窃符”，向赵国施以援手，信陵君自知罪责难逃，索性留在了邯郸。如今，将近十年的光阴倏忽而过，信陵君内心思念故国，但或许是担心哥哥秋后算账，或许是碍于情面，对魏国方面的盛情邀请一直不肯应允，甚至放出狠话告诫府上的门客：胆敢替魏国君主传话者，杀无赦！

按照一般规律，但凡头领放出这样的狠话，往往就会有既不信邪又不怕死的下属。这一次站出来游说信陵君的是两个人，名字不详，一个被称为毛公，另一个被称为薛公。

说到这二人，还有一段颇为传奇的往事。毛公原本跟着一群赌徒混，薛公则在酒店里做跑堂，信陵君仰慕其名已久，费了很大的劲才找到他们，彼此都有相见恨晚之感。贵为一国公子，竟然放下身段结交赌徒、伙计之流，这样的新鲜事儿很快就在街头巷尾传开了。平原君听说以后，心里老大不高兴，数落小舅子做公子没底线，什么人都去交结，无异于自贬身价。

信陵君挨了数落，当然不服气，直言不讳地跟姐夫平原君讲："我在魏国的时候，便听说赵国的毛公、薛公是不可多得的贤才，这才苦苦寻觅。万万没想到啊，你空有礼贤下士之名，识人用人竟然是如此肤浅，什么爱才，不过是显富罢了！"此言既出，格调高下立显，据说平原君府上有一多半门客纷纷转而投靠了信陵君。

毛公、薛公出场，客居邯郸的信陵君一时间喧宾夺主。现如今，魏安釐王国难思良臣，能说服信陵君的平原君又已经不在人世，只有毛公、薛公不顾主子的禁令挺身而出，规劝信陵君要以大局为重。毛公、薛公认为，信陵君在赵国受到礼遇，名声遍及天下，归根结底是由于背靠魏国。正所谓国兴我荣、国衰我耻，如果秦国破大梁、夷宗庙，魏国荡然无存，信陵君还有何脸面苟活于世？

听了毛公、薛公入情入理的分析，信陵君意识到"皮之不存，毛将焉附"的深刻道理。故国有难，而且危在旦夕，自己身为宗室公子，岂能置若罔闻？信陵君当即决定：结束寄人篱下的客居生活，义无反顾地返回大梁。随后，魏安釐王委任信陵君为总揽兵权的上将军，积极谋划抗秦之策。

出乎魏安釐王的意料，蒙骜率领的秦国大军并没有继续向东征伐魏国，而是北渡黄河，将韩国的上党郡、赵国的太原郡重新纳入了秦国的版图。

乍一看，秦国弃魏而伐赵既不符合远交近攻的既定战略，也与邯郸惨败后的深刻反思背道而驰。那么这到底是怎么回事呢？回答这个问题，还要从偏安一隅的燕国说起。

经过长平之战、邯郸保卫战以后，赵国实力锐减，无法以一己之力单独抗秦，各方诸侯又对“合众弱以攻一强”的动议态度消极。在这种情况下，赵国决定接受现实，不再跟秦国硬拼，转而薅燕国的羊毛，多少弥补一些损失。平原君在世的时候，曾经动过大举征伐燕国的念头，但有门客提醒他赵国“七败之祸未复”，以疲惫之师攻打有备无患的燕国，恐怕不会有什么好结果，平原君方才悻然作罢，不过小规模的冲突时有发生。

平原君去世的当年，也就是公元前251年，燕王喜派将军栗腹出使赵国。栗腹看到一片满目萧疏的景象，回来报告说赵国“壮年皆死于长平，其孤未壮”，正是燕国大有作为的天赐良机。

将军乐间（乐毅之子，袭封“昌国君”）则认为，赵国经长平之战、邯郸保卫战确实是死伤惨重，但其军民向来以彪勇闻名，以燕国的实力，恐怕啃不动这块硬骨头。然而，乐间的洞见很快就淹没在燕国君臣的一片狂热之中。燕王喜一声令下，栗腹、庆秦率领六十万大军，兵分两路攻打赵国。

燕国重兵压境，促使长平之战后饱受冷遇的廉颇重获新生，他不仅受封信平君，还在名义上领相国之衔，亲率八万人马对阵栗腹这一路的四十万大军。至于庆秦率领的那一路偏师（二十万，人也不少），由乐乘率五万人马驻屯在代郡狙击。赶巧的是，先前说话不起作用的乐间索性撂下挑子投奔了赵国。如此一来，燕国的行动部署完全暴露在赵国面前，赵国在两个方向均以少胜多，燕王喜被迫向赵孝成王谢罪请和。

结下这道梁子之后，赵国对付燕国就再也没有什么顾虑了。随后的几年，赵国不断展开攻伐，甚至两度围攻燕国都城蓟（今北京房山），逼迫对方割地送礼。为了牵制住没完没了的赵国，燕王喜大笔一挥，将河间十二个县献给吕不韦，作为他私人的食邑，既是抱大腿，又是拉外援，缓解自身面临的巨大压力。拿人钱财，替人消灾，吕不韦岂能不讲信义？因此，将军蒙骜夺取成皋、荥阳之后，秦庄襄王、吕不韦便令其北渡黄河去收拾一下赵国，劫掠地盘的同时，也给饱受欺凌的燕国出一口恶气。

秦军的征伐转了方向，但在魏国主持抗秦大局的信陵君并没有掉以轻心。对于魏国而言，躲得了初一，躲不过十五，万万不可寄希望于偶然。因此，信陵君派人联络各方诸侯，打算再兴“合众弱以攻一强”的战略。

与先前解邯郸之围一样，这一次合纵的核心依然是魏、楚、赵三国。魏国有信陵君作为发起者，楚国有春申君积极响应，至于赵国，虽说力主抗秦的平原君已经去世，但此时赵国正面临着秦国的侵伐，更何况还有一位建信君继承了平原君的衣钵，因此也坚定地支持合纵抗秦。

说到建信君，他不仅姓氏名字不详，也在历史上受到很多非议，最根本的一条原因在于：他是赵孝成王的男宠。虽说男宠有悖于常理，但在当时一点儿也不稀奇，譬如魏安釐王也有一位男宠——大名鼎鼎的龙阳君。

话说回来，不稀奇未必意味着不碍事，因为这种令常人不齿的身份，建信君虽然深得赵孝成王宠幸，日子其实并不好过。邯郸保卫战的时候，有人怀疑他是秦军的内应，至于根据，就是他在某些方面“不太正常”。魏国公子出使赵国，也当面数落过赵孝成王，说他不懂得识人用人，晾着大量的贤才，却重用一个“娘炮”，实在是太没有天理了。不过，只要有赵孝成王的信赖，建信君完全可以做到“人言不足恤”，并在平原君去世之后继任赵国的相国。

为了扩大合纵范围，增强抗秦力量，建信君派人去联络燕国和齐国。燕国这边问题不大，要么听话，要么挨揍，只能二者选其一。考虑到秦国未必靠得住，而身边的赵国一伸手就能扇过来，燕王喜决定认怂，姑且随一次大流好了。要说最麻烦的潜在盟友，依然是不争气的齐国。自从君王后临朝主政以来，一直奉行事不关己、高高挂起的自保策略，任凭使臣怎么说、谋臣怎么劝，咬死了就是不愿意掺和进来。

此时，有人向建信君提议：山东诸侯合纵抗秦，理应团结一切可以团结的力量，不应该将韩国拒之门外。虽说韩国亲秦的时候更多，但毕竟是受客观环境所限，更何况先前连失成皋、荥阳、上党，恐怕早已恨得牙痒痒了吧。

于是，在信陵君、建信君的不懈努力之下，魏、赵、楚、燕、韩五家达成合纵协议，共同出兵组成五国联军，并在信陵君的率领下向大举东侵的秦军发起反击。鉴于先前邯郸保卫战的教训，将军蒙骜并不打算选择硬拼。屋漏偏逢连夜雨，嗣位只有短短三年的秦庄襄王在这一年（公元前247年）英年早逝，使得秦军更是无心恋战。五国联军轻松收复失地，信陵君也借助此次合纵伐秦之功而扬名于天下。

从历史的进程来看，信陵君主导的这次合纵更像是山东诸侯合力抗秦的回光返照。从此以后，山东诸侯再也没能组织起像样的联合抗争（春申君后来勉强搞了一回，但很快就被秦国破坏），而是陷入了单打独斗、各自为战的状态，终被实力强悍的秦国各个击破。

单就此次五国伐秦而言，成效着实显著，收复了大量的失地，但客观地讲，五国联军取得完全胜利，不是因为战斗力有多强，而是偶然因素发挥了更为重要的作用。归纳一下，至少有这么两点：

第一，在邯郸保卫战的反攻阶段，秦军遭到诸侯联军的强势反击，上党郡、太原郡乃至一部分地处河东的魏国故地均得而复失。秦国的东向征伐因为这次败绩而遭遇严重挫折，被迫偃旗息鼓了好几年。如今的秦军主将蒙骜对此依然心有余悸，与五国联军稍有接触，便选择了主动退兵。

第二，秦庄襄王时年不到四十岁，突然就撒手人寰了，确实出人意料。至于秦庄襄王的死因，跟他爹秦孝文王一样，说法也不少。官方的说法是染病而亡，但也有人认为，他在嗣位之后荒淫无度，很快就油尽

灯枯了。坊间更是盛传，吕不韦为了达到权倾朝野的目的，竟对自己苦心运作出来的“奇货”下了毒手。不管怎么说吧，在秦庄襄王不幸亡故的时候，嗣位的秦王政只有十二岁，主幼国疑，政局难免会出现动荡，将军蒙骜不可能再率军与诸侯联军继续纠缠下去。

五国联军形式上的胜利助力信陵君登上了人生巅峰。当时，大量的谋士贤才慕名而来，各方诸侯也纷纷献上压箱底的兵书、谋略。信陵君照单全收，组织门客编纂成集，这就是著名的《魏公子兵法》。

信陵君如此高调而张扬，势必引起秦国方面的高度警觉，虽说明着搞他不太方便，但使阴招还是没问题的。于是，秦国暗中派人前往大梁，与信陵君的政敌晋鄙暗中勾结，大造舆论：“诸侯徒闻魏公子，不闻魏王。”看似毫无创意的离间套路却戳中了魏安釐王最敏感的神经。为了防患于未然，魏安釐王解除了信陵君的兵权，致使“信而见疑，忠而被谤”的悲剧再度上演。信陵君万念俱灰，告了长病假，整日在府中与宾客大快朵颐，借酒消愁。四年之后，闻名天下的信陵君在大梁郁郁而终。

与信陵君一样大显威名之后却没能落着半点儿好的，还有赵国的一代名将廉颇。想当初，蒙骜在太原郡横冲直闯、所向披靡，夺取了三十七座大小城邑。赵孝成王被逼急了眼，重新起用廉颇，既给封邑又给名誉，先前弃廉颇而去的门客再度纷至沓来。廉颇显得很不高兴，埋怨他们做人太势利，但这些门客振振有词地回怼说：“天下以市道交。”大家都是按市场交易的原则办事，得势则从，失势则去，您年纪也不小了，何必这么“愤青”？

然而，廉颇的花开二度并没能持续多久。公元前245年，赵孝成王去世，太子偃继承君位，是为赵悼襄王。自古一朝天子一朝臣，手握兵权的廉颇最先遭到排挤，职位被昔日的下属乐乘取代。廉颇咽不下这口恶气，与乐乘争执甚至攻伐一番无果之后，既是畏罪，更是负气，索性投奔去了魏国。

攻心为上，明争暗算

前面说过，秦庄襄王去世的时候，继承君位的秦王政只有十二岁，远未到亲政的年纪。因此，秦国在形式上由太后临朝主政，其实是吕不韦主持着朝政。吕不韦水涨船高，在文信侯、丞相之外，又多了一个“仲父”的尊号，说他是权倾朝野、盛极一时，一点儿也不夸张。

话说回来，在这番烈火烹油的背后，吕不韦的处境其实挺尴尬的。

首先，吕不韦是商贾出身，社会地位比较低，向来被人视作吃闲饭、使奸诈之徒，既不创造社会价值（不事生产），又严重败坏社会风气（逐利好争）。特别是在推行重农主义的秦国，这条由商人垫底的“鄙视链”令吕不韦浑身不自在。

其次，吕不韦常年游走江湖，深谙经商致富之道，但要说从政，他的脑子里几乎是一片空白。如今坐享“仲父”之尊、高居丞相之位，一举一动、一念一思都关系到秦国的未来，若是拿不出全面而系统的谋略，岂不是尸位素餐？必会遭人诟病。

位高未必意味着能力提高，权重未必意味着本领增强，要适应新岗位的需求，从头学起恐怕是来不及了，但吕不韦自有捷径可走：效仿“战国四公子”的套路，广纳天下贤士才子，为自己所用。正如廉颇的门客们所讲，“天下以市道交”，吕不韦有权有钱，不愁没人来应召。

吕不韦呢，倒也不挑不拣，不管对方兜售哪家学说，只要能说会道，一律收留下来，很快就招揽了三千多食客。

这么多食客全靠吕不韦养活，当然不能白吃闲饭，他们集体编纂了一部旷世之作——《吕氏春秋》，成为吕不韦在秦国的施政纲领。据史料记载，深谙传播之道的吕不韦为了扩大这部作品的影响力，还将其公之于众，声称如果有人能增删一字，便赏赐千金，成语“一字千金”就是从这儿来的。

总体而言，《吕氏春秋》作为一部思想论著和施政纲领，不同于以往的诸子百家，最大的特点是“杂”，正如书中所言：“善学者，假人之长以补其短，故假人者遂有天下。”当然了，“假人之长”并非开杂货铺，乱七八糟什么都往里面装，而是以道家学说为根基、儒家学说为主干，兼容并包各家学说的有益部分，这就是所谓的“兼儒、墨，合名、法”，后世称之为“杂家”。

《吕氏春秋》能成为秦国现阶段的施政纲领，虽然有吕不韦个人的作用，但归根结底，还是因为这些主张符合秦国所处的形势，能在最大程度上满足秦国王天下的迫切需求。

当今天下是什么形势？《吕氏春秋》归纳为“周室既灭，天子已绝”，因此“强者胜弱，众者暴寡，以兵相残，不得休息”。在纲纪尽坏、胜者为王的时代，如何快速而稳固地走好兼并天下的每一步，堪称摆在秦国新一代执政者面前的时代之问。

若论速度，自从范雎推行远交近攻战略以来，秦国蚕食诸侯的步伐明显加快，仅用十来年，便将赵、魏、韩三家近邻收拾得惨不忍睹、了无生机。然而，除了让对手尸横遍野、白骨累累以外，秦国又得到了什么呢？范雎曾经信誓旦旦地说：“得寸则王之寸，得尺亦王之尺。”但这虽然解决了魏冉之流借公权而谋私利的问题，却又陷入得而复失、失而复得的怪圈。

这里面固然有山东诸侯不甘失败、奋起反击的原因，但从秦国自身来讲，按首级论功晋爵的制度，其弊端越来越不容忽视。秦军背负着虎狼成性、暴虐嗜杀的恶名，想让被征服者“箪食壶浆，以迎王师”，岂不是痴人说梦？毫不夸张地说，秦军每占领一个地方，总会招致残余势力、土著贵族合力反扑，数易其手也就在所难免了。要镇压反扑、防止生变，就得分兵驻守在各地，随着地盘不断扩大，秦军背上了沉重的负担，又如何集中力量重拳出击？

为了从根本上破解这一困局，《吕氏春秋》重点采纳了荀子的“义兵”之说，提出了“诛暴君而振苦民”“攻无道而伐不义”的理念，称秦国征伐各方诸侯不是为了王天下的一己之私，而是向无道暴君宣战，拯救黎民于水火之中。

口号谁都会喊，关键是落实到具体的军事行动上，如何彰显这样的理念。《吕氏春秋》提出，秦军每攻取一地，都要“救民之死”“除民之仇”，将战事对百姓生产、生活的影响尽量降到最低，同时不再片面追求斩获首级的数量，普通战俘一律释放。通过采取这一系列怀柔政策，充分彰显秦军兼并诸侯的道义性，以期达到“邻国之民归之若流水，诛国之民望之若父母”“兵不接刃而民服若化”的至高境界。

用现代的话来说，战争是流血的政治，战争终究是为政治服务的，三分军事、七分政治才算是成熟的战争、成熟的政治。正所谓“上兵伐谋”“攻心为上”，关注、引导民心向背才是王天下的题中必有之义，更是第一要义。

由众门客集体编纂的《吕氏春秋》主张以替天行道的姿态进行“明争”，而一位名叫李斯的门客则独辟蹊径地提出了“暗算”的战略。

李斯是楚国人，早年间做过小吏。虽说过着平淡无奇的生活，但李斯特别喜欢思考人生。按照今天成功学的说法，习惯于仰望星空、反思自我的人，往往比那些只知埋头赶路、弯腰捡钱的人更容易出彩。这到底是普遍性规律，还是极端个例，咱们不好妄加论断，但李斯确是因为一番思考改变了自己的人生轨迹。

根据史料记载，引发李斯思绪万千的是几只人见人厌的老鼠。他先是在茅房里看到了几只老鼠正在啃食不洁之物，它们听见有人或者狗靠近，便吓得逃之夭夭。没过几天，他又在粮仓里看到了几只，这里的老鼠可不一样，吃着堆积如山的粟米，又有仓房遮风避雨，还不用担心受到惊扰。李斯开始寻思：同为老鼠，差距怎么就这么大呢？从眼前的老鼠延伸到自己，李斯悟出了一个道理：人的命运，很大程度上是由所处的环境决定的！

卓越与平庸往往只有两步之遥，一是思，二是行。有的人甘于现状、不思进取，终其一生碌碌无为。也有的人思而不行，在不甘与焦虑之中过着千篇一律的日子，活得其实比前一类人还要痛苦。李斯则属于有所思便要有所行动的人，他毅然辞掉了在旁人看来安稳无忧的工作，投奔到儒学名士荀子的门下深造去了。学成之后，李斯认为江河日下的楚国实在是烂泥扶不上墙，山东各诸侯国则是一个比一个没前途的“茅房”，绝非能显身立名之所。于是李斯一路向西，投奔到如日中天的“粮仓”——秦国。

前面说过，李斯的老师荀子曾经在秦昭王主政时期到访过咸阳，竭力推销自己施仁政、行义兵的学说，可惜并没有得到秦昭王采纳。在荀子看来，秦国不乏令人称道之处，譬如“形胜”“古之民”“古之吏”“古之士大夫”“古之朝”，但在仁义方面有明显的短板，所以他提出了“益地不如益信”的主张。

可以断定，李斯决定前往秦国施展平生抱负，荀子是心存疑虑的。因此，李斯在临行之际特意在荀子面前做了一番解释，认为“诟莫大于卑贱，而悲莫大于穷困”，既然有前景光明的去处，何必处卑贱之位，居困苦之地，浑浑噩噩蹉跎一生？从这一点来看，李斯更像是一个爱慕虚荣的功利主义者，害人终害己的悲剧仿佛早在他因几只老鼠而陷入深思的时刻就注定了。

李斯后来的悲惨结局众所周知，不提也罢，咱们还是来看一看，投奔到吕不韦门下的李斯如何迎来显身立名的契机。

从三千食客中脱颖而出，李斯靠的是一套“暗算”的谋略。这一谋略的理论基础源自荀子对于秦国忧患的判断，一言以蔽之，咱们在前面引用过：“常恐天下之一合而轧己。”虽说秦惠王曾经把诸侯“合众弱以攻一强”的战略讥笑为“连鸡”，但秦国对抗合纵成败与否往往取决于合纵方的迫切性和紧密度。以一敌多，秦国不仅没有多少战场主动权，还会陷入道义上的孤立，即便侥幸胜出，征伐诸侯的节奏也会被打乱。

因此，要想在“明争”方面取得胜利，既要加强军事（提升战斗力），也要加强政治（注重舆论宣传），更要采取一些非常规的手段（“暗算”），遏制、破坏山东诸侯的合纵抗秦战略。李斯的“暗算”之策并不玄乎：既然“天下以市道交”，咱们就多派使者多花钱，暗中收买各方诸侯的权臣谋士，让他们成为秦国的朋友，按照秦国的意志行事，同时排挤、离间甚至暗杀诸侯内部的合纵派、仇秦派。

对于李斯的动议，秦王政、吕不韦都深表赞同，并打算依计而行。于是，这位看似平庸的食客摇身一变成为炙手可热的客卿，开启了创造辉煌人生的新征程。

疲秦无果，斩腰断脊

通过重金开路，在各方诸侯的内部培植秦国的“卧底”和“代理人”，这必然是一项长期而艰巨的任务。或许是一种历史的巧合吧，李斯的“暗算”之策尚未取得明显的成效，秦国就先挨了韩国的一记阴招。

说到韩国，怎一个惨字了得。秦国这些年来国君频繁更迭，但丝毫不影响其蚕食魏、韩的步伐。魏国挨了秦国的收拾，还能调转矛头与齐、楚两家争抢卫、宋故地，并且一时占得上风，也算是失之东隅，收之桑榆了。韩国没有这么好的命，也没有这么强的实力，被秦、魏两大强邻挤在中间，地盘日益缩水，又没地方可以开源，只能眼巴巴地看着自己被薅得毛干爪净。就拿公元前244年来说吧，韩国就丢失了十三座大小城邑。如果秦国继续按这个速度薅下去，不出三年，地图上就再也看不到韩国了！

大活人当然不能被尿憋死，公元前246年，韩桓惠王便别出心裁地琢磨出了一招“疲秦”妙计：派遣一名水利专家前往咸阳，游说秦国征召民夫，在关中地区搞大型灌溉工程。

这位背负绝密使命的水利专家便是大名鼎鼎的郑国。入秦之前，郑国是韩国的“水工”（负责水利的官员），曾经治理过荥泽的水患，整修过壅塞的鸿沟，属于典型的技术型官员。来到秦国之后，郑国名为助秦兴修水利，实则设法“疲秦”，延缓秦国蚕食韩国的步伐，故而不断做大工程“标的”。最终，秦国采纳了郑国的动议，在泾水与洛水之间开凿一条总长超过三百里的河渠。

开凿河渠有什么好处呢？灌溉农田是最基本的功效。另外，河水所带的泥沙沉积下来，覆盖在含碱量高的土壤之上，还能相当有效地改良盐碱地，提高农作物产量，这就是所谓的“淤田压碱”。

郑国有技术，更有口才，开凿河渠之利也确实极具诱惑力（可灌溉四万余顷农田），因此秦国欣然应允。这项工程太浩大了，历时竟达十年之久。

在工程搞了一大半的时候，郑国的绝密使命不幸暴露。业已亲政的秦王政大为光火，打算将他处死。郑国早已将个人生死置之度外，此时，先前“疲秦”的绝密使命似乎也不重要了，他只是不希望自己这些年的心血付之东流。郑国恳请秦王政暂且网开一面，“为韩延数岁之命，而为秦建万世之功”。

在郑国大兴水利之前，时任蜀郡守的李冰已经在岷江上修建了都江堰水利工程。昔日水患不绝的蜀中之地成了一望无际的良田沃野，充分彰显了水利对于发展农业生产的巨大功效。考虑到这一万世之利，秦王政破例答应了郑国的请求，这条河渠最终顺利完工，自此“关中为沃野，无凶年”。为了铭记郑国的卓越功勋，后世将这条河渠定名为“郑国渠”。

可以说，正是得益于这条“郑国渠”，秦国的经济实力如虎添翼，史载“秦以富强，卒并诸侯”。就拿后来的灭楚之战来说吧，将军王翦一张口就要六十万大军，如果没有雄厚的农业生产力作为支撑，王翦哪儿来这么大的底气？

长远来看，“郑国渠”的确是襄助秦国强盛的“万世之功”。而就短期而言，韩国的这招“疲秦”之计并没有发挥预期的效果。原因很简单：秦国实在太强大了，完全可以建设、战争两不误，一边征召民夫开凿河渠，一边继续出兵蚕食魏、韩，对内、对外应付自如。

前面说过，韩国在公元前244年的一年间就丢失了十三座城邑。转眼到了第二年，魏安鳌王、信陵君相继离世，秦国再度挥师东向，大举征伐魏国。虽说“讨丧”不吉利，但实力雄厚的秦国根本不信邪，不仅攻占了魏国的二十座城邑，还将其藩属卫国据为己有。在干掉魏国册立的卫元君之后，秦国改立了卫君角，并强行将卫国宗室迁往野王异地安置。卫君角空有藩属国君的头衔，却无半点治民之权，到了秦二世主政时期，彻底被废为庶人。有人据此认为：秦国兼并天下，卫国硕果仅存。这其实是一种误解，卫国早在253年便灭亡了，只是卫君之名保留到了秦二世。

秦国将魔爪伸到卫国故地，距离最东面的齐国可就不远了。秦国一旦与齐国接壤，就意味着宣太后、秦昭王当初斩断合纵之腰脊的憧憬基本实现了。鉴于齐国始终坚持独善其身，赵、楚两国势必会陷入无法联络、孤军奋战的艰难处境。

局势将多么凶险，赵、楚两国显然都意识到了。于是，由春申君出面提议并广泛联络，楚、赵、燕、魏、韩五国决定再度携手抗秦。齐国则依然是死脑筋，又收了秦国送来的重金厚礼，继续选择置身事外。

五国推举楚考烈王为“从约长”，赵国将军庞煖担任总指挥。庞煖出身不详，或许能跟庞涓攀上一点同氏之亲。有史料记载说，庞煖曾经跟赵武灵王谈论过兵法要旨，认为“荧惑敌国之主，使变更淫俗”是克敌制胜的上上之策。如果确有此事，说明庞煖的岁数已经不小了，不说耄耋，至少也是古稀，比已故的蔺相如、赵奢以及尚在人世的廉颇、乐乘都要大一些。这可真是“蜀中无大将，廖化作先锋”。风烛残年，本该含饴弄孙，却还要挂甲出征、替君分忧，昔日人才济济的赵国竟沦落到如此凋敝的凄凉之境，着实令人唏嘘。

话说回来，老骥伏枥的庞煖堪称赵国的一员悍将。就在前一年，庞煖还迎头痛击了前来惹是生非的燕国军队，致使燕军主将剧辛（曾经是赵国将军，也是庞煖的好友）殒命沙场。然而，如今率领五国联军进逼函谷关，与虎狼之秦一决高下，庞煖却显得有些力不从心，毕竟各怀心思、难以协调一致是历次合纵最大的软肋。

秦国当然不会忽略合纵形同“连鸡”的致命弱点。丞相吕不韦认为：合纵伐秦的五家联军虽然由赵国的庞煖出任主帅，但地域最辽阔的楚国才是总后台。只要咱们集中力量将楚军打垮，其他诸侯的军队必然不战自溃。再者说，楚军长途跋涉，远道而来，已经是疲惫不堪，咱们以逸待劳，收拾他们太容易了。

按照吕不韦的这一谋划，秦军在正面抗击五国联军的同时，又暗中调集精锐部队夜袭楚军大营。楚军大为惊骇，不待主帅庞煖号令，便擅自拔营后撤。听说楚军撒腿跑掉了，燕、魏、韩三家的军队一时人心惶惶，也跟着散了伙。庞煖盛怒不已，却又无可奈何，只得带着赵国军队黯然撤退，转而收拾不肯入伙的齐国，多少挽回一些颜面。

终战国时期，这是山东诸侯的最后一次合纵，不仅劳而无功，楚国军队还千里迢迢地跑来挨了一顿揍。每念及此，名义上出任“从约长”的楚考烈王就气不打一出来，隔三岔五地怒批春申君。春申君日益见疏，麻烦便接踵而至。当时有不少人埋怨说，楚国原本也是一方强藩，可自从春申君官拜令尹、主持大局之后，这日子就一天不如一天，照此下去，怎么得了！

这种乱扣帽子的言论既不负责任，更经不起推敲。想当年鄢郢之战，楚国被人家端了老窝，楚襄王被撵得到处跑，渐显日暮西山之颓势，这也怪春申君吗？他那个时候还不知道在哪个角落里蹲着呢。由此可见，墙倒众人推，破鼓万人捶，真是到了全无章法和底线的地步了！

面对花样百出的非议与责难，春申君有口难辩，但还是有不少门客站出来替主子打抱不平。他们认为：楚国会不会挨揍，被揍得惨不惨，这跟春申君当不当家没关系，关键是看人家秦国方便不方便。春申君官拜令尹之前，楚国确实过了三十多年安生日子，但并非由于国力强大、领导有方，而是因为秦国鞭长莫及、腾不出手。秦国要想出兵征伐楚国，要么翻越险隘，要么向中原诸侯借道，还得防着别人从背后捅一刀，岂能冒这样的风险？现如今，秦国不断东向蚕食，距离咱们的都城陈邑只有百余里，各方诸侯噤若寒蝉、呆若木鸡，秦国没了后顾之忧，收拾楚国不就是分分钟的事儿吗，跟春申君有什么关系？

门客这一番话虽是替主子辩解之词，却让春申君如梦初醒：惹不起，躲得起，咱们可以继续往东搬家啊，楚国缺钱、缺人、缺实力，但最不缺的就是地盘，战略纵深有的是！于是，在春申君的动议之下，楚考烈王决定效仿楚襄王当初的权宜之举，主动卷起铺盖走人，迁都至地处淮水南岸的寿春，还将其更名为“郢都”，算是给自己一个心理安慰。

春申君侥幸因这一动议得福，受封吴国故地，继续行使令尹之权。后来，司马迁实地察看了春申君宫室的遗迹，感慨其规模宏大，气势极盛。其实，春申君在这片广袤而荒凉的封邑除了广造宫室之外，也有不小的政绩，尤其是疏浚河道湖泊，治理水患，颇得当地百姓称道。时至今日，苏南、浙北和上海还留存有很多纪念春申君黄歇的痕迹，譬如上海别称“申”，贯城而过的母亲河被称为“黄浦江”，无锡有黄埠墩、春申涧、君山衣冠冢，苏州有“黄埭”，湖州更是尊奉春申君为开城鼻祖……

春申君受到百姓的赞誉，楚国因迁都而得以偏安，但秦国兼并天下的步伐并未停止。借击溃五国联军之势，秦军对邻近的赵、魏两家展开了猛烈的报复行动。然而出乎所有人的意料，就在此次征伐中，秦军发生了一场扑朔迷离的乌龙：主将成蟜（秦王政的弟弟，封“长安君”）竟然临阵倒戈，投降了赵国！

这一事件扑朔迷离，主要是因为现存史料并没有详细而明确的记载，毕竟秦国向来讳言战败，又涉及王室公子，故而语焉不详。有一种说法认为，是丞相吕不韦暗中使坏，因为成蟜是秦庄襄王的亲儿子。言外之意，秦王政是吕不韦所出。这显然是“自匿有身”阴谋论的延续。

撇开这种明显不合常理的揣测不谈，成蟜倒戈也许并不离奇，打不赢、跑不掉、怕丢命，除了投降别无选择。至于秦王政、吕不韦为什么让缺乏实战经验的成蟜挂帅，是低估了对手，还是想让成蟜建功贴金，咱们就不好妄加推断了。

成蟜叛变投敌确实伤了秦国的颜面，但无碍于其继续东向蚕食的大局。公元前238年，秦军挥师横扫魏国，直逼齐国边境，实现了“断齐、赵之腰，绝楚、魏之脊”的夙愿。从此，赵、魏、韩遭到秦国三面包围，山东诸侯合纵抗秦成了镜中花、水中月，秦国基本上奠定了各个击破、兼并天下的大局。

江山一统，指日可待！

第八章 天下归一

假父、仲父，统统整肃

山东诸侯如同地里的韭菜，坐等被秦国“收割”，而在秦国内部，此时正暗流涌动，一场血雨腥风日益逼近。

从公元前246年正式嗣位以来，秦王政已经度过了八年形同虚设的时光。吕不韦凭借“仲父”“文信侯”、丞相的荣誉与地位，一时权倾朝野。他不仅效仿“战国四公子”广纳天下贤士才子，还著书立说，大肆宣扬，未免玩得有点儿过。孔老夫子云：“唯器与名，不可以假人。”从古到今，争权、贪财、好色的官吏比比皆是，可一旦发展到求名、立论的地步，必然会引起当政者警觉，谨防演变成心腹之患。

秦王政年纪小，一时离不开，更扳不倒吕不韦，但名义上临朝主政、实则同为虚设的太后对此满腹怨言，决定采取断然措施。要扳倒根基深厚的吕不韦，她能想到并做到的最佳解决办法就是培植一股新的政治力量，对吕不韦构成牵制，让他们母子得以稳坐钓鱼船。于是，在太后的鼎力襄助之下，一个名叫嫪毐的人逐渐崭露头角，成为炙手可热的政坛新星。

关于嫪毐的来历，《史记》延续了“自匿有身”阴谋论：吕不韦担心与太后私通的丑闻会暴露，届时势必祸及己身，故而举荐了在某些方面有特异功能的嫪毐，并安排他假扮宦官入宫，满足太后的生理需要，嫪毐也借此成为太后的新欢。

这段记载不靠谱，除了它是“自匿有身”阴谋论的延续之外，还有一点不符合逻辑：吕不韦在秦国一手遮天，却甘心为太后培植势力，给自己树立政敌，他吃错药了？

嫪毐到底何许人也，其实在唐代史学家司马贞编撰的《史记索隐》中露出了一些端倪：“嫪氏出邯郸。”也就是说，嫪毐是邯郸人，而秦太后出自赵国豪门，她与嫪毐早年结识的可能性很大，这或许能解释太后为什么会选择倚重于嫪毐。

嫪毐在秦国显身立名，并迅速成为一股能与吕不韦抗衡的政治势力，太后无疑在背后发挥了决定性作用，史载其“事无大小皆决于毐”。当然了，嫪毐与吕不韦分庭抗礼的同时，孤男寡女之间会发生的事在太后和嫪毐的身上也不例外。据说，太后怀了身孕之后，离开咸阳暂时避居在雍邑，并生下两名子嗣。嫪毐的势力水涨船高，公然以秦王政的“假父”自居，受封“长信侯”，食邑封为毐国，盛极一时。

眼瞅着吕嫪相争成为秦国政坛的新常态，饱受欺凌的魏国似乎看到了救亡图存的一线生机。有谋臣向魏景湣王（魏安釐王之子）提议：主动拿出一些地盘贿赂嫪毐，襄助他在秦国一家独大，等到“天下必舍吕氏而从嫪氏”的时候，秦国的命运必然会发生转折。显然，无论是治国才能，还是声誉与名望，嫪毐都是被“鄙视”的对象，难堪助力秦国王天下的重任。

秦国事态的发展往往出乎旁人的意料。魏景湣王尚未将政治投机的宏伟设想变成实实在在的“暗算”行动，昔日不谙世事的秦王政就到了亲政的年纪。按理说，吕不韦是不会痛痛快快地交出权柄的，但嫪毐的存在客观上帮了秦王政大忙。对于吕不韦而言，借秦王政之手除掉嫪毐，没有比这更划算的买卖了。

于是，秦王政在接过生杀予夺的大权之后，最先整肃的目标便是

“专国事，侵益骄奢”，还制造宫闱丑闻，甚至大言不惭自称“假父”的嫪毐。公元前238年，秦王政在吕不韦的支持下决定对嫪毐势力展开清除行动。嫪毐不甘于失败，妄图打着太后的旗号发动宫变，史称“嫪毐之乱”。

在优势一方的强力镇压下，嫪毐死于非命，还被夷了三族，遍布朝中的嫪氏党羽也遭到清算。除了斩首灭门之外，还有四千多户受到不同程度的牵连，被迁往偏僻的蜀郡安置。

嫪毐与太后私通生下的子嗣必然也活不成，太后也被送回雍邑反省。秦王政下令：胆敢替太后求情者，一律处死，还要曝尸阙下，以儆效尤！

此令既下，不出意外，那些不怕死、不信邪的人又来了。根据史料记载，前来劝谏的总共有二十八人，前面的二十七个都无端送了性命，轮到第二十八个，此人名叫茅焦，执意要冒死入宫进谏。消息传开之后，但凡跟他沾亲带故的人纷纷卷起铺盖，逃之夭夭。秦王政也命人带话，让他不要枉费心机、飞蛾扑火了。茅焦正色回答：“听说天上有二十八星宿，如今还差一个，我补上！”

秦王政还没见着茅焦的人，便在心里宣判了他的死刑，命人架锅堆柴，等着茅焦前来送死。茅焦应召入宫之后，立即耍起了心眼，压根不顾旁人的催促，慢腾腾地挪动着脚步。等他磨磨蹭蹭地走到近前，怒气冲冲、按剑而坐的秦王政脸色和缓了少许。趁此机会，茅焦毫不客气地指出了秦王政的四桩悖逆之举：一是车裂“假父”，有嫉妒之心；二是杀害两个弟弟，有不悌之名；三是迁居生母，有不孝之行；四是处死谏言之士，有桀纣之治。如此暴虐妄为，焉能指望天下归心臣服？

茅焦这一番慷慨激昂之词让秦王政陷入了沉思：生母淫乱后宫，确实让他这个国君颜面尽失，但毕竟“往者不可谏，来者犹可追”，凡事当以大局和长远为重，切不可意气用事、因小失大。在王天下的宏图伟业面前，母子间的纠葛、国君个人的荣辱又何足挂齿？视生母为仇雠，虽说解了一时之气，但不仅使自己背负不孝的骂名，更会令秦国“诛暴君而振苦民”“攻无道而伐不义”的标榜沦为笑柄。

于是，秦王政采纳了茅焦的建议，亲自前往雍邑接回太后，母子二人得以化干戈为玉帛。犯颜直谏的茅焦不仅没有丧命，还被秦王政拜为“上卿”，太后也盛赞他有“抗枉令直，使败更成，安秦之社稷”之功。

太后、秦王政母子和好如初的同时，“仲父”吕不韦的好日子也到头了。他原本以为襄助秦王政干掉嫪毐，自己就能重回权倾朝野的极致巅峰，然而时过境迁，再也无法回到从前。

公元前237年，秦王政罢免了吕不韦的丞相之职，公开的理由是他与“嫪毐之乱”有牵连（谁会信？）。考虑到吕不韦“奉先王功大”，又有不少人出面替他求情（影响力着实不小），秦王政“不忍”加诛，打发他回到自己的封邑颐养天年。

两年之后，秦王政听说吕不韦待在封邑似乎不怎么老实，“诸侯宾客、使者相望于道”，这是打算逆天啊？于是，秦王政给吕不韦写了一封信，痛斥其无德无能，妄称“仲父”，还坐享十万户的食邑，实在是没有天理，打算将他强行安置往蜀郡。吕不韦自知难逃一死，索性饮鸩自尽，结束了自己传奇而悲剧的一生。

多事之秋，高下立现

秦王政亲政以后，以迅雷不及掩耳之势，先后整肃了“假父”嫪毐、“仲父”吕不韦两股盘根错节的政治势力。先前寄身于吕不韦门下的“思想者”李斯，及时与吕不韦划清界限，不仅使自己得以保全，还赢得了趁机攫取权力、填补真空的绝佳契机。

不过，此时秦国正值多事之秋，嫪毐、吕不韦庞大的门客群体令秦王政心有余悸。赶巧的是，正在关中挖沟修渠的郑国突然暴露了间谍身份。于是宗室大臣纷纷进言，认为投奔秦国的“外来户”都是不怀好意的，理应统统驱逐出境，只有用秦国自己的人才，才能高枕无忧。

个案昭昭，群议汹汹，秦王政的思绪有了一些波动，对“外来户”的态度发生了逆转。为了防患于未然，秦王政下达了一道诏令，也就是著名的《逐客令》，大肆搜捕从各方诸侯国投奔秦国的客卿，责令其限期离境，否则格杀勿论。

李斯是楚国人，也属于不受欢迎、遭到驱逐的行列。他颇感无奈，准备卷铺盖走人之前，出于不甘心，决定再做最后一次努力。他斗胆上了一道书，规劝秦王政尽快停止这种自我孤立、几近疯狂的举动。这就是入选《古文观止》的千古名篇——《谏逐客书》。

在这篇著名的谏书中，李斯从秦穆公求士于天下说起，言及秦孝公的《求贤令》，再到秦惠王、秦昭王重用客卿谋取天下的历史进程。从百里奚到公孙鞅，再到张仪、范雎，哪一个是秦国人？但他们入秦效力，可谓殚精竭虑，为秦国的崛起与强盛创下了不朽的功勋。如果他们当年被拒之门外，秦国哪能迎来今天的大好局面？

说完这些正面典型，李斯又以物喻人，写了一句著名的话："泰山不让土壤，故能成其大；河海不择细流，故能就其深；王者不却众庶，故能明其德。"也就是说，如果以偏概全，因噎废食，将这些贤士人才拱手奉送给各方诸侯，不仅弱己强敌，还会招怨惹恨，秦国岂不危矣！

秦王政读过这封谏书，方才意识到驱逐"外来户"的做法是多么幼稚而愚蠢。于是，秦王政派人快马加鞭，将已经走到骊邑的李斯追了回来，不仅让他官复原职，还重新下达一份诏令，宣布《逐客令》即时失效。

除了李斯之外，还有一位被称为尉缭的人得到了秦王政的倚重。此人姓氏不详，只能以他"国尉"的官职代替，来历也没人说得清楚。根据一些史料记载，尉缭曾经师从神秘莫测的鬼谷子，还在魏惠王主政时期出现过。前后出镜竟然相隔一个世纪，这样的记载显然不靠谱，要么是将不同的人物混为一谈，要么是后世伪托妄拟。也有人认为：尉缭就是顿弱，顿弱就是尉缭，同一个人的两种称谓而已。这是目前最为合理的解释。

即便如此，顿弱的来历依然非常模糊。只知道大约在秦王政亲政以后、太后返回咸阳之前，顿弱前往秦国游说，结果初次见面，就让秦王政尴尬得下不来台。

顿弱跟秦王政讲："全天下人大致可以分作三等，头一等是有实无名，次一等是有名无实，末一等是无名无实。有实无名者，是那些不事耕作却钱粮满仓的商贾。有名无实者，是那些终日劳苦却缺衣少食的农夫。无名无实者说的就是您，不施威于诸侯，却施威于母后，既无孝之名，也无孝之实！"

顿弱的胆子可真不小，秦王政不便发作（毕竟对方是初次谋面的"外来户”，传出去影响不好），但又不想继续这个让自己难堪的话题，便选择性地挑出话头，顺势问顿弱：秦国该如何施威于诸侯？顿弱的办法，其实就是李斯的“暗算”之策配合加强版的“连横”战略：重金贿赂魏、韩的大臣，使魏、韩死心塌地做秦国的“东藩”，进而谋取天下。

结束这场谈话之后，顿弱的名字不再见诸史料，改由尉缭粉墨登场。尉缭重点强调的是“暗算”之策，认为无论是重要性，还是紧迫性，都是当前的第一要务。为了说服秦王政，尉缭信誓旦旦地拍着胸脯保证说：“不过亡三十万金，则诸侯可尽。”

正是在尉缭、李斯等人的竭力推动下，秦王政终于将“暗算”提上了议事日程，不断派出使团前往各方诸侯。这些使团既是宣传队，又是布雷器，明面上共叙情谊树形象，暗地里贿赂重臣埋炸弹。咱们在后面会看到，在秦国兼并天下的最后一段征程中，“暗算”之策将发挥出其不意的独特功效。

秦王政打算在各方诸侯内部培植代理人，各方诸侯也想试探一下秦国接下来的动向。就在秦王政剪除嫪氏、吕氏两大政治势力之后，齐王建和赵悼襄王相约来到咸阳，为这位亲政之初便一鸣惊人的新君主贺寿。贺寿归贺寿，醉翁之意不在酒。齐王建的心思相对简单，无非是想实地窥测一下，秦国换了当家作主的人之后，齐国独善其身的策略是否还能继续玩下去。赵悼襄王的用意更加具有功利性，而且迫在眉睫：赵国打算去收拾燕国，秦国能否行个方便？

从事态的发展来看，齐王建、赵悼襄王不虚此行，得到了各自满意的结果：齐国继续自嗨，赵国则公然薅起了燕国的羊毛。公元前236年，赵悼襄王委派老将庞煖挂帅，大举讨伐实力羸弱的燕国。燕国虽说在七雄之中实力垫底，但论起玩心眼，未必比其他几家差到哪儿去。燕王喜意识到，解决这场危机的关键不是气势汹汹的赵国，而是暗中默许赵国恃强凌弱的秦国。因此，燕王喜赶紧派使臣前往咸阳游说，给赵国玩一出釜底抽薪的把戏。然而，燕、秦两国并不接壤，使臣前往秦国，必然要经过赵国，结果刚走到邯郸就被对方扣下了。

为了完成自己背负的使命，燕国使臣煞有介事地跟赵悼襄王讲："您千万不能扣我啊！虽说'秦、赵为一而天下服'，燕国也不敢不服，但您如果扣押燕国派往秦国的使臣，岂不是在向天下昭示，秦、赵之间产生了嫌隙？别说秦国那边没办法交代，也不符合赵国自身的利益。再者说，我奉命出使秦国，并不妨害赵国对燕国用兵，您打您的仗，我串我的门，两不耽误呀！"

俗话说得好："两国交战，不杀来使。"何况这位使臣并不是到赵国交涉的，只是路过赵国的地盘而已，扣押或者遣返貌似都不合适。考虑到与秦、赵两国有约在先，赵悼襄王认为区区一位使臣断然翻不起什么大浪，于是就把他放了。

燕国使臣来到咸阳之后，初次拜见秦王政，果然碰了一鼻子灰。秦王政言之凿凿："燕国国君无道，赵国出兵攻伐，业已得到秦国首肯，此事不必再提！"使臣不甘心，故意放出狠话"讹诈"秦王政："赵国与秦国抗衡五十多年，基本没占到什么便宜，根源在于赵国地狭民贫，没有什么家底。如果眼下秦国放任赵国吞并燕国，以后赵国集赵、燕两国之力对抗秦国，秦国还能有多大胜算？"

或许是燕国使臣的这番话发挥了作用，或许秦国先前就是在玩引蛇出洞、背后捅刀的把戏，总而言之，就在赵、燕两军激战甚酣的时候，王翦等人率领的秦军突然闯入赵国境内，一举阏与、邺邑等军事重镇（邺邑是魏国三年前割让给赵国的）。等到庞煖从燕国抽师回援的时候，漳水上游已经被秦国收入囊中了。

赵国的命运真是悲催到了极致，在这场惨败后不久，赵悼襄王忧愤而亡，留下了一个内忧外患、动荡不安的烂摊子。所谓外患，自然是秦、燕串通一气，让赵国首尾难顾，偷鸡不成蚀把米。至于内忧，这话

说起来就漫长了。漫长归漫长，事情本身并不复杂，一切源自赵悼襄王先前迎娶了一位天资国色的女子。

男婚女嫁，理所应当，但赵悼襄王欣然迎娶的这位女子却令满朝的文臣武将瞠目结舌：这位女子的履历，实在是太复杂，太辣眼睛了！她最早是邯郸城里的一名倡优，后来从良嫁过人，史载其“乱一宗之族”，如今寡居在城中，不知出于什么机缘，竟然被赵悼襄王一眼相中了。

风尘之女、淫乱之种、寡妇之身，光满足一条就足以被完全否决了，但赵悼襄王全然不顾宗室的颜面、臣属的反对，毅然将她娶入宫中，不仅宠幸有加，还生下了公子迁。如此一来，王后和太子嘉的地位便岌岌可危，不断遭到某些人攻讦诋毁，甚至栽赃陷害。终于，王后、太子嘉均惨遭废黜，那位绝色女子被册封为新王后，后世将她称作“倡后”，公子迁被册立为新的太子。赵悼襄王去世之后，公子迁顺利嗣位，也就是赵王迁。

毫不夸张地说，这位倡后的存在给赵国的君臣关系蒙上了一层阴影。面对种种非议，倡后不仅毫无低调、收敛之意，反而是针尖对麦芒、你强我更刚，培植了一股完全效忠于自己的政治势力，其核心人物便是春平君。

春平君的名字不详，可能是赵国宗室的某位公子。根据史料记载，春平君曾经入秦充当人质，但没待多久就被吕不韦撵回来了。至于原因，据说是有谋士向吕不韦进言：这个春平君纯属招祸之媒，赵悼襄王很器重他，但朝中的大臣都不待见他（“赵王甚爱之而郎中妒之”），与其留在秦国惹是生非，不如放回赵国搅浑水。

春平君果然不负秦国人的“厚望”，凭借赵悼襄王的宠信而得势，不仅官拜相国，后来还跟倡后搭上了火。赵悼襄王执意迎娶倡后，后来又废黜王后、太子嘉，想必春平君都出力甚多。《列女传》记载，在赵悼襄王去世之后，倡后“淫佚不止，通于春平君”。这对奸夫淫妇沆瀣一气，公然收受秦国的贿赂，肆意残害忠良，致使赵国抗衡秦国的态势愈发不容乐观。

赵为号，秦为笑

赵国内忧与外患交加，但秦国并没有掉以轻心。对于秦国而言，赵王迁、倡后、春平君这些人不足为虑，只有余威尚存、客居他乡的廉颇以及硕果仅存的悍将李牧，一直让秦王政坐卧不安。

说到廉颇，他当年负气出走，固然有性格过于急躁的因素，但仅凭猜测就解除其职务的赵悼襄王理应承担主要责任。后来，秦国屡屡进犯赵国，垂垂老矣的庞煖根本压不住阵，史载赵国君主国难思良将，又把廉颇想起来了。至于这个国君是人之将死、其情也哀的赵悼襄王，还是初登王位、踌躇满志的赵王迁，史料没有明说，但咱们可以确信的是，这个时候才想起廉颇，说明诚意有限，不过是受形势所迫而已。

按常理论，国君如果真的是求将心切，应该正儿八经地把廉颇接回来，先恢复名誉，再委以重任。然而，这位君主并没有按套路出牌，而是先派人去探察一番，看看廉颇到底堪不堪用，堪用则再议，要是不堪用，让他继续晾着！

撇开诚意不谈，国君如此功利的做派无疑给那些别有用心之徒创造了营私舞弊的绝佳机会。平心而论，不希望廉颇回来的人并不在少数。譬如有一个名叫郭开的宠臣与廉颇有些旧怨，便以重金贿赂使者，请他设法从中作梗，阻挠廉颇回国。有心归赵效力的廉颇为了显示自己老当益壮，竟然一顿饭吃下一斗米、十斤肉，还威风凛凛地披甲上马、驰骋一番。结果怎么样呢？使者得了郭开的好处，睁着眼睛尽说瞎话，说这个廉颇倒是挺能吃，就是憋不住屎尿（“尚善饭，然与臣坐，顷之三遗矢。”）。听说廉颇老不堪用，赵国国君顿时没了兴致。后来，廉颇受楚国之邀南下，但这位遭到故国抛弃的老将已心如死灰，不久便在寿春郁郁而终了。

话说回来，赵国君主认为廉颇可有可无，从很大程度上讲，是倚仗着手中还有悍将李牧这张王牌。

李牧是赵国人，与宗室同姓不同氏，凭借赫赫战功，跻身“战国四大名将”之列。大家可能会问：既然有一个这么厉害的狠角色，为什么先前五国伐秦也好，赵、燕交恶而相攻也罢，怎么都不见此人的踪影呢？其实，不是李牧被刻意冷落，而是他这块好钢给用到刀刃上去了：他这些年一直驻守在北部边境，对付难缠到极致、令赵国颇为头疼的匈奴人。

作为以畜牧为生的部落，匈奴与楼烦、东胡类似，逐水草而居，尤其擅长骑射。多年来，匈奴人充分发挥骑兵的运动优势，不断袭扰赵国北面的边境要塞，来了就抢，抢了就跑，赵国追不上、防不住，实在是不堪其扰。

李牧长年驻守在雁门一带，通过与匈奴人频繁过招，积累了相当丰富的攻防经验。在最初几年，李牧重在防守，顺着山脉广布烽火台和防御堡垒，但凡发现匈奴人进犯，先放狼烟报警，接着钻入堡垒，固守不出，避免与匈奴人发生正面冲突。

防而不攻，守而不击，李牧自然有他的道理，但在某些人看来，这样的做法纯属贪生怕死、空耗钱粮。当时还是赵孝成王主政，一怒之下撤掉了李牧。可自从换上别的将领之后，仗倒是没少打，却回回吃败仗，损失相当惨重。

客观地说，赵国虽然经历了胡服骑射的军事变革，但与横扫漠北的匈奴骑兵相比，还是只能甘拜下风。赵孝成王无计可施，只得厚着脸皮请李牧出山。李牧趁机开出条件：必须遵照过去的办法，谁说话都不好使，否则这事儿免谈！

得到赵孝成王的承诺之后，李牧再度领兵守边。几年下来，匈奴骑兵如入无人之境，心理上志骄意满，实质上几乎一无所获。反观赵军，不仅养精蓄锐，粮草充足，还憋了一肚子的怒火，士气绝对可用。李牧抓住战机，通过佯败诱敌深入，一战就报销了匈奴十多万骑兵。此后的十多年，匈奴人都不敢再靠近赵国的边境。到了西汉时期，匈奴又搅得北部边境不得安宁，惹得汉文帝大发感慨："如果有廉颇、李牧在世，区区匈奴，何足惧哉！"

点赞归点赞，咱们不得不承认，匈奴部落的生命力确实相当顽强，休养生息几年，便能满血复活，卷土重来。因此，能征善战的李牧根本离不得北部边境半步。在赵国人才凋敝的状态下，只有老将庞煖拼尽全力死撑。然而，在赵王迁嗣位之后，白发苍苍的庞煖已经是油尽灯枯、有心无力了，所幸北部边境暂且无忧，李牧才得以调回邯郸，接替抱憾而逝的庞煖，对付咄咄逼人的虎狼之秦。

公元前234年，秦军大举讨伐赵国，刚开始所向披靡，一举歼灭了十万赵军。然而李牧闪亮登场后，战场形势迅速发生了逆转。在肥邑（今河北藁城附近）这个地方，秦军遭到赵军偷袭，撤退途中又陷入重围，史称"肥之战"。此役，不可一世的秦军被揍得丢盔弃甲、晕头转向，几乎全军覆没，只有主将桓齮率领少量亲兵侥幸突围。桓齮自知回去以后难逃战败之责，索性投靠到燕国寻求庇护，而赵军主将李牧凭借这一多年未遇的辉煌战绩，受封"武安君"。这可是当年苏秦、白起的封号，寓意以武力安定天下！

李牧临危受命，捷报频传，让秦国尝到了久违的战败滋味。此时的

种种迹象表明，赵、楚、魏、燕四家诸侯仿佛动起了合纵抗秦的念头。虽说秦国成功实现了“断齐、赵之腰，绝楚、魏之脊”，极大地阻碍了山东诸侯的相互联络，但这一隐隐约约的消息还是让刚吃了败仗的秦王政神经高度紧张。

秦王政向大臣、谋士坦言：“寡人屈于内，而百姓靡于外，为之奈何？”兴师动众讨伐赵国，没想到羊毛没薅成，反倒摔了跤，诸侯受到鼓舞，似有合纵之意，照此下去，那还了得！该如何应对呢？据说在场之人一片哑然，唯独一个名叫姚贾的谋士挺身而出，表示自己愿意出使四家诸侯，让合纵之议胎死腹中。

秦王政十分欣赏姚贾的胆识与勇气，当即配发千斤铜、百乘车，让他前往各方诸侯游说。经过漫长而艰苦的不懈努力，姚贾果然不辱使命，达成了“绝其谋而安其兵”的既定目标，以实实在在的功绩拜为上卿，食户千邑。

姚贾一系列外交活动的成功极大地改善了秦国的外部环境。因此，他能得到如此丰厚的赏赐，咸阳的大臣、谋士们都觉得理所应当。唯独有一位客卿嗤之以鼻，他就是大名鼎鼎的法家名士韩非子。

韩非子出身韩国宗室，早年师从荀子，与李斯算是有同窗之谊了。然而，韩非子在故国并不受重用，无奈之下投奔了秦国。也有记载说，韩非子原本是奉命出使咸阳，在李斯的竭力说服和举荐下才决定留在秦国效力。甭管怎么说吧，韩非子表面上是在为秦国效力，但在他的内心深处，始终惦记着自己的故国，凡事都会掂量一下对于韩国的利与弊。

四家诸侯合纵，姚贾出面搅黄，看似与韩国无关，其实这里面玄机很深。如果山东诸侯再度合纵抗秦，失败了，对并未入伙的韩国不会有什么影响，胜利了呢，倒是能给韩国创造见机行事的客观条件。对于韩国而言，这是一桩无需承担风险却有潜在收益的买卖，却偏偏被这个爱出风头的姚贾搅黄了，韩非子当然要把他揪出来盘上一盘。

韩非子忽悠秦王政说："纵观天下之势，山东诸侯合纵抗秦，原本就是一个不切实际的笑话。姚贾打着'绝其谋而安其兵'的旗号，让秦国花了不少钱，未必能换取各方诸侯的真心。而他自己假公济私，拿着秦国的钱拉关系、广人脉，兜一圈回来之后还得到赏赐，名利双收，这不是欺君罔上吗？"

借着这番强词夺理的推论，韩非子有一偏说二，又揭起了姚贾的老底：姚贾的父亲不过是一名守城门的小吏，如此卑贱的出身能培养出什么好货色？姚贾曾经"盗于梁，臣于赵而逐"，可以说是人见人厌、劣迹斑斑，实在无处容身，才跑到秦国落脚，继续搞投机钻营的把戏！

秦王政信以为真，便将姚贾召来当面对质，让他先把用秦国的财物为自己拉私人关系的事儿说一说。出乎秦王政的意料，姚贾并没有辩解，而是坦承确有此事，但他话锋一转，认为自己这么做，并非出于一己私利，足以问心无愧！姚贾解释说："如果各方诸侯看不到实质性的好处，怎么可能心甘情愿地听命于秦国？出钱的是您，派我去送钱的也是您，我按照您的意思送了钱，您怎么又轻信谗言，无端猜忌忠良呢？"

姚贾的一番话听起来不无道理，秦王政一时无言以对，只好追问起姚贾的陈年旧账，来掩饰自己的尴尬。姚贾泰然自若，一口气举了四个人的例子：姜太公、管仲、百里奚，还有一个不知名的中山国之盗。这些人在显身立名之前都卑贱不堪，背负恶名，一个比一个混得凄惨，但他们有幸遇到明君贤主，方才立下不朽功勋，名垂于青史。因此，但凡贤明的君主都"不取其污，不听其非"，从来不去求全责备。而那些空有清高之虚名却未能立下咫尺之功的人（说谁谁知道），根本不应得到重用和封赏，这样才能避免空谈者误国！

话说回来，姚贾含沙射影地指责韩非子是空谈，未免有失偏颇。韩非子能成为法家学说的集大成者，虽然有宗室公子的身份"背书"，但也绝非浪得虚名。在此之前，法家虽然同属一个“法”字，但内部的差异很大，光说咱们比较熟悉的，就有“法”（以公孙鞅为代表）、“术”（以申不害为代表）和“势”（以慎到为代表）这三大流派。韩非子最为卓越的贡献，便是在整合各家流派的理论观点与实践经验的基础上，提出了兼采其优、摈弃其劣的主张。

治吏方面，韩非子强调“事在四方，要在中央”，必须加强中央集权、国君集权，同时要注重从最基层考验和提拔官吏，也就是“宰相必起于州部，猛将必发于卒伍”。

治民方面，韩非子主要继承了公孙鞅的做法，提倡赏罚分明、奖励耕战。对于社会思想的管制，韩非子则抛出了“五蠹”的概念。他认为，学者（专指儒士）、言谈者（纵横家）、带剑者（游侠刺客）、患御者（逃避耕战而攀附豪门之徒）和商工之民（商人和手工业者）这五类人属于扰乱社会的恶性肿瘤（“蠹”），必须坚决摈除！秦国要实现王天下的终极目标，必须以法为教，以吏为师，禁止私人讲学，确保在思想上的高度统一。

纵观秦王政的治国历程，大体上就是以《吕氏春秋》《韩非子》为基本纲领的。不过，秦国仿佛有一种“魔咒”，但凡创立了某一时期“指导思想”的名臣最后都没有好果子吃。过去有公孙鞅、吕不韦两个前车之鉴，如今则轮到韩非子步其后尘。

令韩非子感到无比寒心的是，除了政见不合的姚贾以外，昔日的同窗李斯竟然也出于嫉妒，玩起了落井下石的阴谋诡计。公元前233年，在李斯、姚贾的合力攻讦下，秦王政终于下定了摈除这一隐患的最后决心：奉秦王政之命，李斯亲自出面，逼迫韩非子服毒自尽。

李斯、姚贾搅黄了山东诸侯的合纵之谋，又联手戕害韩非，使得秦国对赵国的征伐更加肆无忌惮。韩非子遇害之后第二年，秦军兵分两路，进逼赵国的邺邑和太原郡。悍将李牧领兵顽强抗击，勉强遏制住了虎狼之秦的猛烈攻势。

三年之后，王翦率军卷土重来，一路直扑邯郸。面对实战经验丰富的李牧，与其同在“战国四大名将”之列的王翦打得异常吃力，真可谓棋逢对手，难分高下。不过，常年征战与内部纷争已经让赵国陷入经济萧条、人才凋敝的窘境，昔日山东诸侯赖以抵抗秦国的最后一道岗哨如今已是江河日下、风雨飘摇，只是靠着李牧这个精疲力竭的裱糊匠苦撑危局。时人评论道：赵国“亡卒数十万，邯郸仅存，虽有胜秦之名，而国破矣”。

接连不断的战火已经令赵国重负不堪，老天爷偏偏还要跟赵国过不去。公元前231年，赵国境内发生了一次地震，震级应该不算小，史载“台屋墙垣太半坏，地坼东西百三十步”。到了第二年，赵国各地又因干旱而发生了严重的饥荒，昔日的良田沃野成为一片不毛之地。当时流传着一句民谣：“赵为号，秦为笑，以为不信，视地之生毛。”

战事、天灾之外，彻底摧毁赵国的还有人祸。王翦久攻邯郸不下，李斯、尉缭当初谋划的“暗算”之策终于要发挥一锤定音的功效了。

在此之前，也就是公元前231年，秦国针对韩国的“暗算”已经创下奇功：南阳郡的代理郡守腾（姓氏不详）被秦国的重金成功策反，以南阳郡投降秦国，官拜内史。转眼到了第二年，正是这位熟悉韩国军情、民情的内史腾奉命讨伐韩国，一举攻破新郑，俘虏了韩王安。至此，实力垫底的韩国总算在战国七雄中拿了一回“第一”：第一个从地图上消失。

如今，秦国对赵国展开的“暗算”之策，将目标直接对准了以一己之力苦撑危局的李牧。由于某些人不断地攻讦、诋毁，赵王迁很快便将李牧问罪处死了。到底是谁在使坏？不同史料的记载不尽相同。《列女传》说是勾搭成奸的倡后、春平君，《史记》认为是先前给廉颇使绊子的宠臣郭开，《战国策》则说是另一位名叫韩仓的宠臣。可以断定的是，甭管是谁出面掺坏水，秦国这只幕后黑手都摆脱不了干系。

客观地讲，李牧虽是一员悍将，但毕竟不是神仙，根本无法扭转赵国的败局。不过，李牧含冤而死，无疑加速了赵国灭亡的进程。正如曾在吕不韦门下效力的一位谋士所言，赵国以李牧为将，最多能撑一年，如果杀掉李牧，则活不过半年。果不其然，在李牧遇害的第二年，也就是公元前228年，曾经让秦军铩羽而归的英雄城邯郸连同赵王迁一道成了王翦大军的战利品。秦王政将赵王迁撵到了汉中郡的房陵（今湖北房县），形同流放。攻入邯郸之后，王翦或许是得到了太后、秦王政的密令（也有他自作主张、讨好主子的可能），竟将太后娘家的仇怨悉数坑杀！

即将破城之际，废太子嘉带着数百名族众逃出了邯郸，一路向北来到代郡。不久，倡后以及一些侥幸逃出来的大臣也相继赶来会合。群臣痛定思痛，果断杀掉了倡后，拥立废太子嘉为“代王”，借此延续赵国的一丝血脉与元气。

最后的抗争

素来以骨头硬闻名的赵国在苦撑数年之后终于灰飞烟灭。偏远的燕国失去了这道屏障，意识到自己即将大祸临头。以燕国的实力来看，贸然硬拼的结果必然是比赵国还要凄惨，于是，燕国的太子丹经过一番权衡，决定走一步酝酿许久的险棋。

说起这个太子丹，曾经跟秦王政有过一段交情。那是在邯郸的时候，太子丹是燕国派来的人质，秦王政则是秦国人质的儿子，二人年纪相仿、患难与共，姑且算作沦落异乡的亲密玩伴吧。后来，太子丹又被派到咸阳做人质，但秦王政并没有重逢故知的喜悦，根本不念旧情。太子丹既难堪又恼怒，在公元前232年私自潜逃返回了燕国。

早在赵国岌岌可危的时候，忧心忡忡的太子丹便问计于太傅鞠武：赵国这道屏障朝不保夕，燕国当何以自处？鞠武建议：先将燕国容留的秦国将领樊於期（或许说的就是桓齮）送往匈奴灭口，防止走漏消息，再联合各方诸侯以及匈奴共同援赵抗秦，也许能赢得一线转机。

太子丹认为鞠武的这个办法太绕，而且以眼下的形势来看，要想达成合纵抗秦的共识，绝非一朝一夕之功，如此旷日持久，终究难解燃眉之急。再者说，樊於期是走投无路才投奔燕国的，招你惹你了？咱们把他送给匈奴人杀掉，是不是不太地道？

鞠武见自己的动议不被采纳，转而向太子丹推荐了一位名叫田光的隐士，称此人有勇有谋，必能谋划出一个万全之策。田光没有辜负鞠武的厚望，第一次与太子丹见面便竭力举荐自己的一位好友——侠客荆轲。田光的用意不言自明：与秦国人硬拼，咱们不是对手，搞一个“斩首行动”，或许就能翻盘！

太子丹觉得这个办法好，既简单又粗暴，而且直奔核心，因此欣然采纳。毕竟是初次谋面，太子丹特意叮嘱田光万万不可走漏半点消息，否则将前功尽弃。太子丹没有意识到，像田光这样的隐士，思维模式跟常人完全不在一个频道上。在田光看来，太子丹最后的这句嘱咐，往轻了说，是缺乏信任，往重了说，是挑战他的人格。于是，田光在将此事转告给荆轲之后，竟然拔剑自刎了！

荆轲也是从“人才培养基地”卫国出来的，他既爱好读书，又精通剑术，还曾经向卫元君游说过一番治国之道。前面说过，卫元君只是臣服于魏国的藩属，要权力没权力，要追求没追求，游说他有什么用？后来，卫元君死于秦军之手，荆轲辗转来到燕国落脚，结识了一位靠杀狗为生的屠夫，还有擅长击“筑”（古代弦乐器）的乐师高渐离。这三个人相见恨晚，情投意合，时常聚在一起痛饮高歌。在得到田光的举荐后，荆轲感动于田光的大义凛然，毅然前来向太子丹领命。

太子丹跟荆轲讲：以燕国的实力，根本不足以抵挡秦军的猛烈攻势，而且各方诸侯此时已经完全丧失了合纵抗秦的勇气和信心，为今之计，恐怕只有劫持秦王政这条路可走了！如果能将秦国君主绑票，咱们便能威逼他归还诸侯的土地。如若不从，咱们手起刀落，既能在秦国内部制造混乱，也能让山东诸侯重拾信心，携手打败秦国。

太子丹言辞恳切，荆轲自然是义不容辞，欣然接受了这份重托，只等待合适的时机出手。

王翦率领的秦国大军在攻破邯郸、灭掉赵国后进逼赵、燕边境，太子丹心急如焚，恳请荆轲迅速采取行动。荆轲也知道形势紧急，但要想顺利劫持秦王政，没有像样的礼物，根本与之见不着面，沾不上边。什么礼物才算像样呢？奇珍异宝，秦国多得是，秦王政估计不会有什么兴趣。要想“钓”出真人，恐怕只有樊於期的人头，外加督亢一带的地图了！

地图好说，但取樊於期的人头，这事儿有点麻烦。说麻烦，不是太子丹杀不了樊於期，而是樊於期没招谁、没惹谁，凭什么要人家的性命？眼瞅着太子丹于心不忍、有些犯难，荆轲便在私底下找到樊於期，将劫持秦王政之谋和盘托出。樊於期逃亡之后，其留在秦国的父母、宗族均被秦王政杀害，他如今孑然一身，满腔仇恨，既然能用自己的项上人头为解国难、报私仇尽绵薄之力，根本没有什么好犹豫的！于是，樊於期当着荆轲的面割颈自刎。为了确保万无一失，太子丹还准备了一支无比锋利的匕首，让工匠淬入毒水，只要被它刺出血来，必死无疑！

提着装有樊於期人头的木匣，背负内藏匕首的地图，荆轲踏上了不归路。太子丹带着宾客和闻讯赶来的高渐离，在易水岸边为荆轲送行。高渐离当场击筑，荆轲和而悲歌，众人带着哭腔唱道：“风萧萧兮易水寒，壮士一去兮不复还。”在一片哀唱低吟声中，荆轲登车慨然而去，终不回头。

来到咸阳之后，荆轲如愿得到秦王政召见。接下来发生的惊魂一幕相信很多人耳熟能详：荆轲献上人头、地图，陪同秦王政拉开卷轴，图穷匕现之时，荆轲以迅雷不及掩耳之势伸手抓住秦王政的衣袖，拿起匕首刺将过去！秦王政惊出一身冷汗，拼尽全力后退躲避，衣袖被荆轲扯断。因为事发突然，惊慌失措的秦王政一时抽不出佩剑，只能在殿堂上疯跑。按照秦国律法，文臣武将上朝都不能随身携带武器，殿外的侍卫未得君命，也不能擅自入殿，这群死心眼儿的人只能眼睁睁地看着这场好戏。

千钧一发之际，一位名叫夏无且的医官顺手摸到了自己的药袋，赶紧将它扔过去，打到了荆轲身上。利用这一短暂的契机，秦王政在侍从的高声提醒下将佩剑推到身后，这才拔出长剑与荆轲相搏。秦王政一剑下去，砍断了荆轲的左腿。荆轲用尽最后一股气力，举起匕首抛刺，却打在了铜柱上。

自知大势已去、无力回天，荆轲靠着柱子仰天长啸道："我今日未能成事，只因执迷于生擒，想立下归还土地的契约，回报太子丹的知遇之恩啊！"话音未落，殿外的侍卫们接到秦王政的号令，纷纷冲上前来一通乱刺，荆轲血溅秦国朝堂。

侥幸逃过一劫的秦王政盛怒不已，下令王翦率领秦国大军讨伐燕国。在易水西岸，秦军痛击燕军主力，还有前来助阵的代军（代王嘉的军队）。随后，秦军攻陷了燕国都城，燕王喜仓皇逃往辽东。

眼瞅着亡国在即，代王嘉向燕王喜献计说："谁捅下的篓子，理应由谁来负责，不交出太子丹的人头，燕国这关恐怕过不了！"燕王喜贪生心切，丝毫不念及父子之情，果真向秦国送上了太子丹的人头，以期息事宁人。秦国收下人头，暂且退兵，让燕国再苟延残喘一些时日。

秦王政放燕国一马，并非出于一丝恻隐之心，而是南线战事紧张，实在顾不过来，只能在北面适可而止，让自不量力的燕国和代国这个残余政权再苟且偷安几年好了。

有实力在南面跟秦国一决高下的，当然是楚国了。楚国眼下的状况丝毫不容乐观。公元前228年，楚国遭遇了一场国丧和夺嗣内乱：楚幽王（楚考烈王之子）去世，他的同母弟嗣位，是为楚哀王。短短两个月之后，楚幽王的一个异母弟弟负刍突然发动宫变，弑君自立。

负刍干掉楚哀王的理由，涉及一桩流传甚广的宫闱丑闻。这段丑闻的过程与吕不韦运作赵姬"自匿有身"的阴谋论如出一辙，因此有观点认为：所谓秦工政是吕不韦私生子的说法，正是有人受到秦始皇时代楚人传说的启发，将发生在楚国的宫闱丑闻刻意移花接木诽谤秦始皇，说明其出身的非正统性。

闲话少说，咱们来看看楚国的宫闱丑闻是怎么回事。据史料记载，春申君府上有一位门客名叫李园，他是赵国人，一直想把自己的妹妹送入宫中谋求富贵。楚考烈王有不少姬妾，但竟然没有一个子嗣，李园便有些踌躇，怀疑问题可能是出在君主的身上，如果贸然送妹妹入宫，依然没有“产出”的话，这所谓的富贵就是镜中花、水中月了。

处心积虑的李园便将“求子”的主意打到了主子春申君的身上。李园先将天姿国色的妹妹引见给春申君，春申君果然见色起意，将她留在了自己身边。得知妹妹怀上身孕之后，李园又授意她向春申君进言，大意是说：春申君在楚国为政多年，得罪的人不在少数，如果君主至死无后，必然只能由其兄弟嗣立，到那时，春申君不说死无葬身之地，至少也没有立锥之地，应该早做打算。怎么打算呢？李小妹即将隆起的肚子便是富贵险中求的捷径！

按照李园兄妹的谋划，春申君将李小妹引见给了楚考烈王。楚考烈王相当受用，对她宠幸有加。后来，李小妹生下公子悍，随即被册立为太子，就是后来嗣位的楚幽王。

借着这桩风传许久的陈年往事，负刍一口咬定楚幽王没有王室血统。楚哀王虽然不是宫外带来的“野种”，但身份也严重存疑，谁知道春申君跟李小妹是不是还有瓜葛？因此，负刍指使门客们发难，伺机干掉了楚哀王和李园兄妹，在一片腥风血雨之中，继立为新的楚国国君。

尘埃落定之后，咱们再来分析一下楚国版的“自匿有身”是否也是一种阴谋论。种种迹象表明，极有可能是。基于以下三点：

第一，时间有漏洞。从春申君与李小妹有染，到得知她怀有身孕，再密谋送她入宫得到楚考烈王的临幸，没有三四个月，这套流程恐怕跑不完，那么，临幸半年后就分娩生子，楚考烈王岂能不生疑？

第二，风险不可预知。从概率上讲，李小妹“自匿有身”入宫，生儿子的可能性只有一半，李园、春申君如何能未卜先知？既然没有十足的把握，他们岂能冒着东窗事发的风险将希望寄托于偶然？

第三，前提不充分。李园想送妹妹入宫求富贵，这一点没问题，但他向春申君“求子”，是出于怀疑楚考烈王没有生育能力。但如果楚考烈王没有生育能力，楚哀王、负刍难道是从石头缝里蹦出来的？

因此，楚国版的“自匿有身”极有可能是负刍为了图谋君位而杜撰出来的虚妄之言。

事实上，这桩扑朔迷离的宫闱丑闻背后隐藏着李园与春申君的权势之争。楚考烈王重病卧床的时候，李园凭借外戚的身份日渐受宠，有谋士提醒春申君说：眼下可是有五大“无妄”啊！也就是世间有无妄之福、无妄之祸，而春申君身处无妄之世，效命于无妄之主，必然会有无妄之人。所谓“无妄之福”，意思是春申君在楚国为政二十余年，依然屹立不倒。其他四个“无妄”，意思是楚考烈王行将就木，李园暗中豢养死士，图谋不轨之事，不可不防！

这位谋士还断言：国君一死，李园肯定会矫王命而诛杀春申君。因此，春申君应该先下手为强，不能坐以待毙。春申君则认为，李园这个人平日里还算厚道，我跟他多少有些同僚之谊，想必他不会把事情做得太绝。事实证明春申君的想法太天真了，在冷酷无情的权力斗争面前，父子兄弟都能反目相残，同僚之谊何足道哉？楚考烈王尸骨未寒，先行入宫的李园便在暗中设下埋伏，将随后赶来的春申君杀害，随后将他的宗族全部处死。

外忧日甚，内患不竭，楚国的处境愈加危险。不过瘦死的骆驼比马大，风雨飘摇的楚国竭尽全力，还是顶住了秦国将军王贲（王翦之子）的猛烈攻势。

公元前225年，铩羽而归的王贲转而征伐魏国。就像当年一位大臣担心的那样，秦军果然采取了以水代兵的策略，在荥泽一带决开黄河，水淹大梁。魏王假（魏景湣王之子）不想葬身鱼腹，被迫献地投降，魏国就此被并入秦国版图。

转眼到了第二年，秦王政决定再次兴兵讨伐楚国。他原本打算安排老将王翦出马，但王翦一开口就要六十万大军，另一位名叫李信的年轻将领则信誓旦旦地表示，二十万人足矣！

秦王政没有丝毫犹豫，当即拜李信为主将，率领二十万大军南下征伐楚国。然而，原本以为志在必得的一场仗，却遭遇了惨败而归的结局，这也是山东六国对抗秦国的最后一次胜利。秦王政盛怒之余，意识到关键时刻还是得老将出马才行，于是放低姿态，亲自赶往频阳（今陕西富平附近）请告病归乡的王翦出山。王翦倒也爽快：出山可以，原先说好的六十万大军依然不能打折扣。不仅如此，王翦还开列出若干田宅房产的清单，请君主不吝封赏，以成子孙之业。求胜心切的秦王政爽快地全部应允了王翦的条件，并亲自送他到灞上（今陕西西安市区东部）。

行军途中，王翦再次派人回去讨要封地。属下颇为疑惑：你什么时候变得这么贪财了？！王翦则跟他们解释说：君主这个人啊，薄情寡恩、猜忌成性，六十万大军几乎是秦国的全部家底，如今交付到我一人之手，如果不通过讨赏让君主放心，今后必然要出幺蛾子！

王翦久经沙场，既摸准了秦王政的脉搏，也洞悉楚国人力求速战速决的心态。因此，六十万大军来到楚国之后，并不急于开战，而是就地筑垒防守，与楚军对峙。几个月的光景倏忽而过，王翦“亲与士卒同食”，面对楚军的频繁挑衅，始终高挂免战牌。秦军闲得无聊，王翦便组织他们搞竞赛，跑得飞快的、搏击能力强的、投石又远又准的，王翦都暗中记了下来。等待时机成熟之后，王翦将这些人单独编组为突击精锐，以雷霆万钧之势向楚军发起总攻，一举突破了对方的防线。

一路溃败的楚军遭到秦军的穷追猛打，先前让李信败北的主将项燕

（项羽的祖父）节节败退，殒命沙场。公元前223年，秦军攻破楚国都城寿春，生擒楚王负刍，楚国至此灭亡。

随后，王翦继续南征百越，为秦国开疆拓土，王贲、李信则北上收拾残局，横扫辽东、代国，于公元前222年生擒了苟延残喘的燕王喜和代王嘉，燕国和赵国的残余势力彻底覆灭。

公元前221年，王贲奉秦王政之命向最后一个山东诸侯齐国发起攻势。此时的齐国在秦国的重金诱惑之下早已丧失了当年的魄力，相国后胜被秦国收买，一直奉行自保策略，“不修攻战之备，不助五国攻秦”，眼睁睁地看着秦国将天下诸侯各个击破，最终轮到了自己遭殃。王贲率领的秦军如入无人之境，直抵临淄城下，没有遭遇像样的抵抗便将齐王建生擒，轻而易举地灭了齐国。

客观地讲，齐国并不缺人。就拿都城临淄来说吧，作为天下数一数二的大都市，这里“车毂击，人肩摩，连衽成帷，举袂成幕，挥汗成雨”，城中居民多达七万余户，按所谓“下户”的标准计算，每户至少可以出三名男丁，足有二十万以上的兵源规模。但是，经过这些年的自我“休克”，齐国上下已经丧失了最起码的斗志和勇气，彻底沦落成一个待宰的羔羊。

齐国也不乏贤臣义士。秦军四处征伐的这些年，不少大臣都向齐王建提议积极响应合纵抗秦之谋，与山东诸侯共御强敌。据说，负责守临淄西门的官吏都敢拦下齐王建，不让他去咸阳朝见秦王政。然而，齐王建贪图秦国的笼络，不愿冒任何风险，最终成为秦军的俘虏，被安置在共邑境内的松柏林中。齐国遗民怨恨齐王建误于宾客的狡诈之言，作了一首歌谣唱道：“松耶？柏耶？住建共者客耶？”不久，齐王建被活活饿死在这片荒僻无食之地。

在秦国数代君主的不懈努力下，山东诸侯尽灭，天下归于一统。秦王政认为自己“以眇眇之身，兴兵诛暴乱”，成就了史无前例的宏图伟业，“名号不更，无以称成功，传后世”，因此，他一锤定音，集三皇、五帝的昊天之德于一身，封“皇帝”之号，并以己为始，称“始皇帝”，废除子议父、臣议君的谥法，后世一律按数相传。随后，秦王政采纳了廷尉李斯的建议，不再仿效周王朝的分封制，而推行中央集权，将天下分为三十六郡，由朝廷直接委任官员管理。为了防止诸侯残余势力伺机反扑，秦王政又下令收缴天下兵器，在咸阳熔铸成十二尊重达千石的铜人，其上刻有铭文：“皇帝二十六年初兼天下，改诸侯为郡县，一法律，同度量。”据说这是李斯所篆，蒙恬所书。

从周室东迁算起，历经了五百五十年的诸侯争雄、生灵涂炭，华夏民族终于迎来了车同轨、书同文、行同伦的大一统时代！

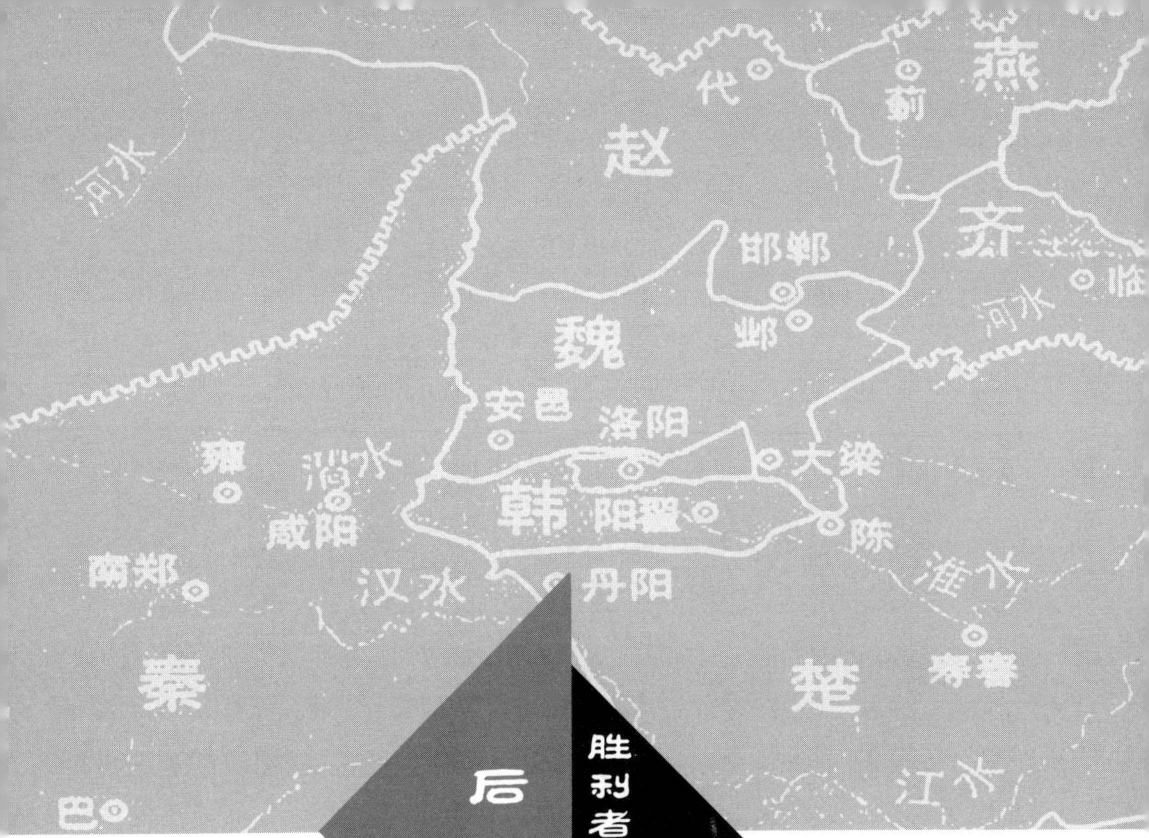

后记

胜利者为什么是秦国？

常言道："读史使人明智。"但这"智"的来源并非看热闹似的"读"，而是深究"为什么是这样"的"思"。纵观战国乃至东周的数百年历史，秦国之所以胜，六国之所以败，唐朝杜牧在《阿房宫赋》中是这样感慨的："呜呼！灭六国者，六国也，非秦也。族秦者，秦也，非天下也。嗟乎！使六国各爱其人，则足以拒秦。使秦复爱六国之人，则递三世可至万世而为君，谁得而族灭也？"不过，以此来回答这段历史的"为什么"，未免想当然了一些。

在回答这个"为什么"之前，不妨先把视线拉回到那个列强纷争的混乱时代。如果有人说秦国一开始就输在了起跑线上，想必能得到天下诸侯的一致赞同，包括秦国人自己。

论出身，秦国宗室有据可查的先祖秦嬴原本是给周孝王养马的"弼马温"，往下传了五代，方才始列诸侯，这样的资历在各方诸侯看来纯属一个笑话。

论待遇，其他诸侯不管分封早晚，皆有实际掌控的地盘，唯独秦国拿到的是一张空头支票。周平王跟秦襄公讲：岐山以西就是你的地盘，但此时在西戎的手里，抢到了归你，抢不到，可不能怪我！这到底是分封，还是赤裸裸的戏耍？

论实力，秦国在春秋时期出过一位霸主——秦穆公，也确实有"益国十二，开地千里”的丰功伟绩，但与齐桓公、晋文公等霸主相比，不说有天壤之别，至少也被甩出好几条街。刚刚进入战国时期，秦国就被战神吴起关了二十多年禁闭，令其一提起“三晋”就浑身哆嗦，没看出能有多大出息。

谁能预料到，秦国竟会从其他诸侯“不屑一顾”完美逆袭为“高攀不起”？

现在咱们就来说一说这场完美逆袭背后的缘由。按照从次到主排列，大致可以分成以下六点：

第一，农业灌溉

这方面最具代表性的杰作便是都江堰和郑国渠。尤其是郑国渠，《史记》是这样盛赞其功效的：“于是关中为沃野，无凶年，秦以富强，卒并诸侯。”当然了，这两项工程大功告成的时候，秦国已经奠定了兼并天下的基础，所以只是加速了进程，而非决定性的因素。

第二，军事技术

有研究认为，在各方诸侯还在使用青铜兵器的时候，秦国士兵已经用上铁器了。不过这一观点并没有得到普遍的认同。就拿铁矿资源丰富的韩、楚等国来说吧，早在战国之初就具备了先进的冶铁技术，秦国在这方面并不占据绝对优势。

其实，我更愿意将这一因素理解为：秦国军队在长期与西戎的对抗中，极大地提高了自身的技战术水平。特别是在推行以战功晋爵、严厉惩治私斗的举措之、后，秦国人“勇于公战，怯于私斗”，充分彰显出“尚武”的国民性。

第三，地理环境

秦国偏居关中一隅，被黄河、崤山等山河之险阻隔，在实力原始积累的阶段，堪称进难攻、退足守的风水宝地。贾谊《过秦论》描述秦国为“被山带河以为固，四塞之国也”。不似居天下之中枢的郑国、韩

国，活得自在，死得也痛快。

这样的地理环境外加出身低贱的憋屈历史，给秦国带来了一个意外的收获：受中原文化（尤其是糟粕）的影响和束缚最小。荀子评价秦国的“古之民”“古之吏”“古之士大夫”“古之朝”之言就很能说明问题。正因为没有思想意识方面的沉重负担，秦国的变法才能最激进、最彻底，也最有成效。

第四，政局稳定

从秦孝公开始，秦国相当幸运地产生了四任贤明而长寿的国君。秦孝公在位二十四年，初行变法；秦惠王在位二十七年，继承秦孝公的变法遗志，举措更加成熟；秦昭王在位五十六年（包括宣太后主政四十一年），国力实现了质的飞跃，并奠定了远交近攻的“王天下”策略；最后是“收割者”秦王政，既沾了前人的光，也有自身“攻无道而伐不义”的包装与炒作，在位二十六年便统一了六国。

其间要说多少有一些动荡，只有秦武王举鼎而亡，以及秦孝文王、秦庄襄王昙花一现，所幸前有宣太后，后有吕不韦，都迅速安定下来。

第五，人才工程

“开门治国”，广纳天下贤士为己所用，在这方面秦国堪称全天下的典范。这方面的反面典型无疑是大搞公族政治、奉行“关门主义”的楚国，后果如何，大家有目共睹。正如李斯在《谏逐客书》中提到的，诸多“外来户”都为秦国的崛起、强盛建立了不朽功勋，包括由余、百里奚、蹇叔、来邳豹、公孙支、商鞅、张仪，范雎，还有他不敢提的吕不韦，以及他自己。当然了，这份名单还可以拉得很长。

第六，制度设计

秦国的制度核心是商鞅变法，卓有成效的结果是建立了一个以勤劳的农民、有纪律的军队为基础的强藩。毫不夸张地说，如果没有这次变法，秦国绝不可能完成一统天下的大业。《剑桥中国史》对此评价说：

“更具决定性的因素是提高行政效率的计划、农业改革计划和商鞅留给秦的一心一意追求政治和军事力量的计划，这方面的重要性远远超过了其他的一切。”

湖北省云梦县睡虎地出土的竹简，上面有一段话是这样写的：“古者，民各有乡俗，其所利及好恶不同，或不便于民，害于邦。是以圣王作为法度，以矫端民心，去其邪僻，除其恶俗。”

用今天的话来讲，制度可以废掉一个不可一世的强国，也可以激发一个弱国的无限潜能。制度的优与劣，总要结合自身的国情，依靠实践来评判。

从根本上讲，秦国的胜利就是制度的胜利！信哉斯言！

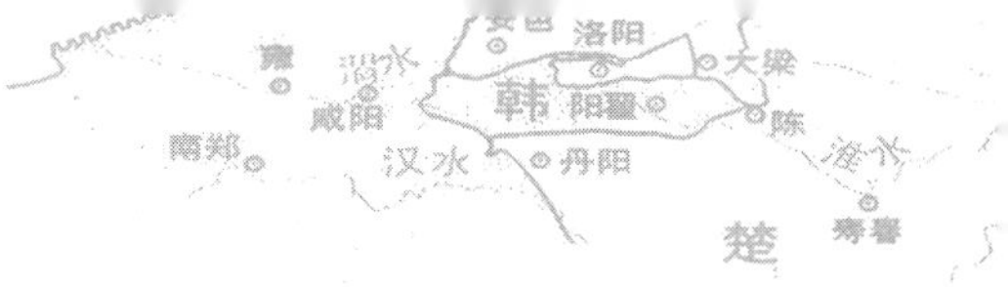

附录一　主要参考书目

《春秋左氏传》（东周·左丘明撰）

《古史》（北宋·苏辙撰）

《国语》（东周·左丘明撰）

《韩非子》（东周·韩非及其弟子编）

《韩诗外传》（西汉·韩婴撰）

《汉书》（东汉·班固撰）

《后汉书》（南朝宋·范晔撰）

《华阳国志》（东晋·常璩撰）

《列女传》（西汉·刘向撰）

《吕氏春秋》（东周·吕不韦主编）

《论语》（东周·孔子弟子及再传弟子编）

《孟子》（东周·孟子及其弟子编）

《墨子》（东周·墨子及其弟子编）

《商君书》（东周·商鞅及其后学撰）

《史记》（西汉·司马迁撰）

《水经注》（北魏·郦道元撰）

《说苑》（西汉·刘向撰）
《吴越春秋》（东汉·赵晔撰）
《吴子兵法》（东周·吴起撰）
《新序》（西汉·刘向撰）
《荀子》（东周·荀况及其弟子编）
《战国策》（西汉·刘向撰）
《战国纵横家书》（西汉·佚名撰）
《资治通鉴》（北宋·司马光撰）
《竹书纪年》（东周·佚名撰）
《庄子》（东周·庄周及其后学撰）